歐洲化之衝擊

EU

黃偉峰 主編

黃偉峰/黃琛瑜/藍玉春/陳怡凱

劉如慧/李貴英/洪德欽/楊三億

王群洋/吳建輝/盧倩儀 合著

《歐洲化之衝擊》一書承中央研究院歐美研究所所長、副所長及同仁之鼎力支持與協助，從主題挑選、章節格式，及專書定位皆經審慎規劃與評估，並事前邀請國內歐盟研究專家學者就本專書的主題格式及撰寫方向進行深入的討論後才著手寫作。又本書各章節初稿曾於2009年10月1-2日在歐美所之學術研討會上發表，接受歐盟學界前輩之指正。爾後本專書論文之修訂稿則送交國科會優良學術期刊《歐美研究》進行冗長且嚴格之專業審查，部分專章已刊登於該刊2011年6月專號。此時適逢五南圖書出版公司法政副總編輯劉靜芬小姐邀請，希望能將「歐洲化」課題透過該公司廣大的行銷通路，引介給國內年輕學子及社會大眾。後學偉峰有感於知識份子之社會責任，在徵得本書章節作者同意後，著手與五南圖書出版公司合作。為求專書內容的完整性、一致性及專業性，五南圖書出版公司將各章節再送兩位匿名審查人審查，提供再修正意見，供作者修正後才決定予以出版。

　　雖然國內介紹歐盟的書籍包羅萬象，但尚未有一本專書討論歐洲整合，乃至歐體／歐盟對其會員國體制和治理之衝擊。後學偉峰於2003年（2007年再版）曾就歐洲聯盟之組織與運作彙編專書供各界參考，該書旨在將歐盟組織運作的基本面釐清，供讀者在理解歐盟相關實務時有制度架構的依據。本書則延伸該書主題，並回頭檢視歐盟組織運作如何對其會員國，甚至對非會員國造成影響。本書定位於歐盟研究之進階參考書，讀者群可以是大學部高年級學生、研究所學生，以及業務與歐盟相關之專業人士。就研究領域來看，「歐洲化」研究涉及「國際關係」、「比較政治」及「公共行政及政策」等課題，故本書亦可供上述領域之學者專家參考。為求本書內容淺顯易懂，已請章節撰寫人盡量將專業術語解釋清楚，並且著重歐盟及會員國互動細節之分析，而非僅是法條和制度之介紹而已，故本書亦可供對歐盟事務有興趣的社會大眾參考。

　　本書章節編排分成三大篇。除緒論與「歐洲化」課題之研究取向的評析外，尚包括第一篇探討歐盟對會員國體制之衝擊；第二篇討論歐盟對會員國政策之影響；

第三篇細究「歐洲化」對歐盟新進會員國及非會員國之衝擊。若讀者對歐洲化研究一無所知，則建議先閱讀本書之緒論及「歐洲化」課題之各類研究方法及取向。但若讀者對本課題已有所瞭解，則不妨逕行閱讀第一篇以後之各專章。這些專章的主題各自獨立，涵蓋面亦廣，故讀者可依其興趣挑選閱讀。本書因各章作者專業訓練不同，故註釋格式並未統一，以示尊重各學門之撰稿傳統。本書第二、三、四、六、七、九章之部分內容曾刊登於《歐美研究》，已徵得該刊及作者本人同意轉載，特此申謝。

　　一本編輯專書之完成需要許多學界前輩和同仁的協助，後學偉峰首先感謝中研院歐美所所長單德興教授、副所長洪德欽教授、前所長李有成教授的鼓勵和行政同仁的協助，使得本專書得以學術研討會形式呈現於各界。此外，必須感謝本所歐盟研究小組同仁洪德欽、焦興鎧、柯瓊芳、曾瑞玲、王玉葉、蘇宏達及吳建輝等教授積極參與本書內容之撰寫與討論。又所外同仁，如包宗和、張亞中、林碧炤、劉復國、張台麟、王萬里、陳鏡羽、吳志中、湯德宗、鄧衍森、蔡宗珍、倪貴榮、蔡政文、王啟明、蒯光武、陳麗娟、王文宇、王泰銓、范建得、王服清、劉孔中、吳玉山、郭秋慶、李正通、周志杰、郭武平、洪美蘭、洪茂雄、洪思竹等教授亦盛情協助，參加本書學術研討會之評論，提供寶貴修正意見，讓本書作者受益良多，特此申謝。兩位匿名審查人曾詳細閱讀本書全部初稿，並提出再修正意見，讓本書減少許多不必要的錯誤，在此一併致謝。最後，五南圖書出版公司法政副總編輯劉靜芬與編輯李奇蓁小姐、本書助理蔡青娪與陳心懿小姐在行政聯繫、文書處理和文稿校對上下了許多功夫，特此致謝。當然書中所有文責錯誤概由編者及各章作者承擔。

黃偉峰 謹識

2012年4月於中央研究院歐美研究所

目　錄

第一篇
探討歐盟對會員國體制之衝擊

第（一）章　緒論：檢視「歐洲化」之現象

黃偉峰

　　自1990年代起針對「歐洲化」課題之研究漸趨熱門。到了2000年以後使用「歐洲化」為標題所發表的論文和專書已達汗牛充棟的地步，儼然成為歐洲研究的顯學。然而，「歐洲化」概念本身卻多所爭議，導致經驗上處處可見「歐洲化」的影子，但卻不一定能夠從因果關係上證明其的確存在，更遑論解釋如何造成「歐洲化」現象。儘管如此，國外學者每年仍大量出版與「歐洲化」相關之論文與專書。因此，國內學界有必要針對「歐洲化」課題做一通盤檢視，釐清其定義概念，批判其理論假設，進而應用到實際案例的分析上，以俾於國內外學者針對「歐洲化」現象加強對話。本書乃國內針對「歐洲化」課題所出版的第一本專書。集結台灣境內專研歐洲問題的學者專家，採用共同的分析架構，針對各自專研的學門領域，探討「歐洲化」之衝擊。一方面，本書希望能達到拋磚引玉的效果，鼓勵台灣學界正視「歐洲化」課題之研究，應用其相關概念及假設來分析歐洲各國的現狀與發展。另一方面，由於本書著重學理的論證分析，探討歐洲整合或歐盟運作與各國國內體制和政策之互動變遷，故可做為國內大學和研究所之歐洲或歐盟學程的參考書。當然本書所分析的實際案例包括歐洲各國之政府體制、公共政策、法理運作、文化認同和社會經濟之變遷等，相信對於歐洲問題深感興趣的一般讀者亦具吸引力。

　　在介紹完本書的撰寫目的和讀者對象後，筆者接著針對「歐洲化」概念稍做定義，並介紹本書建議各章節所採用的共同分析架構。簡單來說，「歐洲化」是指歐洲整合或歐盟運作對於歐洲各國國內體制和政策所造成的衝擊。舉凡國內法政、社經、文化、意念和認同體系（統稱國內體制）的改變，或公共政策之變動，若可歸因於歐洲整合或歐盟運作者，皆是「歐洲化」的研究範疇。依此「由上而下」的定義，「歐洲化」旨在討論國內體制和政策如何因應歐洲整合和歐盟運作而有所調適及變動。然而，「歐洲化」有時被定義為歐洲國家間的水平互動協調，使得彼此體制和政策更趨相同。尤有甚者，「歐洲化」亦可被定義成國內體制之政策變遷如何反饋來影響泛歐洲層次（如歐盟）的治理空間。所以，「歐洲化」概念可從單

向（由上而下）轉變成雙向的因果關係。本書各章大多採用「由上而下」的歐洲化定義，所以在概念上應與「歐洲整合」的研究課題有所區隔。「歐洲整合」旨在探討歐洲各國如何分攤共享主權於泛歐洲層次建構一共同的治理空間（如歐盟）。本書則是探究歐洲整合（或歐盟運作）對各國國內體制和政策所造成的衝擊。因此本書強調的分析層次落在各國國內層次。所謂「歐洲化」衝擊之應變項是指國內體制和政策之變動；自變項則是歐洲整合及歐盟運作。儘管如此限縮定義，本書作者並未排除「歐洲化」之應變項及自變項可能存在互為因果的關係。此外，本書刻意將「歐洲整合」與「歐盟運作」區隔，因為二次大戰後歐洲整合的主流造就了歐盟，但歐洲整合涵蓋的面向卻廣於歐盟發展。可以說後者是前者之一次集合。因此，「歐洲化」並不等於「歐盟化」，儘管歐盟運作對歐洲各國國家治理的影響似乎是顯而易見的。

　　既然「歐洲化」現象旨在討論國內體制和政策因歐洲整合或歐盟運作所造成的變動與調適，那麼我們如何分析這個現象呢？為使得本書章節行文結構有共同的依歸，又須兼顧「歐洲化」現象的多樣面向，並尊重章節作者學門領域之撰寫風格，本書採用Risse、Cowles和Caporaso（2001）所提出的分析架構，建議章節作者依循此分析架構來探討各該子題的「歐洲化」現象。若因學門領域及研究對象的特異性而無法完全遵循該分析架構，則請章節作者提及該分析架構的概念元素，提高章節之間的連貫性。儘管如此要求，本書仍尊重章節作者寫作的自主權利。

　　圖1.1顯示Risse、Cowles和Caporaso的歐洲化「三步驟」分析架構。所謂「歐洲化」是指在歐洲層次所出現或存在的正式和非正式規範（norms）、規則

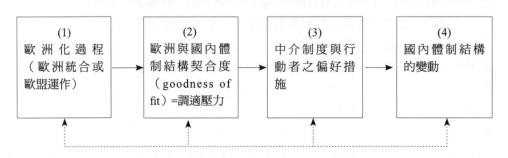

圖1.1　歐洲化「三步驟」分析架構

資料來源：引自Risse, Cowles and Caporaso, 2001, p.6.

（rules）、法規（regulations）、程序（procedures）和措施（practices）。端視研究主題，上述「歐洲化」的產出可以指涉歐盟的政策指令、歐洲法院的判例、對歐盟規範的非正式解讀或對歐洲文化的共同理解等。這些歐洲層次結構規範措施若與國內層次的結構、規範、措施有所歧異或不甚「契合」，則會對國家產生調適壓力。原則上，調適壓力大小決定該國國內體制和政策變動幅度。換言之，客觀結構的「契合度」（goodness of fit）決定調適壓力大小，而調適壓力大小則會影響國內體制和政策是否和如何變動。至於國內體制和政策是否真的變動或調適則需看中介制度和行動者如何回應調適壓力。Risse等人辨識幾項中介變數，即多重否決點的存在與否，正式制度是否促進改革，政治組織文化所能容忍的改革空間，行動者所被授予的能力差別，及社會學習等（Risse, Cowles and Caporaso, 2001: 6-12）。如果上述中介變數不利於國內體制和政策改變，儘管調適壓力存在，則國內體制和政策之變動則不如理論預期，往往產生分歧的調適現象。這也是為何經驗證據往往不支持「歐洲化」會產生一致趨合的調適現象。儘管調適壓力相同，但各國調適方式卻不同。

　　以上呈現「由上而下」的歐洲化理論建構，其因果關係毫無疑問地是單向地由歐洲到國家層次。問題是即使我們觀察到國內體制和政策的變動（或不變動），則是否我們可據此推論「歐洲化」現象的確存在呢？答案是否定的。因為仍有許多內生和外在因素會影響國內體制和政策的變動。因此，採取「由上而下」的理論建構觀者通常明白表示，歐洲與國家層次的結構「契合度」，或調適壓力大小只是國內體制和政策變動的必要但非充分條件（Börzel and Risse, 2003: 60-62）。正因為此，為了探究「歐洲化」的真正影響力，有些學者建議應採用「由下而上」的理論建構（Radaelli and Pasquier, 2007: 41）。這種理論建構從國內層次出發，即先觀察國內體制和政策之現狀；陳述現狀下國內行動者所處決策環境、遭遇的困難、可用的資源、內部論述及歐洲／歐盟除外的國際因素；並小心翼翼地描述體制和政策變動的歷史過程；最後再評估歐洲／歐盟因素介入的時點和壓力，以確認「歐洲化」的真正影響力。如圖1.1所示，「由下而上」的理論建構是從(4)步驟回溯到(1)步驟。因為研究者特別注重國內體制和政策變動的時間順列和內外干擾因素，故可以同時檢驗「歐洲化」與其他相對解釋模型（如全球化或自由化等）之影響力。須注意的是「由下而上」的理論建構並不一定預設逆向因果關係，即從國內體制和政策變動來影響歐洲化過程。儘管歐洲化的逆向因果關係是完全合理的假設，但如前所述，此乃傳統歐洲統合理論所欲探討的主題。如果會員國刻意「上傳」或「移植」

其體制或政策偏好及措施至歐盟，做為緩解調適壓力之策略，則此應為「歐洲化」之研究範疇。

本書除緒論、結論和研究方法專章外，共分成三大篇章。第一篇探討「歐洲化」對國內體制的衝擊；第二篇討論「歐洲化」對國內政策的衝擊；第三篇細究「歐洲化」對歐盟新進會員國及非會員國之衝擊。本緒論不擬針對各章之細節一一敘述，僅從章節編排角度，介紹各章討論的重點，以俾讀者迅速瀏覽，有助於進一步詳讀各章之論證細節及研究發現。本書緒論之後，第二章由黃偉峰教授評析「歐洲化」課題之各類研究取向及其限制。該章依循一般「方法論」教科書的撰寫架構，從釐清「歐洲化」定義及界定研究範疇開始，逐步探討其概念的操作化和測量問題，再批判「歐洲化」的理論假設及研究設計，最後指出未來「歐洲化」研究途徑的可能發展方向。該章作者認為由於「歐洲化」定義鬆散不明，導致研究議題不斷擴充，造成任何東西都可被「歐洲化」的假象。即使如本書般限縮「歐洲化」的定義，但其所涉及之概念化指標，如「調適過程」，仍不夠明確。因為「歐洲化」若指涉「過程」，則任何調適樣態皆可被視為或不被視為「歐洲化」的證據。此外，過去研究對「歐洲化」的相關概念及其操作化指標之間的信度和效度也不太重視，致使「歐洲化」相關概念的測量常無一致標準。於是不同研究雖然分析相同的「歐洲化」課題，但因測量概念的方法不同，竟得到不同的結論。在研究設計上，「歐洲化」研究慣常使用個案分析法或有限案例比較分析法，本書各章亦不例外。個案分析法雖可釐清概念，發掘變數，與擴展研究子題，但卻往往無法將其發現通則化。尤有甚者，隨「歐洲化」研究子題的快速擴充，常常造成所發掘的解釋變項數目遠大於可資檢證的案例。有鑑於此，晚近「歐洲化」研究多採比較分析法或統計模型，以較多案例來檢證「歐洲化」的特定假設，並控制其他干擾變數。該章指出，未來「歐洲化」之研究不在於發掘更多相關的案例，而是搜集大量案例，以嚴謹的研究設計，去檢證和釐清「歐洲化」的因果關係。

在評析「歐洲化」的各類研究途徑之後，本書進入第二篇，探討「歐洲化」對各國國內體制的衝擊。第三章黃琛瑜教授討論英國布萊爾政府如何因應「歐洲化」的挑戰。該章指出不論從不成文憲法、議會主權至上、行政權與立法權合一之內閣政府、中央集權與文官中立等指標來看，英國中央政府體制皆與歐盟多層級治理體系的「契合度」不高。然而因英國首相布萊爾之親歐政策偏好，使得政策大方向轉而強調積極參與歐盟事務，於是制度上布萊爾強化內閣辦公室歐盟秘書處的功能，命其秘書長為首相之歐盟顧問，協調內閣辦公室與首相辦公室的涉歐事務。除了涉

歐事務部會的職能獲得強化外，英國政府文官亦因政策協調所需而積極與歐盟及其他會員國官員互動，相互學習，內化歐盟共同政策之核心價值。當然，因為英國政府體系缺乏制度否決點，故使得布萊爾首相親歐的政策偏好得以貫徹，也成為英國中央政府體制「歐洲化」的原始動力。

第四章藍玉春教授採「由下而上，再由上而下」的理論建構去探索「歐洲化」對法國之衝擊。藍教授指出早期歐洲整合過程，法國在其關切的政策領域及制度設計，相當成功地將「歐盟法國化」，但晚近隨著歐盟的成員國擴充及制度深化，導致歐盟運作的質變和量變。法國承受來自歐盟法制規範和政策運作的壓力越來越大，竟使得法國轉化實施歐盟法令的赤字率乃全歐盟最高。然而，這股來自歐盟運作的壓力對法國國內體制所造成的衝擊並不一致。藍教授指出在歐元政策上，法國調適壓力的方法是上傳其政策偏好（即確立歐元順利發行以鎖住統一後的德國）至歐盟，促使各國同意訂立1999年為「歐元」發行元年。至於發行的技術細節則儘量遵循德國所要求的「成長暨穩定協定」的條件。甚至為使大多數歐盟成員國都能加入歐元，使其如期上路，法國協同其他準歐元成員上傳其政策偏好，對於懲罰違反「協定」事宜的「認定」納入政策裁量空間。雖然法國積極上傳其歐元政策偏好至歐盟，但歐元的實施也使得法蘭西銀行取得不受政治力干預的獨立性；而法國經濟哲學也由指導經濟轉向經濟新自由主義。

在歐盟對中國解除武器禁運政策上，法國一直扮演領導者的角色。自2003年起即上傳其政策偏好至歐盟。然而，因外部因素的干擾（如美國的強力反對、中國制定「反分裂國家法」等），以及內部政權更替（新任法國總統薩柯吉改採親美政策）使得法國好不容易所形塑的歐盟共識頓時瓦解。在此議題上，法國因無法達成目標，但又為了尋求其軍工複合體的商業出路，於是薩柯吉總統轉而主導重返北約，尋求東歐會員國的訂單。法國的戰略轉向主因並非來自歐盟，而是來自法國總統的政策偏好轉變及內部政策需求。換言之，在政府間主義所主導下的歐盟共同外交暨安全政策（CFSP）其實對於法國的影響並不大，反倒是法國積極上傳其對中解禁的政策偏好，試圖成為歐盟的共同政策。在不遂其意時，法國也非因歐盟而導致其戰略轉向。至於「申根公約」對法國的壓力則因時期而有不同。早期申根公約與法國政策氛圍的「契合度」甚高，因人員自由流通符合其經濟利益，也符合其當時執政的社會黨和自由派的意識型態，因此法國國會很快批准公約，並依約成立整合型的警察、憲兵和海關中心。然而，後來因2001年9月11日恐怖份子攻擊事件，卻使得法國右派政府選擇不完全實施「申根公約」的規範。法國參議員也針對「申

根公約」是否傷害國家主權一事提請釋憲。後經憲法委員會裁決，表示「申根公約」並未違憲。再加上歐盟理事會及歐洲議會於2006年通過「申根疆界準則」，才迫使法國將其相關規範轉置成國內法，不再任意假藉反恐之名樹立邊界檢查屏障。

　　第四章的法國案例呈現「歐洲化」因議題的不同而對法國造成不同的衝擊。第五章則由陳怡凱教授探究「歐洲化」對德國憲政秩序的衝擊。陳教授指出由於歐盟法的「至上原則」、「直接效力原則」加上歐洲法院利用「隱含權利」（implied power）和「有效利用」理論來寬鬆解釋歐盟權限，使得德國以「基本法」為中心的憲政秩序有被歐盟法令掏空的可能，於是在德國造成所謂「憲法歐洲化」的疑慮。陳教授指出德國回應此「歐洲化」挑戰的方式有三。第一是聯邦憲法法院的判決對抗，挑戰歐洲法院對歐盟法之專擅審查權。德國聯邦憲法法院接連做出「條件一號判決」（Solange I）、「條件二號判決」（Solange II）與「馬斯垂克條約判決」（Maastricht-Urteil），表示不放棄對歐盟法是否合憲來進行審查，但卻自我設立條件來限制德國聯邦憲法法院以基本法來審查歐盟法的合憲性。該院認為歐盟法是德國所同意的條約所構成，既然德國是條約之主人，可以單方退出歐盟，故德國聯邦憲法法院自然有權認定歐盟法令是否有逾越被德國主權體所授予的權限。第二種回應方式是修改基本法第23條，將德國基本法第79條第3項之德國國家統一性元素，如民主社會法治國和基本權利保障等設定為德國參與歐洲整合的條件，並於條文中明白課予歐盟以上之義務。於是一旦歐盟拒絕遵守上述條件時，德國國家機關可以憲法義務為由，不得參與歐洲整合。第三種回應方式則是透過歐盟相關條約的修定，將德國憲政偏好傳統上傳至歐盟。例如，德國在馬斯垂克條約中提案納入輔助原則（principle of subsidiary），強調問題若能由地方和會員國層級來有效解決，就應留在地方和會員國來解決，不應將政策授權轉移至歐盟。陳教授認為二次大戰後德國是戰敗國，是否擁有主權仍有問題，故對當時因歐洲整合所做的主權權力轉移並無太多置喙權利。又早期歐體立法大致採一致法，加上「盧森堡妥協」使得會員國對於國家利益有所堅持，於是從德國角度，早期德國憲政體制並未明顯感受來自「歐洲化」的壓力。但當歐盟不斷廣化及深化後，德國憲政秩序遭受「歐洲化」衝擊愈加明顯，於是德國聯邦憲法法院及國會不得不做出法律上適法性的種種回應。但陳教授以為有關歐盟法與德國憲政秩序的爭議應由政治手段解決為宜，不應在法律上爭執誰才是至高的主權者。

　　瞭解「歐洲化」對德國憲政秩序的衝擊後，本書第六章則由劉如慧教授細究歐盟環保指令對德國的環境影響評估制度（簡稱環評制度）和團體訴訟制度的影響。

從制度契合度來看，歐盟規定與德國現有制度可說是格格不入。就環評制度而言，德國過去並無環評制度，但歐盟於1985年通過環評指令後，德國迫於條約義務只能將其引進。唯引進歐盟的整合型環評機制後卻與德國現有的平行審查程序及「附許可保留之禁止」制度不相容。德國法中空氣污染、水資源保護等皆各有聯邦法律規定標準，各項明定標準平行通過後即發許可。可是歐盟指令卻要求對一開發行為所造成的全面影響進行評估，包括對人類、動植物、土地、水、空氣、氣候、景觀，彼此交互作用，以及實體財貨和文化遺產等的直接和間接影響皆納入審查，並於環評程序中給予綜合評價。歐盟指令等於要德國全面改變既有許可程序，並發展整合性的許可標準。但由於整合性標準複雜難覓，且帶有強烈行政裁量性格。所以歐盟環評制度與德國既有制度的高度「不契合」竟造成德國比規定期限延後兩年才將歐盟環評指令轉換成國內法，並遭到歐盟法院裁決指出多項轉換缺失。

　　當時，德國聯邦立法者採取一個變動最少的轉換策略，即在程序上要求各邦指定專責機關負責界定環評範疇及總結報告，至於實質環境評估仍由各許可程序的主管機關為之。換言之，多頭許可程序不變，只要求指定專責機關「確保」主管機關「共同合作」。但由於各主管機關皆為平行機關，互不隸屬，於是整體性環境評估並無法達成。尤有甚者，德國聯邦行政法院見解認為，環評只是一套程序規定，對實體法並無增加要求，實體許可標準仍依德國既有法令處理。由於德國將環評法視為程序法，利害關係人並不得單因違反程序規定而提請行政訴訟。而且若行政機關怠於實施環評，也不意味著其行政決定必有瑕疵，於是迄今德國聯邦行政法院尚未因任一開發行為怠於實施環評而撤銷其開發許可。又德國聯邦立法者仍有抗拒心態，也一再修法限縮環評法的適用範圍。德國聯邦政府原本計畫透過制定「環境法典」引進「整合的開發許可程序」，以全面調整德國環境法基本架構，俾利與歐盟日益增多的「整合型」環保法令接軌，但在1999年時因聯邦在水資源法上的立法權限不足，故宣告失敗。歐盟後來在2003年頒布的民眾參與指令（2003/35/EG）對環評指令也有所修改，德國直到2006年才通過「環境救濟法」予以轉換，其第4條第1項規定，若某一開發案未依法進行環評，或未依個案預審是否有環評義務，也未補正者，得要求撤銷開發許可。這項規定儼然是德國環評制度的一大突破。但實際上能撤銷許可者只限上該規定之兩種情況，其他程序瑕疵並不包括在內。因此若形式上有環評，但實質評估有違法之虞，也不適用該規定。於是德國環評制度仍是抗拒、延緩和限縮歐盟環境指令的衝擊。法律上雖有轉換，但實際調適作為仍依現有制度進行微調而已。劉教授指出，新舊制度契合度以及行動者（如德國聯邦參議院

和行政法院）的態度是阻礙德國完全吸納歐盟環評制度的關鍵。

　　反觀，（利他的）團體訴訟制度早期在德國聯邦層次並不存在，但除兩邦外，德國各邦在自然保育法中皆容許提起團體訴訟。當歐盟及德國皆為1998年奧爾胡斯公約（Aarhus Convention）的締約方時，便有義務引進該公約的團體訴訟規定。歐盟亦於2003年頒布民眾參與指令（2003/35/EG），將團體訴訟制度納入，要求會員國轉換執行。如前所述，就制度契合度而言，歐盟的要求與德國既有制度的「契合度」並不佳。但比起歐盟與德國的環評制度之「契合度」還是較高。因為吸納團體訴訟制度並不必如環評案例般須全面更動德國行政法制度。

　　儘管如此，德國於2006年的「環境救濟法」中，仍然對於團體訴訟的訴訟要件有嚴格限制。依該法，雖然團體訴訟制度受到一般性的確認，但僅限於行政機關所違反的法規目的在保護「個人權利」時，環保團體才能夠提起訴訟。若只違反保護公益或環境利益的法規，則不得提請法院審查。換言之，德國在本案例回應「歐洲化」衝擊的方式仍是法律微調，但實質上仍限縮歐盟指令的作用。在本案的主要行動者（即聯邦立法者）仍採消極保守態度。惟學者、環保團體則大力支持團體訴訟制度。又「北萊茵—威斯特法倫邦」高等行政法院亦支持環保團體主張，將本案（環境救濟法的團體訴訟規定）提交歐洲法院做「先行裁決」。端視歐洲法院之判決，德國有可能被迫修法賦予環保團體廣泛的團體訴訟權利。

　　在討論「歐洲化」對英、法和德國國內體制之衝擊後，本書進入第二篇探討「歐洲化」對各國政策之衝擊。第七章李貴英教授以德國為例，探討歐洲化對歐盟會員國平衡生技風險與貿易利益之影響。李教授指出歐盟對於「基因改造產品」（GMOs）的規範架構包括：一、上市前的安全評估；二、內部市場的「單一窗口制」的授權程序。歐盟採用程序導向（process-oriented）的規範模式，著重個案每一生產過程的風險評估後，再正式授權。與美國採用的產品導向（product-oriented）的規範模式不同，後者假定基因轉植並未比傳統植栽技術對人類健康與環境帶來更大風險，因此僅著重最終產品（非製造技術）的風險評估。由上可知，歐盟「程序導向」的規範隱含較高程度的預防性。至於內部市場原則是指一旦GMOs申請案獲得釋出和使用之授權後，便可自由流通於歐盟境內，會員國除非使用預防條款，否則不得禁止、限制或阻礙已獲授權之GMOs產品上市。且在處理GMOs產品對環境影響時，歐盟採逐步原則（step-by-step）。每一項GMOs產品只有在前一步驟的評估顯示可採下一步驟的情況下，控制才逐步降低，釋出規模才逐步增加。

　　為求會員國能一體通用歐盟GMOs的規範架構，執委會採用規章（regulation）方式頒布，不須各國轉換為國內法即可直接適用。但個案分析上，李教授特別挑選2001/18/EC指令為例，檢視德國如何落實該指令。德國依條約義務將該指令轉換為國內法，即「基因改造法」。然而依該法，德國要求GMOs產品釋出（或上市）有關目的，若不至於對保護標的產生不合理的不利影響時，即給予授權。換言之，如果釋出預期的利益係屬合理，縱使GMOs有不利影響，仍可以被接受。乍看之下，德國「基因改造法」這項規定似乎不符合2001/18/EC指令的第4條規定，要求會員國應採取所有適當措施以避免不利影響。另一方面，2001/18/EC指令亦涉及歐盟多層級治理問題。該指令就GMOs產品上市的制度設計，旨在俾於會員國參與核可程序，以及在歐盟層次建立一統一程序，以避免GMOs管制因會員國規範不同而有所差異。不過，李教授指出，實際執行上卻與預期有落差。一方面因為會員國必須對國內民眾就GMOs產品疑慮有所回應，而一般回應方式即是片面禁止。另一方面也因為若干會員國利用程序及其影響力對歐盟機構進行不當施壓。例如，依歐盟1829/2003號規章，惟有在理事會未作成決定時，執委會才能作成最終決定。因此在理事會的程序階段，會員國握有決定權，有必要時可以禁止產品上市，同時以共同合作方式在程序上進行掌控。所以即使在WTO歐體生技產品案中，經WTO裁定共有6個歐盟會員國採取防衛措施是違反協定的，但歐盟仍無力要求其中若干會員國取消該國對GMOs產品所實施的禁令。總結來說，故歐盟在GMOs產品規範架構對於會員國之相關法規有直接且明顯的影響力，促使會員國GMOs產品規範「歐洲化」的現象。但是會員國在回應歐盟壓力時，仍有些許空間藉由歐盟指令和多層級治理的漏洞，堅持其本國對GMOs產品的管制措施。於是會員國在本案中的規範結構雖有「轉化」（transformation），但仍存有執行層面上的抗拒心態。

　　接續第七章歐盟會員國對於GMOs產品規範「歐洲化」之回應，第八章洪德欽教授深入探討「預防原則」歐洲化。預防原則產生的社會背景是因1990年代歐盟境內連續發生環境汙染、生態破壞和食品安全違常事件（如狂牛病）等致使一般民眾對於科技發展的不確定性有所擔憂，特別就GMOs產品對於人體危害和生態破壞產生高度疑慮。有鑑於此，預防原則乃歐盟回應民眾期待，為因應科學不確定性，對公共利益存有嚴重危害風險者，允許在無充分科學證據前提下採取風險預防措施。預防原則的適用從1990年代起便逐漸成為歐盟內部的共識。不但該原則中的預防保護及風險評估概念散見於歐盟的條約和衍生法律中，而且屢經歐洲法院判例確認和執委會執行，顯示預防原則已有「歐盟化」的現象。尤其是在歐盟178/2002規則第

7條明文規定下，預防原則已超越歐體條約的第174(2)條項的宣示性規定，而對於歐盟機構、會員國、歐洲廠商及科研單位皆具法律拘束力。其於178/2002規則，預防原則在歐盟的適用包含：(1)鑑定潛在負面效果；(2)風險評估；和(3)科學不確定性等三大元素。首先，在決定進行風險評估之前，必須先取得風險相關之科學資訊並完成潛在負面效果的鑑定。其次，一旦決定進行風險評估，則其過程必須具高品質操作性，否則其所取得之證據不被認定是「充分，確定及精確」。為避免預防原則被濫用，風險評估雖不必取得具「結論性證據」，但仍須顯示充分科學指標做為採取預防措施之依據。然因所採用的科學方法和操作差異而造成「科學不確定性」是存在的。此類必須與因無知所形成的科學不確定性有所區隔。後者乃被「預防原則」的適用所排除。換言之，只有在「依據可得資訊所從事的評估，已證實存有對健康危害的效果及科學不確定性」（178/2002規則第7條）時，才可採用預防原則。而且預防措施應優先採取較不限制而又能達成適當保護水準的方案，例如：適當待遇、降低暴露、加強控制、暫時性限制、建議風險族群等。且其採行應依比例原則，即保護不得過當，不得超越所欲追求的目標。同時保護應避免以追求零風險為目標，但只要依比例原則也不須排除全面禁止措施。最後，洪教授指出預防原則「歐洲化」不但衝擊到歐盟會員國，也因歐盟積極在國際組織及論壇主張「預防原則」，而造成WTO爭端的一項新來源。例如WTO「歐體生技產品」案。從歐盟的角度，預防原則在歐盟境內的一體適用不但應被WTO等國際組織或論壇所尊重，而且該項原則應被接納，並成為國際法的一般原則。由此可見，歐盟不但推動「預防原則」之歐洲化，更希望它進一步國際化。

　　探討完「歐洲化」對歐盟會員國的生物科技政策衝擊後，本書進入第三篇，旨在討論「歐洲化」對歐盟新會員國及非會員國之影響。第九章楊三億教授檢視「歐洲化」對捷克環境政策之影響。楊教授指出對中、東歐國家而言，「歐洲化」壓力不僅來自加入歐盟時必須調整國內法律及體制以符合歐體核心法律基礎（Acquis Communautaire）之入盟要件。新會員國的壓力也來自其對「歐洲認同」所形成的內外部同儕壓力。既然是歐洲的一員，其行為舉止便應符合歐洲的價值取向。而歐盟新會員國回應「歐洲化」的機制可從社會學習模式和經驗學習模式的雙重管道加以理解。社會學習理論透過「法律與過程的正當性」，以及「政策共鳴」兩大元素來促使新會員國內化歐盟的規範價值和改變其利益和偏好的界定。經驗學習模式則強調學習動力來自對本國國內政策和環境的不滿而向外尋求解決良方。對歐盟新會員國之歐洲化而言，經驗學習模式似乎較具說服力。因為不少新會員國內部因政策

實踐失敗而思向外取經學習；加上知識社群的互動傳播各種解決方案；又有許多現成的成功範例規則可供交互使用模仿。所以中、東歐國家之領導菁英可降低許多改革的成本和阻力。甚至藉著「歐洲化」之名，以加入歐盟為誘因，透過新舊會員國經驗傳承與學習，使其國內政策的調適更趨近歐盟的規範。不過，楊教授指出中、東歐國家的「歐洲化」過程早在1993年歐盟提出「哥本哈根標準」時便已展開。惟因各國獨立及政權轉型時間，社會和經濟條件，以及地緣政治及外交政策走向有所差異，使得「歐洲化」速度有所不同。楊教授選擇捷克做為個案研究，因為捷克在各種指標上皆是最能夠接納「歐洲化」的國家。在此檢證歐洲化最佳案例上若仍無法取得歐洲化的證據，則我們可以推論「歐洲化」的現象是不存在的。

首先，楊教授指出入盟前，生態環境的惡化是捷克政府民主化後所必須解決的要務。恰巧加入歐盟所需的法律調和（legal harmonization）給予捷克修改眾多不合時宜的環保法規的最佳外部誘因及藉口，用以克服反對者（如企業和反對黨）的阻力。尤其是捷克與歐盟協商入盟階段，使得捷克環境政策和法令必須受到歐盟年度報告追蹤修改轉換的進度（捷克需轉換超過200項歐盟法令）。自1998年到2003年執委會共發布6次年度報告，就捷克的水資源管理及保護、廢棄物、空氣、噪音、核能安全、化學製品、基因改造和自然保育等項目逐年審查，以確認捷克入盟談判是否能進入最後階段。這股外在的入盟壓力，又因捷克環境法體系紊亂，使其與歐盟的環境相關指令之「契合度」不高，造成內在調適有時間急迫性的壓力。此外，捷克反對黨領袖克勞斯掌權後更加百般延緩環境立法工作，也未確實執法（如清潔空氣法），導致不少環境法規形同具文。制度上捷克的兩院制亦造成否決點，使得進步的環保立法多一層關卡。以上中介因素說明捷克調整其環境政策是困難重重的。不過楊教授指出，歐盟法令與制定過程似乎被捷克民眾認為具正當性。此外，環境議題的跨國界特性，使歐盟環保政策具備泛歐區域的政策共鳴。當然，捷克境內諸多環保汙染問題已使民眾心生不滿，亟思向外尋求改革經驗；加上非政府組織如「環境問題中心」、「生態政策研究所」、「查理士大學」等亦發揮知識社群的功能，傳播環境永續發展的理念；此外，透過既有歐盟會員國的配對協助，使得捷克政府得以排除改革之阻力，逐步將歐盟環境指令一一複製成國內法規，並重新組合其環境保護體系及機構。故其經驗乃歐盟新會員「歐洲化」的一成功案例。

第十章王群洋教授探討「歐洲化」對羅馬尼亞和保加利亞體制的影響。王教授指出羅保兩國「歐洲化」的壓力主要來自歐盟對其入盟的要求，伴隨著「重返歐洲」或「加入歐盟」的外在誘因，使得羅保兩國必須調整內部體制以符合歐盟之要

求，但兩國調適過程中卻遇上政黨、利益團體、民族主義份子和疑歐論者的阻擾。雖然歐盟的外部誘因，要求全面體制改革，造成羅保兩國的資源重新分配，並為改革者創造新的政治機會，但也正因為此權力平衡的變動，使得羅保兩國國會（否決點）反對黨強力反撲，除了透過不信任投票迫使執政黨延緩改革，限縮改革範圍，甚至只有形式要件（法律）的修改，但實質上卻無改革成效。此外，羅保兩國的少數民族政黨，也藉著民眾對加入歐盟的期待落空所產生的不滿，動員反歐勢力挑戰歐盟「由上而下」的「歐洲化」規範。王教授從歐盟要求保加利亞關閉核能電廠案例，以及要求羅馬尼亞力行司法改革和反貪腐案例中，分析兩國回應「歐洲化」壓力時的調適作為。她發現羅保兩國雖因歐盟強大壓力而修改法令及關閉核能電廠，但因國內中介機構（政黨及利益團體）仍多所阻擾，使得兩國的改革作為流於形式，兩國的政治菁英亦未能藉「歐洲化」壓力重新塑造兩國的國家利益及認同取向，而讓國內各方勢力均能心悅臣服地接納歐盟的改革要求。

雖然「加入歐盟」所形成的外在誘因是導致歐盟新會員國的體制和政策「歐洲化」的主因，但是「歐洲化」的衝擊並不僅限於中、東歐的新會員國。「歐洲化」的衝擊也可能延伸至非歐盟會員國。第十一章吳建輝教授探究歐盟的「普遍性優惠待遇」（GSP）如何對印度和巴基斯坦造成「歐洲化」之壓力。歐盟的GSP給予第三國准入歐洲單一市場的貿易優惠，但對受惠國卻附帶人權保障、良善治理，以及環境永續發展等條件。一旦受惠國不履行歐盟之附帶條件，則歐盟可取消其GSP，作為懲罰。吳教授認為歐盟以GSP促使第三國符合歐盟的價值規範，是遂行「歐洲化」的良好例證。不過，GSP所提供外在誘因遠不及「歐盟會籍」。GSP之受惠國並無履行歐盟法律之義務。相反地，若歐盟與受惠國同屬WTO會員時，受惠國反而可藉WTO爭端解決機制，提起訴訟挑戰歐盟GSP的不當措施，於是抗拒「歐洲化」之壓力。例如，該章案例的印度一向反對將經貿議題與非經貿議題連結，因此針對歐盟第一代的GSP的「歧視性」措施向WTO爭端解決機制提起訴訟，經WTO上訴機構裁決，歐盟被迫修改其GSP內容，以「客觀標準」去區隔受惠國之人權、環保和善治條件，並正當化其授予受惠國之GSP是符合「開發中國家之發展、財政，及貿易需求」。可見印度對「歐洲化」的抗拒是透過WTO運作而得逞。當歐盟與第三國同屬WTO會員時，WTO規則可能成為「歐洲化」的中介干擾因素。相對的，該章另一案例巴基斯坦雖因反恐而被歐盟以打擊毒品特別誘因列入GSP受惠國。然而歐盟在第一代GSP規定中並未要求巴基斯坦提出申請，亦未列出客觀標準去判定是否合格，於是巴基斯坦一旦被列入歐盟GSP受惠名單中，便無誘因去執行

歐盟之附帶條件。在歐盟第二代GSP架構下，印度和巴基斯坦皆未成為其打擊毒品特別優惠之受惠國。原因可能是在歐盟第二代GSP中，巴國需要向歐盟提出申請，合理化其需求，也須受歐盟監督，故執行「歐洲化」成本大為提高。是此，歐盟欲用GSP附帶條件對印巴兩國施以「歐洲化」之效果誠屬有限。

　　本書以盧倩儀教授論證「菁英－公民的歐洲化」斷層作為結論。盧教授在詳盡地對「歐洲化」文獻進行檢閱之後，發現「歐洲化」僅存在於歐洲政治結構的上層（即菁英層次），但對其「底層」（即公民層次）則尚未發生。她指出「歐洲化」的「機制」若持續僅存於上層而不存在於底層，則此「不對稱的歐洲化」將讓歐洲的民主赤字問題愈加嚴重。盧教授以愛爾蘭針對里斯本條約第一次公投為例，雖然公投前愛爾蘭各大媒體頻頻報導歐盟相關新聞，但Eurobarometer民調資料卻顯示，愛爾蘭人民對於歐盟之印象及歐盟機構之信任程度卻不升反降。這種對歐盟的疏離感和反感，實與「歐洲化」所欲引領的「歐洲認同」方向背離。然而盧教授指出歐洲公民（或底層）不被「歐洲化」，有可能是因為長期以來歐盟政治菁英（或上層）為了不讓底層發聲造成「歐洲化」阻力，故設法將歐洲議題非政治化，進而使得歐洲公民不瞭解歐盟，或對歐盟感到疏離。弔詭的是當「歐洲化」僅存於歐洲政治結構之上層，其蓬勃發展已嚴重腐蝕底層公民手中的選票價值和影響力。據此，盧教授呼籲「歐洲化」應更重視「底層」的聲音才能彌補「菁英－公民」之斷層。

　　從以上本書各章重點介紹，我們瞭解「歐洲化」研究的多樣性。不但研究取向具多樣性，就連所討論的議題面向也不斷延伸。我們知道「歐洲化」是在探究歐洲整合與國家治理（體制或政策）的互動。「歐洲化」的衝擊主要來自歐洲整合或歐盟運作，但其論證重點卻落在歐盟會員國（或非會員國）之國家體制及政策的變動和調適作為。歐洲整合或歐盟運作所帶給各國的壓力不盡相同，因此各國回應「歐洲化」的方式也有所差異。至少本書呈現各國在回應「歐洲化」挑戰時，並無所謂「趨合」（convergence）的現象。也許會員國有遵守歐盟條約法令的義務，故必須轉化國內法規及改革體制，但是在執行面上仍有許多差異，同時也反映其內部中介機構的干擾。於是，雖然各國體制和政策或因「歐洲化」壓力而有所調整，但是各國調適的幅度及內容並不盡相同。又本書之許多個案研究雖呈現「歐洲化」之現象，但卻往往未能釐清「歐洲化」之因果關係，也未能排除「歐洲化」之替代因果解釋（如全球化、經濟危機）。此等研究有待本書各章作者及後學者共同努力，將「歐洲化」研究更加以精緻化。果是如此，則本書已達到原先設定的拋磚引玉效果。

第 ② 章　「歐洲化」課題之各類研究方法及取向

黃偉峰

第一節　前言

　　「歐洲化」（Europeanization）研究自1990年代後期便逐漸成為歐洲研究之熱門課題。然而「歐洲化」概念卻一向多所爭議。雖然如此，「歐洲化」常被廣義地定義成歐洲統合對會員國（或非會員國）國內之政治體系（或社經、法律和文化體系）所造成之衝擊。舉凡任何國內法政、社經、文化、制度、意念和認同體系的改變（統稱國內體制），以及政策變動，若可歸因於歐洲統合之情事，皆是「歐洲化」研究之範疇。然而，隨著研究社群的擴大及研究議題的延伸，「歐洲化」除了由上而下（top-down）指涉歐洲統合對國內體制和政策衝擊外，它亦常被用來描述會員國水平間（horizontal）因歐洲統合所需之相互調適，甚至指涉歐洲（或歐盟）與國家層次間的互動過程（interactive process）。換言之，會員國國內變遷亦會影響歐洲層次的治理空間（governing space）。於是「歐洲化」概念從單向（由上而下）轉成雙向的因果關係。

　　其次，雖說「歐洲化」指歐洲統合對國內體制和政策變動造成影響，但國內體制和政策變動不見得僅由歐洲統合所引起。這些變動可能更深層地源於內生（endogenous）的國內因素，亦可能來自外在的全球化或特定危機。研究者仍須排除其他內生因素及外在衝擊的另類解釋，才能釐清「歐洲化」的淨效果（net effect）。僅管在概念的定義和測量，以及假設推演和理論建構上，「歐洲化」研究仍多所爭議，也存在許多缺失。但不可否認的是，「歐洲化」這個研究課題（research agenda）已漸成為歐洲研究之主流之一。以「歐洲化」為名的專書和研究論文更已達到「汗牛充棟」的地步。有鑑於此，本章針對日益龐雜的「歐洲化」研究做一有系統的整理，並從方法論的角度切入，探討這些「歐洲化」著作在概念的定義和測量、研究方法的設計、理論假設的建構及因果關係的推演上有何特點和困境，並進而找出「歐洲化」研究的新取向。本章共分五節。除前言外，第二節探

討「歐洲化」的定義及其研究範疇；第三節討論「歐洲化」的概念測量及研究設計；第四節釐清「歐洲化」的理論建構及因果關係推演；第五節將現有「歐洲化」研究取向與過去歐盟理論連結，探討其新鮮之處為何？並據此暫做結論。

第二節　「歐洲化」的定義及其研究範疇

針對「歐洲化」的定義學界已爭辯許久。簡單白話地說，所謂「歐洲化」就是「愈來愈像歐洲」（becoming more like Europe）。[1]到底什麼「愈來愈像歐洲」呢？依研究者旨趣而定，但一般是指歐洲國家的國內體制和政策「愈來愈像歐洲」。可是「像歐洲」的什麼呢？這個問題邏輯上預設了可以共同想像和描述的「歐洲」。問題是「歐洲」做為一個地理區域、文化概念、甚或政經實體到底應呈現何種面貌，則尚無一定論。於是目前研究「歐洲化」者大多採用易於操作的定義，即「歐洲化」是指國內體制和政策為因應歐洲統合所做的調適過程（adaptive process）（Graziano and Vink, 2007: 7）。依此定義，「歐洲化」研究包含「歐洲統合」所產生的一切後果，例如：歐盟的制度建構和政策形成，或泛歐洲價值體系的形成等。若「歐洲統合」被視為一尚未完結的動態制度化過程（Stone Sweet, Sandholtz and Fligstein, 2001），則此動態過程對會員國（或非會員國）國內體制所造成的調適壓力亦是「歐洲化」的研究範疇。雖然早期「歐洲統合」研究亦曾觸及它對民族國家（nation-state）存廢，或對會員國中央與地方政府權限增減之影響（Hoffmann,1966; Moravcsik, 1994; Marks, Hooghe and Blank, 1996），但「歐洲化」研究更著重國內體制和政策的變動和調適。

然而歐洲統合對國內體制和政策之單向衝擊並非「歐洲化」的唯一定義，它也曾被定義成「在歐洲層次出現（emergence）和發展（development）獨特的治理結構（distinct structures of governance）」（Risse, Cowles and Caporaso, 2001: 3），或法理上移轉主權至歐盟層次（de jure transfer of sovereignty to the EU levels）（Lawton, 1999）。值得注意的是，依Risse和Lawton等人的定義，「歐洲化」的研究範疇已與傳統「歐洲統合」之研究範疇相互重疊，蓋因後者旨在研究歐洲國家如何分享共儲主權於歐洲層次，並形成一獨特的治理體系。因此「歐洲化」除了研究

---

[1]　此簡單定義乃由匿名審查人提供。特此申謝。

國內體制和政策調適外，亦可研究既有國內體制和政策，如何塑造歐洲層次的獨特治理體系。誠如Heritier所言，會員國常移植其政策至歐盟層次，以減少國內體制和政策調適的壓力（Héritier, 1995: 278）。於是「歐洲化」定義從單向，由上而下地探討歐洲統合對國內體制和政策之衝擊和調適，轉而研究歐洲與國家層次的雙向、垂直與水平互動。例如：公共政策的「歐洲化」是一雙向過程。一方面會員國透過談判將其政策偏好「上傳」（upload）至歐盟；另一方面，又從歐盟政策選單中「下載」（download）政策（Bulmer and Burch, 2001）。不過，為了避免混淆，筆者認為我們在概念上仍應區分自變項——即歐洲統合，和依變項——即國內體制和政策之變動與調適。但在研究設計上，我們應時時警覺「歐洲化」的自變項和依變項可能互為因果。所以，單向、由上而下的「歐洲化」研究設計可能無法釐清「歐洲化」的淨效果和因果關係。

即使我們將「歐洲化」界定成歐洲統合與國內體制和政策之互動及調適，但其指涉面向仍相當廣泛。Olsen（2002）發現「歐洲化」可以指涉：(1)外在疆域的改變；(2)在歐洲層次形成制度和治理體系；(3)「歐洲」對國家和次國家治理體系的滲透；(4)輸出歐洲獨特的政治和治理模式；(5)統一歐洲的政治計畫。為了限縮「歐洲化」指涉的面向，Radaelli將「歐洲化」界定成：「攸關歐盟正式和非正式規則、程序、政策典範、行事風格、共同信仰和規範的建構（construction）、擴散（diffusion）和制度化（institutionalization）之過程。這些規則、程序、典範、風格、信仰一開始時經由歐盟政策制定去界定與鞏固，之後則被納入國內論述、認同、政治結構和公共政策的邏輯當中。」（Radaelli, 2003: 30）這個定義強調政治行為變動的邏輯，因此涵蓋國內體制和政策如何內化、調適、和制度化歐盟治理體系。但此定義的缺點是完全聚焦於歐盟，而忽略歐盟之外的歐洲統合面向。因此Radaelli的定義可能被誤以為「歐洲化」與「歐盟化」（EU-ization）乃同義詞。Wallace認為兩概念應予以區隔，因為歐盟本身就是「歐洲化」的一項產物，而「歐洲化」較「歐盟」有更長的歷史及更寬廣的地理界限（Wallace, 2000）。不過不可否認地是「歐盟化」乃「歐洲化」最重要一面向。雖然Radaelli的「歐洲化」定義未能如「背景概念」（background concept）般涵蓋所有相關面向，但它卻是一個可操作的「系統概念」（systematized concept），使得研究者明確限制其研究範疇。

的確，研究者為了操作之便常採用較窄的「系統概念」來界定「歐洲化」。例如：歐盟政策的執行常被等同於國內政策之「歐洲化」（Hennis, 2001: 830）。又

「歐洲化」也被界定成國家行政系統（national administration）因歐盟規定所做的調適（Knill, 2001）。此外，會員國對歐盟法規和指令的遵守履行（compliance）也被視為「歐洲化」（Panke, 2007）。又中、東歐新會員國在加入歐盟前必須針對歐盟法（acquis communautaire）及政治條件（political conditionality）所做的調適亦被視為「歐洲化」（Glenn, 2004; Schimmelfennig and Sedelmeier, 2005）。在操作上「歐洲化」曾被界定成歐盟與會員國間的政策移植（policy transfer）（Bomberg and Peterson, 2000）或指歐盟提供溝通和競爭場域使得會員國間彼此學習（learning），交互使用行政上最佳措施（best practice）（Burch and Gomez, 2003; Jordan, Wurzel, Zito and Brückner, 2003）。最後，「歐洲化」也被界定成一種論述框架（discursive frame），從政策辭令（rhetoric）到腳本（narratives），用以正當化國內措施（Kallestrup, 2002; Hay and Rosamond, 2002）。

　　以上針對「歐洲化」的系統概念雖易於研究操作，但卻可能造成定義混淆。誠如Radealli和Pasquier所言，「雖然概念分析不能簡化成『歐洲化』的定義，但好的概念需要嚴謹的定義。」（Radealli and Pasquier, 2007: 35）從概念分析角度，他們指出「歐洲化」研究的幾項缺失。第一，多樣的系統概念使得「歐洲化」的研究範疇不斷擴大，於是任何研究主題都可能被說成「歐洲化」現象。第二，「歐洲化」概念是很難被測量的，因為它指涉一種調適「過程」而非狀態。除非此「過程」有被衡量的明確指標，而且也能觀察一段較長的時間，否則研究者常會錯誤地以為國內體制或政策愈類似歐盟治理／歐洲統合所需，便推論「歐洲化」現象是存在的。殊不知國內體制或政策愈像「歐洲」，也可能與歐盟治理／歐洲統合全然無關（Radealli and Pasquier, 2007: 39-42）。

　　有鑑於上述批評，也為了避免「歐洲化」概念的過度延伸（conceptual stretching）使其可以代表任何現象，Radaelli（2000）試圖區隔到底什麼現象不屬於「歐洲化」。首先，「歐洲化」不是「共歐化」（Europeification）。後者是指歐盟與會員國事實共享權力（de facto sharing of power）。「歐洲化」不等同於「歐盟化」，蓋因後者乃前者之一次集合。其次，「歐洲化」不表示「趨合」（convergence），「趨合」僅是「歐洲化」的一項，但非唯一項結果（Radaelli, 2003: 33）。「歐洲化」也不是「調和化」（harmonization）。儘管前者鼓勵各國政策相互調和，但各國政策卻不一定得調和一致（Montpetit, 2000: 590）。「調和化」通常指減少法規的多樣性，但「歐洲化」卻對法規多樣性問題持開放態度。當然，「歐洲化」不等於「歐洲統合」（或「政治統合」），蓋因後者是前者的必要

條件。沒有歐洲統合，便沒有「歐洲化」的現象。「歐洲化」可能只是歐洲統合的一個後果，它強調國內體制和政策因歐洲統合所做的調適過程。既然「歐洲化」是指涉一種「過程」，則「歐洲化」常被認為是一種延續性（continuum）概念，而非「二分化」（dichotomy）概念。它代表一種「程度」（degree），而非全有或全無的現象。問題是若將「歐洲化」視為延續性概念，則任何現象都可被認為是某種程度的「歐洲化」。這就是Sartori（1991）所指出的「程度主義」（degreeism）問題，即原本「類別差異」（difference in kind）被程度差異所取代。

綜合以上針對「歐洲化」定義的討論及概念的分析，筆者試圖為「歐洲化」下一定義：歐洲化是指國內體制和政策因應歐洲統合／歐盟治理所做的雙向互動調整過程。其具體研究範疇則由表2.1列出。表2.1旨在回答「什麼被歐洲化？」這核心問題。這個問題其實預設（presume）了一個可以明確描述的歐洲層次自變項，即「歐洲統合」或歐盟治理體系。因為「歐洲統合」之故，使得會員國（或非會員國）國內體制和政策必須有所改變或調適。而國內體制和政策便是被「歐洲化」的依變項。因為「歐洲化」可以是歐洲與國家層次的雙向互動過程，所以回答「什麼被歐洲化？」這問題不能遺漏其邏輯預設的自變項。這也是表2.1所述之「歐洲化」研究範疇與前人最大差異處。另一不同點是本文對「歐洲化」依變項的界定實超越國內政治體系所涵蓋的面向。除了「歐洲化」研究者慣常分析的對象，即國內政治體系外，本文亦將社會、經濟、法律、文化、地理、生態和環境等體系列入，用以容納非政治學門的「歐洲化」研究。雖然本文自始即將上述體系與政治體系統稱「國內體制」，但為了明確指涉「什麼被歐洲化？」，筆者於表2.1詳列「國內體制」的細項。

表2.1　「歐洲化」的研究範疇

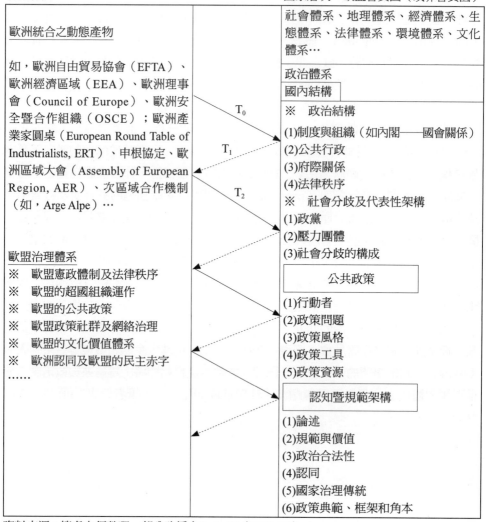

歐洲層次：	國家層次：歐盟會員國（或非會員國）
歐洲統合之動態產物 如，歐洲自由貿易協會（EFTA）、歐洲經濟區域（EEA）、歐洲理事會（Council of Europe）、歐洲安全暨合作組織（OSCE）；歐洲產業家圓桌（European Round Table of Industrialists, ERT）、申根協定、歐洲區域大會（Assembly of European Region, AER）、次區域合作機制（如，Arge Alpe）…	社會體系、地理體系、經濟體系、生態體系、法律體系、環境體系、文化體系…
	政治體系 　國內結構 ※　政治結構 (1)制度與組織（如內閣──國會關係） (2)公共行政 (3)府際關係 (4)法律秩序 ※　社會分歧及代表性架構 (1)政黨 (2)壓力團體 (3)社會分歧的構成
歐盟治理體系 ※　歐盟憲政體制及法律秩序 ※　歐盟的超國組織運作 ※　歐盟的公共政策 ※　歐盟政策社群及網絡治理 ※　歐盟的文化價值體系 ※　歐洲認同及歐盟的民主赤字 ……	公共政策 (1)行動者 (2)政策問題 (3)政策風格 (4)政策工具 (5)政策資源
	認知暨規範架構 (1)論述 (2)規範與價值 (3)政治合法性 (4)認同 (5)國家治理傳統 (6)政策典範、框架和角本

(T_0、T_1、T_2)

資料來源：筆者自行整理，部分改編自Radaelli（2003: 35）

註解：本表歐洲層次的內容乃筆者自行整理，國家層次內容則參考Radaelli（2003: 35），但亦加上社會體系、經濟體系……等，以求較周延寬廣之研究範疇。

　　儘管「歐洲化」是歐洲與國家層次的雙向互動過程，但「歐洲化」主要的解釋對象（即依變項）仍是國內體制和政策。因此表2.1實線箭頭指向國家層次的變

項，代表歐洲層次對國內所造成的衝擊乃「歐洲化」所欲解釋的主現象（Graziano and Vink, 2007: 8）。表2.1虛線箭頭指向歐洲層次變項代表國內體制和政策之調適亦可能會影響到歐洲統合或歐盟治理體系的運作。不過這種「歐洲化」的反饋作用（feedback effect）並非其研究主旨。探討會員國如何建構歐盟治理體系，或如何分攤共儲主權乃「歐洲統合」的傳統研究範疇。只不過「歐洲化」因自變項和依變項可能互為因果，所以研究國內體制和政策的變動及調適，不得不分析歐洲層次變項是否改變，然後再對國內體制和政策所造成的「次級衝擊」（second-order impact）。例如，在時點T_0，某會員國受到歐盟法規指令的調適壓力。而在T_1該國不但未做任何政策修正，反而成功地移植其原本政策偏好至歐盟而成為各會員國遵循的準則。於是在T_2時點歐盟對會員國國內體制和政策造成了「次級衝擊」。須知「歐洲化」的「次級衝擊」仍是「歐洲化」的研究範疇。可惜的是，筆者發現學界前輩針對歐洲化「次級衝擊」的研究仍相當闕如，[2]更遑論將歐洲化的「次級衝擊」予以理論化，並精確評估其淨效果。

第三節　「歐洲化」的概念測量與研究設計

　　研究「歐洲化」的衝擊（或次級衝擊）首先我們必須能夠測量「衝擊」（impact）這概念。從「歐洲化」定義，我們知道所謂「衝擊」之對象是指國內體制和政策，但反應在衝擊對象的外顯特徵則是其「變動」或「調適過程」。因為「衝擊」概念本身是無法直接觀察和測量，所以研究者只能退而求其次去觀察或測量可以指涉「衝擊」的概念化（conceptualized）指標（Babbie, 1979: 118-135）。換言之，觀察和測量國內體制與政策的「變動」（change）或精確描述其「調適過程」乃初步判斷「歐洲化」衝擊是否存在的必要手段。例如，在公共政策的「歐洲化」研究中，Radaelli提出國內政策變動的四個方向，即減縮（retrenchment）、鈍化（inertia）、吸納（absorption）和轉化（transformation）

2　不少研究在理論上雖觸及「歐洲化」的雙向互動過程，但卻未仔細演繹其因果假設，也未評估「歐洲化」的次級衝擊。例如：常被引述的「歐洲化」經典著作*Transforming Europe*一書中的所有作者，皆探討「歐洲化」的主要國內衝擊。雖然有些論文提到國內體制和政策對歐盟治理之影響，但這些文章並未評估歐盟治理體系對國內的次級衝擊。其主要目的乃是希望透過「追蹤過程」（process tracing）的方式去釐清「歐洲化」與其他內生中介變數或外在環境因素的影響。見Cowles、Caporaso and Risse, 2001.

（Radaelli, 2003: 37-38）。又Heritier等人指出「歐洲化」可以被一個包含轉化、調適（adaptation）、鈍化和減縮的量表所測量（Héritier, Kerwer, Knill, Lehmkuhl, Teutsch and Douillet, 2001）。所謂「鈍化」是指缺乏改變，其形式可能是抗拒改變或延遲變動時程；「吸納」是指調整式的改變，一方面維持既有核心架構，另一方面則做些微且必要的改變，以因應外在壓力；所謂「轉化」是指政策核心架構的改變及政治行為典範的變動。至於「減縮」則指不但抗拒改變，而且反其道而行，與預期變動方向悖離。儘管上述變動方向皆有清楚定義，但問題是我們如何區分「轉化」與「調適」的程度差異呢？國內政策些微變動是要歸類至「鈍化」或「吸納」呢？換言之，上述四項政策變動的概念化指標，仍需透過操作化（operationalized）的指標才能被測量。

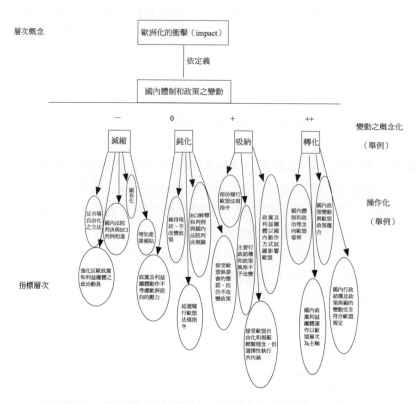

圖2.1　歐洲化的「衝擊」之概念化及操作化指標

資料來源：引自Radaell (2003: 37-38)。

註解：筆者參考Radaell對「變動」的概念化指標，再自行依不同議題提出操作化指標。

　　圖2.1針對歐洲化的「衝擊」區分概念、概念化指標及操作化指標，並舉例說明操作化指標的可能樣式。須知圖2.1並未窮盡所有歐洲化「衝擊」的操作化指標，也未針對特定國內體制或政策研擬操作化指標。有效的操作化指標應根據研究者的主題來設定。例如，若將「歐洲化」主題設定成各國是否順從歐盟市場自由化的政策方向，則操作化指標可以包括國內是否有反市場自由化之立法（減縮）？國有化企業的數目和市占值是否維持不變（鈍化）？國內干預市場之法規雖有部分移除，但整體規範架構是否並未改變（吸納）？國內市場是否完全遵照歐盟自由化法規來運作，並排除所有結構性障礙（轉化）？當然，研究者所設計的變動量表及指標也必須具有測量概念的效度（validity）。例如，市場自由化的指標也許不是國有企業的有無，而是企業的獨占性。因此，國有企業的數目並非一具有效度的指標，即它並不能有效測量「市場自由化」這概念。因而其所衍生的量表也不具效度。換言之，圖2.1雖列出相當多的操作指標來測量國內體制和政策之「變動」，但是研究者仍須合理化（justify）各該項指標之效度，否則我們無法依指標所觀察到的現象來推論國內體制和政策是否或如何「變動」。

　　更嚴峻的挑戰來自對「調適過程」（adaptational process）概念的測量。國內體制和政策的縮減、鈍化、吸納和轉化之任一形態皆可被稱做「調適過程」。四種變動形態的順序也可被視為「調適過程」。蓋因「過程」是一持續動態概念，而「調適過程」中的任一暫時結果皆不能窮盡「過程」這概念（Hacking, 1999: 36-38）。於是，實證上不論國內體制與政策是否或如何變動（或不變動）皆可被視為「調適過程」，進而誤謬地推論「歐洲化」的效果是存在的。欲排除這種推論誤謬，我們必須能夠精確描述「調適過程」，並辨別何種「調適過程」與「歐洲化」無關。例如，Börzel和Risse（2003）提出兩種概念化方式來描述「調適過程」。一是源自理性抉擇制度論；二是源自社會學／建構主義制度論（Hall and Talyor, 1996; March and Olsen, 1998）。雖然兩種調適過程可能同時存在並行，但我們在概念上予以區隔以便討論。

　　如圖2.2所示，從理性抉擇制度論的觀點，一旦調適壓力形成，它為行動者創造新的機會和限制。如果既有體制內存有較少的否決點與較多的輔助性組織，則會引導國內資源的重新分配，於是主張改革和反改革的行動者被授予不同的能力，進而促成國內體制和政策的變動。相對的，若從社會學／建構主義制度論來看，歐洲統合的調適壓力來自其所產生的新規範，新意念及共同認知。透過規範企業家的鼓吹和非正式機構的合作與動員，國內行動者進行社會學習，歷經社會化，進而內

化歐洲規範，產生新的認同，於是促成了國內體制和政策的變動。雖然上述兩種調適途徑不同，但最後經驗觀察指標仍是國內體制和政策的變動與否。研究者不但要能夠辨識調適後的現象，還得縝密地敘述調適「過程」的因果關聯，透過「過程追蹤」（process tracing）的方式去排除其他干擾因素。

　　舉例來說，在探討德國公屬銀行的國家擔保（state guarantee）制度如何受到歐盟競爭政策影響時，Grossman（2006）首先闡述德國銀行產業現狀及傳統「三級銀行體系」（three tier system）之共識決策（consensual decision-making）傳統；其次，他說明自1980年代後信用合作社銀行（cooperative-credit bank）因失去賦稅優惠轉而尋求平等立足點，要求德國政府取消對公營行庫（即邦屬銀行Landesbank和儲蓄銀行Sparkassen）的債信擔保。然而，因德國的共識決策體系，公私銀行的衝突尚能被控制。到了1990年代初期，拜歐盟競爭政策之賜，德國境內銀行公會組織受執委會暗中鼓勵，逐漸向其告發德國銀行體系之不公平競爭情事（如國家債

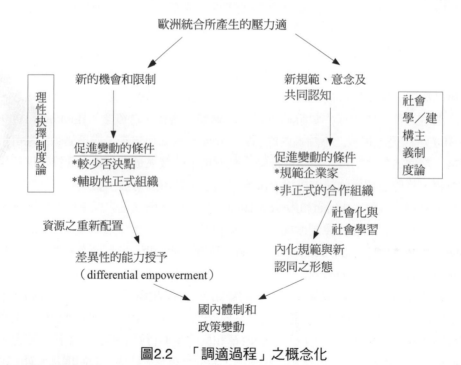

圖2.2　「調適過程」之概念化

資料來源：改編自Börzel and Risse（2003: 69）

信擔保制度），執委會則依其職權啟動正式調查程序，進而向德國政府施壓。換言之，歐盟競爭政策授予德國民營銀行告發能力，提供對外申訴的機會之窗，於是在裡應外合之下，德國於2005年廢止由國家提供公營行庫債信擔保制度（Grossman, 2006）。此例採理性抉擇觀點來描述國內政策的「調適過程」。

另一例子來自Zharaiadis（2005）探討1989年「歐盟購併控制法規」（European Merger Control Regulation）對英國購併政策之影響。雖然1989年歐盟購併控制法與行之有年的英國購併政策之差異頗大，但因其無強制力，故英國並無義務去調整其購併建制。那麼為何英國要調整其購併政策呢？Zahariadis發現一旦歐盟在公司購併領域建立政策權責，則其政策形象（policy image）便使其政策內涵具有合法性。尤其在高度複雜的公司購併領域，政策制定者通常無法專斷，反而常必須參照其他類似案例或其他專業組織的意見。因為歐盟規定不論是否具強制力皆常被指涉討論，形成焦點（focal point）。因此，英國業務主管官員自然經常與歐盟競爭總署官員互動和互通訊息，而歐陸與英國公司也經常互動，使得歐盟在購併領域的新想法和規定傳遞至英國的相關政策網絡。漸漸的，一方面英國政策網絡成員覺得本國購併政策不合時宜。另一方面，英國OFT官員經由社會化過程，逐漸內化歐盟購併建制的規範。因為決策者的價值偏好的改變，使得英國採取歐盟所訂定的標準來審議公司購併案例，也大幅減少政治裁量的空間（Zahariadis, 2005: 660, 664）。此例則屬社會學／建構主義觀點來描述國內政策的「調適過程」。

上述兩例採「過程追蹤」及縝密敘述的方法，去追溯不同時點國內體制和政策的現狀和變化，並控制相同時點的內生和外在因素，進而推論歐洲化之衝擊是否存在或程度大小。但其缺點是個案分析結果往往無法通則化。而其所辨識之相關變數僅屬建議性質，仍待後續大規模案例的經驗研究加以否證。為了檢證個案分析中所發現的相關變數，絕大部分的歐洲化研究皆使用有限案例的比較分析。特別是運用比較方法中的「最大差異系統」（most different system）或「最大相似系統」（most similar system）的研究設計，研究者盡量控制相關干擾變數，以評估主要解釋變數之影響力（Przeworski and Teune, 1970）。易言之，研究者希望在異中尋同，或在同中尋異。例如，Knill（2001）在探討國內行政體系如何調適來自歐盟環境政策之壓力時，便先採用「最大相似系統」的設計，審慎挑選英國和德國做為比較案例。他指出英國和德國乃兩個最相似案例，因為兩者之社經和政治條件極相似。例如兩者之經濟和工業發展程度、教育水平、人口密度、生活水準及社會福利等皆大致相似。又兩國皆是自由民主政體，其政黨和利益團體皆參與政策制定，而

且兩國都具備先進且有效率的行政體系。在環保領域，英國及德國都面臨嚴峻的工業污染和交通擁擠問題，兩國都具有高度環保意識；其環保組織不但繁多，而且財力雄厚，動員能力強（Knill, 2001: 52）。因此在所欲控制的相關干擾或背景因素上，英國和德國呈現最相似案例。可是在該研究的依變項上，即英國和德國的行政傳統、風格和結構，以及產業安排組成的制度，兩者卻呈現截然相反的樣態。的確，不論在行政和法律傳統，或在政治體系運作上（如單一制v.s.聯邦制國家），英國和德國常被視為兩類相反典範（Dyson, 1980）。於是慎選比較案例後，Knill不但可以控制其他干擾因素，而且可以運用「最大差異系統」的研究設計來探索相同的歐盟環境政策是否及如何衝擊英國和德國行政體系（Knill, 2001: 53-55）。

　　有限案例的比較研究雖然可以深入檢證「歐洲化」的相關解釋變數，但是卻因「相對解釋」（rival explanations）數目往往多於可觀察的案例數目（Lijphart, 1971: 686），致使比較結果常無法充分否證「歐洲化」的「虛無假設」（null hypothesis）。有鑒於此，擴充比較案例數目便是合理的研究策略。通常研究「歐洲化」學者會先設定一「分析架構」（analytical framework）來概念化和操作化歐洲統合或歐盟治理體系對各國國內體制和政策所造成的衝擊及其調適過程，然後再集結不同國家或不同政策領域的個案，依該「分析架構」來探討「歐洲化」現象，最後再由一學者（通常是專書主編）比較個案分析的結果，做出暫定結論。最典型的例子是Cowles、Caporaso和Risse（2001）專書*Transforming Europe*所提出的「歐洲化三步驟」（"three-step" approach）分析架構，即從歐洲化過程到歐洲化與國內結構之契合程度（goodness of fit）所產生之調適壓力，經由中介制度和行動者之影響，於是產生國內結構變動，其變動效果再反饋至歐洲化過程（Risse, Cowles and Caporaso, 2001: 6）。三位專書主編接著要求章節撰寫人應用上述分析架構去探討各會員國因歐盟而調整其性別平等政策、公路拖曳、鐵路運輸政策、貨幣政策、環保政策、中央及地方政府關係，和政商關係等等。

　　另外，較鬆散的比較架構則未建立「歐洲化」的因果關係假設，僅提出相關的比較面向供章節撰寫人參照應用。例如Wessels、Maurer和Mittag（2003）所主編的專書*Fifteen into One? The European Union and Its Member States*便採用鬆散的比較面向來探討自馬斯垂克條約以後，歐盟及當時15個會員國之政體和政策如何「共同演化」（co-evolution）。又如，Zeff和Pirro（2001）的專書探討歐盟15個會員國如何執行歐盟政策。Kohler-Koch和Eising（1999）所編的專書則探討會員國國內不同政策層面的決策和執行如何受到歐盟網絡治理體系所影響。Goetz和Hix

（2001）編輯的專書探討歐洲統合對各國政黨體系、選民抉擇、社會運動、政策社群、泛歐傳媒、政治溝通、國會議員資歷、司法行政和中央行政單位之衝擊。晚近，Schimmelfennig和Sedelmeier（2005）編輯的專書則探索加入歐盟前，中、東歐候選國之歐洲化現象（以採行歐盟法規為依變項）。章節作者則被要求檢證外在誘因模型（external incentive model）的解釋效力。該書比較歐盟的中、東歐候選國在自由民主體制、少數民族人權、行政改革等政策的變動。他們發現歐盟所要求的入盟條件，即民主條件（democratic conditionality）和歐盟法的條件（acquis conditionality）隨著歐盟的入盟承諾變得可信而成為有效的外在誘因，促使所有中、東歐候選國即時，甚或提前採行歐盟法規（Schimmelfennig and Sedelmeier, 2005: 210-228）。

　　就一新發展的研究課題，如「歐洲化」而言，上述大量案例比較研究是有其必要的。因為這種鬆散的分析架構使得研究者有較大彈性去開拓未知的相關變數，也可以開拓新的研究子題（如納入新的國家或新的議題），並重複檢視既有歐洲化地相關假設。這對知識延展性有一定的幫助。但這設計的缺點是各國調適方式的變異程度太大和特異點太多，相關因素未受到控制，於是歐洲化或歐盟是否及如何衝擊各國國內體制和政策之因果關聯並未釐清。這種列舉比較面向但未探討因果關聯的分析架構所呈現的結果，頂多只是增加未來研究變項的數目，並無法證明什麼。

　　為釐清「歐洲化」的淨效果，Levi-Faur（2004）採用「階段比較法」（stepwise comparison）之研究設計。以電力和電信產業為分析對象，試圖釐清「歐洲化」與全球自由化趨勢對於歐盟14國國內產業自由化之影響。首先，Levi-Faur比較除歐盟會員國外的所有國家之電信和電力產業其國家管制權威向下（downward）轉移趨勢。所謂「向下」轉移是指管制權威從中央決策者轉至各產業別之規範單位。他發現歐盟會員國除外之其他所有國家中，有68%國家在電信產業設有獨立規範單位；在電力產業只有38%國家設有獨立規範單位（Levi-Faur, 2004: 14-15）。這個趨勢其實與歐盟會員國之電信和電力產業的管制權威移轉趨勢相符。

　　為檢證會員國轉移中央管制權威至各產業規範單位真的是來自歐盟政策之壓力，Levi-Faur在第二階段採「最大差異系統」，比較歐盟14國（EU14）和拉丁美洲16國（LA16）。因為LA16之國家傳統、經濟發展程度、民主政體穩定度、及官僚效率皆與EU14大相逕庭。如果歐盟會員國身分真的影響EU14的電信和電力產業自由化，則我們應非常容易發現EU14和LA16呈現不同自由化樣態。但他卻發現不

論從產業私有化，或建立產業規範單位來看，LA16和EU14皆呈現相同趨勢（Levi-Faur, 2004: 16-19）。這意謂著LA16國家在沒有任何歐盟政策影響，仍然從事與EU14相似的產業自由化。可見歐盟政策對EU14國家之電信及電力產業自由化的衝擊是被高估了。

Levi-Faur在第三階段採「最大相似系統」去比較EU14和8個既民主又有錢的國家（即澳洲、加拿大、美國、日本、挪威、紐西蘭、以色列和瑞士，簡寫為D & R8）。如果「歐洲化」真有影響力，我們預期EU14和D & R8國家會呈現不同的自由化趨勢，但其差異較難被察覺。這是對「歐洲化」效果之最不友善的情境（most unfavorable case）。如果EU14和D & R8呈現不同樣態，則我們預期在其他友善的比較案例（如LA16）上歐洲化效果仍會顯現。可惜的是Levi-Faur發現EU14與D & R8的電信和電力產業自由化趨勢幾乎完全相同。因此，Levi-Faur不得不質疑「歐洲化」的衝擊是否存在。

Levi-Faur使用的階段比較法是透過比較「外部樣本」（outside sample）方式來釐清「歐洲化」之淨衝擊。雖然採用質性分析，但是透過嚴謹的比較方法設計，他的研究成果不但有助於釐清「歐洲化」與其他干擾因素的相對影響力，而且因其案例涵蓋幾乎所有歐盟會員國，故其研究成果亦能被通則化。不過Levi-Faur的研究設計仍無法同時控制多項外在或內生的相關因素，並檢證依變項（即電信及電力產業自由化）和自變項（即歐盟政策）之因果關聯。Levi-Faur研究告訴我們「歐洲化」之淨效果不大，但卻未說明哪些因素（包括「歐洲化」）導致會員國的產業自由化。欲回答這類問題，我們只能仰賴眾多案例的量化研究了。

可惜的是，在「歐洲化」研究的領域裡，使用大量案例的量化研究屈指可數。原因是早期歐洲化的研究單位大多是總體層次（macro-level）變數，如國家行政體制，或政策產業類別，故邏輯上已限制了可觀察案例的數目。然而晚近因「歐洲化」研究議題擴充制政治體系的組成要素，如政黨、媒體、利益團體、選民抉擇、政治精英、社會運動等，於是分析單位也逐步降低至個體層次（micro-level）（Haverland, 2007）。運用既有的個體資料，或利用內容分析法將質化轉成量化資料乃當前「歐洲化」研究的趨勢之一。舉例來說，以會員國轉化歐盟法規的記錄（transposition records）和違法舉發之記錄（infringement procedures）為基礎，Sverdrup（2004）以敘述統計呈現歐盟及「歐洲自由貿易協會」（European Free Trade Association, EFTA）會員國履行歐盟和「歐洲經濟區域」（European Economic Area, EEA）相關法令的情況。他發現歐盟會員國自1997年5月到2002年

11月間平均未履行／不轉化歐盟法規的比例從7.5%降至2.1%，EFTA國家（指冰島、挪威和列支敦士登參與EEA者）則從7.8%降至2.9%。因此整體來看，EU和EFTA國家的「執行赤字」（implementation deficit）是在縮減中。但是未履行／不轉化歐盟法規平均比例以大國表現較差，例如，在2002年11月法國仍有3.8%未履行／不轉化的歐盟法規，但瑞典、丹麥和芬蘭卻只有0.5%。就政策別來看，歐盟的交通政策指令被執行的狀況最差，社會、通信和消費者政策指令則有較佳的執行狀況（Sverdrup, 2004: 38-40）。

　　比較敘述統計資料是建立依變項與自變項相關性的第一步。欲控制其他干擾因素，則研究者仍須建構較精緻的統計模型。Schneider和Häge（2008）探討「國際經濟合作暨發展組織」（Organization for Economic Cooperation and Development, OECD）20個會員提供公共基礎建設的狀況。他們建構迴歸模型，釐清到底歐盟會籍是否會影響20個OECD國家公共基礎建設比例的變動幅度，並控制其他干擾變數，如政府意識形態、組合主義治理模式、制度限制、政府債務、金融市場法規鬆綁及貿易依存度等變項。他發現右派（新右派）政府意識形態和是否是歐盟會員國對於「公共基礎建設比例」（Public Infrastructure Ratio, PIR）變動幅度皆具統計的顯著影響力，因而證實「歐洲化」的存在。雖然筆者對於這篇論文的結論存疑（因為其分析樣本數太少，即N = 20；同時又納入7個自變數造成，故分析自由度不足），但是兩位作者透過簡單的迴歸模型來控制其他干擾因素，並釐清依變項與自變項關係的努力是值得後學者倣效的。

　　其實任何量化統計方法皆受限於分析樣本數目。欲增加分析樣本數目，研究者可以考慮降低觀察層級。例如，欲研究「歐洲化」對地方治理的衝擊者，可以考慮將分析單位從區域、省降至郡、縣，甚至鄉、鎮、市層級以增加樣本的數目。例如：Fleurke和Willemse（2007）研究荷蘭Almere市和Lelystad市的市府「決策檔案」（decision files），以及兩市所處的Flevoland省之決策檔案。他們一共取得198個檔案，並分析這些決策檔案的政策形態及歐盟影響力。他們在Lelystad市及Almere市決策檔案中，發現各有48.5%和35.8%檔案具有歐盟影響力的影子，其中歐盟具直接影響力者各佔12.5%和16.7%，至於在Flevoland省決策檔案中，歐盟具影響力者佔45.9%，其中61.5%是歐盟直接影響力（Fleurk and Willemse, 2007: 81）。換言之，運用敘述統計，Fleurke和Willemse已察覺歐盟對地方政府的影響主要是針對省級政府而且是直接的。歐盟對省轄屬的市政府影響力主要是間接的，且影響力較小。兩位作者雖未採用統計模型，但因其樣本數夠多，故未來統計分析的

自由度較大。

　　除了降低觀察層級外，研究者也可使用訪問調查法和內容分析法去取得大量樣本和資料。Beyers和Kerremans（2007）探討德、法、荷蘭和比利時的利益團體如何調整其行動策略，來因應歐盟所創造的政治機會和影響力管道。從2003年和2006年，他們針對四國官員和利益團體幹部進行問卷調查，共取得475份有效樣本。根據作者的「歐洲化」操作定義（即利益團體認知到歐洲的衝擊，並將歐洲因素列入決策考量），他們發現大約有61%到88%的受訪者認為歐盟政策對其利益團體有重大影響力。其中又以德、法利益團體幹部對歐盟政策影響的感受最深。從問卷結果，他們也發現德、法利益團體花在歐盟政策的時間和精力遠超荷蘭和比利時的利益團體。其中商業利益團體投注在歐盟的時間和精力又超過工會和NGOs（Beyers and Kerremans, 2007: 467-468）。其次，作者用的相關分析發現，若利益團體的關鍵財源來自政府補助愈多，則該團體被「歐洲化」的程度愈小（Beyers and Kerremans, 2007: 473-474）。

　　另外，Pennings（2006）採用政黨政綱（party manifesto）的內容分析結果來探討各國政黨的「歐洲化」過程。Pennings的「歐洲化」操作化定義是每一選舉年每一政黨政綱在20項政策領域「共同提及」（co-mention）該政策以及歐洲或歐盟的次數頻率。例如，若農業相對於歐盟或歐洲被提起10次，而相對於其他議題領域被提及100次，則歐盟或歐洲與農業的連結度（linkage）是10%。概念上，Pennings稱政黨政綱在農業問題的「歐洲化」程度是10%。依此歸類原則計算，Pennings針對1963至2003年15個歐洲國家88個政黨進行政綱的內容分析，並將其列入資料矩陣，共取得15,000筆資料。在所有政策領域，他發現「共同提及」歐洲或歐盟的頻率比例以歐盟會員國較高，而且愈早加入的會員「共同提及」歐洲或歐盟的頻率比例愈高。不過歐體／歐盟創始會員國「共同提及」歐洲或歐盟的頻率比例並未逐年顯著增加。這意謂著這些會員國的政黨並未以歐洲議題定位自我和區隔對手。儘管歐盟會員國政黨較非會員國政黨黨綱「共同提及」歐洲或歐盟的頻率比例為高，但是兩者差距不大，顯示政黨政綱「歐洲化」的現象不僅限於歐盟會員國。歐盟或歐洲統合之影響力可以是間接地外溢擴散（Pennings, 2006: 259-263）。

　　以上用降低觀察層次去取得大規模量化資料，並經由科學分類及系統編碼後使得其他研究者可以同樣資料基礎去重複檢證（repetition）前人的發現是否屬實。這項重複檢證的優點也許在質性研究中較難取得。例如，每次田野調查所得之人、事、時、地、物資料可能截然不同，於是縝密敘述所得結果並無法讓後學者重新檢

證其正確性。反觀，透過量化處理，「歐洲化」理論假設得以不斷地受到檢證與修正，因而也有助於該主題之理論建構。

第四節　「歐洲化」的理論建構與因果推演

任何理論建構皆從研究主題的定義和概念出發。在概念上幾乎所有學者皆可接受「歐洲化」是指歐洲與國家層次的體制和政策的雙向互動過程。我們首先以Risse, Cowles和Caporaso的歐洲化「三步驟」分析架構為例（見圖2.3），說明「由上而下」及「由下而上」兩種方向的理論建構。所謂「歐洲化過程」是指在歐洲層次所出現或存在的正式和非正式規範（norms）、規則（rules）、法規（regulations）、程序（procedures）和措施（practices）。這些歐洲層次的結構、規範、措施若與國內層次有所歧異或不甚「契合」，則會對國家產生調適壓力。原則上，調適壓力大小決定該國國內體制和政策變動幅度。

換言之，客觀結構的「契合度」（goodness of fit）決定調適壓力大小，而調適壓力大小則會影響國內體制和政策是否和如何變動。至於國內體制和政策是否真的變動或調適則需看中介制度和行動者如何回應調適壓力。Risse等人辨識幾項中介變數，即多重否決點的存在與否，正式制度是否促進改革，政治組織文化所能容忍的改革空間，行動者所被授予的能力差別，及社會學習等（Risse, Cowles and Caporaso, 2001: 6-12）。如果上述中介變數不利於國內體制和政策改變，儘管調適

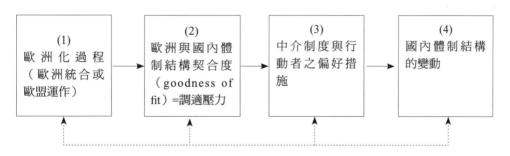

圖2.3　歐洲化「三步驟」分析架構

資料來源：引自Risse, Cowles and Caporaso, 2001, p.6.

壓力存在，則國內體制和政策之變動則不如理論預期，往往產生分歧的調適現象。這也是為何經驗證據往往不支持一致趨合的調適現象。儘管調適壓力相同，但各國調適方式卻不同。

　　以上呈現「由上而下」的歐洲化理論建構，其因果關係毫無疑問地是單向地由歐洲到國家層次。問題是即使我們觀察到國內體制和政策的變動（或不變動），則是否我們可據此推論「歐洲化」現象的確存在呢？答案是否定的。因為仍有許多內生和外在因素會影響國內體制和政策的變動。因此，採取「由上而下」的理論建構觀者通常明白表示歐洲與國家層次的結構「契合度」，或調適壓力大小只是國內體制和政策變動的必要但非充分條件（Börzel and Risse, 2003: 60-62）。正因為此，為了探究「歐洲化」的真正影響力，有些學者建議應採用「由下而上」的理論建構（Radaelli and Pasquier, 2007: 41）。這種理論建構從國內層次出發，即先觀察國內體制和政策之現狀；陳述現狀下國內行動者所處決策環境、遭遇的困難、可用的資源、內部論述及歐洲歐盟以外的國際因素；並小心翼翼地描述體制和政策變動的歷史過程；最後再評估歐洲／盟因素介入的時點和壓力，以確認「歐洲化」的真正影響力。如圖2.3所示，「由下而上」的理論建構是從(4)步驟回溯到(1)步驟。因為研究者特別注重國內體制和政策變動的時間順列和內外干擾因素，故可以同時檢驗「歐洲化」與其他相對解釋模型（如全球化或自由化等）之影響力。

　　須注意的是「由下而上」的理論建構並不一定預設逆向因果關係，即從國內體制和政策變動來影響歐洲化過程。儘管歐洲化的逆向因果關係是完全合理的假設，但如前所述，此乃傳統歐洲統合理論所欲探討的主題。如果會員國刻意「上傳」或「移植」其體制或政策偏好及措施至歐盟，做為緩解調適壓力之策略，則此應為「歐洲化」之研究範疇。但在理論建構上，這應屬於雙向互動模型所欲解釋的對象。其實研究「歐洲化」的學者早已注意這種歐洲與國家層次的雙向互動過程（Héritier, 1995; Bulmer and Burch, 2001），但嘗試將其概念化或理論化則是最近幾年的努力。例如McGowan（2005）在評估歐盟的（反）價格壟斷政策（cartel policy）的現代化時，便使用「歐洲化」的釋出（unleashed）及反彈（rebounding）的概念。他認為歐盟（反）價格壟斷政策的演化，如圖2.4所示，會員國經協商分攤主權至歐盟而建立（construction）競爭政策建制(1)。然後，歐盟建制的要素逐漸被會員國下載吸收（downloading assimilation）。會員國依本身偏好及條件一方面執行歐盟法規，另一方面則試圖將其政策偏好以個案訴訟方式上傳（uploading）至歐盟。

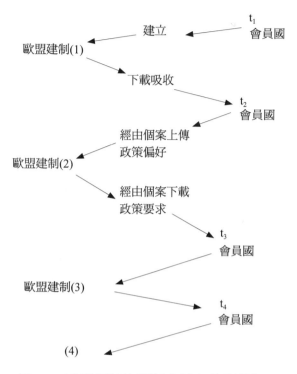

圖2.4　歐盟反價格壟斷建制之「歐洲化」

資料來源：引自McGowan (2005). Europeanization Unleashed and Rebounding, p.999.

註解：「因由個案上傳政策偏好」和「經由個案下載建制要求」較為貼切，因為原文使用「個案法」（case law）稍顯狹窄。

　　在經驗檢證上，McGowan透過縝密敘述及過程追蹤去描述歐盟競爭政策的演化。他指出歐盟競爭政策建制自從1960年代早期創立以來，經由判例法的累積、1980年代新自由主義思潮洗禮、單一市場的建立，及一連串地任命高知名度、具實權能力的競爭執委，和1990年代競爭總署取得企業併購監控權後，已高度滲透至會員國的競爭建制。但從時序來看，早期會員國多出於自願而採行歐盟的競爭政策規定，例如，義大利和荷蘭先後於1980-1990年代間採行歐盟的競爭規則。到了1998年有半數（8個）以上歐盟會員國的競爭建制有能力執行羅馬條約第81條（即禁止價格壟斷阻礙貿易等規定）。就連歷史悠久的英國（1948年）與德國（1957年）的競爭建制改革也吸納歐盟的規則。不過在所有國內競爭政策改革的案例中，改革壓力並非單向地來自歐盟。而是透過會員國與歐盟競爭總署協商，以及廣泛諮詢相

關利益團體後，而產生的改革共識。尤有甚者，在權力下放的歐盟競爭建制下，會員國競爭政策的管制單位和法院得以引用歐盟競爭法規來裁決個案。於是經由個案裁決程序，會員國競爭建制得以參與和塑造歐盟的競爭法規。例如：歐體競爭法規Regulation 1/2003實際上法制化歐盟與會員國競爭建制行之已久的合作互動關係。雖然執委會仍有最終裁決權，但一般預期執委會競爭總署對會員國的干預是例外狀況。又雖然會員國採行歐盟競爭政策，但並不表示會員國不受外來影響。例如，英國的2003年企業法（Enterprise Act）便比歐盟法規更進一步地將壟斷事業執事者課以刑事責任，這個規定顯然是美國競爭建制的現行措施。下一步，英國可能同意與第三國簽訂引渡協定，將壟斷事業罪行犯引渡至他國。英國的片面行動自然衝撞到歐盟現行競爭政策。但如果「歐洲化」是雙向互動過程，則McGowan預料歐盟競爭建制勢必有所調適（McGowan, 2005: 998-1000）。

　　將「歐洲化」視為雙向互動過程的理論建構雖在概念上並不困難，但在實證研究的操作化上，通常只能仰賴個案分析或少數案例比較方法，以便縝密敘述雙向互動的細節，並追蹤事件發生時序來釐清歐洲化的因果關係。這種研究設計雖可以呈現個案發展是否符合理論預期，但卻難以通則化。筆者認為早期Deutsch（1957）的「交流主義」（transactionism）及晚近Sandholtz與Stone Sweet的動態功能整合模型皆具雙向互動理論的雛形，又可使用大量經驗資料加以檢證（Sandholtz and Stone Sweet, 1998; Stone Sweet and Brunell, 1998; Fligstein, Sandholtz and Stone Sweet, 2001）。在觀察指標層次上，Stone Sweet等人蒐集1958-1998年各國法院依歐體條約第177條移送歐洲法院「先行裁決」的案例（共3,714筆），同期歐盟會員國彼此間貿易量，歐盟所採行的法規指令之數目，以及在布魯塞爾登記運作的歐洲利益團體數目。他們發現四項指標間存有互為因果關係，其互動過程即指向超國家治理。簡言之，Stone Sweet等人發現，隨著歐盟會員國彼此貿易量的增加，歐洲利益團體在歐盟遊說活動也增加，歐盟超國家組織也強化法規來排除貿易障礙；同時因為彼此貿易摩擦增加，各國法院受理貿易爭端案件也會增加，故移送到歐洲法院「先行裁決」的案件隨之大增。一旦歐洲法院做出先行裁決，法律疑義解除，則彼此貿易爭端隨之排除，交易成本也降低，於是促使會員國間之貿易量再增加。歐洲遊說團體則會進一步遊說歐盟訂定利己之規則，歐盟超國家組織則回應需求而訂定更明確規則來規範貿易。於是這個循環互動過程便描述了歐盟超國家治理動態。筆者延伸上述動態功能整合模型的研究成果，試圖建構一可供大量經驗資料檢證的「歐洲化」雙向互動模型。

　　筆者從操作化角度出發，將此模型區分為概念和指標兩層次。如圖2.5所示，概念層次的兩個主要變項是歐洲統合／歐盟治理體系，和國內體制及政策的變動或調適。[3]而且兩者之間存有互為因果的關係（雙向箭頭）。若暫不考慮其他中介因素，則我們可以針對兩主要變項設計有效測量的指標。這意味著，圖2.5各指標與兩主要變項概念間存有可被合理化的因果關係（以實線箭頭表示）。例如，研究者必須能夠合理化歐盟的憲政法律秩序，的確可以代表或測量歐洲統合或歐盟治理體系。接著我們必須對歐盟憲政法律秩序設定可以觀察的指標，例如歐體法至上原則，直接適用原則，相互承認原則等被歐洲法院（ECJ）判例引用的次數，或各國法院移送ECJ先行裁決的判例數目，或執委會啟動違規舉發程序的次數等操作性指標。同樣地，這些操作性指標與歐盟憲政法律秩序等概念性指標，仍須具有測量的效度與信度。即兩類指標間之因果指涉必須予以合理化。

　　其次，如果在概念層次兩主變項間存有因果關係，則在兩變項之概念化指標及操作性指標間也應可觀察到相同的因果關係。因此，圖2.5虛線雙向箭頭指出兩變數概念化指標間存有因果關係。如果我們可以從變數地操作的指標間證實彼此具有因果關聯，則我們便可以推論概念層次的變數間也具有某種因果關聯。須注意圖2.5之虛線箭頭似乎平行地且一對一連結自變項和依變項的概念化指標。這並非作者原意，但是為了避免圖2.5連線過度複雜，故省略其他可能的因果連線。讀者自然可以假設歐盟憲政法律秩序指標與國家政策典範指標也應具有因果關聯，因此兩指標間應有虛線連結。而歐盟憲政法律秩序與歐盟超國家組織運作也可能有因果關聯，因此，彼此間應有連線。依此類推，圖2.5的因果連線可以變得非常複雜難懂。面對龐雜因果系統研究，研究者通常先簡化地探索單一配對指標間的因果關係再慢慢連結到其他指標。

　　依上述研究設計，研究者可以先針對單一配對指標蒐集大量經驗資料，再用統計方法控制相關中介變數。圖2.5只是假設「歐洲化」現象具有外在和內生的中介變數，但是它們對於自變項和依變項如何影響，則有待釐清。首先，國內體制和政策的變動和調適不太可能僅由歐盟或歐洲統合相關因素所引起的。會員國內部的改革力量及趨勢應被列入考量。例如，圖2.5列舉民主化、國族建構、國家建構、全球化、國際危機和自由化思潮等內外因素。它們與兩主變項間的因果關係應先釐清。例如，全球化與歐洲化的概念到底是互補的還是互斥的呢？Wallace認為

---

[3]　圖2.5乃筆者結合表2.1、圖2.1和圖2.3所提出之較複雜的雙向互動模型。

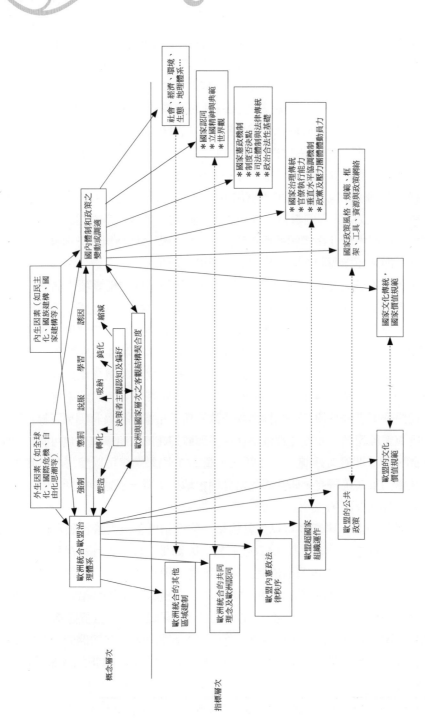

圖2.5 「歐洲化」雙向互動模型之操作化

「歐洲化」以特殊管理形態和制度資源回應了全球化的挑戰，而其回應的方式卻伴隨著「內政化」（domestication）的現象（Wallace, 2000: 369-370）。她的說法預設了「全球化」是因，而「歐洲化」是果，兩者在概念上是可以區分的。Verdier和Breen（2001）則認為，在資本市場及勞力市場自由化上「歐洲化」是「全球化」的代理人（agent）。他們的說法預設「歐洲化」乃「全球化」之建構組成份子（component）之一。姑且不論Wallace還是Verdier和Breen的說法是否正確，研究者所面臨的問題不僅是如何定義全球化，而且是如何將「全球化」概念予以操作化（Giddens, 2003; Walters, 2001）。

　　Weber提出一個簡單操作化指標，即移動（mobility）。不論是資本、勞力、貨品和服務的跨國性、全球移動皆是全球化的指標（Weber, 2001）。據此，我們可以蒐集長期的跨國界（歐洲除外）資本、勞力、貨品和服務的移動總量和速率，再比較歐洲區域的四大流通的總量和速率。兩者之間的相關性為何？是否歐盟境內之四大流通的總量和速率皆大於歐洲以外的全球四大流通呢？如果「全球化」會影響歐洲國家的國內體制和政策變動，則這個影響力是透過「歐洲化」而間接傳遞至國家呢？還是直接造成國內體制和政策變動呢？例如，Verdier和Breen的研究便使用大量的時間序列，橫斷階層的OECD國家的市場自由化指標，來檢證市場全球化、市場歐洲化及自願歐洲化等假設，並控制其他干擾因素，以釐清全球化與歐洲化的關係（Verdier and Breen, 2001）。

　　除了統計模型控制中介變數外，社會科學研究往往使用「準實驗研究設計」（quasi-experimental designs）來控制中介變數，釐清因果關係（Shadish, Cook and Campbell, 2002）。然而，就筆者所知，眾多「歐洲化」研究卻鮮少採用準實驗研究設計。所謂「準實驗」是指缺乏隨機分配要素單位至各種情境的實驗，但它卻仍具有隨機分配實驗的擬似結構特徵。準實驗的因果推論條件與一般因果推論相同，即時序上「因」必須先於「果」，因與果必須有共變性（co-variance），以及其他替代解釋皆不成立。此外，準實驗設計特別著重辨識可能危害主變項間因果關聯的「內部效度」（internal validity）之因素。中介變數以及外在或內生變數便是顯例。準實驗研究者認為應優先使用研究設計來控制中介變數，統計控制應留到最後來釐清中介變數的殘餘影響力。最後，準實驗設計使用「一致性形態配對」（coherent pattern matching）方法來排除其他替代解釋的可能性。

　　由於國際關係及比較政治領域鮮少具備控制組來進行實驗，故筆者建議「歐洲化」研究可運用無控制組的準實驗設計。例如，Shadish、Cook和Campbell列舉幾

項無控制組的準實驗設計。第一項是「單一群後測設計」（one-group post test only design）。研究者只得到一個實驗後的觀察，但卻無法判斷變動是否發生，或是否因某刺激（stimulus）而發生。例如，假設我們觀察到國內某體制發生變動，我們仍無法斷定變動是歐洲化（可被當成實驗裡的一種刺激）引起的。但如果該體制歷經幾百年各種外在刺激皆無所動，而最近卻發生變動，則我們可推論「歐洲化」或許有影響。

　　第二項準實驗設計「單一群多重後測設計」（one-group post test only design with multiple substitutive posttests）是指運用不同的測量指標做為後測觀察點。若這些不同測量指標皆呈現理論預期的方法和效果，則我們會較有信心去推論變項間的因果關係。但是這種設計的缺點誘導研究者犯下「類型一錯誤」（Type I Error），即錯誤地證實「虛無假設」（null hypothesis）。因為即使會員國國內行政組織、人員編制、政策走向等（多重指標）皆與歐盟政策預期相符，但我們仍無法據此推論「歐盟」便是其原因。在此設計中我們只觀察到形態一致的後果，但這一致的形態並非獨一無二的現象。除非歐盟影響造成獨一無二的變動形態，否則我們無法從形態一致的後測指標去推論原因為何。有鑑於此，第三項準實驗設計採「單一群前測／後測設計」（The one group pretest-posttest design）。這個設計強調「刺激」前的測量觀察做為「刺激」後的對照組比較。以「歐洲化」研究為例，我們可觀察歐盟競爭政策尚未建立前，各國產業競爭狀況，以此做為前測觀察點。再觀察各國產業在歐盟競爭政策運作後的競爭狀況。我們也可以觀察尚未加入歐盟前，候選國的產業競爭狀況為前測點，再比較其加入後的競爭狀況。或為求慎重，我們可攝取兩個前測點（double pretest design）來與後測觀察比較。此乃第四項準實驗設計，旨在緩解前後測時點間所可能產生的內部效度偏差，如受測者自我調適或依前測改變行為等。

　　適當的準實驗設計有助於我們在經驗層次釐清歐洲化的因果關係。不過在概念層次上，筆者仍須釐清圖2.5兩主要變項間的因果機制。首先，筆者認為中介變數應與「歐洲化」依變項指標有所區隔，否則會造成因果關係混淆。其次，雖然研究者可以客觀地區別治理模式契不契合（Schmidt, 2006），但最後是否契合及如何調整國內體制和政策仍由決策者的主觀判斷而定。有鑑於「契合度」概念可能完全取決於決策者的主觀認知，故Mastenbroek and Kaeding（2006）主張將其排除在理論建構外。換言之，「契合度」既非「歐洲化」的充分條件（Risse等人皆承認），也不是其必要條件。筆者在圖2.5保留客觀結構契合度變項，是因為操作上若決策

者主觀認知及偏好不可得，則「契合度」仍是一個可操作的中介變數。況且嚴格檢證「契合度」所發展出來的假設，總比事後以決策者主觀認知和偏好來合理化證據不符理論預期的現象，更有助於「歐洲化」的知識累積及因果關係的釐清。

第五節　結論：從理論尋根談「歐洲化」課題之未來研究取向

「歐洲化」名詞廣為學界引用乃是1990年代後期之事，但是「歐洲化」的研究課題早被歐盟研究先驅者所注意。早年功能主義與新功能主義的辯論已提及民族國家概念是否過氣過時了（Haas, 1958; Hoffmann, 1966）。晚近，自由派政府間主義者強調國內社會偏好的匯集對歐洲統合之影響（Moravcsik, 1998）。同時也辯論到底歐盟運作是強化還是削弱會員國中央政府的權力（Moravcsik, 1994）。多層級治理理論的研究者加入論戰，辯稱歐盟多層級治理體系已逐漸掏空會員國中央政府的權責，其部分權力已轉移至歐盟超國家組織、地方政府和非政府組織（Marks, Hooghe and Blank, 1996）。另外，歷史制度主義者則提出，雖然會員國在t_0時點決定分攤主權，但因其短視無法預料制度演化所產生的「非意料結果」（unintended consequence）。到了t_n時點，歐盟制度因「路徑依賴」（path dependence）演進，產生極大的路徑變動成本或退出成本，於是會員國所分攤的主權實際上是無法回收的（Pierson, 1996）。這樣的學術論戰其實已觸及「歐洲化」的研究旨趣，即國內體制和政策之變動。因此，我們可以說「歐洲化」乃「歐洲統合」研究的「二次形象反轉」（Second Image Reversed）（Gouvrevitch, 1978）。

既然「歐洲化」研究旨趣在於國內體制及政策的變動，它應與歐洲統合研究有所區隔。尤其是在研究方法上學者逐漸採用比較政治學的方法取代國際關係研究方法（Hix, 1994）。此外，因為歐洲化的研究旨趣在於國內體制和政策變動，故它與新制度主義的關聯密切。尤其是新制度主義中的「理性抉擇」制度論和「社會學／建構主義」制度論，常成為歐洲化研究的理論基礎。反而令人意外的是歷史制度主義卻較少被引用（Bulmer, 2007: 56）。由於「歐洲化」研究體制和政策之變動必然會涉及時間面向。而歷史制度主義正是強調事件發生的時間序列，用以釐清因果關係。例如我們應區隔歐洲化發生的時點（time）；時機（timing），即事件發生的順序；以及節奏（tempo），即事件發生的速度。同時我們也應重視「歐洲化」的路徑依賴，以判斷國內體制和政策變動的方向。由於「歐洲化」涉及時間序列的事

件變動，方法上應儘可能採用「過程追蹤」、「準實驗設計」或「違反事實推論」（counterfactual reasoning）等來釐清因果關係（Haverland, 2007: 62-63）。例如，有關歐洲化的「違反事實推論」是假定歐洲統合不存在，則國內體制和政策應如何發展。這是一種邏輯思考實驗（thought experiment）。為不致造成無限的臆測，通常「違反事實推論」應將重寫歷史的部分降至到最低，而且應將思考實驗之變動部分明白標示，並將假設情境（scenario）之條件合理化（Haverland, 2005: 4-6）。除了「過程追蹤」被廣為使用外，「準實驗設計」和「違反事實推論」應用到「歐洲化」研究上仍屬少數，應有發展的潛力。

　　綜合以上各節討論，「歐洲化」課題現有的研究取向之侷限為何呢？我們又應持何種研究途徑來分析「歐洲化」現象呢？首先，筆者認為「歐洲化」的定義鬆散不明，概念混淆不清，因果關係甚難辨別，操作性指標之效度不夠，相關變數多於研究案例，研究方法受限於案例而保守，研究成果缺乏對話或無法被重複檢證，都限制「歐洲化」的研究發展。雖然歐洲化的廣義定義可被接受，但因過於鬆散，而導致研究議題不斷擴充，造成任何東西都可被「歐洲化」的印象。其次，若將「歐洲化」定義限縮成歐洲統合或歐盟治理體系對國內體制和政治所造成之衝擊及調適過程，則依變項與自變項看似較為明確。但因為「調適過程」是一連續性的概念，於是任一調適樣態皆無法有效代表「過程」。除非我們能夠完整地描述「調適過程」，否則任何調適樣態皆可被視為或不被視為「歐洲化」之證據。更嚴重的問題是若將「歐洲化」界定成歐洲與國家層次間變數的雙向互動過程，則我們在經驗上要釐清「歐洲化」的淨效果會變得更困難。尤其是經由幾回合的雙向互動，「歐洲化」的淨效果可能減少或增加。然而，目前研究鮮少討論「歐洲化」的「次級衝擊」或「淨衝擊」。

　　此外，在「歐洲化」概念的釐清上，過去研究採用多樣的操作性定義和概念化指標，但卻甚少明確說明其操作化的正當性。有鑑於此，未來研究者應更重視概念化和操作化指標的建立，並應深入討論指標與概念之間的效度和信度，以確保經驗觀察案例確實可以指涉「歐洲化」現象。最後，過去研究雖然針對依變項，即國內體制和政策變動或調適過程的操作化多所著墨，但對於自變項，即歐洲統合或歐盟治理體系的操作化則較少討論。研究者要不認為自變項是顯而易見的背景概念，就是以特殊操作性定義為之。例如，歐盟法規的存在與否，被假設會造成的調適壓力大小（即自變項指標）因而似乎未曾也不需被正當化。可是歐盟法規存歿或造成的壓力大小，可能不完全由歐盟層次因素所決定，因此它是否可以測量「歐洲化」的

自變項則須予以合理化。

　　在研究設計上，本章評析目前「歐洲化」研究慣常使用的個案分析法和有限案例比較方法，以及最近流行的統計量化研究之優缺點，並指出其未來可改進之處。簡單來說，早期的個案分析法及比較分析法對於釐清概念，發掘相關變數，及擴展研究子題有其卓越的貢獻。缺點是無法將個案發現通則化，也甚難重複檢證其發現的正確性。有鑑於此，愈來愈多的「歐洲化」研究開始蒐集大量經驗資料，並以敘述統計或簡單統計模型來分析依變項和自變項間的相關性。本章所討論的量化研究大多採用敘述統計方式來呈現歐洲化與國內體制或政策變動的關係，也有使用相關分析和迴歸模型。但重點是量化統計方法仍受限於其樣本數目多寡。只要樣本數夠多，則統計方法可操作的空間較大，可控制的變數也較多。因此本章舉例介紹幾種增加樣本數的方法，並探討其優劣。眾所皆知，量化統計研究的好處是其研究成果之通則化程度高，又可被重複檢證。但其缺點是這種橫斷時空的量化資料通常缺乏時空背景的特異性，也忽略情境（context）的特殊性，故對統計分析結果的詮釋常悖離歷史和地理情境。因此，量化統計研究者應時時警覺其研究成果的時空環境，避免過度詮釋其結果的通則性。

　　最後本章探索「歐洲化」研究的理論淵源。雖然與歐洲統合理論早有連結，但「歐洲化」研究更著重國內體制和政策之變動，因此有偏好新制度主義與比較政治之嫌。然而，比較遺憾的是，歷史制度主義及動態功能整合模型仍未被廣為採用。上述兩種研究取向有其理論建構和實證操作的優勢。前者特別重視時間序列的制度變動和演化，後者則重視因果互置的動態演化過程。兩種研究取向與「歐洲化」研究旨趣（即因歐洲統合／歐盟所造成的國內體制之變動與調適）完全契合，亦有操作的可能性，故應是為未來研究「歐洲化」課題頗具潛力的研究取向。

參考書目

Babbie, E. R. (1979). *The Practice of Social Research*. Belmont, C.A.: Wadsworth Publishing Company, Inc.

Beyers, J. and Kerremans, B. (2007). Critical Resource Dependencies and the Europeanization of Domestic Interest Groups. *Journal of European Public Policy*, 14, 3: 460-481.

Bomberg, E. and Peterson, J. (2000). Policy Transfer and Europeanization, *Europeanization Online Papers*, Queen's University Belfast, No. 2/2000.

Börzel, T. A. and Risse, T. (2003). Conceptualizing the Domestic Impact of Europe. In Featherstone, K. and Claudio M. Radaelli, *The Politics of Europeanization* (pp. 57-80). Oxford: Oxford University Press.

Bulmer, S. and Burch, M. (2001). The "Europeanisation" of Central Government: the UK and Germany in Historical Institutionalist Perspective. In G. Schneider and M. Aspinwall, *The Rules of Integration* (pp. 73-96). Manchester, Manchester University Press.

Bulmer, S. (2007). Theorizing Europeanization. In P. Graziano, and Vink M. P., *Europeanization: New Research Agenda* (pp. 46-58). Basingstoke: Palgrave.

Burch, M. and Gomez, R. (2003). *Europeanization and the English Regions*, paper presented at ESRC/UACES Seminars on Europeanization of British Politics and Policy, University of Sheffield, May.

Cowles, M.G., Caporaso, J. and Risse, T. (eds.) (2001). *Transforming Europe: Europeanization and Domestic Chang*. Ithaca: Cornell University Press.

Deutsch, K. W. (1957). *Political Community and the North Atlantic Area*. New York: Greenwood.

Dyson, K. A. (1980). *The State Tradition in Western Europe: A Study of an Ideal and Institution*. Oxford: Martin Robertson.

Featherstone, K. and Radaelli. C.M. (Eds.) (2003). *The Politics of Europeanization*. Oxford: Oxford University Press.

Fleurke, F. and Willemse, R. (2007). Effects of the European Union on Sub-National Decision-Making: Enhancement or Constriction? *Journal of European Integration*, 29, 1: 69-88.

Giddens, A. (2003). *Runaway World: How Globalization is Reshaping Our Lives*. New York: Routledge.

Glenn, J. K. (2004). From Nation-States to Member States: Accession Negotiations as an Instrument of Europeanization. *Comparative European Politics*, 2: 3-28.

Goetz, K. H. and Hix, S. (2001). *Europeanized Politics? European Integration and National Political Systems*. London: Frank Cass.

Gouvrevitch, P. A. (1978). "The Second Image Reversed: The International Sources of Domestic Politics." *International Organizatio*n, 32, 4: 881-912.

Graziano, P. and Vink, M. P. (2007). *Europeanization: News Research Agenda.* Basingstoke: Palgrave.

Grossman, E. (2006). Europeanization as an Interactive Process: German Public Banks Meet EU State Aid Policy. *Journal of Common Market Studies*, 44, 2: 325-348.

Haas, E. (1958). *The Uniting of Europe: Political Social and Economic Forces, 1950-1957*. Stanford: Stanford University Press.

Hacking, I. (1999). *The Social Construction of What?* Cambridge, M.A.: Harvard University Press.

Hall, P. A. and Taylor, R. C. R. (1996). Political Science and the Three New Institutionalisms, *Political Studies*, 44: 952-973.

Haverland, M. (2007). Methodology. In Grazians and Vink (Eds.), *Europeanization: New Research Agenda* (pp. 59-70). Basingstoke: Palgrave.

Haverland, M. (2005). "Does the EU Cause Domestic Developments? The Problem of Case Selection in Europeanization Research." *European Integration Online Paper*, 9, 2.

Hay, C. and Rosamon, B. (2002). Globalization, European Integration and the Discursive Construction of Economic Imperatives. *Journal of European Public Policy*, 9, 2: 147-167.

Héritier, A. (1995) "'Leaders' and 'Laggards' in European Clean Air Policy," in F. van Waarden and B. Unger (eds.) Convergence or Diversity? *Internationalization and Economic Policy Response* (pp.278-305). Avebury: Aldershot.

Hennis, M. (2001). Europeanization and Globalization: The Missing Link. *Journal of Common Market Studies*, 39, 5: 829-850.

Hix, S. (1994). The Study of European: The Challenge to Comparative Politics. *West European Politics*, 17, 1: 1-30.

Hoffmann, S. (1966). Obstinate on Obsolete: The Fate of Nation-State and the Case of Western Europe. *Daedalus* 95: 962-915.

Jordan, A., Wurzel, R., Zito, A., and Brückner, L. (2003). Policy Innovation or "Muddling Through"? "New" Environmental Policy Instruments in the UK. *Environmental*

Politics, 12, 1: 179-198.

Kallestrup, M. (2002). Europeanisation as a Discourse: Domestic Policy Legitimization Trough the Articulation of a Need for Adaptation. *Public Policy and Administration*, 17, 2: 110-124.

Knill, C. (2001). *The Europeanization of National Administrations*. Cambridge: Cambridge University Press.

Kohler-Koch, B. and Eising, R. (Eds.) (1999). *The Transformation of Governance in the European Union*. London, Routledge.

Lawton, T. (1999). Governing the Skies: Conditions for the Europeanization of Airline Policy. *Journal of Public Policy*, 19, 1: 91-112.

Levi-Faur, D. (2004). On the "Net Impact" of Europeanization: The EU's Telecoms and Electricity Regimes between the Global and the National. *Comparative Political Studies*, 37, 1: 3-29.

Lijphart, A. (1971). Comparative Politics and Comparative Method. *American Political Science Review*, 65: 682-693.

March, J. G. and Olsen, J. P. (1998). The Institutional Dynamics of International Political Orders, *International Organization*, 52, 4: 943-969.

Marks, G., Hooghe, L. and Blank, K. (1996). European Integration from the 1980s. *Journal of Common Market Studies*, 34, 3: 341-378.

Masterbroek, E. and Kaeding, M. (2006). Europeanization beyond the Goodness of Fit: Domestic Politics in the Forefront. *Comparative European Politics* 4: 331-354.

McGowan, L. (2005). Europeanization Unleashed and Rebounding: Assessing the Modernization of EU Cartel Policy. *Journal of European Public Policy* 12, 6: 986-1004.

Montpetit, E. (2000). Europeanization and Domestic Politics: Europe and the Development of a French Environmental Policy for the Agricultural Sector. *Journal of European Public Policy*, 7, 4: 576-592.

Moravcsik, A. (1994). Why the European Community Strengthens the State: Domestic Politics and International Cooperation. *Center for European Studies Working Paper Series* (Harvard University), 52.

Moravcsik, A. (1998). *The Choice for Europe*. Ithaca, N.Y.: Cornell University Press.

Olsen, J. (2002). The Many Faces of Europeanization. *Journal of Common Market Studies*, 40, 5: 921-952.

Pennings, P. (2006). An Empirical Analysis of the Europeanization of National Party Manifestos, 1990-2003. *European Union Politics*, 7, 2: 257-70.

Pierson, P. (1996). The Path to European Integration: A Historical Institutional Analysis. *Comparative Political Science*, 29, 2: 123-163.

Przeworski, A. and Teune, H. (1970). *The Logic of Comparative Social Inquiry*. New York: John Wiley.

Radaelli, C. (2003). The Europeanization of Public Policy. In Featherstone and Radaelli, *The Politics of Europeanization* (pp. 27-56). Oxford: Oxford University Press.

Radaelli, C. M. and Pasquier, R. (2007). Conceptual Issues. In Graziano and Vink (Eds.) *Europeanization: New Research Agenda* (pp. 35-45), Basingstoke: Palgrave.

Radealli, C. M. (2000). Whither Europeanization? Concept stretching and substantive change. *European Integration Online Paper*, 4, 8: 1-25.

Risse, T., Cowles, M.G., and Caporaso, J. (2001). Europeanization and Domestic Change: Introduction. In M.G. Cowles, J. Caporaso and T. Risse (Eds.), *Transforming Europe: Europeanization and Domestic Chang* (pp. 1-20). Ithaca: Cornell University Press.

Sandholtz, W. and A. Stone Sweet (1998). *European Integration and Supranational Governance*. New York: Oxford University Press.

Sartori, G. (1991). Comparing and Miscomparing. *Journal of Theoretical Politics*, 3, 3: 243-257.

Schimmelfennig, F. and Sedelmeier, U. (eds.) (2005). *The Europeanization of Central and Eastern Europe*. Cornell University Press: Ithaca.

Schmidt, V. A. (2006), Procedural Democracy in the EU: The Europeanization of National and Sectoral Policy Making Process. *Journal of European Public Policy* 13, 5: 670-691.

Schneider, V., Häge, F. M. (2008). Europeanization and the Retreat of the State. *Journal of European Public Policy*, 15, 1: 1-19.

Shadish, W.R., Cook, T. D., and Campbell, D. T. (2002). *Experimental and Quasi-experimental Designs for Generalized Causal Inference.* Boston: Houghton Mifflin

Company.

Stone Sweet, A. and Brunell, T. (1998). Constructing a Supranational Constitution: Dispute Resolution and Governance in the European Community. *American Political Science Review* 92, 1: 63-82.

Stone Sweet, A., Sandholtz, W. and Fligstein, N. (2001). *The Institutionalization of Europe*. Oxford: Oxford University Press.

Sverdrup, U. (2004). Compliance and Conflict Management in the European Union: Nordic Exceptionalism. *Scandinavian Political Studies*, 27, 1: 23-43.

Verdier, D. and Breen, R. (2001). Europeanization and Globalization: Politics Against Markets in the European Union. *Comparative Political Studies*, 34, 3: 227-262.

Wallace, H. (2000). Europeanisation and Globalisation: Complimentary or Contradictory Trends? *New Political Economy*, 5, 3: 369-382.

Walters, M. (2001). *Globalization 2nd*. London: Routledge.

Weber, S. (2001). *Globalization and the European Political Economy*. New York: Columbia University Press.

Wessels, W., Maurer, A., and Mittag, J. (2003). *Fifteen into One? The European Union and Its Member States*. Manchester: Manchester University Press.

Zahariadis, N. (2005). Adaptation with Pressure? European Legislation and British Merger Policy. *The Policy Studies Journal*, 33, 4: 657-74.

Zeff, E. E. and Pirro, E. B. (2001). *The European Union and the Member States*. Boulder, Colorado: Lynne Rienner Publisher.

第二篇
討論歐盟對會員國政策之影響

第三章　歐洲化與英國中央政府：布萊爾政府個案研究

黃琛瑜

第一節　導論

　　本章旨在探討「歐洲化」（Europeanisation）對英國中央政府體系，所產生的衝擊與重要變革，並以布萊爾政府為本章之個案研究。傳統上，英國對歐洲統合，抱持謹慎疑慮的態度。然而，1997年上台的工黨政府，對歐洲統合採取迥異於以往的親歐政策。布萊爾政府的親歐政策，象徵英國對歐政策的重大轉變。布萊爾政府歷經三次大選，執政時間長達十年，在這段不短的執政時期，英國中央政府體系在歐洲化的衝擊下，究竟產生何種重要變遷？這個值得探究的議題，即為本章所欲探討的研究問題。此外，「歐洲化」研究近來於歐盟研究領域，已發展為一項重要的研究途徑，其要點著重歐盟與會員國間的雙向影響過程。布萊爾政府的親歐政策，使布萊爾政府在歐洲化過程中，能夠更為正面接受與主動參與歐盟事務。布萊爾政府因而成為檢視歐洲化過程中，歐洲層面與英國國內層面雙向影響之一個值得探討的個案。本章將利用「歐洲化」的研究途徑，一方面檢視布萊爾政府時期，歐洲化對英國中央政府的實證影響，另一方面，復探求「歐洲化」研究途徑，在解釋歐洲化與國內結構改變之因果關係，所呈現的理論優點與侷限。

　　除導論與結論外，本章分為五個部分。第一部分，將回顧「歐洲化」研究途徑的理論發展；第二部分，將探討布萊爾政府時期，英國的歐洲化過程；第三部分，則探究歐洲化與英國中央政府之契合程度，特別是歐盟治理體系與英國中央政府體系之間，相互契合的程度與適應壓力；本章的第四部分，將檢視歐洲化過程中，制度和行為者策略如何造成國內結構之改變。透過理論與實證個案的相互檢證，本章於第五部分，將反省並檢視「三階段」研究途徑的理論侷限。經由上述的研究架構，本章希望探究「歐洲化」的衝擊對英國中央政府造成的重大改變，檢視「歐洲化」研究途徑分析這些重大改變的理論解釋力，並展望該研究途徑未來發展的方向。

第二節　歐洲化

　　歐洲統合對會員國產生的影響，自歐洲統合起始以來，一直是一個重要的問題。歐洲統合的進程，歷經1960與1970年代的停滯後，1980年代中期開始呈現快速的發展。隨著歐洲統合不斷深化與廣化，歐洲統合對會員國產生的衝擊亦愈深愈廣。因此，歐洲統合究竟對會員國造成何種重要影響？這個問題亦愈形重要。於此時代背景下，「歐洲化」此一概念逐漸發展，並成為歐洲研究中，廣為討論的一個概念。「歐洲化」此一概念，主要探討歐洲統合對會員國造成的衝擊，以及會員國在統合過程中的回應。

　　「歐洲化」的概念及理論發展，反映了1980年代中期以後，歐洲統合的加速發展，並展現三項主要特色。其一，「歐洲化」強調歐洲統合過程中，歐盟對會員國「由上而下」（top-down）的影響，並同時關注統合過程中，會員國對歐盟「由下而上」（bottom-up）的被動回應或主動影響。「歐洲化」對「由上而下」影響層面的關注，一方面反映了當時歐洲統合加速發展的時代背景，同時也開創一種新的理論途徑，使超國家層面的發展對會員國的影響，重新成為研究的焦點。相較於「歐洲化」，主流的歐洲統合理論較為關注統合過程中，會員國對歐盟此種「由下而上」的影響。舉例而言，新功能主義主張，會員國間的功能性「外溢」（spillover），有助於超國家層次的整合（Haas, 1958; Lindberg, 1963, 1966）；政府間主義亦強調「歐洲化」「由下而上」層面的影響，主張歐洲統合的推進是由會員國的權力與國家利益所主導（Hoffman, 1966, 1982; Moravcsik, 1991, 1993, 1998）。因此，相較於這些強調會員國對超國家層次「由下而上」影響的統合理論，「歐洲化」的概念及理論發展，為歐洲統合研究提供了一個新的分析視角。

　　其二，「歐洲化」的過程，為一種超國家層次與會員國之間相互影響的雙向過程。除了重新聚焦超國家層次對會員國層次「由上而下」的影響，「歐洲化」亦強調所謂的歐洲化過程，是一種超國家層次與會員國層次之間「由上而下」以及「由下而上」的雙向影響過程（Bulmer & Burch, 2000: 47-48; Olsen, 2002; Radaelli, 2004）。因此，「歐洲化」的概念，一方面，能夠探究超國家層次與會員國層次間的互動與循環過程；另一方面，「歐洲化」亦能探討，會員國如何被動接收來自超國家層次的衝擊，以及會員國如何在這個雙向影響過程中，主動投射國家的利益及增加影響力（Bulmer & Burch, 2000: 48）。因此，「歐洲化」於檢視超國家層次與會員國之間的影響過程時，能夠提供一種更完整的分析角度。

　　「歐洲化」研究的第三項特色，在於強調政治制度在歐洲統合過程中的角色。相較於其他歐洲統合理論制度，例如新功能主義關注政治菁英在歐洲統合過程中扮演的角色（Haas, 1958; Lindberg, 1963, 1966），以及政府間制度主義強調國家作為行為者，在統合過程中扮演重要的角色（Hoffman, 1966, 1982; Moravcsik, 1991, 1993, 1998），「歐洲化」則是以政治制度，作為重要的分析單位。「歐洲化」對制度的關注，反映出1980年代中期以後，歐洲統合的加速發展。於此時代背景下，有關歐洲統合制度發展對會員國國內政治體系的影響，因而成為研究的熱門議題。此外，歐洲化研究，亦與當時方興未艾的新制度主義學術思潮相互結合，賦予制度新的內涵，使制度除了指涉傳統的正式制度外，同時也包括非正式的制度，例如習慣、規則、慣例與價值等（March & Olsen, 1984, 1996, 1998; Ikenberry, 1988; Thelen & Steinmo, 1992; Hall & Taylor, 1996）。而「歐洲化」研究，亦與新制度主義的不同學派結合，例如，理性選擇制度主義（Garret, 1992; Garret & Tsebelis, 1996）、歷史制度主義（Pierson, 1996; Bulmer & Burch, 1998, 2000, 2001; Cowles, Caporaso & Risse, 2001; Smith, 2001），以及社會制度主義（Chekel, 2001）等學派，使「歐洲化」不僅關注制度在歐洲統合過程中扮演的角色，同時亦能融合例如理性選擇、路徑依賴，以及社會文化等因素，豐富了分析歐洲化過程中制度變遷的理論解釋力。因此，於此時代背景與學思潮流影響下，「歐洲化」為歐洲統合研究，提供了一個以制度為主要分析單位的研究途徑，並擴大了制度在解釋歐洲統合過程中的角色與內涵。

　　由於上述的三項特色，使得「歐洲化」研究，逐漸發展成為研究歐洲統合對會員國衝擊的一個熱門途徑。「歐洲化」從最早的概念發展，逐漸發展成理論途徑，並成為一個「新興的研究領域」（Goetz & Hix, 2001: 15）。一方面，「歐洲化」研究不斷結合其他理論或研究途徑，例如前述之新制度主義、政策分析（Heritier, 2001; Knill & Lenschow, 1998）及比較政治（Goetz & Hix, 2001; Kassim, 2003）等，強化歐洲化研究的理論解釋力；另一方面，歐洲化亦嘗試建立新的理論架構，希冀探究歐洲化衝擊下會員國產生重要改變的因果關係。

　　高爾茲（Maria Green Cowles）、卡伯羅索（James Caporaso）與利斯（Thomas Risse）於2001年出版的《轉變的歐洲：歐洲化與國內改變》（*Transforming Europe: Europeanization and Domestic Change*）一書中，提出一個「三階段」研究途徑，嘗試分析歐洲化與國內結構之改變，並將歐洲化對會員國的影響分為三個階段。第一階段為歐洲化過程，關注的焦點，包括歐洲層面之正式與非正式的規

範、規則、規章、程序與習慣。第二階段關注的焦點，則為歐洲化與國內結構之「契合程度」（goodness of fit），所謂的「契合程度」亦即歐洲（盟）層面的制度與會員國層面的制度，彼此之間是否能夠契合的程度（Cowles, Caporaso & Risse, 2001: 6-7）。高爾茲、卡伯羅索與利斯並進一步提出「適應壓力」（adaptational pressure）的概念，亦即歐洲化的過程中，歐洲（盟）層面的制度與會員國層面的制度，彼此之間契合（fit）或不契合（misfit）的程度，對彼此所產生的適應壓力（Cowles, Caporaso & Risse, 2001: 7）。高爾茲、卡伯羅索與利斯強調，「契合程度」可以反映「適應壓力」，亦即歐洲（盟）層面的制度與會員國層面的制度之間的契合程度愈低，則適應壓力愈高，反之亦然（Ibid.）。第三階段中，則提出包括「結構」（structure）與「行動」（agency）兩個層面的五項中介因素，分析這些因素在歐洲化過程中，如何促進或妨礙國內結構之改變。結構層面的因素，復可細分為多重否決點（multiple veto points）、中介正式制度（mediating formal institutions）、政治與組織文化（political and organizational cultures）等三個因素。行動層面的因素，亦可分為行為者權力之差異化增長（differential empowerment of actors）與學習（learning）等兩個因素（Cowles, Caporaso & Risse, 2001: 6-12）。

　　上述的「三階段」研究途徑並指出，當歐洲化對國內環境產生重大適應壓力，以及中介因素的存在並促使行為者推動制度改變，於此兩前提下，歐洲化會導致國內結構之改變（Cowles, Caporaso & Risse, 2001: 12）。高爾茲、卡伯羅索與利斯所建立的「三階段」研究途徑，於歐盟研究以及歐洲化研究，展現出突破既有研究的理論創新能力與優點。首先，「三階段」理論途徑提供了歐洲化研究一個簡明的分析架構，特別針對歐洲化的過程、歐洲化與國內結構之契合程度、與中介因素如何促進或妨礙國內結構之改變等三個階段，逐一分析歐洲化過程中國內結構如何產生改變。「三階段」理論的分析架構，使歐洲化抑或歐洲統合對會員國之衝擊與改變過程，得以階段性的進行解釋與分析。其次，「三階段」理論途徑嘗試在《轉變的歐洲：歐洲化與國內改變》一書中，檢視歐洲化過程中會員國的政策、政體與政治等不同層面的分析單位，進行比較研究。相較於既存的歐盟研究及歐洲化研究，該研究途徑展現出整合政策、政體與政治等不同分析單位的理論優勢。最後，「三階段」理論途徑提出「結構」與「行動」兩個層面的中介因素，以解釋歐洲化過程中國內結構的改變。相較於歐盟研究及歐洲化研究的理論途徑，「三階段」理論途徑提供一個整合「結構」與「行動」兩個層面中介因素的分析架構，展現嘗試消弭「結構」與「行動」兩個分析層面之對立性的理論企圖。

　　鑒於以上的理論優點，本章將利用此一「三階段」理論架構，檢視布萊爾政府時期，「歐洲化」對「英國中央政府」的實證影響。本章希望透過「三階段」的理論架構，檢證「歐洲化」與「英國中央政府」之間的因果關係。所謂的「歐洲化」，於本章中被定義為超國家層次與會員國層次之間相互影響的雙向過程。因此，本章所欲探討的焦點在於，究竟歐盟與英國之間「由上往下」以及「由下往上」相互影響的「歐洲化」過程，究竟對「英國中央政府」產生何種重要改變。此外，本章希望透過歐洲化與英國中央政府的實證個案，檢證「三階段」理論架構在解釋「歐洲化」與「英國中央政府」兩者之因果關係的理論優點與侷限。本章以下的第三節至第五節，分別以上述之「三階段」理論途徑為分析架構，依序探討布萊爾政府時期的歐洲化過程、歐洲化與英國國內結構之「契合程度」、以及歐洲化之中介因素與國內結構之改變等三個階段，以探究布萊爾政府時期，歐洲化對英國中央政府的衝擊及所造成之重大改變。

第三節　布萊爾政府時期英國的歐洲化過程

　　就歷史背景而言，相較於其他歐盟會員國，英國對歐洲統合始終抱持戒慎恐懼的態度。例如，英國於1960年代，首次申請加入歐洲經濟共同體時，當時的反對黨工黨主席蓋茨克爾（Hugh Gaitskell）便主張，加入歐洲經濟共同體將代表「英國千年歷史的終結」（Gaitskell, 1962）。前保守黨主席柴契爾（Margaret Thatcher），亦為著名的歐洲懷疑論者。柴契爾於1988年，發表演說反對歐洲經濟共同體的決策改革，措辭強烈批評英國沒有開疆拓土，反而被布魯塞爾的超級國家反統治了（Thatcher, 1988）。柴契爾此舉，不僅招致其他歐洲國家領導人的強烈反對外，也造成保守黨黨內在對歐政策上的嚴重分歧。英國雖然身為歐盟創始會員國之一，至今卻仍未加入例如歐元等涉及重要國家利益的政策領域。因此，英國常被形容為歐盟會員國裡一位若即若離的「尷尬伙伴」（awkward partner）（George, 1998）。

　　然而，1997年5月，工黨於在野十八年後首次贏得大選，開啟英國對歐政策的重大轉變。相較於先前執政的保守黨，特別是柴契爾與梅傑政府的對歐政策，布萊爾政府採取較為正面積極的親歐政策，主張英國應「建設性地參與」歐洲事務，促進英國在歐洲的領導地位，而非孤立於歐洲的邊緣（Blair, 1997）。布萊爾政府從

1997年至2007年，歷經三次大選，為期十年。在十年的任期內，布萊爾政府努力維持親歐政策的一貫性，企圖展現重要成果與作為，但也面臨許多的挑戰。以下以布萊爾政府的三個任期為經，以英國的歐洲化過程為緯，依序探究歐洲化對英國產生的挑戰與衝擊，與英國如何被動回應，以及英國如何透過積極參與歐盟事務，主動投射國家利益及增加影響力的重要歷程。

首先，布萊爾政府於首任任期（1997年至2001年），展現出主動積極參與歐洲事務的熱情與高度期待。舉例來說，阿姆斯特丹政府間會議於布萊爾上任後一個月召開，並成為布萊爾政府親歐政策的試金石。歐盟各國領袖，亦高度關注英國當時的新任首相對歐政策的表現。阿姆斯特丹條約（The Amsterdam Treaty）的協商過程中，布萊爾政府成功展現親歐的政策，以接受過去保守黨政府反對的社會憲章，對歐盟國家釋出善意，此外，布萊爾政府亦同意接受阿姆斯特丹條約中，歐盟將政府間決策為主的「司法與內政事務」之部分政策，轉移至超國家決策為主的「歐洲共同體」此一支柱。1998年9月，布萊爾提出「逐步改變」（Step Change）計畫，藉由增加英國政府各部門人員與歐盟國家的接觸與合作交流，提升英國在歐盟的影響力。這項計畫，不僅成為布萊爾政府主動加強參與歐盟事務的重要政策，亦取得顯著成果。例如，與1997年相較，2000年英國出訪法國與德國的部會參訪人數，便增加逾五成（Foreign and Commonwealth Office, 2000: 5）。

1998年12月，布萊爾主動邀請法國總統席哈克，舉行「聖馬洛高峰會」，倡議建立歐洲軍隊。會後達成的「聖馬洛宣言」（Saint Malo Declaration），不僅成為歐洲防衛機制發展的重要轉捩點，也象徵英國對歐洲防衛政策的重大改變。2000年，歐盟於里斯本高峰會提出「里斯本策略」（Lisbon Strategy）。「里斯本策略」，為歐盟近年來促進歐盟現代化發展的重要計畫，目標是在2010年前使歐盟成為全球最有競爭力、最有活力的知識經濟體。布萊爾政府對這項策略的積極推動與支持，亦再次展現英國親歐政策的努力與落實。此外，2000年底歐盟簽訂的尼斯條約（The Treaty of Nice），布萊爾政府同意歐盟在促進英國重要利益的部分政策領域，例如貿易與工業政策，增加加權多數決的表決程序。

其次，布萊爾政府的第二任任期（2001年至2005年），繼續維持一貫的親歐政策。但受到其他國際與國內因素的影響，相較於前任任期的表現，顯得作為有限。除了持續推動上述的「逐步改變」計畫，加強英國政府與歐盟國家的交流外，英國中央政府並因應國內的地方分權，發展與歐盟及地方政府間更為複雜的多層次治理模式。然而，布萊爾政府的親歐政策，卻遭到國內外政治情勢的挑戰。首先，

2001年九一一恐怖攻擊事件發生後，布萊爾旋即表達支持美國的立場，與美國同一陣線先後出兵阿富汗與伊拉克。英國此舉遭到不少歐盟國家領袖的反對與批評，不僅傷害了英國和歐盟夥伴的關係，復損及布萊爾政府的親歐承諾。此外，2002年歐元實體貨幣開始流通後，歐元復成為英國國內一項爭議熱點。布萊爾支持英國加入歐元的立場，引起政府間的分裂，在財政部長布朗的反對下，布萊爾只好接受英國加入歐元是短期內無法實現的現實。

　　2004年歐盟會員國簽署的歐盟憲法條約（或簡稱歐盟憲法）[1]，成為布萊爾政府親歐政策的另一項考驗。在歐盟憲法條約的協商過程中，布萊爾政府的協商代表獲得政府的支持，採取正面積極的態度與歐盟其他會員國協商，謀求英國利益的最大化。舉例而言，學者史密斯（Julie Smith）指出，布萊爾政府不僅在設定議程中扮演建設性的角色，同時，相較於前任的柴契爾與梅傑政府在歐盟重要條約的簽訂過程，往往抱持反對的態度，布萊爾政府的協商代表採取積極的態度，反而能更有效率地爭取到英國政府的利益與偏好選項（Smith, 2005: 717）。

　　布萊爾政府的第三任期（2005年至2007年），雖然繼續維持親歐政策，但布萊爾在對歐政策的影響力，漸趨式微。布萊爾政府的第三任期開始，歐盟憲法便先後遭到法國與荷蘭的否決，布萊爾隨即宣布擱置公投。由於當時英國國內反對歐盟憲法的聲浪高漲，法國與荷蘭的公投拒絕歐盟憲法，適時緩解了布萊爾政府處理國內對歐盟憲法的反對壓力。2005年下半年，英國擔任歐盟輪值主席，布萊爾在歐盟預算問題上作出讓步，同意放棄每年十億英鎊的歐盟預算退款，促成歐盟新預算案的通過。此舉招致反對黨的批評，認為出賣了英國利益，但另一方面，布萊爾的讓步，展現他積極參與歐盟事務的努力。布萊爾政府的第三任期裡，受到歐盟憲法遭到否決，以及布萊爾決議英國出兵阿富汗與伊拉克導致個人政治聲望下滑等因素的影響下，布萊爾在對歐政策上的影響力，逐漸式微。特別是，萊爾政府選擇支持美國並一同出兵阿富汗與伊拉克，引起國內輿論的強烈批評與反對，對布萊爾個人的政治聲望與領導能力造成傷害（Kuhn, 2005: 56）。舉例而言，根據英國知名的市場調查機構「國際市場與意見調查」（MORI, Market and Opinion Research International）所做的一項民調顯示，2001年發生九一一恐怖攻擊後，布萊爾做為

---

[1]　2004年歐盟會員國簽署的「歐盟憲法條約」（The Treaty Establishing a Constitution for Europe），亦簡稱「歐盟憲法」（European Constitution）。「歐盟憲法條約」於2005年法國與荷蘭公投否決後遭到擱置，最後於2007年被「里斯本條約」取代。

首相的滿意度為67%，但相較於此，2007年6月英國與美國出兵伊拉克後，布萊爾做為首相的滿意度，則大幅降至38%（MORI, 2003）。然而，布萊爾仍然對英國參與歐洲事務，抱持樂觀積極的態度。在2007年的辭職演說中，他再次強調，英國應該強化自身在歐洲的地位，即使受到批評，亦應義無反顧。回首過往，布萊爾憶及1997年上任之初的目標，是希望把英國重新帶回歐洲事務的舞台中心，他認為：「我們做到了，雖然這並不容易」（Blair, 2007）。

揆諸布萊爾政府時期英國的歐洲化過程，可以發現英國對歐政策的重大改變，從過去的疑歐態度，轉向正面的親歐立場。這也使得英國的歐洲化的過程，在面對歐盟的持續發展與挑戰時，特別是較之前任的保守黨政府，更能積極參與歐洲事務，並主動投射國家的利益及增加影響力。特別是布萊爾政府於首任任期中，提出增加英國政府與歐盟交流的「逐步改變」計畫，以及主動邀請法國舉行「聖馬洛高峰會」，倡議建立歐洲軍隊等重要施政。此外，布萊爾政府於第二任任期中，在歐盟憲法的協商過程中，不僅在設定議程中扮演建設性的角色，並採取積極態度爭取英國的利益。布萊爾政府的第三任任期，布萊爾的對歐政策，仍然維持積極參與歐盟事務的態度，但由於布萊爾個人政治聲望下滑等因素，造成布萊爾在對歐政策的影響力逐漸式微。

第四節　歐洲化與英國國內結構之「契合程度」

探討了布萊爾政府時期的歐洲化過程後，接下來檢視的焦點，為歐洲化與英國中央政府之「契合程度」。如前所述，高爾茲、卡伯羅索與利斯強調，歐洲化與國內結構之「契合程度」愈低，則彼此之間的適應壓力愈高，反之亦然（Cowles, Caporaso & Risse, 2001: 6-7）。由於英國歷史上的疑歐傳統以及政治體系的獨特性，相較於其他歐盟會員國，歐洲化與英國中央政府之間的「契合程度」，相對較低。以下針對英國中央政府體制的重要特性，及其與歐盟所產生的制度歧異，作一討論。以瞭解英國中央政府在歐洲化過程中，所面對的較低「契合程度」與較高適應壓力。以下分別就英國中央政府體制的重要結構與特性，包括不成文憲法、議會主權、行政權與立法權合一及單一政黨政府、中央集權、與文官中立等，逐一探討。

首先，英國憲法是不成文憲法，雖然沒有一部成文化的法典，但憑藉著議會制

定法、普通法、憲政慣例、與憲政權威著作的累積，英國的不成文憲法本身，長久以來即是「強大、彈性、負責的英國政府的一大特色」（Budge, Crewe, McKay & Newton, 1998: 177），扮演著英國憲政守護神的重要角色。然而，隨著歐盟此一超國家體制的不斷發展，特別是歐盟法律於1960年代，建立了歐盟法的「直接效力」（direct effect）原則與「至高性」（supremacy）原則，以及歐盟憲法的推動，相較於歐盟其他會員國皆有一部成文憲法，英國在沒有一部成文憲法的保障下，對於歐盟憲法與法律層面的衝擊與挑戰，特別感到戒慎恐懼。易言之，歐盟憲政原則的發展，甚至是歐盟推動制定成文憲法的嘗試，在英國沒有一部成文憲法法典的「屏障」下，容易直接對英國的憲法造成侵蝕。英國的不成文憲法對英國憲政運作的保障，雖然不亞於其他成文憲法的國家，但是英國憲法始終沒有法典化，亦招致如英國憲法學者雷德里的批評，認為英國憲法一如童話中「國王的新衣」（Ridley, 1988）。這也是傳統上英國政府與人民，對歐盟超國家性質的憲政發展及立憲運動，多所反對的原因之一。主要的憂慮即為，在歐洲化的憲政衝擊下，英國的不成文憲法有一天，恐真成為一件「國王的新衣」。職是之故，歐洲化統合過程中，英國中央政府對有關憲法層級的統合發展，「契合程度」較低而適應壓力較高。

其次，英國的「議會主權」（parliamentary sovereignty）原則，為英國憲法中的一項重要原則，亦受到歐盟憲政發展的衝擊。英國的「議會主權」意謂，由君主、上院與下院所組成的「議會」，享有英國立法的最高主權。然而，如上所述，1960年代後，歐盟法取得高於會員國國內法的法律位階，再加上隨著歐盟不斷發展，歐盟立法的政策領域不斷擴增，決策過程中多數決的表決方式日益增加，使得英國的「議會主權」原則，在歐洲化過程中受到很大的衝擊，同時亦產生很大的適應壓力。誠然，英國議會仍然享有制訂英國法律的主要角色，同時英國議會亦保有制訂法律退出歐盟的權力。然而，「議會主權」的憲政原則，在歐盟法取得高於會員國法的法律位階後，一如前述英國的不成文憲法，好似「國王的新衣」。英國議會雖然看似仍然擁有象徵英國主權的憲政至高性，但實質上英國的議會，已無法享有「絕對的」或「完整的」的憲政至高性。因此，所謂的「議會主權」以及「議會至上」的憲政原則，雖然仍然是英國政府與政治運作的重要基石，但在歐洲化的挑戰下，已轉變成一種相對而非絕對的憲政原則。

其三，英國中央政府的型態，是行政權與立法權合一的內閣政府，再加上英國政府通常由一黨領政，故英國中央政府的決策與立法程序通常由一黨主導，較為簡易迅速。此外，行政與立法權合一的內閣政府，結合了單一政黨主政的政治常態，

使英國政府的決策風格，相較於歐盟的多黨聯合政府，易於形成單一的立場。然而，英國政府易於形成單一立場的決策風格，在面對歐盟快速、多邊的協商環境，卻也產生過於固定而缺少彈性的缺點（Kassim, 2000: 48）。相較於此，歐盟部分會員國，由於行政權與立法權分立，常出現政府行政權與立法權由不同政黨掌握，抑或由於多黨林立，易產生政府由多黨組成聯合政府的形態。此外，歐盟政府的超國家治理，亦由不同會員國政府組成，使得決策與立法程序，必須經各方利益的折衝樽俎，較為不易。因此，歐盟決策風格過程的特色，包括決策程序較不固定、多重議題的協商議價、非正式的互惠習慣等，而英國的決策風格則較缺少彈性，在歐盟的決策過程中因而面臨適應的困難與壓力（Wright, 1996: 152; Kassim, 2000: 48）。鑑此，英國中央政府行政權與立法權合一的決策模式以及單一政黨政府的常態，在歐洲化的過程中，面對來自歐盟層面權力分立與多方議價的決策過程，亦產生許多適應壓力。

其四，英國政府為中央集權的政府形態，但自從英國加入歐盟後，傳統上由英國中央政府享有的決策權，在部分政策領域內，必須與超國家的歐盟政府一起分享。此外，英國地方政府得以越過中央政府，與歐盟亦建立起直接管道，獲得決策權力與資源補助，使英國中央政府的中央集權體制，在歐洲化的過程中，受到挑戰。因此，英國傳統的中央集權政府形態，與歐盟的多層次治理之間，存在較低的契合程度及較大的適應壓力。

最後，文官中立的原則，是英國中央政府的另一項重要特色。英國的常任文官，須在政治上保持中立。同時，常任文官提供給政務官的諮詢意見，亦須匿名。然而，歐洲化的過程中，英國文官的傳統角色亦受到挑戰。特別是隨著歐盟事務的不斷擴增，英國文官在處理涉歐事務的過程中，容易產生政治忠誠的移轉或是政治權力增加的可能性。舉例來說，英國於1970年代加入當時的歐體的過程中，便發生外交部常任文官因為過度投入，而造成質疑部分常任官員享有作出政治決策與判斷的機會，不僅常任文官行事與政客無異，並對政務官產生很大的影響力（Owen & Harris, 1987: 129）。因此，歐洲化的過程中，歐盟超國家政府形成新的利益與政治忠誠，對英國中央政府傳統的文官中立原則，造成衝擊與適應壓力。

綜上所論，可以發現歐洲化與英國中央政府的重要結構與特性，包括不成文憲法、議會主權、行政權與立法權合一與單一政黨政府、中央集權、文官中立等，契合程度較低，並直接或間接造成英國中央政府許多適應壓力。英國不僅在歐洲化的統合過程中，相較於其他會員國，表現出抗拒與懷疑；在制度上的契合程度，亦相

對於其他會員國，產生較低的契合程度。

第五節　歐洲化之中介因素與英國國內結構之改變

　　瞭解歐洲化與英國國內結構之契合程度較低之後，本章接下來所欲探究的問題
是，於此較高的適應壓力之下，究竟有何中介因素促進或妨礙英國國內結構作出改
變？如第二節所述，高爾茲、卡伯羅索與利斯所建立的「三階段」理論途徑，於第
三階段中提出五項中介因素，包括「結構」層面的三項因素——多重否決點、中介
正式制度及政治與組織文化，以及「行動」層面的兩項因素——行為者權力之差異
化增長與學習（Cowles, Caporaso & Risse, 2001: 6-12）。以下則針對這五項中介因
素，檢視這些因素在歐洲化過程中，是否促進或妨礙英國國內結構作出改變。

　　首先，高爾茲、卡伯羅索與利斯指出，多重否決點的存在，會妨礙或減緩
歐洲化過程中國內結構的改變（2001: 9）。舉例來說，學者澤比利斯（George
Tsebelis）認為，多重否決點在決策過程中，是妨礙結構適應的主因之一（Tsebelis,
1995: 322-324）。相較於以多黨聯合政府為常態及採取聯邦制的歐盟會員國，容易
因為多黨或中央與地方層級的多極角力產生的多重否決點，而造成決策遲緩。如前
所述，英國中央政府是行政權與立法權合一的內閣政府，並以單一政黨主政為常
態，英國中央政府的決策程序因而較為簡單，容易達成共識。因此，布萊爾政府時
期，亦由於英國中央政府體制中，多黨角力的多重否決點較少，較易推行政府的親
歐政策並產生重要改變。

　　其二，中介正式制度亦為歐洲化的過程中，導引國內結構的改變的另一項重
要因素。布萊爾政府時期，有兩項重要的正式制度，在歐洲化過程中，扮演導引重
要變遷的中介角色。內閣辦公室歐盟秘書處的制度性角色受到強化，即為一個顯
著的例子。布萊爾特別倚賴內閣辦公室歐盟秘書長處理對歐事務外，並於2000年
起，特別任命內閣辦公室歐盟秘書長兼任首相的歐盟顧問一職，使內閣辦公室與唐
寧街首相辦公室的政策協調，更為流暢。因此，內閣辦公室歐盟秘書處，於英國對
歐決策協調機制裡，扮演更為重要的角色，不僅權力進一步強化，人員亦不斷擴編
（Bulmer & Burch, 2006: 43）。另外一個重要的例子，則是英國中央與地方政府，
在布萊爾政府推行地方分權後，所建立的共同決策協調機制。布萊爾政府推行的地
方分權，將不同程度的中央政府權力與地方政府分享，進一步促進英國對歐決策過

程的多層次治理發展。在英國中央政府層面，地方分權後，中央政府仍然掌握對歐盟政策的主導權，負責決定、協調與執行英國的歐盟政策。但由於很多由中央政府下放到地方政府的政策權限涉及歐盟事務，這些政策的形成與執行，仍須由中央政府與地方政府共同分擔。因此，英國中央政府、地方政府與歐盟彼此之間，亦發展出更為複雜的政策管道（Burch, Hogwood, Bulmer, Gomez & Scott, 2003: 84）。英國對歐政策的決策過程，因而從原先的中央集權，演變成一種更為複雜的多層次治理的模型。

　　其三，政治與組織文化，亦為歐洲化過程中，一項重要的中介因素。布萊爾政府的親歐政策，對英國中央政府的規範與價值，帶來一項重要顯著的文化改變。相較於之前的保守黨政府，布萊爾政府帶來積極參與歐盟事務的新氣象。因此，英國中央政府的部會首長與文官，在處理歐盟事務時，能夠以更為正面的態度面對、放手去做。舉例來說，英國駐歐盟大使華爾（Sir Stephen Wall）回憶，1997年的英國舉行大選之前，他正代表英國政府參與歐盟阿姆斯特丹條約的協商。在5月的大選工黨獲勝後一週，他接到英國政府的指令，就從「只要說不」變成了「開始說是」（Menon, 2004: 303），協商工作的重點不僅要保護英國利益，還增加了積極投射、開創英國在歐盟的利益。這種心理上的轉變，是一項對很顯著的文化改變，讓英國官員面對涉歐事務能夠從容以對，而不是感到綁手綁腳。

　　然而，這種政治與組織文化的轉變，並未造成英國傳統上文官中立原則的改變，相反地，文官的政治中立原則仍然繼續維持[2]。由於布萊爾政府的親歐政策，使英國文官更為「歐洲化」，但這裡所謂的「歐洲化」指涉的是，英國文官對涉歐事務，能以正面積極的態度處理，亦更為熟稔，而非在處理歐盟事務時出現政治忠誠移轉至歐盟的文化轉變[3]。由於布萊爾政府的親歐立場，英國中央政府的政治及組織文化，因此產生重大的改變，亦即英國中央政府更能積極參與歐盟事務。

　　行為者權力之差異化增長，作為第四項因素，亦適足以解釋布萊爾政府時期，英國中央政府在歐洲化過程中所產生的重大變遷。布萊爾政府時期，首相的權力出現顯著增長，並在歐洲化過程中，扮演導引、促進重要變遷的中介角色。首先，布萊爾於對歐決策展現主導的強勢風格，任命內閣辦公室歐盟秘書長與防衛暨對外秘

---

[2]　本文作者於2007年1月至3月，於英國訪談十數位英國中央政府資深官員。受訪者咸認布萊爾政府的親歐政策，為英國中央政府帶來重大的政治與組織文化改變，但並未對英國文官的政治中立原則產生影響。

[3]　此種英國文官「歐洲化」的意涵，亦為前註所述之訪談受訪者所同意。

書長，分別兼任首相的歐盟顧問與外交政策顧問，藉此增加布萊爾對歐政策的領導能力（Seldon, Ballinger, Collings & Snowdon, 2005: 329）。這樣的改變，使原本由內閣辦公室歐盟秘書處協調對歐政策的主導地位，向首相辦公室傾斜。首相在英國政府對歐決策過程中的權力，因而造成顯著的增加。此外，由於布萊爾的親歐政策與強勢領導下，英國中央政府在歐洲化的過程中，特別是與之前的保守黨政府相比，在國內層面，較易接收歐盟層面的適應壓力並作出改變；同時，在歐盟層面，亦能主動積極在歐盟層面投射英國的利益。

最後，學習亦為一項重要的因素，使行為者能夠在歐洲化過程中，改變利益與認同。布萊爾政府的親歐政策，使英國的對歐接觸增加，官員因此能夠更為積極處理涉歐事務，並透過學習，逐漸累積經驗與增加對歐盟事務的瞭解、認同。此外，歐盟2000年提出的「里斯本策略」，引進了一種新的治理模式，稱為「開放協調法」（open method of co-ordination）[4]。這種決策方式，主要建立在會員國的自願性合作，讓會員國依照自身的國情執行適當的政策，再透過定期調控、評鑑與會員國間的政策學習，以達到整合協調會員國政策的目標（Presidency Conclusions, Lisbon European Council, 2000: 12）。這項新的治理方式，提供英國與其他會員國彼此之間政策學習（de la Porte & Pochet, 2002; Hodson & Maher, 2001: 724; Mosher & Trubek, 2003: 84）與觀念整合（Bertozzi & Bonoli, 2002; Radaelli, 2003: 9）的機會，促進了英國政府對歐決策過程的水平歐洲化，也提供英國官員透過與其他會員國政策協調的過程，相互學習、啟發的機會。

綜上所論，高爾茲、卡伯羅索與利斯提出的五項因素，包括多重否決點、中介正式制度、政治與組織文化、行為者權力之差異化增長與學習（Cowles, Caporaso & Risse, 2001: 6-12），在布萊爾政府時期的個案中，皆扮演顯著的中介角色，在歐洲化過程中直接或間接促進英國國內結構作出改變，展現了理論的解釋優點。然而，在比較分析這五項因素後，有四項發現與批判，一方面，雖然這五項因素皆扮演中介的角色，引導英國中央政府作出改變，但這五項因素在個案中扮演的角色重要性，程度不一。研究發現，行為者權力之差異化增長此一因素，在個案中為主要的中介因素。特別是布萊爾本身的親歐政策與領導風格，使英國中央政府得以在歐

---

[4] 2000年歐盟的里斯本高峰會中，引進了「開放協調法」此一新的治理模式，但「開放協調法」這種決策方式，並非是一種完全新穎的決策設計，而是在歐洲統合的過程中，發展已久。例如在歐洲貨幣聯盟、馬斯垂克條約及阿姆斯特丹條約等，皆曾嘗試發展此一決策方式（Borrás & Jacobsson, 2004: 187-188）。

洲化的過程中,特別是與前任政府相比,較能作出友善的回應,同時亦能主動參與歐洲事務、投射英國利益。

　　第二方面,這些中介因素,可能促進或妨礙歐洲化過程中國內結構作出改變,但亦可能產生相反效果。舉例而言,個案研究發現,多重否決點可以妨礙歐洲化過程中國內結構產生改變。英國單一政黨政府的決策過程,與多黨聯合政府相較,存在較少的多重否決點,因此有助於歐洲化過程中產生國內結構之變遷。但另一方面,相較於多黨聯合政府較能彈性適應多極協商,英國單一政黨的決策過程,往往容易在協商過程中固守立場、缺乏彈性(Kassim, 2000: 48),造成較難在協商中作出彈性的決定與改變。因此,在較少多重否決點的情況下,皆有可能促進或妨礙歐洲化過程中國內結構作出改變。

　　第三方面,本個案研究亦發現,這些中介因素彼此間,具有相互增強的影響效果。舉例而言,布萊爾本身的親歐政策與強勢領導,使行為者權力之差異化增長此一因素,牽引帶動中介正式制度、政治與組織文化,以及學習等因素,造成內閣辦公室歐盟秘書處的制度性角色強化、英國中央政府積極參與歐盟事務的文化轉變,以及政府官員處理涉歐事務的機會與動機增強,而能不斷學習並累積歐洲經驗。

　　最後,雖然高爾茲、卡伯羅索與利斯將這五項中介因素,分為「結構」與「行動」層面。然而,研究結果發現,「結構」與「行動」層面的各項因素,雖然可以分別檢視,但實際上「結構」與「行動」層面的各項因素是相互影響,方能導引出國內結構的重要改變。舉例而言,倘使沒有布萊爾政府的親歐態度與強勢領導,內閣辦公室歐盟秘書處的制度性角色不會特別強化;英國中央政府在政治與組織文化上,亦不會產生積極參與歐盟事務的價值轉變;政府官員在涉歐事務的處理上,亦會減少學習的機會與動機。

第六節　「三階段」研究途徑的理論侷限

　　「三階段」研究途徑套用歐洲化與英國中央政府的實證個案,展現出以上的理論優點。然而,「三階段」研究途徑,於個別的三個階段之理論解釋力,分別有以下理論侷限。首先,在歐洲化過程的第一階段,分析單位為歐洲層面的正式與非正式制度。但在布萊爾政府歐洲化的過程中,會員國層面的英國中央政府,除了被動接受來自歐洲層面的衝擊外,亦積極主動投射英國利益投射於歐洲層面。因此,歐

洲化過程本身，即為歐盟與會員國之間「由上往下」以及「由下往上」的雙向互動過程。職是之故，第一階段中的歐洲化過程，若只聚焦歐洲層面的正式與非正式制度衝擊，難以凸顯會員會與歐洲層面間雙向互動而產生的衝擊與改變。

其次，第二階段的分析重點，為歐洲化與國內結構之「契合程度」，契合程度愈低則適應壓力愈高，反之亦然。契合程度的概念與適應壓力，提供了解釋歐洲化衝擊的條件。然而，若以英國中央政府體制作為分析單位，英國中央政府內的不同部會，其與歐洲化的契合程度並不相同。以布萊爾政府個案為例，英國中央政府的不同部會，各有其特殊的傳統與文化。英國中央政府的主要部會裡，例如外交部、貿易暨工業部、農漁業部及內政部等部會，處理較多涉歐事務，傳統上對歐盟事務較不排斥。財政部則是一個相反的例子，雖然財政部亦需處理許多涉歐事務，但財政部的官員傳統上對歐盟的態度較為疏離（Edwards, 1992: 81）。財政部因而常被認為是英國中央政府裡，最不熱心支持歐盟的部會（Downing, 1995: 129）。因此，英國中央政府的不同部會與歐洲化之契合程度有所不同，亦會連帶影響歐洲化過程中，英國中央政府的不同部會所產生的結構改變。

在第三階段裡，如前所論，制度與行為者策略等五項中介因素，在導引國內結構產生改變的過程中所扮演的角色重要性，程度不一。再者，這些中介因素雖可促進或妨礙歐洲化過程中國內結構產生改變，但本個案研究發現，這些因素亦可能產生相反之效果。本個案研究亦發現，這些中介因素彼此之間，具有相互增強的影響效果，同時也因為這些因素的相互影響，方能導引出國內結構的重要改變。

將高爾茲、卡伯羅索與利斯的「三階段」研究途徑作一整體來看，布萊爾政府之個案，亦凸顯出該研究途徑的另外四項理論侷限。首先，「三階段」理論途徑，主要聚焦於歐洲化過程中歐洲層面與會員國國內層面的相互影響。然而，布萊爾個案中發現，包括國際層面與次國家層面（地方或區域政府）的重要發展，亦會間接影響歐洲化過程中國內結構的改變。舉例而言，2001年九一一恐怖攻擊事件後，布萊爾政府與美國一同出兵阿富汗與伊拉克，造成的個人政治聲望下滑，亦連帶弱化布萊爾在英國對歐政策的影響力。此外，布萊爾政府任內推動的地方分權，亦促使英國在歐洲化過程中，因應發展出英國中央政府、地方政府、與歐盟之間更為複雜的多層次治理模型。鑒此，歐洲化研究途徑除了關注歐洲與會員國國內層面的相互影響之外，亦須檢視國際與次國家層面的制度與非制度發展，對歐洲化過程中國內結構產生改變的直接或間接影響。

其二，「三階段」理論途徑，著重於探討歐洲化過程中制度與行為者層面的

因素分析，忽略媒體及輿論所扮演的角色。個案研究發現，媒體及輿論在英國的歐洲化過程中，雖然並非造成英國中央政府重要改變的主要原因，但亦產生間接的影響。例如布萊爾政府與美國同一陣線，先後出兵阿富汗與伊拉克，引起國內輿論的強烈批評與反對，對布萊爾個人的政治聲望與領導能力造成衝擊，連帶亦造成布萊爾在對歐政策的影響力，逐漸式微。

其三，「三階段」理論途徑，可以套用於「政體」、「政策」與「政治」等不同層面的分析單位，但並未探究這些不同分析單位間的互動關係，是否促進或妨礙歐洲化對國內之衝擊與改變。布萊爾政府個案的分析單位，聚焦為英國中央政府體制此一「政體」。而個案的研究結果發現，歐洲化過程中，「政體」、「政策」與「政治」彼此之間會相互影響，並且共同造成歐洲化過程中英國中央政府的重要改變。以英國中央政府為例，隨著首長的親歐「政策」的轉變與「政治」權力增長，使英國在歐洲化過程中，展現了友善回應歐盟發展及積極參與歐盟事務的熱忱，同時，也使英國中央政府此一「政體」，在面對與歐洲化的較低契合程度下，亦能產生重要改變。因此，歐洲化研究在分析「政體」、「政策」或「政治」時，這些不同的分析單位彼此之間的相互影響，有助於解釋歐洲化過程中國內結構是否及如何做出改變。

最後，「三階段」的研究途徑，提出包括「結構」與「行動」兩個層面的五項中介因素，意欲檢視這些因素如何在歐洲化過程中，中介國內結構的改變（Cowles, Caporaso & Risse, 2001: 9）。然而，這五項中介因素彼此之間的相互影響，並未深入檢視。以布萊爾政府個案為例，研究發現，歐洲化對英國中央政府的衝擊，不單單是制度層面的影響，或僅僅是行為者的權力消長與學習效果，而是透過制度與行為者的相互影響，方使英國中央政府在與歐洲化的低度契合情況下，產生重要的結構變遷。「三階段」的研究途徑中，檢視了包括「結構」與「行動」這兩個相互對立層面的中介因素。這些因素雖然豐富了歐洲化衝擊下國內結構作出改變的理論解釋力，但是「三階段」研究途徑，並未探究「結構」與「行動」兩個層面的中介因素彼此之間，如何相互影響而引導出歐洲化之下國內結構的改變。因此，倘若無法檢視「結構」與「行動」兩個層面的各項中介因素，彼此之間的互動關係，這些中介因素僅能凸顯「結構」與「行動」兩個層面的二元對立關係，反而無法擴大「結構」與「行動」層面各項因素的總體解釋張力，甚至是「結構」與「行動」二元對立關係的和解可能性。

第七節 結論

　　藉由探討歐洲化過程、歐洲化與國內結構之「契合程度」，以及制度與行為者策略等中介因素，高爾茲、卡伯羅索與利斯建立的「三階段」理論途徑，提供了一個清楚的分析架構，有助於探究歐洲化衝擊下會員國產生結構改變的因果關係。本文利用「三階段」理論途徑做為分析架構，套用於布萊爾政府個案，研究結果發現，歐洲化的過程中，英國中央政府在與歐洲化的低度契合情況下，由於布萊爾對歐政策的重大轉變以及個人的領導風格，再加上制度與行為者等中介因素的相互影響，造成英國中央政府的重要改變。

　　此外，本章透過理論架構與實證個案的相互檢證，亦發現「三階段」研究途徑的理論缺失與侷限。而這些理論解釋的限制，適可作為「歐洲化」研究途徑未來值得進一步發展的研究議題。「三階段」理論途徑未來的發展，應針對上述之理論缺陷，做出以下修正。一方面，就「三階段」理論的個別階段而言，第一階段的歐洲化過程，未來的研究應探究歐洲層面以及會員國層面之間，正式與非正式制度之雙向互動。第二階段中，應注意歐洲化與國內結構之「契合程度」，於英國中央政府不同部會之間，有所差異。同時，這些差異亦會連帶影響歐洲化過程中，英國中央政府的不同部會所產生的結構改變。第三階段中，未來研究則需進一步探討制度與行為者策略等五項中介因素，彼此之間如何相互影響並導引國內結構產生改變。

　　另一方面，就「三階段」理論作一整體而言，需要修正之處有四。首先，後續研究除了關注歐洲與會員國層面的相互影響，亦應檢視國際與次國家層次的制度與非制度發展對歐洲化的影響；其次，後續研究亦需探討歐洲化過程中媒體及輿論所扮演的角色，特別是其對政府政策和政治文化的影響。再者，歐洲化研究應進一步探究歐洲化過中「政體」、「政策」與「政治」等不同分析單位的互動關係，如何影響歐洲化對會員國造成之衝擊與改變。最後，針對「三階段」理論提出的「結構」及「行動」兩個層面的中介因素，後續研究應進一步檢視這些中介因素彼此之間如何相互影響，因而導出歐洲化下國內結構的改變，復應探究「結構」及「行動」兩個層面的對立分析上，是否存在和解的可能性。

參考書目

一、中文文獻

沈玄池、洪德欽（主編）（1998）。《歐洲聯盟：理論與政策》。台北：中央研究院歐美研究所。

洪德欽（主編）（2007）。《歐盟憲法》。台北：中央研究院歐美研究所。

郭秋慶（1999）。《歐洲聯盟概論》。台北：五南。

黃偉峰（1993）。〈剖析歐洲聯盟正在成型的治理體系〉，《歐美研究》，33, 2: 291-344。

黃偉峰（主編）（2003）。《歐洲聯盟的組織與運作》。台北：五南。

黃琛瑜（1999）。《歐洲聯盟──跨世紀政治工程》。台北：五南。

黃琛瑜（2001）。《英國政府與政治》。台北：五南。

劉復國（1996）。〈英國與歐洲共同體：國家利益與區域整合的矛盾〉，《歐美研究》，25, 3: 95-121。

二、西文文獻

Bertozzi, F. & Bonoli, G. (2002, March 22-27). Europeanisation and the convergence of national social and employment policies: What can the open method of coordination achieve?, Paper presented at the ECPR joint sessions of workshops, Turin.

Blair, T (1997, June 3). Speech at the Party of European Socialist Congress in Malmö, Sweden.

Blair, T. (2007, May 11). Resignation Speech in Sedgefield, from http://www.uksbd.co.uk.

Borrás, S. & Jacobsson, K. (2004). The open method of co-ordination and new governance patters in the EU. *Journal of European Public Policy*, 11, 2: 185-208.

Budge, I., Crewe, I., McKay, D., & Newton, K. (1998). *The new British politics*. Essex: Pearson Education.

Bulmer, S. & Burch, M. (1998). Organising for Europe: Whitehall, the British state and the European Union. *Public Administration*, 76, 4: 601-628.

Bulmer, S. & Burch, M. (2000). The Europeanisation of British central government. In R. A. W. Rhodes (Ed.), *Transforming British government; Volume I: Changing institutions* (pp. 46-62). London: Macmillan.

Bulmer, S. & Burch, M. (2001). The "Europeanisation" of British central government: The UK and Germany in historical institutionalist perspective. In M. Aspinwall & G. Schneider (Eds.), *The rules of integration* (pp. 73-96). Manchester: Manchester University Press.

Bulmer, S. & Burch, M. (2006). Central government. In I. Bache & A. Jordan (Eds.), *The Europeanization of British politics* (pp. 37-51). London: Palgrave Macmillan.

Burch, M., Hogwood, P., Bulmer, S., Carter, C., Gomez, R., & Scott, A. (2003). *Charting routine and radical change: A discussion paper*. Devolution and European Policy Making Series No. 6, European Policy and Research Unit, Department of Government, University of Manchester.

Checkel, J. T. (2001). Constructing European institutions. In M. Aspinwall & G. Schneider (Eds.), *The rules of Integration* (pp. 20-39). Manchester: Manchester University Press.

Cowles, M. G., Caporaso, J., & Risse, T. (Eds.). (2001). *Transforming Europe: Europeanization and domestic change*. Ithaca, NY: Cornell University Press.

de la Porte, C. & Pochet, P. (Eds.). (2002). *Building social Europe through the open method of co-ordination*. Brussels: European Interuniversity Press.

Dowding, K. (1995). *The civil service*. London: Routledge.

Edwards, G. (1992). Central government. In S. George (Ed.), *Britain and the European Community: The politics of semi-detachment* (pp. 64-90). Oxford: Clarendon Press.

Foreign and Commonwealth Office (FCO) (2000). *FCO departmental report 1999*. London: The Stationery Office.

Gaitskell, H. (1962). Speech to the Labour Party Conference, from http://www.ena.lu/speech_hugh_gaitskell_october_1962-020003043.html.

Garrett, G. & Tsebelis, G. (1996). An institutional critique of intergovernmentalism. *International Organization*, 50, 2: 269-299.

George, S. (1998). *An awkward partner: Britain in the European Community*. Oxford: Oxford University Press.

Goetz, K. & Hix, S. (Eds.). (2001). Introduction: European integration and national political systems. In K. Goetz & S. Hix (Eds.), *Europeanised politics? European integration and national political systems* (pp. 1-26). London: Frank Cass.

Haas, E. B. (1958). *The uniting of Europe: Political, social and economic forces 1950-1957*. London: Stevens and Sons.

Hall, P. & Taylor, R. (1996). Political science and the three new institutionalism. *Political Studies*, 44, 5: 936-957.

Héritier, A. (2001). Differential Europe: National administrative responses to community policy. In M. G. Cowles, J. Caporaso, & T. Risse (Eds.), *Transforming Europe: Europeanization and domestic change* (pp. 44-59). Ithaca, NY: Cornell University Press.

Hodson, D. & Maher, I. (2001). The open method as a new mode of governance: The case of soft economic co-ordination. *Journal of Common Market Studies*, 39, 4: 719-746.

Hoffman, S. (1966). Obstinate or obsolete? The fate of the nation state and the case of Western Europe. *Daedalus*, 95, 2: 862-915.

Hoffman, S. (1982). Reflections on the state in Western European today. *Journal of Common Market Studies*, 21, 1-2: 21-37.

Ikenberry, G. J. (1988). Conclusion: An institutional approach to American foreign policy. In G. J. Ikenberry, D. A. Lake, & M. Mastanduno (Eds.), *The state and American foreign economic policy* (pp. 219-243). Ithaca, NY: Cornell University Press.

Kassim, H. (2000). The United Kingdom. In H. Kassim, B. G. Peters, & V. Wright (Eds.), *The national co-ordination of EU policy: The domestic level* (pp. 22-53). Oxford: Oxford University Press.

Kassim, H. (2003). Meeting the demands of EU membership: The Europeanization of national administrative systems. In K. Featherstone & C. M. Radaelli (Eds.), *The politics of Europeanization* (pp. 83-111). Oxford: Oxford University Press.

Knill, C. & Lenschow, A. (1998). Coping with Europe: The impact of British and German administrations on the implementation of EU environmental policy. *Journal of European Public Policy*, 5, 4: 594-614.

Kuhn, R. (2005). Media management. In A. Seldon & D. Kavanagh (Eds.), *The Blair effect 2001-5* (pp. 94-111). Cambridge: Cambridge University Press.

March, J. G. & Olsen, J. P. (1984). The New institutionalism: Organizational factors in political life. *American Political Science Review*, 78, 3: 734-749.

March, J. G. & Olsen, J. P. (1989). *Rediscovering institutions: The organizational basis of politics*. New York: The Free Press.

Menon, A. (2004). Britain and European integration: the view from within. *Political Quarterly*, 75, 3: 285-317.

Moravcsik, A. (1991). Negotiating the Single European Act: National interests and conventional statecraft in the European Community. *International Organization*, 45, 1: 19-56.

Moravcsik, A. (1993). Preferences and power in the European Community: A liberal intergovernmentalist approach. *Journal of Common Market Studies*, 31, 4: 473-524.

Moravcsik, A. (1998). *The choice for Europe: Social purpose and state power from Messina to Maastricht*. Ithaca, NY: Cornell University Press.

MORI, Market and Opinion Research International (2003). *Blair ten years on*. 8 June.

Mosher, J. & Trubek, D. (2003). Alternative approaches to governance in the EU: EU social policy and the European employment strategy. *Journal of Common Market Studies*, 41, 1: 63-88.

Olsen, J. P. (2002). The many faces of Europeanization. Arena Working Papers, 2002, 2, from http://www.areana.uio.no/publications/wp02-2.htm.

Owen, D. & Harris, K. (1987). *David Owen: Personally speaking to Kenneth Harris*. London: Weidenfeld and Nicolson.

Pierson, P. (1996). The path to European integration: A historical institutionalist analysis. *Comparative Political Studies*, 29, 2: 123-161.

Presidency Conclusions (2000, March 23-24). Lisbon European Council, from http://ec.europa.eu/growthandjobs/pdf/thematic_lisbon_conclusions_1003 en.pdf.

Radaelli, C. M. (2003). The code of conduct in business taxation: Open method of coordination in disguise?. *Public Administration*, 81, 3: 513-531.

Radaelli, C. M. (2004). Europeanisation: Solution or problem?. European Integration Online Paper, 8, 16, from http://eiop.or.at/eiop/texte/2004-016a.htm.

Ridley, F. F. (1988). There is no British constitution: A dangerous case of the Emperors' clothes. *Parliamentary Affairs*, 41, 3: 340-361.

Seldon, A., Ballinger, C., Collings, D., & Snowdon, P. (2005). *Blair*. London: Free Press.

Smith, J. (2001). Cultural aspects of Europeanisation: The case of the Scottish Office. *Public Administration*, 79, 1: 145-165.

Smith, J. (2005). A missed opportunity? New Labour's European policy 1997-2005. *International Affairs*, 81, 4: 22-36.

Tsebelis, G. (1995). Decision making in political system. Veto players in presidentialism, parliamentarism, multicameralism and multipartism. *British Journal of Political Science*, 25, 3: 289-325.

Thatcher, M. (1988). Speech to the College of Europe, from http://www.margaretthatcher.org/essential/keydocs.asp.

Thelen, K. & Steinmo, S. (1992). Historical institutionalism in comparative politics. In S. Steinmo, K. Thelen & F. Longstreth (Eds.), *Structuring politics: Historical institutionalism in comparative analysis* (pp. 1-32). Cambridge: Cambridge University Press.

Wright, V. (1996). The national co-ordination of European policy-making: Negotiating the quagmire. In J. J. Richardson (Ed.), *European Union: Power and policy-making* (pp. 148-169). London: Routledge.

藍玉春

　　歐體法第十條：「會員國得採取一切…措施，以確保因本條約而產生的義務或共同體機構的行動，得以完成。」[1]

　　密特朗：「歐洲是我們的未來」[2]

　　柏林宣言：「歐洲是我們共同的未來」[3]

第一節　前言：從歐盟的法國化到法國的歐洲化

　　隨著歐洲聯盟逐漸成為會員國國內政治「自然的一部分」，[4]Europeanization「歐洲化」一詞也成為歐盟研究的新議程，學術界企圖評估歐盟層次之決策在會員國國內層次的有效性，並企圖瞭解歐盟所提供的機會與制約，如何影響會員國的國內政治。自1990年代後期，「歐洲化」一詞逐漸大量出現在英國及美國學術界的歐盟研究論文當中，[5]是一個尚待釐清及精煉的論點，同時也是可具體觀測的現象。

---

[1] 歐洲共同體法第十條明定如下：" Member States shall take all appropriate measures, whether general or particular, to ensure fulfillment of the obligations arising out of this Treaty or resulting from action taken by the institutions of the Community. They shall facilitate the achievement of the Community's tasks. They shall abstain from any measure which could jeopardize the attainment of the objectives of this Treaty "

[2] "*La France est notre patrie, l'Europe est notre avenir*."。這是法國總統密特朗生平最後幾年常公開講的一句話，普遍被媒體及政壇所引用。

[3] 為慶祝共同體成立五十週年，在柏林舉行歐盟高峰會上各國政府首長的共同宣言" Declaration on the occasion of the fiftieth anniversary of the signature of the treaties of Rome"，又稱柏林宣言。<http://www.consilium.europa.eu/ueDocs/cms_Data/docs/pressData/en/misc/93282.pdf>. 2009/06/25.

[4] Paolo Graziano and Maarten P. Vink(2008), Challenges of a New Research Agenda, in Paolo Graziano and Maarten P. Vink ed., *Europeanization*: New Research Agendas, p. 4.

[5] 法國學術界在這歐洲化的研究較晚，大約自2004年隨著歐洲憲法草案制定逐漸成型，法國各大社會科學智庫（如Institut d'étude politique de Paris(IEP), Centre National de la Recherche Scientifique (CNRS)）、各大學（Bordeaux, Lille, Grenoble, Strassbourg）國關、政治、公行系

若從歐洲統合理論進展的長期脈絡觀之，「歐洲化」做為一種學術論點，是五十年來歐洲研究二元辯證的匯合趨勢（本章第參節之一），也融合了許多對歐盟事務特殊現象的解釋（本章第參節之二）。

「歐洲化」"Europeanization"一詞，就如"integration"及"globalization"等國際政治的術語般定義分散又時髦，有許多不同分析層次與單位、殊異的關注焦點，可視為是歐盟－會員國政府－人民三者關係「愈來愈緊密」（ever closer）此一歐洲信念的具體落實。本章在第二節臚列「歐洲化」的各種意涵，並採「歐洲化」狹義的解釋：歐盟會員國對歐盟共同政策壓力、適應與調整的「動態過程」及「具體結果」。本章在嘗試釐清歐洲化的相關論點後，法國——做個案研究，進行單一國家、跨支柱的政策比較。法國自始即是積極參與歐盟建設又具影響力的行為者，國內政策也深深被歐盟影響（R. Balme and C. Wall, 2005: 100-103）。

在歐盟第五度擴大之前，法國實為歐洲統合的「淨受益國」。無論是：(1)延伸指導型經濟至第一支柱（尤其是消化歐盟最大財政預算的共同農業政策）；(2)鎖住德國的基本國策（如煤鋼共同體將軍用重要物資共營、單一貨幣而非共同貨幣之發行）；(3)將歐盟作為法國外交延伸及國際影響力的加乘器（Hubert Vedrine, 2000: 84-104），[6]如以法語做為歐盟機構行政語言、[7]歐盟預算對非加太前殖民地的長期經援協定、共同外交宣示及經援支持巴勒斯坦的中東政策、排除美國勢力的共同防禦政策建構；(4)深化先於擴大或深化與擴大同步進行之戰略選擇。凡此歐盟內部的核心政策及對外的大戰略均有「法蘭西因子」。

亦即，在初創及中期，「共同體／歐盟」[8]的宗旨、架構及大政方針相當程度是按照法國意志進行，可以說是歐盟的「法國化現象」；直至歐盟接納中東歐十國（量變）並同步進行法制三部曲之制度改革（質變），明顯演變成（廣化及深化後的）歐盟對法國造成「歐洲化現象」。甚至，法國是未能將歐盟法規轉置成國內法

所及歐盟中心，始正視歐洲化現象並急速大量展開針對發表的專書論文及研討會。

[6] 作者為約瑟班總理時期的外交部長，此書與巴黎政治學院教授D. Moisi對談，討論面對全球化時代新局面法國的因應與戰略。

[7] 按照1958年10月6日共同體發布的N.1/1958號規則（règlement），法文不只是官方語言，也是共同體機構的工作語言。在法國外交部網站所公布的「法文在歐盟機構使用之十點聲明」（Vademecum en 10 points: Usage du français dans les institutions de l'Union européennne）中，特別強調：法文得在歐盟機構任何情況下使用，任何具法律性質的決定若無法文版本，不得進行。

[8] 共同體的原文：Communauté（Community）也是法語慣用詞變成國際政治及區域整合術語。

赤字最高的成員國（Ulf Sverdurp, 2003: 200）。[9]

　　為了強調歐盟層次的決策對法國越發造成全面且的深刻影響歐洲化現象，本章第四、第五、第六節分別自歐盟三支柱選擇三項政策：經貿範圍的歐元發行（第一支柱）、外交安全的解除軍售中國禁令（第二支柱）、人員自由流通的申根區（第三支柱），來比較對這些共同政策制定及執行時，法國所遭受的「歐盟壓力」，並從三個面向研析：(1)法國與歐盟政策之契合程度及壓力程度；(2)法國法政部門與歐盟的中介機制之偏好與動態實踐；(3)法國因歐盟政策所做的行政／政策結構調整與改變。文末將在結論部分作綜合比較（表4.1），亦即法國如何影響歐盟政策、歐盟政策如何對法國造成壓力、法國如何調適及改變。

第二節　「歐洲化」二元辯證之匯合

　　就如"integration"（統合、整合）一詞，"Europeanization"（歐洲化）一詞同時蘊涵歐盟統合的過程及結果，涉及質化分析、量化變項與指標，以及政策的可比較性。「歐洲化」一方面是正在形塑的學術論點，另一方面，也可以指涉許多深化公共政策的實務現象。

一、「歐洲化」是尚待精煉的學術論點

　　以宏觀脈絡而言，自二戰結束後六十年來，歐洲如何重建及針對建設的規範與解釋，始終是政壇、媒體、知識社群的爭論焦點，而這些爭論的共同特色便是：二元辯證擺盪、此消彼長卻巧妙共生、愈來愈精緻化。「歐洲化」論點無疑是將這些論點從對立到融合的新趨勢。

　　早期歐洲研究學術界發展出若干關於歐洲建設（construction）的殊異選項及相悖途徑，諸如：【合作vs.整合】、【主權vs.聯邦】、【廣化vs.深化】、【政府間vs.超國家】、【任選歐洲vs.雙速歐洲】、【功能主義vs.新功能主義】。新功能主義的政治溢出效應等論點，應是第一個最具解釋及預測力、專門適用歐洲區域統合

---

[9]　按執委會調查，1997年至2005年，歐盟會員國未能將歐盟法規轉置的赤字率（transposition deficit），丹麥最低，幾乎完全轉置成國內法；法國赤字最高，曾高達7.5%。但整體平均轉置赤字有降低的趨勢，至2005年時，平均值為2.5%，法國亦然，轉置赤字已低於3%。

的理論。

隨後又有自由派政府間主義提出"preference-bargains -institution choice"三步驟，超越新功能主義，相當程度地能解釋歐盟重大歷史決定的轉捩點（A. Moravcsik, 1998: 3-9）。[10]接著，是自由派政府間主義（由內而外）與制度主義（由外而內）之辯。

哈佛大學教授A. Moravzick算是最早將歐洲區域整合焦點「拉回國內層次」的學者，重視行為者動機與偏好、如何回應歐盟壓力，以及共同政策制定談判時，會員國政府的「雙重賽局」戰術、理性選擇下的政策偏好（Moravzick, 1993, 1998）。制度主義除了強調行為者理性選擇的制度偏好之外，也認為歐盟制度提供「政治結構機會」，使行政菁英傾向更多具正向循環效果的連續合作。其中，歷史制度主義的因果性（consequentiality）及適切性（appropriateness）都直接被歐洲化研究者所引援。目前正在發展中的「歐洲化」內涵明顯承接自由派政府間主義與制度主義的諸多論點。

此外，最新發展成型的多層次治理（上對下、下對上、平行的多方關係），以歐盟機構為核心，擴散至會員國國內政治機制（行政菁英、區域政府、跨國社會壓力團體等）的影響及互動，焦點放在圍繞布魯塞爾決策者的跨國利益團體串聯及社會運動，亦蓬勃發展。

建構主義（內外平行互動）也提供「歐洲化」質化養料。建構主義是個很弔詭的理論，其融合社會、文化、心理等層面，難以量化，甚至無法共量的觀點，晚近被學者引用在國際關係研究上，甚至引發國際關係理論第三波大辯論。建構主義被歐洲統合學者引用來分析歐盟政策深化後，會員國出現政、經、社、法的精英及一般民眾多重政治認同的新現象。建構主義論述中，精英在社會化及學習後，對歐盟主觀的認知及認同、歐盟規則被視為理所當然且自始便制約行為者，亦是「歐洲化」研究的重要論點。

綜合而言，尚在初級階段的「歐洲化」研究。一方面匯合上述各派相容的論點，另一方面，將焦點「直接」放在會員國國內層次因歐盟而產生的政治及政策，在組織邏輯上的改變，尤其是行政部門的調適，故需要大量的實證研究。

---

[10] Moravcsik這本著作被D. Puchala譽為與歐洲統合理論濫觴新功能主義Ernest Haas的巨著"*The Uniting of Europe*"具同等學術地位。

二、「歐洲化」是深化政策實務現象：的長期成果

　　歐洲化現象其實自共同體統合工程開始便已存在，都是在增加會員國之間的「同質性」，只是學術界並未以此名詞名之，是最新（術語）也是最老（事實）的研究。這些現象彼此交疊，很難二分，不啻是歐盟累積深化的成果。

（一）法律層面的歐洲化現象——【趨近】

　　法律層面上的歐洲化現象是最早出現的範疇。共同體法律對成員國法律體系的「優先性」[11]及歐洲法院對會員國法院的「先決裁判權」，都是歐洲化的第一因，是「安靜但結構完整的現象」（P. Graziano and M. P. Vink, 2008: 5）。學者早期對會員國間彼此相關共同市場法規的協調相容以「趨近」（harmonization）現象稱之，逐漸延伸到會員國稅制、刑法之罰則、私部門契約之權利義務、消費者保護等。目前「趨近」一詞仍然用來形容歐洲化現象，從第一支柱移到第三支柱司法及內政合作上，如男女平權、經濟詐欺、庇護標準、反恐界定、網路犯罪等原則性的一致與相容。[12]

（二）支柱決策程序一體適用的歐洲化現象——【共同體化】

　　隨著歐盟共同政策涵蓋三大支柱，「共同體化」（communautarization）則是動態強調第二支柱及第三支柱在決策程序上，向第一支柱靠攏，由政府間代表的一致決逐漸採用第一支柱的條件多數決。

（三）單一政策的歐洲化現象——【匯合】（convergence）

　　部分「準備」發行歐元及「已經」發行歐元的會員國的歐洲化，亦非常具體。會員國的貨幣政策從歧異區化到強行一致化、單一化（不只是趨近）。即使短期尚未準備發行歐元的會員國，在經濟暨貨幣聯盟（EMU）及歐洲中央銀行體系（SECB）中的參與，亦有程度較輕的歐洲化。歐元區成員在「發行後」仍然受穩定協定等具拘束力指標影響其預算政策，持續匯合。

（四）準會員國的歐洲化現象——【條件性】（conditionality）

　　從共同體到歐盟的六次擴大，總共吸納二十七個成員，每次的談判，申請候

---

[11] 歐盟會員國對歐盟的指令及規則有必須執行及轉置（transposition）的義務。另見註1。
[12] 阿姆斯特丹條約第31條及歐洲憲法條約（後改為里斯本條約）III第270及271條。詳見歐洲議會「司法內政公民權利委員會」的報告：*"L'harmonisation du Droit Europeen"*, http://www.europarl.europa.eu/comparl/libe/elsj/zoom_in/20_fr.htm. 2009/09/02.

選國都相當程度的調整本身政策以符合舊成員國、執委會及握有同意權的歐洲議會的各項要求，從捐攤款額度到市場機制改革、從民主監督到人權要求等。如哥本哈根指標就是準會員國最具體詳細的歐洲化現象（Schimmelfennig, Frank and Ulrich Sedelmeier, 2005: 3-16），顯示出歐盟的法政規範成為強制性工具，對申請加入國具有政策改造的實質「轉變性力量」（John M. Headley, 2008: 3-8）。順利加入後，中東歐十個新會員國的公共政策及政府制度都將捲入改造大工程（S. Saurugger and Y. Surel, 2006: 182-183）。

（五）會員國精英的歐洲化現象——【內化】（internalization）

德國國際政治史教授W. Loth認為以民族為組成單位的民族國家已無法因應高科技自由貿易時代之挑戰、傳統國家功能不彰，全面政經社統合的歐盟是二十一世紀「現代國家」之雛型（W. Loth, 2000: 31）[13]，歐洲各國正處於「國家轉型」時期，而會員國政策「歐盟化」（Europeanization）程度，便是現代多層次治理的一個重要面向。許多政策決策權重疊，不僅相互貫穿，甚且彼此拖曳更多外生性議題。現今已無任何政策由會員國個別壟斷，愈來愈多重要政策之最後決定權由歐盟層次掌握或與會員國分享，傳統屬國家層次之決策（雖不同程度）均逐漸移轉至歐盟機構。

由於歐盟精英分享超越國界的共同公共議論空間，隨著會員國政策在「數量」上歐盟化，心態「品質」上也產生「內化現象」（internalization）。精英比一般民眾更容易感受到這股趨勢，接受心態也更為開放（T. Flokhard, 2005: 251-253）。會員國的行政部門、國會、司法體系及利益團體四大系統在政策「擬定」階段就已產生歐盟化現象（W. Wallace, 2000: 526-527），尤其是會員國內行政部門之決策者及執行者，從普通文官到最高政府首長，與歐盟層次之接觸網絡機制綿密頻繁，會「自動」內化歐盟既定法政成果及決策程序所產生的限制，在「共同體優先」（Community preference）的根本偏好下，慣性互動磨合、降低談判及交易成本，獲致多贏方案。會員國政府在擬訂政策時便會先行與其他夥伴國及執委會磋商，一方面探尋歐盟政策改變之可能性，一方面自我調整，使其內政政策優先喜好之排序上與歐盟一致，並與歐盟機構或夥伴國之政策持續對話，「歐盟因素」於是自動轉

---

[13] 維也納大學政治系教授Wolfgang G. Muller亦持此看法，見其The Changing European State, in J. Hayward and A. Menon ed., *Governing Europe*, 369-379.

化為會員國政府內部決策心理機制之一環（S. Hix and K. Goetz, 2000: 142-168）。[14]

（六）會員國人民的歐洲化現象——【多重身分認同】

不只是精英經過社會學習產生新的身分認同現象，另一個歐洲社會現象是：人民的身分認同也被打散重疊，「國家」不再壟斷身分建構權，於是經貿法規去規則化的同時，「認同市場也去規則化」（P. Le Galès, 2003: 391-394）。這種身分「認同去規則化」現象無疑是全球化及自由化社會下，政府失能的普遍趨勢，而歐盟長期的「國家建構」工程及諸多刻意的「歐洲認同」象徵及計畫，正好提供歐洲人民身分分散重疊的具體投射標的，新的想像共同體正在發生，去規則化的同時也歐洲化。

第三節 「歐洲化」論點之釐清：誰化誰？如何被化？

歐洲化過程及結果同時又涉及多重面向：(1)區域整合（執委會與會員國政府）的垂直關係；(2)比較政治（會員國互動及政策執行）的平行關係；(3)會員國行政部門公共政策執行及管理的下對上關係。若放在更寬廣的架構下審視之，除了歐洲化就是歐盟化之外，也有許多不同見解。本章的第四、五、六小節採用「歐洲化就是歐盟化」的狹義解釋，以免失焦。但這一小節仍先整理出目前各家爭鳴的論述中，「歐洲化」有下列五種分析層次及關切焦點：

一、全球層次之政府公共管理之改革

有些學者將歐洲化放在全球層次觀察，從宏觀角度認為當今各國政府均面臨程度不同的現代化挑戰，被迫進行持續性改革，而「歐洲化」無疑是會員國政府

---

[14] Laegreid, Steinthorsson及Thorhallsson三位教授做了一個甚為重要的實證研究，比較同質性高的四個北歐國家：芬蘭、瑞典、挪威、冰島的歐洲化程度，認為1、歐盟化過程已對北歐國家中央政府行政運作產生重大影響；2、歐盟事務對會員國的國內影響橫跨許多領域；3、歐盟對會員國的內政影響高過對非會員國（冰島及挪威是歐洲經濟區的會員，與歐盟互動頻繁，芬蘭及瑞典加入歐盟僅十年，但歐盟化已相當顯著）；4、各國因歐盟化而來的內政調整，仍受限在各國行政傳統的制度脈絡中。見P. Laegreid, R. Steinthorsson, B. Thorhallsson(2004), Europeanization of Central Government Administration in the Nordic States, Journal of Common Market Studies, 42:2, 366-367.

改革公共行政管理的一部分（E. C. Pages, 2003: 162-164），[15]自1980年代便已著手進行，將政府組織行政部門重整再造、區域及地方分權、並崁入歐盟體系中（S. Cassese, 2003: 132-137）。甚至，當歐盟已擁有「類國家」（state-like）特質後，幾乎所有政策法令都在歐盟層次決定（無論是執委會的提案壟斷、理事會與歐洲議會之共同決定、高峰會之集體決策），個別會員國的行政及立法部門只能保有「執行」的剩餘功能（N. Nugent and W. Paterson, 2003: 101-106）。[16]

雖然各會員國公共政策的施行細則仍然殊異，但研究歐盟「個別」國家的公共政策的學者均不約而同發現：「歐洲因素」具有「事情發生之前」（ex ante）的重要性。許多學者的解釋是，歐洲化會員國是因應歐洲區域統合的「國內調整」（P. Graziano and M. P. Vink, 2008: 7-9），會員國政府行政部門長期有義務及習慣認知，在國內法律及機構上進行「調整」，以便適應來自歐盟層次產生的新政治遊戲規則。

二、全球層次之「歐洲化」：歐盟軟權力的影響

也有學者將「歐洲化」研究抽離歐洲場域，並以「歐盟」為主體「化」其他非歐洲區域（Headley, John M. 2008: 63-66），強調歐洲軟性權力在全球所發揮的影響力。許多歐洲長期固有價值與認知及物質指標均有著歷史性影響，無論是實質政策或道德精神，經常是其他世界各地政府及第三部門長期以來的重要參考依據，也就是歐盟軟權力的對外輸出（K. Featherstone, 2003: 6-7）。如人權的價值與保障、民主憲政規範之制定、自由多元開放社會之建構、宗教之世俗化確立、男女平權之價值推廣與鞏固、環境保護及汙染之檢測指標、動植物衛生之檢疫、食品安全科學規範與偵測、電子資訊產品製造及回收標準等跨國擴散現象。

三、泛歐層次之「歐洲化」：歐洲國家彼此化彼此

有學者堅稱歐洲化不應具有對「非歐盟」組織及國家的排除性（P. Graziano and M. P. Vink, 2008: 7-9），認為非歐盟的其他組織，如北大西洋公約組織在泛歐軍事政策方面、歐洲安全會議在泛歐政治民主監督方面、歐洲理事會在泛歐人權確

---

[15] 就此角度觀之，重點不在「歐洲」而在「化」；不在誰化誰，而在如何被化。

[16] 美國中央情報局在2007年1月所發表的年度世界局勢（World Factbook）報告中，也將歐盟（與台灣）列為特殊政治實體，具「類國家」（nation-like）特性。<https://www.cia.gov/library/publications/the-world-factbook/index.html>, preliminary statement.

保方面、歐洲自由貿易區及歐洲經濟區在泛歐經貿交流方面，或其他非歐盟成員，如瑞士、挪威之雙邊或多邊互動等，都是歐洲化的重要內涵。泛歐洲國家在上述這些場域裡，不同程度的彼此化彼此，也是歐洲化的一環。

四、歐盟層次之「歐洲化」：狹義的──「歐盟化」（EUization）

　　本章採用「歐洲化就是歐盟化」的明確狹義定義，主要因為歐盟的共同政策：(1)具法律拘束力；(2)涵蓋類比民主國家中央政府所有部門的機制運作；(3)長期執行的擴散結果，在品質與數量上，造成會員國公部門行為越來越「同質化」（homogenization）」（E. C. Pages, 2003: 163-165），遠非其他歐洲組織所能比擬。

　　Cowles、Caporaso及Risse具體指出歐洲化三階段：國內結構的契合程度（goodness of fit）與調整過程、具影響力的中介角色如制度與主要行為者的策略介入及國內結構轉變（M. G. Cowles, J. Caporaso and T. Risse, 2-12）。本章隨後對法國歐洲化的分析，便是以此歐洲化三階段為分析架構。

　　B. Laffan也指出：歐洲化是會員國政府的執行部門在歐盟談判「體系內」持續的調整。而D. Levi-Faur, G. Falker, K. Dyson均不約而同認為：歐洲化是歐盟規範治理（regulatory governance）下的實質政治產出，也就是歐盟反饋至會員國國內政治系統的循環。歐盟共同政策五十年來之結構性改變，雙重的量變及質變下，會員國政府的行政及立法部門扮演歐盟決策「執行者」新角色，涉歐事務的公務員活在隱匿界，是不被歐盟研究關注的族群，不啻是各國「國內的歐盟公務員」（national Eurocrats）（K. Geuijen, P. Hart, S. Princen & K. Yesilkagit, 2008: 13-14, 33, 48-49）。[17]不過，也有學者反思，不只是會員國被歐盟化，歐盟更是被「會員國化」（domestication）。各國文官及政府代表早就滲透到歐盟各個決策機制，這些高級文官是歐盟決策的主體、也是客體，是故在探討歐洲化的同時，必須認知到「歐洲化」與「會員國化」的雙向運作（H. Kassim, 2003: 140-154）。[18]

---

[17] 作者群以荷蘭政府涉歐事務的高級文官進行實證訪談，發現職務越與歐盟事務相關的受訪者，「在道德精神上已被歐洲化」（virtuous spiritual Europeanized）。

[18] 現有歐盟研究論文及專書在討論歐盟機構組成（DG, Council, Committees, comitology）、會員國互動及政府間談判重要會議時，就是處理歐盟「會員國化」這個現象。

五、盟內跨國層次之「歐洲化」：非政府組織之能量轉變

也有學者認為，歐洲化可以指涉歐盟盟內跨國非政府組織對歐盟決策的影響過程。由於歐盟已發展出高度具權利意識的市民社會，Rainer Eising認為歐洲化是利益團體與社會運動因應歐盟層次所提供新的結構機會的機動調整（R. Eising, 2008: Chapter 10）。利益團體、跨國政黨與社會運動親身見證國內權威因歐盟而來的結構改變，因而引發出跨國串聯向執委會施壓的組織動能，無論是疑歐派、務實派或支持歐盟統合派，皆動員串聯以影響歐盟機構之政策制定（Porta, Donatella della and Manuela Caiani, 2009: 97-117）。

第四節　發行歐元政策對法國之衝擊與調整

法國政府處理、執行及決定歐洲事務的機制綿密而完整，非常適用「從下而上，再從上而下」（bottom-up-down）的途徑解釋（P. Graziano and M. P. Vink, 2008: 10），亦即【法國如何影響歐盟政策→歐盟政策如何對法國造成壓力→法國如何適應及改變。】

一、發行歐元政策對法國之契合與調適

發行歐元是法國的國家基本利益，決定及準備發行期間均造成龐大調適壓力。因為歐元是法國鎖德的政治工具，但須付出貨幣主權代價，為了鎖住得德國此一基本國策，法國無論如何都要單一貨幣具體生效。

（一）泛歐大戰略：以歐元區取代馬克區

隨著單一市場計畫在1980年代中期順利展開，成立貨幣聯盟並發行單一貨幣的可能性逐漸成為歐盟政經學界討論議題。英國柴契爾政府沿襲貨幣自由派思想，認為各國貨幣間的匯率應由市場機制決定，反對政治介入強行發行單一貨幣，故提出共同貨幣（common currency）概念，在各國貨幣外發行另一個貨幣，亦即將虛擬的écu擴大使用，各國政府以écu來發行公債即可。德國則秉持一貫態度，認為單一貨幣是個長遠目標，必須各國經濟政策先一致且成立政治聯盟，始可成立貨幣聯盟，最後導致貨幣統一，形成政治、經濟、貨幣聯盟的完美結局（A. Gauron, 1997: 172-173）。在自由派及貨幣學派不同思維下，單一貨幣僅是個不明確、不急迫的

理想。

　　柏林圍牆一夕倒塌成了法國認知須盡快落實單一貨幣的決定性因素。面對即將統一的德國，法國有著近乎荒謬的恐懼及矛盾。[19]後冷戰時期，法國的軍事資產遭政治貶值，德國則可能因統一而行動空間大增（D. Yost, 1991: 108-110）。發行單一貨幣的經貨聯盟則可有效遏止此一趨勢，因單一貨幣具有不可逆轉性，統一後的德國便永久被鎖在經貨聯盟的超國家架構內，不會單獨行動或轉向中東歐（Mittaleuropa），亦可將強勢的德意志聯邦銀行（Bundesbank）稀釋在歐洲中央銀行體系內，改變德國馬克在金融政策的單向主導局面。

　　在上述英、德、法殊異立場情況下，1990年執委會主席德洛草擬的成立經貨聯盟三階段，只規定第一及第二階段詳細進程，至於第三階段則留給各國政府首長做歷史性政治決定。在馬斯垂克高峰會上，法國積極獲得大多數夥伴國家（英、丹除外）同意具體時間表：「在1997年，若多數會員國符合條件便發行單一貨幣；否則1999年，不論多數或少數，都務必發行單一貨幣。」[20]

　　在大戰略「確定發行單一貨幣」（馬克與法郎同時消失）之後，至於技術面「如何發行」，法國就相當程度配合夥伴國、執委會與德意志聯邦銀的專業要求。

（二）歐盟重大決定制約：從寬認定發行指標

　　在確定發行單一貨幣後，法國仍面臨能否落實的壓力。1992年至1993年西歐發生金融風暴，微弱的經濟成長及高達二位數的失業率，使得大多數歐盟會員國政府被迫以擴大公共支出來刺激景氣，難以符合馬斯垂克條約規定的兩項高標準：預算赤字不超過3%、政府債務不超過60%的國內生產毛額，因而要求延後實施貨幣聯盟第三階段。德國本身雖因吸納東德造成嚴重財政負擔及失業率不斷攀升，但仍堅持維持「百分之三點零零」的嚴格赤字標準，甚至公開建議成立以德、法、比、荷、盧為核心的小型貨幣聯盟，[21]並點名批判南歐國家的預算寬鬆政策。

---

[19] 冷戰時期法德共同領導歐盟，乃建立在「核武與馬克」的平衡上。法國是雅爾達體系的受益者，其安全政策及國際特殊地位皆建立在德國分裂的事實上。

[20] 馬斯垂克條約第109條J條。David Marsh, *La Bundesbank, aux commandes de l' Europe*, Belin, Paris, 1993, pp. 275-279.

[21] 此概念由當時在德國聯邦眾議院中執政的基民／社民黨團，於1994年9月，在「關於歐洲統一的未來文件」裡首次正式提出。該文件以義大利採貨幣放寬政策為由，明白將其排除在核心歐洲之外。此後德國重要之財經官員亦多次明言義大利將不會首批發行歐元。義大利在1996年沒有符合匯合指標的任一項標準，其財政赤字更達6.7%。在Prodi政府的緊急措施下，1997年驟降至2.7%，被視為金融史上史無前例的表現。Le Monde, 2 mai, 1998, p.3.

　　法國當時面臨兩難抉擇：若發行日期延後則須重新談判，不確定的政經環境可能將發行日期無限延期，這無疑將是法國的夢魘；而德國版的小型貨幣聯盟，不僅不具廣泛的國際政經效果，不啻是將德國主導的馬克區制度化。於是法國利用輪值主席國的交涉期間確定一個共識：數量上，大多數夥伴皆參與；時間上，在1999年發行單一貨幣（F. Descheemaekere, 1998: 48-50）。歐盟坎城高峰會還放棄1997年發行的可能性，確定1999年為發行日期。此歷史決定涉及馬斯垂克條約相關條文的解釋。該約第104條規定：會員國的公共預算赤字不得超過國內生產毛額指標，「除非該比例有實質且恆常的減低並達到臨指標的水準。政府公債及國內生產毛額之比例不得超過指標，除非該比例明顯降低並令人滿意的速度接近指標」。馬斯垂克條約「關於過度赤字之議定書」上明定赤字指標為3%，政府債務指標為60%。[22]

　　坎城高峰會上，雖然德國，特別是聯邦銀行總裁H. Tietmeyer及財政部長T. Waigel再三強調3%及60%指標必須嚴格遵守，但法國從寬認定條文的立場被大多數夥伴國同意。弔詭的是，此一從寬認定立場反而使德國獲取首批發行歐元之資格。在1998年5月執委會的推薦報告內評估（除希臘外）所有的會員國皆將預算赤字壓在3%指標以下，政府公債部分只有法、盧、芬、英低於60%指標，其他會員國在則「在減低當中」，德國因承擔前東德債務，不降反升，但「很臨近指標」（très proche de la valeur de référence），[23]故亦可在1999年發行單一貨幣。此外，坎城高峰會決定捨棄有法文意涵的EMS計價單位"écu"（法國中世紀金幣名稱）作為未來單一貨幣名稱，改成德國要求的"euro"，法國則無異議接受。

二、中介機制與行動者的偏好實踐

（一）歐元發行的必要政治妥協

1. 擴大《穩定協定》制裁條款的政治裁量空間

確定1999年勢必發行單一貨幣後，德國財經界精英要求設計未來歐元穩定信

---

[22] *Bull. EU.* 06-1995, point 1.11.原文如下：'à moins que le rapport n'ait diminué de manière substantielle et constante et atteint un niveau proche de la valeur de référence... à moins que ce rapport ne diminue suffisamment et ne s' approche de la valeur de référence à un rythme satisfaisant.'

[23] *Bull. UE* 3-1988, point 1.2.1. Rapport de la Commission au Conseil sur l' état de la convergence en 1998.

用、永續順利的重要指標。自1995年秋天起，德國財金部長T. Waigel積極呼籲未來歐元區建立「具拘束力」之「自動懲罰」設計，以持續預算穩定政策。亦即延續馬斯垂克條約匯合指標中最困難履行的條件：預算赤字上限不超過國內生產毛額之3%，否則將繳交重大罰款。德國冀望藉此重罰達到嚇阻效果，以防止某些會員國政府為發行歐元刻意強行緊縮預算，發行後又重回寬鬆的預算政策，進而影響到歐元區的整體經濟及歐元穩定。

法國雖贊成繼續預算緊縮政策之必要性，但卻質疑對預算出現嚴重赤字的會員國施以重罰的效果及道德性，故提議降低罰款的自動性並擴大政治裁定空間。亦即考慮當事國之整體經濟情況及建立詳細劃分標準，而非一概而論，並由部長理事會按103及104C條款程序，來決定某會員國是否受到懲罰（J.-P. Faugère, 1997: 24-28），而非如德所提由執委會專業評估後執行。

德法雙邊高峰會上大致談妥預算穩定協定之內容後，歐盟都柏林高峰會旋即通過成為《成長暨穩定協定》。[24]該協定內容調和德國中短期持續預算穩定之要求及法國的相關政治妥協：某會員國赤字雖超過3%之國內生產毛額，但若是遭逢經濟嚴重衰退，國內生產毛額減低逾2%，則毋須受罰；若該國國內生產毛額降低低於0.75%，則自動受罰；介於0.75%至2%之間，則由部長理事會先行警告建議後，在該會員國「遲遲不採取行動」（inaction persistante）時，部長理事會始決定是否要課予0.2%至0.5%國內生產毛額之金融懲罰。[25]

德國強調《穩定協定》的警戒及預防作用，並如願將該協定提早在1998年生效。法國強調藉政治協商及救援，盡量不具體懲罰預算過度寬鬆國。故高峰會通過的《穩定協定》對法德而言，像對付過度赤字的核子武器，只要不被迫使用又能達到嚇阻效果，便是一個好武器。

---

[24] 雖然此協定全名為《成長暨穩定協定》（Pact of stability and growth）。然依內涵而言，其重點在穩定預算，而與刺激經濟成長無直接相關。再者，此協定乃政治決定，並非條約，由都柏林及阿姆斯特丹高峰會兩度以決議（résolution）形式成立之，毋須會員國政府簽字、批准等程序，在1998年便生效。*Bull. UE* 12-1996, ponit 1.33（16-37）. *Bull. UE.* 12-1996, point 1,27.

[25] *Bull. UE.* 12-1996, ponit 1.33（16-37）。《成長暨穩定協定》的政治裁量空間可從三方面補強：由理事會協調是否要對某夥伴國進行制裁。即使某夥伴國符合制裁標準，理事會尚可決定不予裁決，只需以「書面」報告解釋理由並將會員國票決意見公佈。在穩定協定規定的理事會—執委會會員國的討論程序之外，歐盟高峰會尚可介入，給三者相關之「政治取向」（orientations politiques）。*Bull. UE* 12-1996, point 37. Résolutiondu Couseil européen sur le pacte de stabilité et de croissance.

2. 成立歐洲央行的政治對口單位

在《成長暨穩定協定》即將定案的同時，法國提出在歐元區建立「貨幣極」（pole monétaire）作為歐洲中央銀行的對口單位。法國認為歐洲央行的獨立性乃相對概念，獨立不應導致單邊孤行，在其負責以穩定物價為主要目標的同時，歐元區成員應加緊協調其他相關的總體經濟政策，如預算、財稅、社會及外貿等至關緊要的歐元匯率政策，形式一致立場後，與歐洲央行討論歐元整體經濟環境及其相應對策，同時還可在國際重要經濟組織開會前，先協調彼此的歧見並採一致立場。為落實此概念，法國提出兩項建議：設立一個有效架構以促進歐元區各國政府之經濟政策協調，及具體實施馬斯垂克條約109條有關歐洲央行與部會理事長進行對話的設計。[26]

此概念首遭對歐元持觀望態度的英國強烈反對，認為原有15國皆參與且有投票權的經濟暨金融理事會（Conseil Ecofin）即可協調會員國之經濟政策，11國另設機構則無異排除英國在歐元政策的相關討論之外。德國初始亦不表示贊同，認為所謂加強與歐洲央行對話將損及其獨立性，認為歐元匯率並非政治決定的政策，而是市場決定的結果。德國隨後接受法國提議，認為可利用歐元區成員討論機制來檢視某些夥伴（如南歐）的財政及預算政策，以達到《穩定協定》的預防效果。[27]故盧森堡高峰會於1997年12月決定成立「歐元理事會」（Conseil de l'euro），並詳細安排歐洲央行與經濟暨金融理事會的互動關係。[28]

盧森堡高峰會額外成立的歐元理事會，具有三個特性：1.非正式卻正當。以法律而言，《馬斯垂克條約》並未要求發行歐元國「另外」設立機構，且其相關決定須再透過經濟暨金融理事會以共同體決策程序決定。但就政治層次面而言，歐元理事會是歐盟的太上政府高峰會以政治決議形式成立，故其正當性確實存在；2.成員少，有效溝通。夥伴國各派一位部長、一位協同人員參加，省掉龐大代表團正式冗

---

[26] Textes de référence sur La monaie unique:Les resultas du Conseil européen d' Aursterdam 5, La France a obtenu le lancement d'une initiative pour la construction d'un pilier économique européen. Http://www.finance.gouv.fr/euro.馬斯垂克條約第102及103條已提及協調經濟政策的多邊監督程序，但無任何拘束力規定。

[27] 自1997年夏天起，法國經濟暨財政部長D. Strauss-Kahn便赴各夥伴國遊說建立「經濟極」之概念，並於該年10月4日在Muster與德國財政部長T. Waigel達成共識。

[28] 該兩項決定由高峰會以「決議」（résolution）形式發佈，較一般登載公報上的政治決定更為正式。Bulletin UE. 12-1997. Annexe I. Résolution du Conseil européen sur la coordination des politiques économique au cours de la troisiéme phase de l' UEM et sur articles 109 et 109 B du traité.

長的儀式，有利各部長開誠布公討論；3.定期聚會。歐元理事每月召開一次，且皆安排在經濟／金融理事會正式召開之前舉行。[29]是故，三大機構互動如圖4.1。

　　在實踐上，歐洲央行總裁甫就任便自1998年7月起親赴歐元理事會，討論陸續發生於東亞、俄羅斯、巴西之金融風暴。而歐元正式發行以來，對美元匯率初漲後持續下滑的態勢，法德兩國財金部長多次向歐洲央行聯合施壓，呼籲在歐元區不虞通貨膨脹之情況下，調降利率。[30]

3. 歐洲央行總裁職位：杜森伯格任命案

　　歐洲央行所在地決定永久固定在德國聯邦銀行所在地法蘭克福，法國退一步認為應該由法籍總裁負責歐元在市面上正式流通、成為唯一法定貨幣之重大任務與榮耀。正式流通日2002年7月1日將比1999年1月1日更具歷史意義。

　　關於歐洲中央銀行首任總裁人選，歐盟所有會員國、執委會、歐洲議會及德國中央銀行均支持荷蘭籍的歐洲貨幣機構（European Monetary Institute，歐洲中央銀行之準備機構）總裁杜森伯格（W. Duisenberg）直接接任。法國總統席哈克卻執意由法蘭西銀行總裁特里謝（J.-C. Trichet）擔任，否則不惜否決杜森伯格任命案，另提第三位候選人（如芬蘭之央行總裁）。布魯塞爾高峰會（1998年5月）於是達成政治妥協：截短杜森伯格任期，特里謝則任八年，且杜氏之副總裁亦為法國籍的Christian Noyer。[31]但《馬斯垂克條約》規定歐洲中央銀行總裁一任期為八年，為避

圖4.1　歐元理事會之機構互動

資料來源：作者自繪。

---

[29] 歐元理事會於1998年6月4日第一次舉行，其議程有1999年度之各國預算及匯率情勢。Euro-Le réequilibrage de la construction européen. <http://www.france.diplomatie.fr>. 1999/02/23.

[30] 兩位部長在一封聯合公開信中威脅，歐洲央行若不調降利率，將不排除訴諸預算措施以振興投資及消費。http://www.yahoo.fr/actualité 12 février 1999.1999/02/15..

[31] C. Noyer現為法蘭西銀行總裁。

免政治妥協違反法律規定，高峰會上由杜森伯格本人親自在各國首長面前表示：最遲在四年後各國貨幣收回時，主動「自願」辭職。為取信於法國，布魯塞爾高峰會公布該口頭宣言，[32]如下：

> 杜森伯格在歐盟所發表的口頭宣言，及該高峰會的相關決定：
> (1)我堅持向各位表達謝意，謝謝你們在這歷史性的一刻提名我擔任歐洲中央銀行所帶來的榮耀。
> (2)我已向高峰會輪值主席解釋，有鑑於我的年齡（63歲），我不希望做完我的任期。
> (3)同時，我希望至少留在此職到順利完成發行歐元硬幣及紙鈔，及收回各國貨幣的過渡階段，如馬德里高峰會的安排。[33]
> (4)我強調不打算做完任期之決定純屬個人，而且是出於自願，我說的很清楚，是出於自願，沒有受到任何壓力，屆時辭職將也同樣出於我個人的決定。希望這整件事大家都清楚明白。

高峰會主席Tony Blair取得如下共識：杜森伯格之繼任者將是個法國人、其任期為八年。

有鑒於此，席哈克總統向高峰會表明該法國候選人將是特里謝先生。

特里謝於2003年11月順利接任歐洲中央銀行總裁至今2010年，一任八年。

三、法國行政政治結構之改變：歐洲化是德國化的財經改革

1. 法蘭西銀行終於去政治化——取得「獨立性」

法國的中央銀行——法蘭西銀行（Banque de France）不像英格蘭銀行或德意志聯邦銀行般自成一格，是歐洲中央銀行體系圈中「安靜的巨人」（D. Howarth, 2009: 111）　自共和國成立以來，法蘭西銀行長期接收來自總統府、經濟部與財政部的指令。[34]法國加入歐元體系在制度面的一個意外效果便是：終於改變深根蒂固的「國家干預傳統」（interventionist legacy），直接促使法蘭西銀行取得超然於政

---

[32] http://www.finances.gouv. 1999/02/16.該網站為法國財政部之官網。
[33] 按馬德里高峰會規定，歐元將於2002年1月1日發行，各國貨幣將於該年7月1日前完全收回。按此，杜氏應於2002年1月至7月之間辭去總裁職務。
[34] 1936及1945的相關法令將法蘭西銀行明文置於總理府之下，是附屬而非獨立機構。

治考量及政府指令之外的獨立性（D. Howarth, 2009: 112-113）。

法蘭西銀行歐洲化的過程自1970年代末至1980年代的歐洲匯率機制（ERM）便開始啟動（維持穩定法郎），自1990年代起在EMU架構下，獨立管理利率政策及外匯。在EMU第三階段討論時，由於德意志聯邦銀行的強勢要求增加各國中央銀行行長的談判地位及將來在歐洲中央銀行體系（ECBS）的角色比重，也直接強化了法蘭西銀行的獨立地位。央行的「獨立性」議題在法國國內討論時，政治菁英反對，財經精英贊成。最後法國政府政策選擇的優先偏好排列下，為了實現歐元發行，交出貨幣主權的同時，也失去對法蘭西銀行的政治掌控（D. Howarth, 2009: 113-114）。

最後，法國國民議會及參議院於1993年通過修憲案【LOI no. 93-980】，終於正式確定法蘭西銀行獨立性。自此，法蘭西銀行以獨立身分參與ECBS的建立與核心決策，並於2000年5月最終停止印製法郎紙鈔而專門印製歐元。法蘭西銀行仍保留的政治性應該是政策指導非洲法郎區[35]的貨幣政策。

2. 指導經濟轉向為自由市場經濟

歐盟最具「歐洲化」效果的制度無疑是發行歐元的歐洲經貨聯盟（EMU）。無論是實質面的總體經濟策略，或心理面的身分認同，尤其是財經決策精英圈的認知與偏好（K. Dyson, 2004: 11-15）。

除上述法蘭西銀行終於獲得獨立性之外，另一個與法國價值的幾乎不相容的，是歐元體系信奉的經濟新自由主義政策。法國法郎時代，匯率及利率一直是政策工具，寬鬆的公共社福預算、勞資工會爭議也都有國家介入，法國政府相當排斥全球化教條：經濟新自由主義政策（K. Dyson, 2004: 17-21）。在歐元體系架構內，法國（無論左／右派）政府皆相當矛盾，一方面透過引進經濟新自由主義思維以改革長期指導經濟（dirigisme）下僵固的勞力市場及國營結構沉痾，並符合德國財經精英的要求標準將金融市場自由化；一方面，在公共論述及意識形態上，又拒絕完全讓出政府的相關政策主導權。法國財經及行政官員始終在玩一種「自我制約的半主權遊戲」（self-imposed semi sovereignty game）（D. Howarth, 2004: 145-148）。

發行歐元對法國政經更深遠的影響是：獨立的法蘭西銀行與財政部、金融

---

[35] 非洲法郎區包括：西非經濟貨幣聯盟8國、中非經貨共同體6國、及印度洋島國科摩羅。http://www.banque-france.fr/fr/eurosys/zonefr/page6a.htm. 2009/09/01.非洲法郎區使用由法國財政部擔保的非洲法郎，法國法郎消失後，非洲法郎區繼續採取緊盯歐元政策，並定期在巴黎與法蘭西銀行「諮詢」相關貨幣政策。

檢察署（Inspection générale des finances），號稱法國三大財經主管機構（"grand corps"）中的專業精英群，皆遵奉德國式經濟自由主義意識形態（D. Howarth, 2004: 147-149），自內閣內部說服政治決策者、主導法國的財經政策，如偏好市場機制、平衡的健全預算（sound budget）、低通膨率、勞力市場去規則化等。例如法國的財政部以及國家經濟研究與計算局（INSEE）在進行調查研究及政策報告時，就明顯受到《穩定公約》的強勢制約，將社會安全支出等中期的預算，限縮在《穩定公約》的標準內。

第五節　軍售中國禁令對法國之衝擊與調整

一、售中禁令對法國造成壓力

　　法國與英國（及德國在較低程度上）一直是歐盟會員國外交政策「歐洲化」的最主要動力，無論CFSP、ESDP、緊急危機處理上，均由法、英、德形塑建構、並主導具可操作性（E. Gross, 2009: 3-6, 21）。然而，對中國軍售禁令之解禁，卻是個反例，明白突顯法國對外政策「被」歐洲化。

（一）歐盟對中國軍售禁令政策對法國的三大制約（1989-2003）

　　歐盟高峰會在1989年中國發生天安門鎮壓民主運動悲劇後，於1989年6月27日，決議對中國實施武器禁運。[36] 十周年後，歐盟高峰會於1997年6月12日重申此一立場。

　　除了禁止軍售中國的「原則」，歐盟尚有兩個配套措施。[37] 一是軍售標準：1998年歐盟制定詳細的「武器輸出之行為準則」（code de conduite）[38]，規範武器進出口管制，要求會員國作為最低標準實施，並以外交機密方式相互交換資訊。另

---

[36] <http://ec.europa.eu/external_relations/cfsp/sanctions/measures.htm#1> , 2009/06/23.

[37] 歐盟CFSP/ESDP對所有進行軍事經濟政治制裁的國家及制裁內容，有一系列相當完整詳細的清單。詳見<http://ec.europa.eu/external_relations/cfsp/sanctions/index.htm>. 2009/06/25.

[38] <http://www.grip.org/bdg/g1608.html> , 2009/006/20. 1991年盧森堡高峰會及1992年里斯本高峰會便已發布武器出口的原則性「共同標準」（Common Criteria）。歐盟為預防區域武裝衝突惡化，「武器輸出之行為準則」詳列軍購國標準：發生或潛在衝突地區；嚴重違反人權、或輸入武器有鎮壓國內政治異己之虞的政權；內部有明顯緊張、或武裝衝突的國家；輸入武器非軍購國合法自衛，可能造成區域不穩情況；支持或鼓勵恐怖主義或組織犯罪之軍購國；軍購費用及其經濟能力比例懸殊的國家。凡此皆在禁售武器之列。

一是「禁止軍售武器清單」（Common military list of the European Union: equipment covered by the EU code of conduct on arms sales），[39]歐盟自1994年起在CFSP架構下，制定（並數次修訂）被禁止出售到受制裁國家的傳統武器及電子「致命」武器。

　　歐盟這三大制約在1990年代之後對法國產生非常不利的發展限制。法國的軍事工業在冷戰期間全球武器市場佔有率為10%-15%，是第三大的武器出口國，很快因後冷戰初期訂單驟減壓力，面臨收編重整的危機（M. Britz, 2008: 95-103）。[40]法國一方面「原則遵守」歐盟規範，仍然以小規模額度輸出武器至中國，[41]一方面連續出售台灣高科技武器（拉法葉艦、幻象戰鬥機及飛彈等）以舒緩軍工複合體的壓力。

（二）席哈克對中政策轉向積極，民意及歐盟機構立場分殊

　　席哈克（J. Chirac）總統於2003至2004年開始積極外交遊說，尋求夥伴國解除對中國的軍售禁令，認為15年來已時空異轉，禁令政策過時。主要武器輸出國英國[42]及瑞典、德國、義大利皆溫和表示支持，於是歐盟總務理事會（由各國外長組成）研議解禁的可能性。歐洲議會首先表態反對，並於2003年12月8日以壓倒性票決表示反對。

　　除了歐洲議會明白反對外，法國參議院及國民議會均對席哈克總統的外交新作為甚表疑慮，參議院及國民議會議員數度以書面詢問外交部長，法國要求歐盟解除對中武器禁運是否合宜？法國外交部的正式回應有三大重點：(1)時過境遷，歐中關係已全方位發展；(2)解禁是政治象徵，不表示立即軍售中國；(3)即使軍售中國，也會按照歐盟「武器輸出之行為準則」。[43]媒體也訪問國防部長相關問題，法

---

[39] 詳見2008年3月最新版。
　 < http://eur-lex.europa.eu/LexUriServ/LexUriServ.do?uri=OJ:C:2008:098:0001:0032:EN:PDF >.
　 2009/05/30.

[40] 如法國五大軍事工業（Aerospatial, Dassault-Aviation, Thomsom SA, Snecma, Natra）。

[41] 布魯塞爾和平與安全研究院教授C. Poitevein詳列違反「武器輸出之行為準則」的會員國清單，其中法國及英國違反最為嚴重。<http://www.grip.org/bdg/g1059.html#_ftn26>.
　 2008/12/22..

[42] 見Poitevein, ibid.

[43] 法國參議院公報，Question écrite n° 11714 de M. Bernard Piras, JO Sénat du 15/04/2004。以及Réponse du Ministère des affaires étrangères, JO Sénat du 24/06/2004。<http://www.senat.fr/questions/base/2004/qSEQ040411714.htm>, 2009/08/30.

國國防部長（Michele Alliot-Marie）也做如此回應。[44]

　　經過法國外交部門的積極遊說交涉，歐盟高峰會於2004年12月17日作出傾向解禁的權威性裁決，並表示將於2005年6月的高峰會正式決定。

二、中介機制欲解除軍售禁令：【反分裂法】造成U型反彈

（一）歐盟行政與國會立場矛盾，美國行政與國會一致反對

　　對中軍售禁令在歐盟層次及法國國內層次，都是行政部門支持解禁、民代機構反對解禁。直至2005年3月23日，歐盟高級外交代表索拉納（J. Solana）仍然表示將於同年6月的盧森堡高峰會正式宣布對中國武器禁運的解除。[45]總務理事會的安全暨政治小組（Comité de politique et de sécurité (Cops)）也完成解禁決定報告。法國外交部發言人拉德蘇（H. Ladsous）也堅定表示對中武器的禁運「一定要」（s'impose）解除。[46]

　　歐盟理事會自1999年起每年底都會提出武器出售報告，[47]檢討上述「武器輸出之行為準則」皆是傾向有條件對中國武器解禁，強調「解禁」並非「銷售」，解禁的主要目的在營造雙方友善的氣氛，並不必然立即導致大量及高品質的對中軍售。歐盟民意與知識社群卻始終審慎疑懼。[48]

　　就在歐盟具決定實權決策機制（如高峰會及理事會）將做出解禁最終決定階段，中共在2005年3月份制定針對台灣的《反分裂國家法》，為歐盟對中軍售解禁的脆弱共識帶來變數。歐盟外交事務高級代表索拉納坦承，《反分裂法》使得解除禁運的決策過程變得更加複雜化。2005年4月15日，歐洲議會更以431票對85票，通過決議案，反對取消對中國的武器禁運。同時，美國白宮也多次明白反對歐盟軍售解禁，[49]美國參議院甚至於2005年2月通過決議案，公開要求歐盟維持禁令。美

---

[44] Entretien du Ministre de la Defense, Michele Alliot-Marie, *Le Figaro*, Mnistere de la Défense, <http://www.defense.gouv.fr/defense/archives/le_figaro_le_08_12_2004>. 2008/12/13.

[45] <http://www.french.xinhuanet.com/french/2005-03/23/content_94696.htm>, 2009/05/23.

[46] <http://www.french.xinhuanet.com/french/2005-03/23/content_94354.htm>, 2009/05/23.

[47] 至2008年已出九次檢討報告。

[48] *EU Leadership Finds Little Public Support for Lifting China Arms Ban*, <http://www.heritage.org/Research/Reports/2005/03/>. *China Arms Sales Would be a Mistake for Britain's Blair, Experts Say*, http://www.heritage.org/Research/Reports/2004/06/ . 2010/06/15.

[49] http://www.globalsecurity.org/military US favors continuing ban arms sales to mainland China. 2010/06/16.

國方面擔憂台海軍力可能失衡，反對歐盟對中軍售解禁，認為《反分裂法》中強調「非和平手段」會造成台海軍事衝突。

於是，原定在2005年6月將拍板定案的盧森堡高峰會，又將解禁決定懸而未決。

（二）法國民意（國會、學者、媒體）存疑審慎

如前階段所言，法國國內民意始終因為人權問題，對解禁抱持質疑態度。國民議會外交委員會在2005年的【美國與歐盟關係】報告中表示，對中國軍售禁令的解除涉及美國至為關切的台灣問題，且英國便因為擔憂美方報復，在任輪值主席國期間，排除議程安排議決此事。【美國與歐盟關係】報告還強調歐盟應該團結並與美國政府合作交好。[50]法國左派媒體社論及專欄均不認同席哈克的對中積極外交行動，而右派主要媒體如Le Figaro也冷淡處理，許多國關學者紛紛撰文表示反對。[51]

三、維持禁令下法國政策調整：從親中到親美的戰略轉向

（一）歐盟定調維持緩議、有條件考慮

武器解禁議題在《反分裂法》出爐後旋即與人權議題連結，也成為歐洲年度高峰會的關切議程。執委會在2006報告中提出解除對中國軍售禁令的條件為：(1)歐盟應將「改善台海兩岸關係」視為解禁的條件之一；(2)中國人權情況上須有所進展；(3)中國軍事支出更加透明化。許多歐盟會員國國會議員也提出解禁但書，例如武器不得針對台灣及西藏使用。

在2007年歐中高峰會後，歐洲議會即於12月13日通過決議案，堅持解除武器禁運必須視中國人權是否有實質改善，否則不能輕易解除對中國出口武器的禁令，決議案還提醒歐盟會員國，輸出武器《行為準則》中有一項規定：「武器輸出最後目的地的國家應該尊重人權」。

（二）薩克吉總統政策再轉向：完全加入北約之歷史決定

與席哈克同屬於戴高樂派人民運動聯盟（Union pour un Mouvement Populaire,

---

[50] « Rapport D'information sur les Relation entre l'Europe et les Etats Unis »,前總理巴拉杜為國民議會對歐洲及美國關係委員會主席。<http://www.assemblee-nationale.fr/12/pdf/rap-info/i2567.pdf>, 17, 24

[51] 如IFRI V. Niquel, Science Po Godement, IRIS Courmont, CERI Lequesne, IFRI, Megin, GRIP Gramizzi及Poitevin.

UMP）的薩柯吉（N. Sarkozy）於2007年5月當選法國總統。薩柯吉上任最初期承續席哈克對中的友好態度及解禁政策，但更重視對美外交，不願因解禁政策刺激美國。薩柯吉雖然於2007年11月順利訪問中國，但很快於2008年至2009年，數次因為西藏問題而得罪北京當局，不再積極推動對中軍售解禁。

　　除了拋棄法國傳統對美國霸權的「過敏症」、[52]改採親美態度之外，薩柯吉總統以另一重大決定解決國內軍功複合體要求國際訂單的壓力：重返北約最重要的指揮決策機制「防禦計畫理事會」，成為北約完整的會員國。[53]在法國左右派政黨均具高度共識，歐盟夥伴國也都樂觀其成的雙重有利因素下，法國於2009年4月北約六十周年之際正式重返北約。薩柯吉旋即於2009年9月歷史性任命法國將領阿布里爾（S. Abrial）出任北約最高盟軍統帥（Supreme Allied Commander Transformation）[54]。此外，隨著北約東擴，中東歐國家現代化整軍裝備需要長期大量的高科技武器，故擁有龐大軍工複合體的法國[55]在「北約體制內」將更有利爭取到客源，以彌補美國軍事掌控伊拉克後，大量流失訂單的困境，且同時以加入北約的親美戰略轉向，取代解禁軍售的親中積極途徑。

　　2009年5月20日在捷克舉行的第十一屆歐中高峰會上，[56]溫家寶總理雖然表示希望歐盟解除針對中國的武器禁運，歐盟也表示有「政治意願」解決此問題，但少

52 薩柯吉總統於2007年7月2日，親自寫信給前社會黨外交部長韋德林（H. Védrine），請他思考法國及歐盟在全球化時代之國際地位及如何重新定位。韋德林在兩個月後向薩克吉提出報告：《Rapport pour le Président de la République sur la France et la mondialisation》。其中以大篇幅剖析法國重返北約的利弊得失。新的國防部長莫翰（H. Morin）隨即於9月11日在法國空軍製造大城Toulouse國防大學回應，首度官方提及重返北約軍事整合機構（即北約防務計劃委員會和核計劃小組）的可能性。在上述給薩克吉報告中，韋德林呼籲新政府拋棄過去的消極懷疑及對全球化及美國霸權的「過敏症」。
53 戴高樂總統於1966年3月決定退出北約軍事機構，並要求北約總部撤離法國領土。法國於1995年起已參與北約的「軍事委員會」（Comité militaire）及SHAPE單位，但仍未重返北約的「軍事指揮部」（Commandement intégré）。隨後法國逐步參與北約的政治性機制，如「大西洋理事會」（Conseil atlantique）及所屬委員會，但沒參與最重要的指揮決策機制「防禦計畫理事會」。
54 <http://www.lemonde.fr/web/sequence/0,2-3210,1-0,0.html>. 2009/09/09.北約最高盟軍統帥一直由美國籍將領擔任。
55 根據英國「詹氏防衛週刊」（Janes Defense weekly）2009年9月年世界最新軍力排名，法國居全球軍力第二名，主因擁有先進完善的軍事工業體系，「武器自主開發能力」為歐洲各國中最強。
<http://jdw.janes.com/public/jdw/index.shtml>. 2009/09/14.
56 第十一屆歐中高峰會原本應由輪值主席國法國於2008年12月舉辦，但因薩克吉總統在華沙與達賴喇嘛見面，北京表示抗議而延期舉行。
<http://www.french.xinhuanet.com/french/2009-05/21/content_881659.htm>. 2009/06/30.

了法國的積極遊說，武器解禁已不是歐中峰會，也不是歐盟高峰會短期內的主要議程。

第六節　申根區對法國之衝擊與調整

一、申根區對國內結構之契合度與壓力：初期氛圍相容

1990年法國與德、荷、比、盧四個長期夥伴國正式簽署《申根公約》（Schengen Convention），[57]彼此承諾廢除內部邊界管制，建立外部對第三國單一疆界及單一對外簽證，因而創造世界最大的跨國人員無限制自由遷徙區。[58]「申根區」成為歐盟境內「人民」自由遷徙的同義字，和「商品」、「資金」、「服務」市場自由流通一樣，成為歐盟會員國及人民的基本權利。

《申根公約》可謂是歐盟第三支柱的第一塊重要基石，執行措施規畫的非常詳細複雜，簽約夥伴國間警政及司法機關合作範圍的具體政策包涵五大重點：(1)加強申根領域對外邊界管制；(2)核發共同簽證條件及規格；(3)調和各國政治庇護程序；(4)建立申根資訊系統（Schengen Information System, SIS）；[59](5)調和毒品管制及機場流通的規定。

法國是《申根公約》的積極原始國，《申根公約》初期並未造成法國明顯壓力，因為：

1.創始會員國的親密屬性：德法本就是歐盟重要議程的推進器，而比荷盧三國本身

---

[57] 《申根公約》全名很長："Convention d'application de l'accord de Schengen entre les gouvernements des États de l'Union économique du Benelux, la République fédérale d'Allemagne, et la République française, relatif à la suppression graduelle des contrôles aux frontières communes".公約共142條條文。法國的非歐陸海外領土並不適用，但摩納哥與法國簽有共同關稅條約，亦直接納入申根區。

[58] 1985年五國代表在與德法交接處的盧森堡申根市（Schengen）河邊小餐廳簽署協定（共33條條文），原則性同意彼此免護照、免簽證、免通關檢查、免邊界崗哨檢查、拆除邊界崗哨站。其它歐洲國家相繼申請加入，至2009年9月，已有22個歐盟會員國及冰島、挪威、瑞士加入申根區。

[59] 《申根公約》第92至119條詳細規範申根信息系統（SIS），SIS是全球最大的邊境管制及警察資訊系統，記錄被逮捕、移民、遺失物、偽鈔等信息的電腦系統。該系統儲存的信息包括：正在犯罪或可能犯罪、正在或未來可能為犯罪提供證據的人員的個人信息、姓名、職業、政治觀點和性取向、指紋、照片、DNA圖譜等亦將納入SIS信息中。申根會員國可以交換及共享SIS，警政署和邊境官員皆可使用。

亦早已成立人員自由流通的經濟同盟（Benelux），另一創始會員國義大利則因為其寬鬆的庇護政策及海岸管制，不被這申根五國信賴。

2.法國的東疆天然屏障：法國另一優勢是由於西側無陸地比鄰國，《申根公約》等於將其自由流通疆界往東擴展，由另外四國負責來自中東歐的人員管制問題。

3.促進觀光符合實益：作為世界第一大觀光國，申根區的實現可加強吸引其他夥伴國的外國旅客逕赴法國旅遊。

4.符合當時法國氛圍：申根協定、申根公約都是在社會黨執政下談判簽署完成。法國的左派及自由派社群對「申根精神」（即各國人民不受限制的自由遷徙）皆表認同。[60]

職是之故，《申根公約》的簽署初期對法國並未造成壓力，在1986年7月以行政命令（Décret, n°86-097）方式頒布，並於該年8月政府公報中正式公告。參議院及國民議會於1993至1994年分別順利批准《申根公約》。法國政府也按公約成立整合型的警察、憲兵、海關中心（CCPD, centres de coopérations policière et douanière）。1997年6月高峰會通過的《阿姆斯特丹條約》（Title IV.第61至69條），正式將公約併入歐盟『體制內』運作，成為歐盟政策與機制的一部分。

二、中介機制：憲法委員會捍衛申根精神

如前所言，從《申根協定》至《申根公約》的談判簽署期間，對社會黨執政的法國並未造成明顯壓力，然而，兩個內外因素同時發生，保守的右派執政及恐怖攻擊，卻令法國不完全實施申根規範。

（一）以反恐之名行暫時恢復疆界之實

法國內部的政權輪替左右共治，使得1995年申根區的試辦初期[61]（1995年3月27日至6月26日），右派朱貝總理（A. Juppé）一就任便引援《申根公約》第2條第2項的救援條款，以夥伴國間警察合作準備不足為由，僅開放航空檢查管制，但仍

---

[60] 例如，法國國民議會、參議院、歐洲議會的共產黨及社會黨議員，在申根公約簽署一周年的慶祝日上，一方面贊同人員自由流通的「申根精神」得以落實，一方面仍不滿意申根公約對庇護權的嚴格要求。可見「人道報」：<http://www.humanite.fr/1991-06-20_Articles_-L-EFFET-SCHENGEN>. 2008.06.25.

[61] 申根公約牽涉範圍頗廣，須經簽約各國循國內程序批准，1994年12月22日至1995年3月26日是「準備期」，1995年3月27日至6月26日是「初階試辦期」，在法、德、荷、比、盧、西、葡等7國試辦3個月，1995年7月1日正式實施申根公約。

然執行對夥伴國的陸上疆界管制。

　　雖然《申根公約》第2條第2項允許夥伴國因「國家安全與公共秩序」可以「在有限期間內」（dans une periode limitée）採取恢復邊界管制之必要措施，但旋即1995年6月在巴黎發生數起恐怖炸彈攻擊，使朱貝政府於1995年7月28日至1996年1月15日連原先撤除的航空檢查也都全面恢復。直至1996年4月18日，朱貝政府始在申根公約的執行委員會中，告知夥伴國會將逐漸拆除對德、西的陸上邊界管制，但仍會持續對比、盧的邊界管制，以避免來自荷蘭的走私毒品。[62]

（二）參議院、國民議會、憲法委員會的介入

　　除了意外因素——反恐措施——之外，《申根公約》也引起法律憲政層次的爭議。參議院六十位右派議員對《申根公約》頗為疑慮，視為是拋棄主權的行為，故於1991年6月28日通過決議案提請釋憲，鄭重要求憲法委員會解釋《申根公約》是否違憲？邊界無控管下任何人皆可任意跨越，是否傷害國家主權？《申根公約》是否涉及主權轉移？公約不適用海外領地是否破壞法蘭西共和國的不可分割性（indivisibilité）？國家是否未履行保護人民的義務？是否未履行確保民族生命延續（la continuité de la vie de la Nation）的任務？政府機關對邊界控管的撤守是否失職？疆界變得「可穿透性」（perméabilité）是否違背大革命人權宣言及1946年的共和國憲法前言中國家得保護人民身體及財產安全？

　　針對參議院一連串的憲政大疑問，憲法委員會於7月25日發布解釋文（Décision n° 91-294 DC）詳細臚列六十三條意見，認為：《申根公約》簽約國同意刪除邊界管制並非絕對概念，是同時彼此相互轉移「內部疆界」控制權、並將「外部疆界」管制規範「趨近化」（harmonisation）、第三國的入境皆有一致規格條件，需簽約當事國的「一致意見」始能修改，所謂妨礙民族生命延續是無稽之談，《申根公約》第2條第2項的緊急措施及各國警憲仍然在全境（而非邊境）執行勤務，並未違背人權宣言中人民的神聖權利、申根資訊系統可以確保人民安全、夥伴國警憲跨界逮捕重罪現行犯亦有明確規範，非任意逮捕行為，故亦未涉及主權讓渡、公約的適用範圍界定在「共同連續疆界」故排除法國海外領土，無損共和國的不可分割性原則、公約的修改採一致決議又允許有保留條款，且相關國內法具「溯及既往性」，故並無拋棄主權，無須如參議員所要求的《申根公約》須增加「退出

---

[62] 就麻醉品政策而言，是夥伴國對荷蘭政府施壓歐洲化。

條款」以確保主權。

　　在逐一回答釋疑之後，憲法委會最後權威裁決：《申根公約》並未違憲，並將釋憲文公布在政府公報。[63]憲法委員會在2006年針對「因反恐而採取的疆界管制措施安全法」（Loi relative à la lutte contre le terrorisme et portant dispositions diverses relatives à la sécurité et aux contrôles frontaliers）的發布意見時，仍然要求法國警憲單位必須與申根資訊系統連結配合。[64]

三、超越政策調整的社會反彈：政策在緊縮與寬鬆間擺盪

　　申根區成立從五國親密的創始夥伴到殊異的25國，時空背景迥異，對法國國內產生深刻衝擊，政策在緊縮與寬鬆之間擺盪，民意亦然。

（一）公安「例外」數度引援臨時條款

　　《申根公約》第2條第2項有緊急臨時條款，允許夥伴國因「國家安全與公共秩序」可以「在有限期間內」，告知夥伴國後，採取恢復邊界管制之必要措施。此緊急條款給會員國相當大的自由裁量權，以便界定國家安全與公共秩序受威脅的程度、恢復幅度及實施期限。除了防範國際恐怖主義攻擊之外，重要國際會議時反全球化活動、反美示威、足球流氓等，都使法國政府得以引援緊急臨時條款恢復邊界管制及人身檢查。如2003年6月在Evian舉行的G8高峰會、2005年6月的足球賽。法國政府在北約六十周年高峰會之際，又宣布暫停申根條約的規範。北約高峰會將於2009年4月3-4日在德法邊界兩個城市史特拉斯堡及蓋爾（Khel）舉行，法國內政部警政署於2009年3月20日至4月5日，於所有比鄰的夥伴國（比、盧、德、義、西、瑞士，及依舊有邊界管制的英國、荷蘭）邊境動員警察與憲兵實施加強身分證件檢查及機場的護照要求。[65]

　　有鑑於以反恐之名浮濫使用「緊急臨時」條款，避免衍成「常態」趨勢，理事會與歐洲議會於2006年3月通過「申根疆界準則」（code frontières Schengen）規

---

[63] <http://www.conseil-constitutionnel.fr/conseil-constitutionnel/francais/les-decisions/depuis-1958/decisions-par-date/1991/91-294-dc/decision-n-91-294-dc-du-25-juillet-1991.8764.html>. 2008/09/06.政府公報於兩日後（1991年7月27日）公布釋憲決定。

[64] *Les Cahiers du Conseil constitutionnel* n° 20, 02/2006. Commentaire de la décision n° 2005-532 DC du 19 janvier 2006.

[65] <http://www.lemonde.fr/web/sequence/0,2-3214,1-0,0.html>. 2009/04/03.

則，[66]強調緊急臨時條款是特殊情況下使用，並規定：使用「緊急臨時」條款時，須告知執委會及歐洲議會條文、至少在恢復管制措施15日之前諮詢執委會及夥伴國、措施必須符合比例原則。就此而言，歐盟機構以「規則」（règlemnt，會員國必須執行且轉置成國內法）形式，修改《申根公約》重要條款，無疑又是一次安靜的歐洲化案例。

（二）歐盟法律及政治正確下的社會反彈：否決歐憲及其再反饋

　　申根區成立15年來，歐盟內外環境已產生結構性改變。面對來自東歐大量人員無控管的自由遷徙居住、全球化負面效果、恐怖攻擊威脅、歐盟制度深化等諸多問題，使得法國政府「行政部門」在法律及政治面遵循歐盟規範的同時，焦慮的法國社會常將歐盟做為不滿的指責對象。長期執政的社會黨被認為無力處理「歐洲化」（及全球化）問題，甚至是始作俑者；而右派政府在法律行政方面也配合執行，亦相當「歐洲化」。於是，「法政面」歐洲化的反彈出現在「社會面」，右派及極右民意均期盼繼續維持「法國化」的生活方式（S. Meunier, 2004: 135-140）。疑歐的極右派長期便對「布魯塞爾官僚」的指令規範高度不滿，累積許多挫折及失落的民意，在《歐洲憲法條約》公投辯論時激化，[67]疑慮法國因開放邊境使境內增加爆多的「跨境者」（transfrontières，取代偷渡客，等同於潛在犯罪的代名詞）。極右派主要口號便是：「恢復疆界控制，好讓法國活下去」[68]。雖然法國參議院及國民議會於2005年2月28日在凡爾賽宮舉行聯席會議通過《歐洲憲法條約》，法國公民仍然違背執政黨及社會黨多數政治人物的支持立場，在2006年6月，驟然公投否決《歐洲憲法條約》。

　　《歐洲憲法條約》分別被法國及荷蘭公投否決後，造成歐盟內部精英震撼，並緊急檢討歐盟民意究竟想表達什麼。理事會與歐洲議會於2006年9月通過「申根疆界準則」進一步規範與「非歐盟」境外第三國人員跨越邊界的共同檢驗條件，要求

---

[66] 全名為Code communautaire relatif au régime de franchissement des frontières par les personnes, Règlement (CE) n°562/2006. <http://europa.eu/legislation_summaries/justice_freedom_security/free_movement_of_persons_asylum_immigration/l14514_fr.htm. 2008/06/60.

[67] <http://www.fil-info-france.com/constitution,europeenne/>網站詳細臚列各家民調，顯示法國右派執政黨籍左派社會黨多數均支持《歐洲憲法條約》，但民意趨勢卻是越來越傾向否決憲法條約，其中最主要的因素便是歐盟擴大後的大量移入及土耳其可能加入。

[68] 例如這個以年輕人為主要訴求的極右派網站：< http://pourquevivelafrance.hautetfort.com/archive/2009/03/29/et-nous-devons-pouvoir-le-faire.html>. 2009/03/30.

嚴格執行「歐盟境內」的緊急措施、至於內部夥伴國間的疆界，警察仍可巡防，只是不用像在第三國邊界般檢驗身分。

《歐洲憲法條約》後來改成《里斯本條約》，除了簽證、庇護、移民等決策程序已共同體化之外，進一步強化申根區的警察及刑法合作措施，並將「政府間」決策模式改成「共同體」決策模式（《馬斯垂克條約》第251條），誓言將申根區建立成真正的「公平、安全、自由的空間」。

第七節　結論：歐洲化，是困境也是答案

「歐洲化」仍是尚待精練學術論點（亦即理論化），目前偏向質化研究，故仍需更多量化的實證研究。歐洲化現象涵蓋面甚廣，無論是平行的會員國政府制度及政策（橫向）的比較政治、垂直及單向（下對上）的公共政策執行、垂直及多向（上對下或多層次）的區域整合研究、或國與國互動談判（橫向）的國際關係，可進一步深化為觀察國家因應現代化恆常調適與變革的綜合性途徑。歐盟框架正不同程度的影響著歐盟成員國的政治與政策，並交互影響著，不僅引發成員國諸多政策領域的歐洲化，導致其中央政府部門之間或部門內部決策者與執行者之間、成員國政府機構不斷調整制度與政策以適應，凡此均產生深遠的質變。

「歐洲化」也可以作為一種實務現象，若以法國為例，歐盟越來越介入法國政府與人民的日常生活。最早將「歐洲化」做為學術討論的論文，應該是R. Ladrech於1994年發表的〈國內政治與制度的歐洲化：以法國為例〉一文。[69]文中強調歐洲化對法國而言，是個不斷修正政策的累進過程，直到歐盟政治經濟動能成為國內決策程序組織邏輯的一部分。[70]如今，法國國會議決的法案中有60%是歐盟法律的派生法，歐盟已經是「法國的國內事務」（P. Moscovici, 2004: 11-16），[71]但同時，法國民意近十年來對歐盟有著愈來愈強的疑慮與疏離。

「歐洲化」理論的精練與現象的解釋仍待學者進一步探析，本章以法國作為跨

---

[69] Robert Ladrech, "Europeanization of Domestic Politics and Institutions: the Case of France", *Journal of Common Market Studies*, Vol. 32, Issue 1. 1994.

[70] Robert Ladrech, ibid., 69-70.

[71] 作者曾任歐洲議會議員及法國歐洲事務部部長，於歐洲憲法條約制定時出版此書。此書雖然名為「讓歐洲人不高興的10個問題」，其實內容是在回答「歐盟讓法國不高興的十個問題」。

支柱個案初步研究，有幾個初步發現（請參照表4.1）。

一、「歐洲化」論點可增加兩個內部變項

　　歐盟政策領域不斷廣化與深化，國內事務與歐洲事務的界線交疊模糊，愈來愈多的政府部門涉入歐盟政策的制定與執行中。而其中，複雜的國內層面變化，如會員國對歐盟政策制定時的投入程度與政府之執政黨更迭，是兩大歐洲化程度的變項。在共同政策制定的初期，若會員國在歐盟層次投入越多磨合協商，在國內層次之執行階段會較為順利。另一方面，會員國內若政黨輪替，意識形態的不同也可能加深高層行政文官對前朝政府在歐盟層次允諾事項之遲疑執行。

二、「歐洲化」論點需增加幾個外部變項

　　外部因素有時也是歐洲化程度之主要變項，尤其是全球化效應對會員國之影響、重要外部國家（如美、中、俄等）對相關政策的具體反應。全球化與歐洲化在歐洲幾乎同步進行，交互作用，難以區隔。學者S. Meunier便認為，全球化已重新界定了法國國內政治，而歐洲化又加速這個轉變過程，甚至是擴大全球化的效果（S. Meunier, 2004: 126-130）。極右派更是全面綜合一併反對「歐洲全球化」（Euromondialism），亦即反對「歐盟及全球化」（S. Meunier, 2004: 137）。

三、法國是其歐洲政策的受益者也是受害者

　　誠如本章前言，法國與歐盟的關係非常深層又矛盾，從早期的「歐盟法國化」到現今的「法國歐盟化」。若以學者Cowles、Caporaso及Riss指出的歐洲化三階段解析（如表4.1），可以觀察出：

　　(1)在第一階段國內結構的契合程度與調整過程：在歐元政策上，發行初期是法國「化」歐盟與歐盟「化」法國的交互做用。在對中軍售解禁政策上，初期並未發生契合度問題，天安門事件的對中軍售禁令與法國國內政治結構高度契合。《申根公約》也很契入法國當時的政治及社會結構，法國是申根創始會員國之一，積極倡導公約的談判與簽訂過程。

　　(2)在第二階段中介角色如制度與主要行為者的策略介入：在歐元準備發行時，無論是國內政黨輪替與否，法國雖未改變發行單一貨幣的大戰略，但密特朗即席哈克兩位總統及喬斯潘總理，皆強力介入發行歐元的相關條件。在對中軍售解禁

表4.1　「歐洲化」對法國的衝擊與適應

	壓力制約	中介	改變	意涵與影響
歐元發行	德國（即將）統一、德國聯邦銀行主導發行條件、馬斯垂克條約之匯合指標、穩定暨成長公約之自動懲罰條款、指導型經濟現代化。	數次歐盟高峰會、密特朗總統、席哈克總統、約瑟班總理、德意志聯邦銀行。	拋棄貨幣主權、成立歐洲央行的政治對口單位、修憲確定法蘭西銀行獨立地位、央行總裁職位、自由化改革逐次落實。	鎖德大戰略、歐元區取代小馬克區、法國化與歐洲化交互作用、德國化效應。
解除軍售中國禁令	武器售中禁令、軍售行為準則、歐洲議會數度表決反對、參議院及國民議會皆存疑、全球武器市場限縮、中國市場與政治象徵、知識社群反對。	數次歐盟高峰會、席哈克總統、薩克吉總統、軍工複合體、中國反分裂法、美國白宮及國會均表反對。	軍售台灣、戰略轉向：加入北約以獲東歐訂單、轉略轉向親美。	反分裂法造成U型反彈、趨近但價值不相容的歐中關係、美法伊戰後趨近。
申根區	申根協定及公約、申根公約第2條第2項、申根疆界準則、申根資訊系統、東擴後大量跨境者、恐怖活動威脅。	密特朗總統、朱貝總理、參議院、國民議會、憲法委員會解釋文：Décision n° 91-294 DC、Décision n° 2005-532 DC	拆除疆界檢查、臨時反恐措施常態化、社會反彈，否決歐憲。	極右派勢力急擴、自由主義理想遭保守主義與恐怖主義挑戰。

資料來源：作者自製

政策上，法國差一點將歐盟「法國化」，在中國及美國外部因素介入下，歐盟，做為一個脆弱的外交安全實體，又繼續很軟意志的將法國「歐盟化」。《申根公約》的第二階段，在法國憲法委員會介入解釋下得以繼續進行。

　　(3)在第三階段國內結構轉變：實體貨幣發行後，則明顯的是法國無論在制度政策社會方面皆「歐洲化」，同時也有利法國政府從干預主義思維朝始終具爭議，但實際上已被「德國化」的自由市場經濟政策方向改革。對中軍售禁令最後也因法國國內結構改變而維持，新上任的薩柯吉總統將席哈克總統對美政策（反美攻伊的強烈主張）改弦更張，尤其是小布希總統卸任後，進行從親中到親美的戰略轉向，

解除對中軍售政策的主張因而消失。至於《申根公約》，在第三階段時，

　　焦點已經不是「誰化誰」的問題。《申根公約》對法國在法律及政策面制約，造成法國在社會面的反彈，反映「人員自由流通」理想在21世紀的矛盾與困境。歐盟在後冷戰至今大量遷入合法及非法的移民、庇護難題及恐怖活動威脅，都使得申根精神——人員流通自由化——備受挑戰，無論國內層次或歐盟層次，都出現第三支柱「安全化」制度的嚴格控管要求（P. Bendel, 2007: 34-38）。

　　(4)綜合言之，整個歐洲化過程的三個階段，法國對本章三大支柱的重大政策均著力甚深，也確發無法主控過程及結果，這也顯示法國無法再像過去前四十年般強勢主導歐洲統合方向與內涵。從法國案例可發現，歐洲化是個不斷雙向循環的過程，法國政府對於歐洲化所帶來的衝擊與壓力並非完全被動適應，而是雙重自下而上的方式參與歐洲化進程，亦即法國政府面對歐盟政策、主動影響與調適，同時也可能因國內壓力而企圖影響歐盟政策，是種不斷循環的過程。如何彙整自上而下及自下而的上歐洲化動態循環過程，值得歐洲研究學者更進一步探析。

　　最後，【舒曼宣言】裡信誓旦旦要：「讓戰爭在歐洲不只是在心理上不願意，更因為在物質上不可能。」兩個世代後，歐盟證明已經建構出堅實的和平。本章在此僅參照【舒曼宣言】做成結語：歐洲和平不只因為會員國在心理上願意關係「越來越緊密」，[72]更因為在物質上會員國已經「越來越歐洲化」。至於法蘭西，結語應該是：無論法國在心理上多麼留戀歐盟法國化，在物質上已經是法國歐洲化了。

參考資料

Baisnée, Olivier and Romain Pasquier ed., (2007), *L'Europe telle qu'elle se fait, européanisation et sociétés politiques nationales*, Paris: Centre National de la Recherche Scientifique (CNRS).

Balme, Richard and Cornlia Wall (2005), France: Between Integration and National Sovereingty, in S. Bulmer and C. Lequesne ed. (2005), *The Member States of the European Union*.97-118.

Bendel, Petra (2007), Everything Under Control? The EU's Policies and Politics of

---

[72] 馬斯垂克條約，Title I, article A

Immigration, in Thomas Faist and Andreas Ette ed. (2007), *The Europeanization of National Immigration Policies: Between Autonomy and the European Union*, pp. 32-48.

Britz, Malena (2008), *Europeanization of Defence Industry Policy in the 1990s*, Saarbrucken: VDM Verlag Dr. Muller.

Bulmer, Simon and Christian Lequesne ed. (2005), *The Member States of the European Union*, Oxford: Oxford University Press.

Cassese, Sabino(2003), The Age of Administrative Reforms, in Jack Hayward and Anand Menon ed.(2003), *Governing Europe*.128-183.

Cole, A. and Drake, H. (2000), The Europeanization of the French polity: continuity, change and adaptation, *Journal of European Public Policy* 7(1): 26–43.

Cowles, Maria Green, James Caporaso and Thomas Risse (2001), Europeaninzation and domestic change: Introduction, in M. G. Cowles, James Caporaso and Thomas Risse ed., (2001), *Transforming Europe--Europeanization and Domestic Change*. Ithaca and London: Cornell University Press. 1-20.

Craig, Paul P. (2003), National Courts and Community Law, in Jack Hayward and Anand Menon ed. (2003), *Governing Europe*. 15-38.

Descheemaekere, François(1998), *Mieux comprendre l' Euro*, Paris: Edition d' Organisation.

Dyson, Kenneth ed. (2004), *European States and the Euro: Europeanization, Variation, and Convergence*, Oxford: Oxford University Press.

Dyson, Kenneth (2004), Introduction: EMU as Integration, Europeanization, and Convergence, in Dyson, Kenneth ed. (2004), *European States and the Euro: Europeanization, Variation, and Convergence*, p. 1-30.

Dyson, Kenneth and Martin Marcussen ed. (2009), *Central Banks in the Age of the Euro: Europeanization, Convergence, and Power*, Oxford University Press.

Dyson, Kenneth (2009), The Age of the Euro: A Sructural Break? Europeanization, Convergence, and Power in Central Banking, in Dyson, Kenneth and Martin Marcussen ed. (2009), *Central Banks in the Age of the Euro: Europeanization, Convergence, and Power.* 1-52.

Faist, Thomas and Andreas Ette ed. (2007), *The Europeanization of National Immigration*

Policies: Between Autonomy and the European Union (Migration, Minorities and Citizenship). Palgrave Macmillan.

Featherstone, Kevin, Claudio M. Radaelli ed. (2003), The politics of Europeanization. Oxford: Oxford University Press, 2003.

Faugère, Jean-Pierre (1998), "L' euro et les politiques économiques," La monnaie unique, *La documentation fraçaise*, Cahier français n° 282, jullet, septembre 1997

Gauron, André, *Le malentendu européen*, Paris: Hachette.

Geuijen, Karin, Paul Hart, Sebastiaan Princen, Kutsal Yesilkagit (2008), *The New Eurocrats: National Civil Servants in EU Policymaking*, Amsterdam University Press.

Gordon, P.H. and Meunier, S. (2001), *The French Challenge: Adapting to Globalization*, Washington, DC: Brookings Institution Press.

Grabbe, Heather (2006), *The EU's Transformative Power: Europeanization through Conditionality in Central and Eastern Europe,* London: Palgrave.

Graziano, Paoloand Maarten P. Vink ed. (2008), *Europeanization: New Research Agendas, Palgrave* Macmillan.

Green Cowles, M. Caporaso, and T. Risse-Kappen, (2001), *Transforming Europe: Europeanization and Domestic Change*, Ithaca, NY, London: Cornell University Press.

Gross, Eva (2009), *The Europeanization of National Foreign Policy: Continuity and Change in European Crisis Management*, Palgrave Studies in European Union Politics.

Hay, C. and B. Rosamond, (2002), 'Globalization, European integration and the discursive construction of economic imperatives', *Journal of European Public Policy* 9(2): 147–167.

Hayward, Jack and Anand Menon ed. (2003), *Governing Europe*. Oxford, Oxford University Press.

Headley, John M. (2008), *The Europeanization of the World: On the Origins of Human Rights and Democracy*. Princeton: Princeton University Press.

Howarth, David (2004), The French State in the Euro-Zone: 'Modernization' and Legitimizing Dirigisme, in Dyson, Kenneth ed. (2004), *European States and the*

Euro: Europeanization, Variation, and Convergence, p. 154-170.

Howarth, David (2009), Bank of France: The Challenge of Escaping Politicalisation, in Dyson, Kenneth and Martin Marcussen ed. (2009), *Central Banks in the Age of the Euro: Europeanization, Convergence, and Power.* pp. 111-130.

Hurell, Andrew and Anand Menon (2003), International Relations, International Institutions and the European State. in Jack Hayward and Anand Menon ed. (2003), *Governing Europe.* pp. 395-412.

Hussein Kassim, The European Administration: Between Europeanization and Domestication, in Jack Hayward and Anand Menon ed. (2003), *Governing Europe.* 139-161.

Ladrech, R. (1994) 'Europeanization of domestic politics and institutions: the case of France', *Journal of Common Market Studies* 32(1): 69-88.

Le Gales, Patrick, The Changing European State: Pressure from Within. in Jack Hayward and Anand Menon ed. (2003), *Governing Europe.* 380-394.

Menon, Anand (2003), Conclusion: Governing Europe, in Jack Hayward and Anand Menon ed. (2003), *Governing Europe.* 413-432.

Meunier, Sophie (2004), Globalization and Europeanization: A Challenge to French Politics, *French Politics*, 2004,2. 125-150.

Moravcsik, Andrew (1998), *The Choice for Europe: Social Purpose and State Power from Messine to Maastricht.* New York: Cornell University Press

Moscovici, Pierre (2004), *Les 10 Questions Qui Fachent les Europeens*, Paris : Perrin

Muller, Wolfgang C. (2003), The Changing European State, in Jack Hayward and Anand Menon ed. (2003), *Governing Europe.* 369-379.

Nugent, Neil and William Paterson (2003), The Political System of the European Union, in Jack Hayward and Anand Menon ed. (2003), *Governing Europe.* 92-112.

Page, Edward C. (2003), Europeanization and the Persistence of Administrative Systems, in Jack Hayward and Anand Menon ed. (2003), *Governing Europe.* 162-178.

Palier, B. and Y. Surel ed., (2007), *L'Europe en action: l'européanisation dans une perspective comparée*, Paris:L'Harmattan.

Peters, B. Guy (2003), Dismantling and Rebuilding the Weberian State, in Jack Hayward and Anand Menon ed. (2003), *Governing Europe.* 113-127.

Porta, Donatella della and Manuela Caiani (2009), Social Movements and Europeanization. New York: Oxford University Press.

Saurugger, S. and Yves Surel (2006), L'européanisation comme processus de transfert de politique publique, *Revue Internationale de Politique Comparée*, Vol. 13, n° 2, 2006. pp. 179-211.

Schimmelfennig, Frank and Ulrich Sedelmeier (2005), Introduction: The Europeanization Of Central And Eastern Europe, in Frank Schimmelfennig and Ulrich Sedelmeier ed., (2005), *The Europeanization Of Central And Eastern Europe*, New York: Cornell University Press. 1-28.

Sverdurp, Ulf (2003), Implementation, in Jack Hayward and Anand Menon ed., (2003), *Governig Europe.*

Tsoukalis, Loukas (2003), Monetary Policy and the Euro, in Jack Hayward and Anand Menon ed. (2003), *Governing Europe.* 330-345.

Umbach, Gaby and Wolfgang Wessels (2009), Differentiation in the European System of Central Banks: Circles, Core, and Directoire, in Dyson, Kenneth and Martin Marcussen ed. (2009), *Central Banks in the Age of the Euro: Europeanization, Convergence, and Power.* 53-72.

Vedrine, Hubert (2000), Dialogue avec Domonique Moisi *Les Cartes de la France a l' heure de la mondialisation*. Paris: Fayard.

Yost, David (1991), "France In The New Europe," *Foreign Affairs*, vol. 69, Winter 1990-1991, 107-128.

Wong, Reuben, y. (2006), *The Europeanization of French Foreign Policy: France and the EU in East Asia.* Palgrave Macmillan (French Politics, Society and Culture)

陳怡凱

第一節 前言

一、德國憲法之歐洲化

歐盟指令所為之法規一體化雖然並沒有憲法之法規一體化,不過歐盟法仍多方地影響會員國之憲法。以德國為例,有的是因為德國為了配合歐洲法之發展所為之基本法修改。例如:因歐盟法上之歐盟人民之鄉鎮選舉權導致基本法第28條第1項之修改,因歐元貨幣之採用與歐洲央行之設置而導致基本法第88條之修正;有的是因歐洲法院之判決直接導致德國憲法規定為符合歐洲法所為之修憲。例如:舊基本法第12a條第4項第2句原本規定:「婦女絕不得從事有武器之職務」,此一規定被歐洲法院之Kreil案之判決認為違反1978年2月9日之男女就業平等之歐體指令。另有一些是德國聯邦憲法法院為了滿足法治國原則之要求,而對基本法所為之擴張解釋。例如:為了將歐洲法院納入德國之法律救濟體系,因而將歐洲法院解釋為是該當於基本法第101條意義下之法定法官;基本法第19條第4項關於暫時性權利保護之保障被聯邦憲法法院擴張解釋為包括對抗歐盟法行為之暫時性權利保護。

二、憲法歐洲化之疑慮

在所有這些因歐盟法所生之德國憲法修改案中,規模最大,又號稱為「歐洲條款」的是基本法第23條之修改。該條文之制定是典型地反映出會員國在其憲法歐洲化過程中所生之疑慮,與主動出擊,提出對會員國單方對歐盟之期望與要求,事先設立德國參與歐洲整合之條件與界限。由於會員國之高權不斷移轉給歐盟之結果產生了疑慮:到底主權可以讓步到何種地步,仍保有國家性?當歐盟之高權越來越多,會員國之高權愈來愈少,是否會從量變轉成質變,導致會員國滅亡,而產生一歐洲聯邦國?此一疑慮之核心在於會員國主權是否會暗中被掏空,而導致會員國身不由主地被整合?是否會從國民主權之自決,淪落成為歐盟帝國之他決,成為他國

權力意志下之犧牲者？尤其是盧森堡決議被放棄之後，會員國之主權防線已全面失守，在理事會中持反對見解之會員國必須服從多數決。疑慮之重點並不在於會員國想要緊抱傳統國際法上之主權原則，而是擔心歐盟逾越權限、自行其是、成為一不再受到會員國之掌控，甚至吞噬會員國之憲政國家性之巨靈。

歐盟逾越權限之疑慮與其說會受到歐洲法院之矯正而消除，倒不如說剛好相反，歐洲法院正是始作俑者之一。歐洲法院除了以判決確立條約所無之「歐洲法優先原則」與「歐洲法直接效力原則」之外，又運用所謂「默示權理論」（implied power）與「有效利用理論」（effet utile）來寬鬆解釋歐盟之權限。這無形中導致「有限個別授權原則」被架空，歐盟將有透過歐洲法院自行擴權之危險，從而取得條約所未賦予給他之權限。

歐洲法優先性搭配直接性產生了具超國家性之歐洲高權，相較於內國高權，在效力上毫不遜色，直接拘束會員國之官署、法院與人民。但會員國之內國高權必須是依照民主原則由國會立法產生，反之歐洲高權所根據之歐洲法主要是由政府代表之理事會立法，亦即是政府立法，而非國會立法。其民主正當性已有所不足。其二，內國高權必須受到基本權之拘束，而在歐洲法優先原則之下，歐洲高權既不受會員國基本權之拘束，歐盟一級法當時又無基本權清單之規定。其三，歐洲法院關於歐洲法效力基礎之法律見解是認為：歐洲法之效力基礎係來自於自治之法秩序，而切斷與會員國之聯繫。而且一再重申歐洲法院是歐洲法之單獨權威解釋機關，不容其他法院插手歐洲法。亦即歐盟有無為逾越權限之行為，是由歐洲法院單獨認定。即使會員國皆認為歐盟明顯越權，只要歐洲法院偏袒歐盟，不作越權之認定，則會員國仍是無可奈何。

三、德國之因應措施

德國之回應措施可分成三路：第一是聯邦憲法法院之判決對抗，第二是修改基本法第23條設定歐洲整合之界限，第三是提案修改設立條約。

（一）聯邦憲法法院之回應

德國聯邦憲法法院首先發難，挑戰歐洲法院對歐洲法之單獨審查權，其接連作出條件一號判決（Solange I.）、條件二號判決（Solange II.），與馬斯垂克條約判決（Maastricht-Urteil），不放棄對歐洲法是否合乎基本法之合憲性審查，只是先在判決中預先設立審查之時機與基準。亦即在何種條件之下，德國聯邦憲法法院可以

以基本法來審查歐洲法之合憲性。並認為歐洲法在德國之效立基礎是德國之對設立條約之同意，該同意法是內國法，因此也必須合乎基本法。在馬約判決中更明白表示德國是條約之主人，可以單方退出歐盟，以及歐盟是否逾越權限聯邦憲法法院亦有權認定。

（二）以修憲因應

修改基本法第23條，將德國基本法第79條第3項之德國國家同一性之元素：民主、社會、法治國、基本權保障設定為德國參與歐洲統合之條件。條文中明白課歐盟以上述之義務。會員國當然不可能以單方之修憲或自己之內國憲法就能夠有效地課歐盟以義務，但是用此種方式是課德國所有之國家機關以憲法義務，在歐盟拒絕遵守上述之民主社會法治國與基本權保障之義務之下，不得參加歐洲統合。

（三）以修改設立條約因應

為了防止歐洲法院濫用解釋權，偏袒歐盟，並阻擋歐盟暗中擴權，因此德國提案在馬斯垂克條約中增訂補充原則（Subsidiaritatsprinzip）。在歐盟憲法條約草案之起草階段，德國代表亦建議在歐洲法院之外，另外設置歐洲權限法院。德國顯然不信任歐洲法院之中立性，而想要另起爐灶，但此一建議最後並未成功。

綜合前述，本章共分五節：第一節是前言；第二節先概括論述會員國憲法歐洲化之原因；第三節具體介紹德國基本法之歐洲化狀況；第四節論述因憲法歐洲化以及歐洲整合所生之歐盟逾越權限之疑慮與對歐洲法院之信任疑慮；第五節論述德國對抗此一疑慮所採取之措施；第六節結論。

第二節　德國憲法歐洲化之原因

歐洲法以各種各樣之方式往內國法領域擴充，幾乎沒有一個內國法領域不被歐洲法侵入[1]。就德國而言，歐洲法固然影響德國之民法、刑法與行政法，但歐洲法是否當真能影響德國之憲法？這個問題在法理論上困難之處在於：一方面，一國之憲法，只有該國之制憲權主體才能以行使主權者之意思而以制憲之方式表示出來。

---

[1] EU之權限愈來愈大，以及愈來愈強地延伸及於所有之法領域。根據估計，它已經延伸及於60%-80%之法律體裁了。請參見Hans Heinrich Rupp, Anmerkungen zu einer Europäischen Verfassung, JZ 2003, S.18.

如果憲法之制定或修改,該國自己做不了主,而是必須受另一勢力之影響,則該國是否具主權國家性,就大有疑問了。因此一國之內任何其他法律或可屈從他國法,但是憲法必須只服從該國主權者之意思,而不能隨便受他國法之影響。如果說歐洲法影響德國憲法,或優先於德國憲法,則將產生德國作為國際法上主權國家性可能受到否定之爆炸性問題。

另一方面如果歐洲法並不能影響會員國憲法,而是反過來必須符合會員國憲法,則職司合憲性控制之內國憲法法院勢將能去審查歐洲法(尤其是歐盟二級法)是否合乎內國憲法了,如此一來歐洲法如何能達到條約之目的而統一地適用於各會員國呢?為了避免上述這兩種理論上之困境,因此解決之道可能是會員國之主權必須讓步,以及歐洲法必須優先於內國法。

本章是探討德國憲法歐洲化之原因,亦即要去歸納出何以歐洲法能夠影響德國之憲法?為了至少維護住主權國家之顏面,至少使外觀上保持住德國是主動之修憲與制憲來讓自己歐洲化,而不是被外力所迫,屈從他人意志下之歐洲化。換言之,由於主權者只服從自己之意志而不服從他人之意志,否則主權性就可能受到質疑,因此德國會事先以制憲或修憲之方式,在憲法上授權給自己,或以自課義務之方式使自己參與歐洲整合。至少會在外觀上辦到:歐洲化是出於德國自己之主動與心甘情願,而非被迫與被動。其次,當歐洲法能直接於德國境內適用時,必須是他優先於德國法才可能影響德國法。因此歐洲法之直接可適用性與優先性,是它影響德國法之前提。違反歐體法之各種制裁,與國家責任,與歐洲法院訴訟追究之可能性,使得德國必須忠誠履約,從而也更加讓其憲法被歐洲化。

一、主權之讓步——高權移轉

在絕對主權之時代,主權者可以單方制訂法、單方執行法與單方破棄法[2]。亦即,主權者不但不受他人意志之拘束,自己亦不受其自己意志之拘束(不受自己所制定之法之拘束)。今日之主權理論與其說被揚棄,倒不如說被修改[3]。主權不再是不可分性與排他性,而是可分、而且可局部移轉。雖然主權者所未參與之條約,該條約不會對他產生法拘束力;但是主權者自己參與締結之條約,則他自己也必須

---

[2] Martin Kriele, Einführung in die Staatslehre, 5. Aufl., 1994, S.56, 57.

[3] Isensee對於主權瓦解之見解持懷疑之態度,他認為國家並未因為了國際整合與超國家整合而放棄了主權。請參考J. Isensee, Die vielen Staaten in der einen Welt – eine Apologie, ZSE 2003, 7.

遵守，而不再是可單方破棄該條約。因此主權者之國家必須遵守國際法，信守自己所做出之讓步承諾[4]。

如果主權者自己做出主權讓步之承諾，將局部高權移轉給別的主體，使得就該移轉高權之領域自動地打開憲法之缺口，讓歐盟法進入，則這就能解決前述之主權國家性被否定之疑慮了。因為在高權移轉之領域，內國法之所以受到歐洲法之影響，仍是出於主權者自己之意志。亦即主權者自己是先主動地做了憲法上之授權，而非臣服於他人之意志。德國基本法即係採此種模式，而開啟了歐洲法影響德國憲法之可能性。德國基本法之此種授權，過去有基本法第24條，現在則是基本法第23條作為歐洲條款。

二、憲法基礎（1949年之制憲）：基本法前言與第24條

戰後德國國家權力被盟軍接管，但盟軍並不想要併吞德國，但又怕歸還國家權力給德國之後，挑動兩次世界大戰之德國民族主義又再度死灰復燃。因此決定要讓德國成為西方民主陣營之一員，不僅讓德國擁有一部民主憲法，重新行使國家權力，而且德國必須融入西方國際社會。以歐洲之集體安全來限制德國之高權力，因此基本法在制定之時就已經為未來之歐洲整合做準備了。1949年之基本法前言規定：「德意志民族有意志，作為在一個統合之歐洲中之平等成員，而為世界和平作出貢獻。」。基本法第24條第1項規定：「聯邦可以透過法律，而將高權權利移轉到國家間之設置」。當時之制憲會議代表von Mangoldt在基本法之注釋書中就是以歐洲統合來說明此一歷史背景。他說：「基本法第24條係授權將高權移轉到國家間設置，並在集體相互安全之體系內來限制高權力」[5]。他強調：「與集體安全有關之基本法第24條首度在憲法本章中採用歐洲統合之思想，並使該思想成為指導方針」[6]。基本法前言以及第24條是德國憲法在戰後兩德統一之前，對德國憲法歐洲化之唯一表示。Hans Peter Ipsen在這個意義下說：「基本法第24條是整合之槓桿（Integrationshebel）」[7]。此一見解獲得普遍之贊同。

---

[4] Juliane Kokott, Die Staatsrechtslehre und die Veränderung ihres Gegenstandes: Konsequenzen von Europäisierung und Internationalisierung. in: VVDStRL, 2003, S.18.

[5] 請參考H. von Mangoldt, Das Bonner Grundgesetz, 1953, S. 31.

[6] Von Mangoldt,同前註, S. 31.

[7] H. P. Ipsen, Europäisches Gemeinschaftsrecht, 1972, S. 58., sowie ders., Die Bundesrepublik Deutschland in dein Europäischen Gemeinschaften, in: J. Isensee/P. Kirchhof (Hrsg.), Handbuch des Staatsrechts VII, 1992, § 181, S. 770.

靠著基本法第24條之授權，掩護了德國基本法制定之當時，根本欠缺主權之事實。事實上德國別無選擇，在當時只有答應盟軍之條件，盟軍才有可能將已經接管之統治權又再歸還給德國。總之，歐洲整合自始與防止戰爭之集體安全有關。

三、歐洲法之發展：歐洲法優先原則與直接可適用性原則

歐洲法之所以能影響德國憲法，除了因為德國自己透過基本法前言與第24條之高權移轉之授權之外，還因為歐洲法院以判決發展歐洲法，使得歐洲法取得優先性與直接可適用性，而奠定了歐洲法影響會員國憲法之基礎。

關於歐洲法於會員國中產生何種效力？以及歐洲法與會員國之內國法處於何種關係？設立條約對之並沒有明文規定。歐洲法院在法無明文底下大膽地做出了有利於歐體之判決。1963年歐洲法院於Van Gend & Loos案件中，做了開先例之判決：「歐體法於會員國中可要求直接效力」，而且其所具有之效果是：「不只國家負有義務去遵守歐體法，而且人民也有權去對其國家主張歐體法」[8]。此一所謂歐洲法之直接效力之判決構成了超國家法之重要特徵[9]。1996年法國Assemblee Nationale之報告中將歐洲法院之Van Gend & Loos案之判決稱為是歐洲法院過分行使權限之開端。該判決從歐體法自己之規範中，導引出歐體法之直接效力，以及導引出歐洲人民之主觀權利。假使這個案件之判決結果不是這樣，則我們就真的只是國家聯合（Staatenverbund）而已，而使每一個案之歐體法執行，均任由會員國之政治機關任意為之[10]。

1964年歐洲法院在Costa gegen ENEL之案件中斷定：「歐體法優先於內國法」[11]。歐洲法院後來之判決，將該歐洲法優位原則進一步認為：「包括優先於內國憲法」[12]。

歐洲法院以判決創設出來之歐州法之直接可適用性，與優先性，使得歐體法不待於內國之批准轉換，而直接可適用於內國。如同內國法一樣地拘束內國之官署，

---

[8] EuGH, Rs 26/62, Slg. 1963, 12 "Van Gend & Loos".

[9] J. A. Frowein, Europäisches Gemeinschaftsrecht und Bundesverfassungsgericht, in: C. Starck (Hrsg.), Bundesverfassungsgericht und Grundgesetz, Festgabe aus Anlaß des 25jährigen Bestehens des Bundesverfassungsgerichts, 1976, S. 187 (189).

[10] J. A. Frowein, Die Verfassung der Europäischen Union aus der Sicht der Mitgliedstaaten, EuR 1995, S. 317.

[11] EuGH, Rs 6/64, Slg. 1964, 1215 "Costa ENEL".

[12] EuGH, Rs 11/70, Slg. 1970, S. 1125 (1135), "Internationale Handelsgesellschaft"; EuGH, Rs. 106/77, Slg. 19078, S. 629(643), "Simmenthal II".

法院，與內國人民。此種貫穿內國主權盔甲之效力被稱為超國家效力，其構成了歐洲法不同於一般國際法之特徵。歐洲法優先原則係優先於所有之內國法包括內國憲法。這是為了確保歐洲法於各會員國均作統一之適用之緣故。這兩個原則打開了會員國之內國法域，使其不得不受歐洲法之影響。

四、歐洲法院以判決為控制

如果內國立法者違反歐體法，則歐洲法院可以基於執委會對該違約之會員國所提起之違約之訴，而以判決確認該會員國違反條約。此時，該會員國必須廢除或修改該內國法。內國之法律適用機關如知道內國法違反歐體法，則對該內國法不得適用[13]。如果內國法院懷疑內國法是否有牴觸歐體法產生疑義，則可停止審判，依照先決判決程序，聲請歐洲法院解釋內國法是否牴觸歐體法。內國之終審法院並有聲請之義務。不同於普通之國際法院，歐洲法院有強制管轄權。因此，歐洲法院就歐洲法在各會員國之統一適用與遵守，可以進行更有效之控制。這同時意味著歐洲法院透過歐洲法之解釋，而有多種可能性去影響內國法，包括內國憲法。

第三節　歐洲法對德國憲法影響之現況

德國是歐盟之會員國，簽署了設立條約以及其後之修改條約，因此負擔條約之義務。這些條約義務可能與既存之憲法規定相牴觸，為了能夠不違憲地履行國際法義務，因此基本法必須作合乎歐洲法地修改。德國憲法因此發生歐洲化。其次歐洲法院之判決也可能直接衝擊現行之基本法條文。為遵守歐洲法院之判決，因此也必須作相應之修憲。

一、外國人在鄉鎮選舉上之選舉權──基本法第28條第1項第3句

歐體條約第19條，加上歐體指令94/80號，規定了歐盟其他會員國人民之主動與被動之鄉鎮選舉權。其被定性為是民主原則之歐洲化。這導致了原本基本法所規定的：「只有德國國民才有選舉權之規定」，必須作合乎上開指令地修改。因此限

---

[13] 歐洲法優位並不是效力上之優位而是適用上之優位。意即與歐洲法相牴觸知內國法並非因此而無效，而是內國官署與法院不得適用。

在修改後之基本法第28條第1項第3句規定：「擁有會員國之國籍者均有依照歐體法之規定在鄉鎮中有選舉權與被選舉權」。

二、貨幣高權之移轉──基本法第88條第2項

另一個受歐體法影響導致基本法修改的是基本法第88條。該條文明文授權將德國聯邦銀行之任務與權限移轉給歐洲央行。並且明定歐洲央行所負擔之義務是優先確保幣值穩定性作為該授權之條件。貨幣高權係屬於一國之主權之核心內容之一，因此貨幣高權之移轉除了對外有條約之締結外，在內國也必須在憲法上加以正當化。德國聯邦憲法法院認為：「該憲法上之授權是德國憲法承認歐洲貨幣同盟之發展，此種為設立歐洲貨幣同盟所生之基本法第88條之新規定，也表示該授權並不違反德國之基本權」[14]。聯邦憲法法院強調：「基本法第88條第2項表達出下述之意義：容許德國聯邦銀行之任務與權限移轉給歐洲央行，但是附加上一個條件：歐洲央行必須具獨立性，以及歐洲央行負有義務去確保幣值穩定性為優先目的」[15]。

三、歐洲法院之判決──基本法第12a條之修改

因歐洲法院之判決而直接導致基本法之修改，是歐洲法影響德國憲法之最明顯的證據。

1978年2月9日歐體指令76/207/EWG規範男女在就業，就職業教育，以及職業升遷與勞動條件方面之平等待遇原則。該指令第2條第1項含有性別平等待遇原則，以及禁止基於性別而為直接或間接之歧視。平等待遇原則具有一般之效力而且可適用於公共職務關係上。第2條第2項規定：各會員國有權去決定一些特定工作，該工作之性質與執行條件須以某性別為絕對必要之條件，則構成例外，而可排除於指令之適用範圍之外。

德國基本法第12a條第4項第2句之條文規定：「婦女絕不得從事有武器之職務」。本案電子女工Kreil自願要到軍中應徵電子工之職務，結果被拒絕，因為國防部根據上開憲法之規定而將婦女完全排除於有武器之職務之外。但容許僱用婦女擔任衛生醫療兵。歐洲法院認為此種大幅度地排除軍中僱用女性，不能被視為是指令所容許之例外措施，因為該職務之性質與執行條件並不要求非男性這個性別不

---

[14] BVerfGE 89, 155 (174).
[15] BVerfGE 97,. 350 (372).

可。關於軍隊光是因男性可以被課以執武器之義務這個事實，並不能正當化將婦女排除於從事軍事操作職務之外。歐洲法院之判決指出：在德國之部隊中，婦女所從事之軍中職務中也有那種使婦女接受武器訓練以便自衛之職務存在，所以德國若是將軍中之武裝單位仍繼續清一色由男性組成，則其不可能不違反比例原則。指令第2條第3項一方面要保護婦女之身體狀況，另一方面要保護母與子之特別關係，不能根據此一指令規定因此就將婦女排除於僱用之外，只因為是為了要更強地保護婦女免於受到危險。因此完全將婦女排除於有武器之軍職之外，並不屬於指令第2條第3項為了保護婦女所容許之不平等待遇。

　　歐洲法院作成Kreil案之判決[16]之後，德國基本法第12a條第4項第2句之基本權規定就馬上重新被討論與修改。

第四節　德國憲法歐洲化之疑慮

一、主權國家性流失之疑慮

　　在整合過程一開始，會員國之主權就已經有減損了。現代國家之國家法係回溯到一個很大虛構之來源：主權者之決定。如果是民主國家，則是主權人民之決定。由此導引出：在一國之領土上對立於該領土之人民而言只能有一個主權權力可以被創設，否則將產生衝突。德國與世界上任何其他國家一樣，均是主權國家。主權國家之特徵是：在該國家領土之內，有單一最高統治權存在。而規範此一內部最高主權之法就是憲法。因此憲法是一國之最高位階之法。它構成一封閉之法域（內國法域）在該法域之內以憲法為頂端而構成統一之法秩序。來自其他法域之法律不是不能滲透進內國法域，不然便是須經該國依照其內國憲法之規定而為同意才能產生內國效力。

　　反之如果一國之內，由於做了高權移轉，導致除了內國高權之外，還有另一高權（比如超國家統治高權）與之並存，而且該外國高權之統治意志並不來自於內國自己之意志，而是來自於不受內國國會控制之意志，以及該外國高權之行使也不受內國憲法法院之控制，而是由一國際組織自己設立之法院（歐洲法院）來控制，則該國之內就出現了兩種同時並存而且互不隸屬之統治權。此種開放自己，給另一高

---

[16] EuGH, Rs. 285/98, Slg.2000, I-69.

權主體進入內國，行使高權之現象，稱為開放國家性。

　　當某一特定領域之公權力行使權限從德國身上拿走，並移轉給一超國家組織，則該超國家組織就可以制定法規範，或個別決定，而滲透到內國領域。如此一來，這將打破了內部主權所建立之內國法域封閉性了。亦即德國透過權限之移轉，而使歐體高權取代了德國高權，而於德國法域內行使該歐體高權。從憲法之角度來看，此種高權移轉打破了既存之憲法秩序，因為行使該被移轉之高權已經不再是德國國家權力之行為，並因此也不再受到基本法之拘束。當憲法容許它自己在某特定情況下被擱置，以及可以放棄其自己對高權行為之合憲性控制，則必須有憲法本身之授權才可能承認此種高權移轉。亦即將德國納入歐體體系之憲法基礎在於基本法第24條第1項，其容許以法律而將高權移轉給國際設置（歐體）。由於歐體之權限在馬斯垂克條約時受到極劇之擴張，以及馬約創設了歐盟，所以德國以新修改的基本法第23條而將德國之歐盟身分放到一個專門之憲法之基礎上。不過隨著高權不斷地移往歐盟，在德國境內不受基本法控制之高權越來越多，這引發了一些問題：到底高權之移轉有無界限？高權之移轉會不會影響德國之國家性[17]？德國可以根據基本法第24條第1項或第23條之授權不斷地移轉高權給歐盟而導致德國國家滅亡嗎？

　　這些問題均環繞著高權移轉這個概念？問題是到底何謂高權移轉？它是指高權之轉讓嗎？如果高權真的已經轉讓，則會員國將不得再將高權取回。還是說高權實際上並未轉讓？對這個問題歐洲法院採轉讓說[18]，大部分之歐洲法學者也採轉讓說[19]，但德國大部分之憲法學者採非轉讓說。所謂非轉讓說，按照德國聯邦憲法法院的解釋是：「憲法在德國之法域打開了一道缺口而容許歐體高權進入」，但不是對高權之處分。

二、民主與法治國原則破壞之疑慮

　　國會保留與法律保留之範圍與射程是由聯邦憲法法院之重要性理論之判決所發展出來的[20]。其內容是說：「凡是對共同體與個人具有重要性份量之政治性決定均應由國會自己為之，透過國會之協商人們通常會做出具有較公平之客觀決定，以及

---

[17] Dietrich Murswiek, Maastricht und der Pouvoir Constituant, Der Staat, 1993, S. 169ff.

[18] EuGHE Rs. 26/62, 1963, S. 1ff.以及持續之判決。

[19] 轉讓說者：Thomas Oppermann, Dietrich Murswiek, Karl Doehring.採非轉讓說者：Paul Kirchhof., Hans Jarass.

[20] BVerfGE 47, 46(78); 77, 170 (230).

會使決定之過程具有較高之透明性」。「法律優先原則」則使國會能夠去掌握那些不屬於行政權與司法權之核心領域之事務[21]。不過，當對於重要事務之規範權限被移轉到歐盟層面，以及歐盟關於二級法之制訂建立了多數決原則之後（歐體條約第205條），則國會作為國家最高立法機關之角色就被排除了，而被在部長理事會中開會之政府代表所取代了。換言之，重要事項之立法並未保留給國會為之，而是由本國政府會同外國政府共同為之，因此從民主原則與法治國原則之重要性理論發展出來之國會保留原則與法律保留原則勢將流於有名無實。國會淪落成為擔任橡皮圖章之角色，那種被政府代表在理事會中所議決之指令，國會就只能一字不改地轉換成內國法，因此國會就愈來愈不可能自己去為最好之政策進行辯論，並做成決定。因此，國會保留與重要性理論之實質意義將大為流失[22]。

三、歐盟逾越權限之疑慮

　　歐洲法之權限劃分並不明確。企圖利用歐體條約中之權限規範，來限制歐體之高權，防止歐體逾越權限，此種希望並不切合實際。主要有兩個原因：第一，歐體之權限是功能取向，他並非像聯邦國體制中所常有的中央與地方之間之權限分配那樣地限於專業體裁（比如在德國，文化高權與警察高權歸屬於各邦，而外交權歸屬於聯邦），而是說歐盟之權限分配連接上功能性特徵，比如單一市場。意即，凡是與建立單一市場有關的體裁，歐體均有權限。此種功能性權限之界定，並不像權限限於專業體裁之界定那樣明確。[23]學者Helmut Steinberger表示：「現在幾乎不可能還有那種屬於會員國權限之專業領域，而該領域居然沒有與市場事務有所關聯的，無論從實務判決或學界之文獻皆沒有明確之界定方法」[24]。歐洲法院在Kreil案之判決係有關於德國女子Kreil自願到軍中從事與武器有關之職務而被拒絕之訴訟[25]。歐洲法院宣示：「德國拒絕該女子從事此一職務係違反歐體法上男女工作平等之指令」。德國不少學者批評此一判決，其理由之一是：歐體並沒有關於國防領域之

[21] BVerfGE 49, 89(124f.); 67, 100 (139); 68, 1(86f.).

[22] P. M. Huber, Das europäisierte Grundgesetz, EWS 2009, S. 575.

[23] R. Streinz, Die Auswirkungen des Europäischen Gemeinschaftsrechts auf die Kompetenzen der deutschen Bundesländer, in: Heckmann/Meßerschmidt, Gegenwartsfrage des öffentlichen Rechts(1988), S.33ff.

[24] Helmut Steinberger, Der Verfassungsstaat als Glied einer europäischen Gemeinschaft, in VVDStRL, 1990, S.20ff.

[25] Klaus Eichen, Erosion der deutschen Wehrverfassung durch sekundäres Gemeinschaftsrecht?, Abhandlung in NZWehrr 2000, Heft 2, S. 45ff.

權限。問題是在功能性觀點下，自願服與武器有關之役，是否也可算是一種就業呢[26]？歐體之權限規範大多不是那種清楚可界定之專業體裁權限，而是目的取向地去規範。比如說人員交流自由，或服務自由。根據歐洲法院之見解，雖然教育與文化不屬於歐體之權限，但歐體並非就完全不能為這方面之立法。只要該立法被認為是為了實現受僱人之遷徙自由，或是為了執行服務自由所必要的話，則歐體所為之教育文化領域之相關立法，仍是許可的。[27]

　　1989年10月3日所通過之電視指令就有這方面的問題。[28]如果電視指令規範電視廣告，則該規範之服務性格（法基礎可能是服務交流自由歐體對之有權限）比較大，反之如果該指令規範的是歐洲節目保障名額，會員國必須播放一定比例之歐洲節目（不可一直播放美國片），則該規範之文化性格比較大（就文化領域歐體並無這方面之立法權限），此時將產生歐體之欠缺規範權限之問題。[29]

　　第二，歐體不只擁有條約中之明示權限，而且還擁有默示權限。再加上，歐洲法院對於歐體之權限作寬鬆之操作，比如運用所謂默示權之理論，與有效利用之理論，往往得到出乎會員國意料之外之歐體權限。學者Klein正確地說：「歐體雖然逾越權限，但是如果被歐洲法院之錯誤判決所掩護的話，則會員國就只能接受。歐體法院透過所謂動態之判決，有時非常地踐踏權限之界限，而創設了整合推進之基礎[30]。」

四、公權力受基本權拘束鬆動之疑慮

　　德國基本法第1條第3項規定：以下之基本權拘束立法、行政與司法，作為直

---

[26] EuGH, RIW 2000, S. 220ff.- Tanja Kreil / Bundesrepublik Deutschland;批判見解請參考Scholz RIW 2000, S. 222ff.

[27] Wilhelm A. Kewenig, Die Europäischen Gemeinschaften und die bundesstaatliche Ordnung der Bundesrepublik Deutschland, JZ 1990, S. 458ff.(463f.).

[28] ABl. EG 1989 Nr. L298/23.關於電視準則之討論請參考Hans Heinrich Rupp, EG-Rundfunkrecht und Gerichtskontrolle des Bundesverfassungsgerichts, in Stern(Hrsg.), Eine Rundfunkordnung für Europa – Chancen und Risiken(1991), S.73ff., Ulrich Everling, Brauchen wir " Solange III „?, EuR 1990, S.196ff.(217ff.)

[29] Eckart Klein/Martina Beckmann, Neuere Entwicklung des Rechts der Europäischen Gemeinschaften, DÖV 1990, S.187; Kay Hailbronner, Die deutschen Bundesländer in der EG, JZ 1990, S.149ff.(153f.); Ulrich Everling, Gestaltungsbedarf des Europäischen Rechts, EuR 1987, S.214ff.(219).

[30] Eckart Klein, Verfassungsstaat als Glied einer europäischen Gemeinschaft, in: VVDStRL, 1990, S. 66f.

接有效之法。換言之，德國之所有公權力包括立法權，行政權或司法權，均受基本
權之拘束。不過，超國家之歐體高權只受到歐洲法之拘束，以及只受到歐洲法院
之管轄。德國憲法包括其規範下之基本權係由聯邦憲法法院作為權威解釋機關所管
轄，但聯邦憲法法院只能以基本權為基準來審查德國高權，不能用來審查超國家之
歐體高權，否則將侵犯到歐洲法院對歐洲法與歐體高權之管轄權。而且如果各國之
憲法法院皆以其自己憲法上之基本權來審查歐洲法，則將導致歐洲法在某些國家合
憲，在某些國家違憲，如此將喪失歐洲法之統一適用之條約目的了。但如果任由歐
體高權於德國境內行使，其可能侵害德國人民之基本權，而聯邦憲法法院無法控制
它，因為它是歐體高權；而歐洲法院亦可能對之莫可奈何，因為條約並沒有基本權
清單。如此一來將使德國人民之基本權陷於無保護。聯邦憲法法院早已看出這個問
題，並在條件一號判決中（Solange I）表示：在歐體條約沒有基本權清單，保護基
本權之水準不夠之限度內，他就不放棄對歐體高權之審查。

　　為了避免歐洲法院與聯邦憲法法院之管轄權衝突，所以解決之道應該是在歐體
層面建立自己之基本權清單。尼斯公約生效時，歐洲基本權憲章亦同時一併作隆重
之宣示，但是暫時還不敢讓該基本權憲章具法拘束力。其原因在於：擔心歐盟因此
而擴權，而使有限各別授權原則成為具文[31]。

　　直到2004年之歐洲憲法條約才將上述之歐洲基本權憲章納入，成為第二章，
而使之產生法拘束效力。不過，該歐洲憲法條約並沒有生效。即使生效，該歐洲基
本權憲章所規定之基本權仍只對抗歐體高權而已。簡言之，德國基本法上之基本權
對抗德國高權，其受聯邦憲法法院管轄。反之，歐洲基本權憲章之基本權對抗歐體
高權，而受歐洲法院管轄。為了保護德國人民之基本權免於受到歐洲高權之侵害，
並不能直接適用德國基本法上之基本權做為審查歐洲高權之基準。雖然聯邦憲法法
院一直不願放棄此種以內國基本權來審查歐洲高權之可能性，不過到目前為止並沒
有任何一個案件，聯邦憲法法院當真以基本權被違反，來宣告歐洲法違憲的。萬一
聯邦憲法法院當真宣告歐洲法違憲而不可於德國適用，這等於是德國不忠誠履行條
約義務而構成違約，德國可能被歐洲執委會提起違約之訴。在此種投鼠忌器之情況
下，因此聯邦憲法法院到目前為止仍只停留在放話階段。

　　另一方面，歐洲法院不斷重申它是審查歐洲法之唯一權威機關，它並不容許

---

[31] Eckart Klein, Der Verfassungsstaat als Glied einer europäischen Gemeinschaft, in: VVDStRL 1990, S. 87.

其他法院染指歐洲法。再加上，根據歐洲法優先原則，歐洲法並不需要符合會員國之內國憲法規範。因此為了保護人民之基本權，免於受到歐體機關之侵害，應該仰賴的是歐洲法，而非內國憲法之基本權規範。比如歐洲法上之有限各別授權原則、比例原則、信賴保護原則、歐洲基本權憲章以及歐洲法院所發展出來之基本權，是這些歐洲法才能控制歐洲高權，而沒有回頭去引用內國憲法上之基本權保障之餘地[32]。

第五節　德國因應之道

一、聯邦憲法法院以判決之回應

德國作為歐體之會員國，一方面參與歐洲整合，另一方面也承受了歐洲法對德國憲法之影響。從上一章得知：隨著歐洲整合之前進，歐洲法對德國憲法以及德國之憲法原則也產生影響，甚至衝擊了德國憲法所以之為基礎之民主、法治與尊重基本權之原則。德國聯邦憲法法院以捍衛德國憲法之基本原則為出發點而做出了一連串之判決來回應。

（一）條件一號判決（Solange I-Urteil）

由於歐洲法在歐洲法院之解釋之下具直接效力與優先效力，甚至後來歐洲法院更大膽地說出歐洲法優位於內國憲法，這等於是歐洲高權不受內國憲法法院之合憲性審查。但德國公權力全部受到基本權之拘束，現在德國作了高權之移轉，換歐洲高權直接在德國適用，卻反而不受基本權之拘束，因此形成了法治國家之一大漏洞。於是德國聯邦憲法法院於1974年做成條件一號判決，明定在何種條件下，它有權以基本法之基本權，來審查歐洲法。法院說它以德國基本權來審查歐洲高權之條件是：「只要歐體欠缺充分之基本權保護，則在這個限度內它就有審查權。因為基本權保護是屬於基本法之憲法結構中絕不可放棄之成分」[33]。

（二）條件二號判決（Solange II-Urteil）

到了1979年聯邦憲法法院仍不放棄其對歐洲法之審查權，只是審查權行使之

---

[32] P. M. Huber, Das Kooperationsverhältnis zwischen BVerfG und EuGH in Grundrechtsfragen- die Bananenmarktordnung und das Grundgesetz-, EuZW 1997, S. 517(520).

[33] BVerfGE 37, 271.

條件變了。意即只要歐體有對基本權作充分之保障其保障之水準基本上與基本法之
基本權保障相當的話，則在這個限度內其暫停其審查權[34]。

（三）馬斯垂克條約判決

在馬斯垂克條約判決時，聯邦憲法法院非但沒將上述之條件取消，反而增加更
多新的條件。其中他更大膽地挑戰歐洲法院之審判權：「聯邦憲法法院不但列舉德
國參與歐洲整合之條件與界限，而且還進一步表示：它有權審查歐體高權是否逾越
了德國授予給歐體之授權」[35]。

二、修改基本法

基本法第24條第1項隨著時間之經過而在兩個方面上有所不足。一方面，歐盟
有龐大之機關以及龐大之法制定權限，因此已經不再可被定位為一種「國家間設
置」。另一方面，會員國不斷地將高權移轉給歐盟，其規模之大已經可能導致憲法
破棄了[36]。不過，基本法第24條第1項卻規定只要用法律就可以為高權移轉了，似
乎正當性不足而有必要改成以修憲之程序為之。另外，為了防止修憲者毫無限制地
將高權移轉給歐盟，從量變導致質變，使德國因不斷高權流到歐盟而有一天發生國
家滅亡，而產生一新的歐洲聯邦國。因此有必要設下高權移轉之界線。尤其是德國
之憲法同一性必須受到保障，不得以修憲之方式破壞了憲法同一性，而是必須留給
國民主權者以制憲之程序為之，始能被正當化。為了達到這個任務，於是在兩德統
一之後，基本法第23條就被修改成為歐洲條款，以防止因高權移轉所造成之德國憲
法破棄。

新的基本法第23條並設下德國參與歐洲整合之前提要件：德國所參與整合之歐
盟必須負擔下述之義務：民主、社會、法治國與聯邦國原則，以及補充原則。並且
保障一個基本上與基本法相當之基本權保障。這看起來像是德國透過憲法單方對歐
盟課以遵守上述原則之義務。從國際法之角度來看，會員國並不能單方以此種方式
課國繼組織以義務。歐盟亦不因此而對德國負擔上述之法義務，除非德國聯合其他
會員國以修改條約之方式為之。德國此種透過單方修憲之方式名為對歐盟課義務，
實際上是對德國參與歐洲整合之國家機關課憲法上之義務。意即歐盟若不遵守上述

---

[34] BVerfGE 73, 339.
[35] BVerfGE 89, 155.
[36] Matthias Herdegen, Europarecht, § 11, Rndr.20, S.210, 9. Aufl., 2007.

基本法第23條第1項所列舉之義務，則德國國家機關不得參與歐洲整合。用此種方式間接地敦促歐盟需注意不要違反上述之原則，否則歐盟整合將因德國之罷手而陷於停頓。

三、提案修改設立條約

在歐洲法具直接性與優先性底下，歐洲法於內國長驅直入既不受內國憲法之拘束亦不受內國憲法法院之控制，其唯一受到歐洲法院作為排他性權威解釋機關之控制。由於歐盟與會員國之間之權限分配又規定在歐洲一級法中，因此只有歐洲法院才能對於權限有無逾越做出最終局之判斷。如果歐洲法院並不中立，而是存心作為整合之馬達，祖護歐體，對於歐體明顯逾越權限之行為亦判為沒有逾越，會員國仍是只能接受。因此有學者認為歐洲法院取得司法上之萬權之權[37]。這明顯是對於歐洲法院之中立性不信任，尤其是對於歐盟可能未嚴格遵守歐洲法上之權限規範之可能性感到憂慮。其補救之道並非靠聯邦憲法法院之放話來嚇阻。而是走提案修改設立條約之路才是王道，因為畢竟歐洲法院仍須受條約之拘束以及依條約審判。

關於權限方面，由於德國擔心歐體暗中擴權，因而由德國這方提出條約修改案的有：馬斯垂克條約之補充原則，以及在歐洲憲法條約草案中規定權限清單並取消歐體條約第308條之補充權限之規定，前者有成功，但後者卻是失敗了。

（一）補充原則

在德國，對於歐體是否願意認真地維護其管轄權之限制，產生了懷疑。學者Everling老早就提醒大家注意：歐洲法院最重要之任務長久以來就是塑造歐體法秩序。意即，歐洲法院不只是歐洲法之維護者，而是也扮演歐州法之塑造者之角色。針對上述弊端德國在馬斯垂克條約中提案將補充原則放入條約。

（二）歐盟之權限清單

自從馬約以來，德國各邦就要求要有更詳細、更好的，合乎補充原則之權限分配。將補充原則納入馬約，作為其權限行使上之限制，只是成功了一半。不過對於權限分配之澄清與改善之真正問題仍未解決，在阿姆斯特丹會議與尼斯會議中，德國代表所要求之對權限做更好的界定失敗之後，仍不氣餒，於Laeken高峰會又提出

---

[37] Udo Di Fabio, Der neue Art. 23 des Grundgesetzes, Der Staat, 1993, S. 197.所謂萬權之權（Kompetenz-Kompetenz）國內亦有學者譯為權限高權，其意義是指：一種能創設各種權限之權限。這在國家學上是主權之具體化的意思。

該要求。德國對權限體系之最重大批評是：「要怎樣才能保障新的權限分配不會導致歐盟之權限隱性擴張，或導致侵入會員國之專屬管轄權之領域」。在歐洲憲法條約草案之制憲會議中，德國代表主張要採取聯邦主義式之權限分配清單，結果又未獲得與會之其他代表之支持。因此德國嘗試將權限清單訂入條約之努力最後以失敗告終。

第六節　結論

　　剛開始基本法制定之初，德國才剛從戰敗之廢墟中站起來，德國是否為一主權國家仍大有疑問，因此主權之讓步、移轉，以及基本法之國際法友善性有當時之歷史背景。另一方面，在歐洲經濟共同體剛開始整合時，歐體之權限亦沒有如此之多，而且理事會中之立法大多採一致決，對會員國之主權比較沒多大影響。這段期間應該是歐體與會員國之蜜月期。因此縱然歐洲法院作了條約所沒有明文之解釋，賦予歐洲法直接效力與優先性，仍未立即激起反彈。但隨著兩德統一，畏懼強大德國脫韁離去，因此整合必須加深與擴大，會員國必須移轉更多之高權給歐體，而歐洲法院讓人之印象總是站在歐體之立場，做有利於歐體之權限規範之解釋。最後，終於導致德國對歐體暗中擴權之疑慮，以及對歐洲法院判決之客觀性之不信任。

　　盧森堡協議被取消之後，歐體理事會之立法多數決增多，一致決減少，會員國主權就難以確保了。部長理事會掌握立法大權，人民直選之歐洲議會之權限無足輕重，這些均使得民主正當性之問題浮上檯面。因為部長理事會之立法並非國會立法，而是政府立法。以及所立之法在會員國中又具有直接性與優先性，再加上於歐盟層次欠缺基本權清單之條約立法，因此德國聯邦憲法法院自然有正當之理由不放棄對歐洲法之審查權。反之，歐洲法院又再三強調它才是歐洲法之唯一權威審查機關，而不容其他法院插手歐洲法。這時德國聯邦憲法法院與歐洲法院之衝突就難以避免了。話雖如此，這兩個法院仍還是理性避免形成無法挽回之僵局。德國聯邦憲法法院沸沸揚揚地放話，但一直雷聲大雨點小，迄今所審查之歐洲法均合憲。即使最近之宣告歐洲逮捕令法違憲無效，仍還是指宣告德國轉換歐盟逮捕令框架決議之內國法違憲無效，而不是當真宣告該歐盟二級法無效。今年6月30日公布之里斯本條約案之判決，聯邦憲法法院雖然在判決理由中之語氣更形激烈，但它仍是說里斯本條約之德國同意法合憲。

　　歐盟與德國均有局部之高權可以行使，雙方均扮演行使高權之最高統治機關之角色。並沒有比他們更高之機關存在，因此歐洲法之順利適用與執行必須仰賴二者彼此之合作，如有爭議應該是以政治性手段解決較妥當，而不是在法律上爭執誰才是最後主權者。歐洲法院與聯邦憲法法院也一樣必須互相尊重，歐洲法院堅持歐洲法優位於所有之內國法，這背後隱藏之意思就是解釋歐洲法之歐洲法院才是老大。反之德國聯邦憲法法院堅持德國才是條約之主人，歐洲法在德國之效力基礎不是因為它優位於德國法而是來自於德國內國同意法之法適用命令。這背後隱藏之意思就是：歐洲法在德國之法效力基礎只是同意法，該同意法仍然必須合憲才行，所以職司釋憲之聯邦憲法法院才是老大。儘管雙方均端出美輪美奐之法學論證，要來證明自己才是掌握最後定奪大權之主權者。但事實上其實並不需要在法律上把這個問題弄清楚。重要的是：若有爭議應透過協商或修法來解決。而不是法律解決。在條約沒有明文規定底下，兩大超級法院在爭執司法上之萬權之權，就只是口水戰，因為畢竟雙方還不至於真刀真槍地鬧成僵局。

劉如慧

第一節　緒論：研究範疇與方法

　　歐洲整合迄今逾五十年，它對各會員國的影響深遠，廣及政治、經濟、法律、社會和文化等各個領域。會員國面對這些來自歐盟的各種影響有時處之泰然，有時嚴陣以對，有些影響能與原有狀態水乳交融，有些卻顯得格格不入，箇中情形足堪玩味。本章擬以法律領域作為對象，探討「法律制度」的歐洲化情況。不過法律領域眾多，法令也多如牛毛，實有進一步限縮的必要。本章選擇以環境法領域作為研究課題，因為過去這些年來，歐盟環境法發展非常快速，法令數量與日俱增，各會員國的環境法絕大部分都受到歐盟的重大影響，歐洲化現象清楚可見。而在諸多會員國當中，本章以德國作為研究對象，探討「德國環境法的歐洲化」現象。德國環境法發展成熟，面對歐洲化的挑戰，勢必產生許多衝突與調適問題，值得深入觀察與研究。

　　在歐洲環境法發展初期，也就是1970年代及1980年代，整體來說，德國幾乎沒有察覺歐洲環境法為國內法帶來任何改變。當時歐體環境法規範主要仿效德國法令，結構和德國法相當吻合。然而大約從1990年代開始，歐盟環境法改弦易轍，大量採用其他國家的法體系思維，尤其是英國，也有些是來自法國及其他羅馬法系國家。它現在傾向於採取整合的策略、設定品質目標輔以計畫工具、加強程序性的規範、擴大公眾參與、採取市場導向的工具以及企業的自主責任等等。反之，德國法仍然是植基於傳統的秩序法基本原則和工具，偏愛針對各領域，如空氣、水、土地等個別加以規範、著重實體法的要求、規定嚴格的排放界限值，依據科技現狀調整並且一體適用[1]。由於歐盟環境法相關指令近年來大量採取其他國家的法律思維和工具，和德國既有法秩序常有格格不入的現象產生，因此指令的轉換在德國屢屢引

---

[1]　Vgl. Breuer, NuR 2000, 541, 548.

發嚴肅的法制問題，往往是歷經冗長而激烈的討論之後仍然延誤轉換期限，從而面臨歐洲法院裁罰的壓力。本章以下以較早的環境影響評估制度以及晚近的團體訴訟制度作為題材，採用文獻研究法、法律條文與判決分析法，探討德國環境法歐洲化的過程與結果，以呈現其歐洲化的因果機制。

第二節　「歐洲化」對國內體制的影響

一、歐洲法優先於內國法

　　德國環境法必須歐洲化的壓力來源為何？答案是「歐洲法優先於內國法」。歐洲統合發展快速，它的主要工具之一即是統一暨協調各會員國的法規範。歐洲聯盟當中的歐洲共同體、歐洲原子能共同體[2]在性質上不同於一般的國際組織，它們的法規範享有優先於會員國法的效力，當中除了原生法，也就是它們成立的基礎條約、附件、議定書以及後來的條約變更之外，還有所謂的派生法，是由它們的機關所做成，種類包含規章、指令、決定等等[3]。隨著歐洲統合程度的升高、腳步的加快，派生法數量日益繁多，因此各會員國的日常任務之一即是調整或修改內國的法令以符合歐洲法的要求。

　　歐盟在環境法領域頒布了許多的指令（Richtlinien），而根據歐洲共同體成立條約第249條第3項規定：「指令對其下達之會員國，就其要求完成之目的具有拘束力，但其完成之形式和方法之選擇交由相關會員國當局決定。」故指令的拘束對象是會員國，原則上在會員國內部無直接效力，有賴各會員國透過國內立法予以轉換，始能拘束會員國國民[4]。倘若會員國未能如期完整轉換歐盟指令，即屬違反條約義務，執委會得向歐洲法院提起訴訟。而根據歐洲共同體成立條約第228條規定，歐洲法院若果真判決認為會員國未履行義務，該會員國應依照判決採取必要之

---

[2] 以前還包括歐洲煤鋼共同體。不過因為它的基礎條約規定在適用50年後，也就是在2002年7月23日，失其效力，所以歐洲煤鋼共同體現已經不復存在。

[3] Vgl. Thomas Oppermann, Europarecht, 2. Aufl., München 1999, Rn. 464 ff.

[4] 不過在實務上，由於會員國遲延轉換將無法有效達成指令目的，並導致人民受害，因此歐洲法院透過一系列判決創設指令對人民的直接效力，也就是說，該指令之規定若符合下述要件，人民可直接援引指令規定在國內法院起訴：1.規定內容具有足夠明確性；2.所規定的權利是確定而未附有條件的；3.該規定毋須共同體或會員國採取進一步行為者。參見王泰銓著，歐洲聯盟法總論，2006年12月，頁162-163。

措施。若有違背，執委會得再次訴諸歐洲法院，並依情形請求課以該會員國整筆付款或罰金[5]。因此，即使某些歐洲法的體質和內國法南轅北轍、大相逕庭，會員國還是必須設法將它們「移植」或「接枝」到自己國家的法律體系中，於是敷衍、拖延、難產、排斥等現象接踵而至。這些問題究竟有多嚴重、衝擊有多深，取決於各個會員國既有法秩序的框架條件，以及每一個個案中該會員國轉換、施行歐洲法的具體方案而定[6]。

二、環境影響評估制度

（一）概說

德國過去並無環境影響評估（以下簡稱環評）制度。當時的歐洲經濟共同體在1985年通過環評指令（UVP-Richtlinie 85/337/EWG）[7]之後，德國為了履行條約義務，才在1990年於聯邦層次通過環境影響評估法並修改相關法規。1997年歐盟又基於環評施行多年的經驗和教訓通過「環評修改指令（97/11/EG）」[8]，以提高環評的效用。這次的修改也大幅擴充有環評義務的開發行為清單。德國遂於2001年配合修改環評法及相關法規。2003年歐盟為落實奧爾胡斯公約（Aarhus-Konvention）[9]而通過的指令之一：民眾參與指令（2003/35/EG）[10]，又為環境影響評估帶來進一步的發展。德國乃在2006年12月7日通過「環境救濟法」（Umwelt-Rechtsbehelfsgesetz）[11]以資轉換。

---

[5] 王泰銓，註4書，頁240-242。

[6] Breuer, Entwicklungen des europäischen Umweltrechts – Ziel, Wege und Irrwege, 1993, S. 49 ff.; ders., NuR 2000, 541, 547 f.; Ludwig Krämer, Defizite im Vollzug des EG-Umweltrechts und ihre Ursachen, in: Gertrude Lübbe-Wolff (Hrsg.), Der Vollzug des europäischen Umweltrechts, Berlin, 1996, 7, 18.

[7] Richtlinie 85/337/EWG über die Umweltverträglichkeitsprüfung bei bestimmten öffentlichen und privaten Vorhaben, ABl. 1985 L 175/40, zuletzt geändert durch RL 97/11/EG, ABl. 1997 L 73/5.

[8] Richtlinie 97/11/EG des Rates vom 3.3.1997 zur Änderung der Richtlinie 85/337/EWG über die Umweltverträglichkeitsprüfung bei bestimmten öffentlichen und privaten Projekten, ABl. 1997 L 73/5.

[9] 關於本公約，本章稍後將有進一步的介紹。

[10] Richtlinie 2003/35/EG des Europäischen Parlaments und des Rates v. 26.5.2003 über die Beteiligung der Öffentlichkeit bei der Ausarbeitung bestimmter umweltbezogener Pläne und Programme und zur Änderung der Richtlinien 85/337/EWG und 96/61/EG des Rates in Bezug auf die Öffentlichkeitsbeteiligung und den Zugang zu Gerichten, ABl. 2003, L 156/7.

[11] Gesetz über ergänzende Vorschriften zu Rechtsbehelfen in Umweltangelegenheiten nach der EG-Richtlinie 2003/35/EG, BGBl. I S. 2816.

　　本節研究焦點為1985年之環評指令對德國環境法帶來的衝擊。至於1997年之環評修改指令所帶來的影響，主要是促使德國法大幅擴充有環評義務的開發行為清單，但基本架構則維持不變，因此為了節省篇幅，以下省略相關說明。至於2003年的民眾參與指令，由於牽涉複雜的行政訴訟機制，為使本節論述流暢清晰，俾利讀者清楚掌握前後關連，將留待下節探討德國的因應之道時始一併討論之。

（二）1985年之環境影響評估指令造成的衝擊

　　在引進環評制度之前，德國就如何將環評與德國既有制度相結合問題煞費苦心，學界文獻就此汗牛充棟[12]。在德國法中，行政機關的核可類型可粗分為二種：即「計畫決定」（Planungsentscheidungen）和「許可決定」（Kontrollerlaubnissen, Genehmigungsentscheidungen）。環評制度和既有制度的齟齬問題，主要出現在後者。其中的第一個問題是，環評的整合取向和德國設廠許可法制中採取的平行審查程序不同。在德國法中，例如，空氣污染防治問題依照聯邦污染防制法規定的準則和程序決定是否給予許可，而水資源方面的問題則依照聯邦水資源法相關規定處理，這些程序分別進行，實體標準也不相同。然而環評制度要求將一個開發行為造成的全面影響，包括：對人類、動植物、土地、水、空氣、氣候、景觀、彼此間的交互作用以及實體財貨（Sachguter）和文化遺產（參照該指令第3條）等[13]的直接及間接影響全部納入觀察，在一個環評程序中綜合地予以評價，這無異是要求德國改變既有的許可程序，並且發展整合性的許可標準。而且所謂整合性的標準，由於考慮面向寬廣、生態系統作用複雜，明確標準難覓，因此帶有強烈的裁量性格，與德國傳統設廠許可法採取的「附許可保留之禁止」（Verbot mit Erlaubnisvorbehalt）制度不同。後者是指，法規明訂各項要件，符合要件之申請人即可獲得設廠許可，行政機關必須依照法規行事，無裁量空間。這項制度的背後意涵在於，立法者從無數複雜、不確定的事實中選取特定的情況，形塑成為構成要件特徵以供行政機關遵循。也就是說，在龐大而複雜的事實資料中，立法者透過構成要件的形塑縮小行政機關的實體審查範圍；在此同時，必要的政治衡量也一般地、有拘束力地被決定，行政機關只要根據立法者所選取的構成要件做成行政處分即

---

[12] 環評指令對德國法造成的衝擊，國內文獻可參考劉如慧，德國環境法的歐洲化－以整合策略為例，法政學報第21期，2008年12月，頁209至247。
[13] 1997年的環評修正指令97/11/EG修改條文內容，將實體財貨（Sachgüter）和文化遺產也納入交互作用中觀察。

可，該行政處分並受到司法的審查。相反地，環評指令的整合策略要求採取一個廣泛全面的審查，它的審查範圍延伸到所有環境媒介和它們的交互作用；它的目的在於整體觀察，並因此而極大化審查範圍，相應而來的就是行政權力的極大化：為了能夠在個案中充分反映複雜的交互作用，一個整合的決定在理念型上，應該是取決於個案並且由當局做出衡量決定，也就是說主管機關應該基於衡量權限考慮環評的結果；因此，整合策略極大化審查範圍、賦予行政機關裁量權限，司法只能做有限的事後審查。它在法制結構的背後意涵顯然和德國設廠許可法迥異。從而環評的整合取向不論就背後的理念、程序、或就實質標準而言，都與德國既有法制度格格不入[14]。

　　德國法接納環評制度的第二個主要問題延續前一個問題而來：由於環評的實體標準不明，導致操作困難。環評指令主要是由程序規定所構成，當中欠缺實體規定。如前所述，環評旨在調查、描述並評價一個開發行為的直接和間接影響。納入評估的影響範圍包括：人類、動植物、土地、水、空氣、氣候、景觀、彼此間的交互作用以及實體財貨和文化遺產等。而這些從開發單位、有關機關、涉及民眾以及其他會員國所取得的資料，必須在該開發行為的許可程序框架內予以考慮（參照該指令第8條）[15]。然而不論是所謂評價或考慮，都必須有切實可循的標準可供執行，但環評指令就此沒有任何指示或說明。德國法的運作一向仰賴清楚明白的實體標準，因此德國人此時不禁要問，在評價一個開發行為廣泛而複雜的環境影響時，究竟應該適用哪些具體的標準？是純粹生態標準嗎？還是現有的各種法定標準值、界限值？如果是後者，引進環評意義何在？如果是前者，這些生態標準如何獲致？可以量化而在不同的環境媒介間相互衡量換算嗎[16]？它與現有的各種法定標準值、界限值間關係如何？而評價和考慮的標準又有何不同？如果相同，兩者有何區分之必要？如果不同，是否會導致前階段的評價結果在考慮階段毫無用武之地？德國學者對上述問題討論熱烈、意見分歧，但環評指令本身卻未提供清楚的解答[17]。

---

[14] Vgl. Breuer, aaO., 1993, S. 51 ff.; Erbguth/Schink, UVPG, 1996, Einkl. Rn. 20 ff.; Bunge, DVBl. 1987, 819, 824.

[15] 原文為"im Rahmen des Genehmigungsverfahrens"。1997年的環評修正指令97/11/EG修改條文文字，改為必須「在許可程序中」（"beim Genehmigungsverfahren"）加以考慮。

[16] 例如可否因為某工廠將有極高的能源效率而允許其排放較多空氣污染物？可否因為某工廠排放極低的空氣污染物，而容忍其較高的廢棄物產量？答案若為肯定，究竟減少多少單位的空污量，可以容許多少單位的廢棄物產量？彼此之間如何換算？

[17] Wahl, DVBl. 1988, 86, 88; Mayen, NVwZ 1996, 319, 323.

　　反之，就另一種核可類型「計畫決定」，環評制度的納入則不成問題。因為計畫決定性質上是一個衡量決定，行政機關被賦予所謂的計畫形成自由（planerische Gestaltungsfreiheit），原本就開放考慮所有相關的利益，因此環評指令所要求的廣泛而跨越媒介的整體考慮，可以透過衡量義務被納入中，沒有太大困難，與前述「許可決定」的情形不同[18]。

三、團體訴訟制度

（一）概說

　　本章的第二個研究課題是環境法中的團體訴訟制度。在進入主題之前，首先必須釐清團體訴訟的意涵。團體訴訟在行政訴訟程序中大約可以有三種型態，以下分別加以說明[19]：

　　1. 團體本身為被害人之訴訟（Verbandsverletztenklage）

　　當團體本身的權益受侵害，例如收到課稅處分，或是其擁有的土地被徵收，該團體可以依法提起行政爭訟，與一般人民權益受損時無異。我國行政訴訟法也容許法人、非法人團體作為當事人提起訴訟。

　　2. 利己的團體訴訟（"Egoistisch" Verbandsklage）

　　所謂利己的團體訴訟是指該團體為其成員之權益提起訴訟。例如，鄉公所為維護鄉民的生命和健康，針對中央主管機關核發的核電廠興建許可，提起行政爭訟。在以被害人訴訟為主要建制原則的國家，諸如德國和我國，這類訴訟的合法性必須有特別法的規定作為前提。蓋團體和其成員係為不同的法人格，成員的權益原應由權利人即成員自行主張，團體非適格之當事人，若無法律之特殊規定，即應駁回該團體之訴訟。

　　3. 利他的團體訴訟（"Altruistische" Verbandsklsge）

　　所謂利他的團體訴訟，是指該團體提起訴訟旨在維護公益，而非個人權益之救濟。這類型的團體訴訟之所以存在，通常是因為有必要藉由法院維護客觀法秩序，而且必須確保，縱使沒有人民權益受害，或者受害人因為事實上的困難不行使其訴

---

[18] Vgl. Wahl, DVBl. 1988, 86, 89; Breuer, aaO., 1993, S. 51 ff.; Erbguth/Schink, UVPG, 1996, Einkl. Rn. 20 ff.

[19] Vgl. Bizer/Ormond/Riedel, Die Verbandsklage im Naturschutzrecht, 1990, S. 21 ff.;張文郁，行政訴訟中團體訴訟之研究－以環境保護相關法律為中心，收錄於氏著「權利與救濟（二）－實體與程序之關聯」，頁220以下。

訟權時，仍然能夠訴諸法院審查[20]。這類型的訴訟在環境法中格外重要，因為即便環境法規日益繁多、環保標準日趨嚴格，世界各國的環境破壞事件仍然層出不窮、自然環境也依舊日漸惡化。由此顯見在環境法領域，政府監督不周、執行力有未逮，乃是各國普遍的現象，因此迫切需要法院介入，協助維護客觀法秩序的遵守。此時，利他的團體訴訟扮演一個重要的角色。尤其是在自然保育領域，因為典型情況正是：野生動植物及其棲息地遭受嚴重損害，雖然攸關公共利益，但與個人權益並無直接關連。為維護自然生態、監督法律執行，應容許公益團體在無關自身或成員權益之情況下，為維護公益，得提起利他的團體訴訟[21]。

　　綜上可知，上述三種類型的團體訴訟中，利他的團體訴訟在環境法中地位尤其重要，本章以下的討論即是以此種類型為對象，與其他兩種無涉。

（二）歐盟環境法中的團體訴訟制度

　　歐盟環境法中（利他的）團體訴訟制度的引進其實源於奧爾胡斯公約（Aarhus-Konvention）的要求。奧爾胡斯公約是聯合國歐洲經濟理事會（UN/ECE）會員國於1998年6月在丹麥奧爾胡斯所簽訂的區域性公約，全名為「環境事務之資訊取得、決定程序之民眾參與及尋求法院救濟公約」，歐盟本身及當時的會員國均簽署該項公約，該公約於2001年10月31日生效。如其名稱所示，奧爾胡斯公約的規範對象是環境事務，內容涵蓋資訊取得、決定程序之民眾參與及法院救濟三大部分。在法院救濟部分除個人的權利救濟之外，該公約第9條第2項也對於團體訴訟有所規範。該公約明確強調，非政府組織在環境保護上可以扮演重要角色，並且應該讓民眾，包括組織，可以尋求有效的法院救濟，俾保護其權益並貫徹法律[22]。

　　為落實該項公約，歐盟乃在2003年先後通過環境資訊指令修正案（2003/04/EG）[23]以及民眾參與指令（2003/35/EG）[24]。「團體訴訟」制度規定在民眾參與指

[20] Vgl. Bizer/Ormond/Riedel, aaO., S. 24.
[21] Vgl. Bizer/Ormond/Riedel, aaO., S. 25.德國對於行政訴訟中引進利他團體訴訟的正反意見，參見張文郁，註19文，頁222以下。
[22] 參見該公約前言第十三及十八句。Vgl. Koch, NVwZ 2007, 369, 376.
[23] Richtlinie 2003/4/EG des Europäischen Parlaments und des Rates vom 28. 1. 2003 über den Zugang der Öffentlichkeit zu Umweltinformationen und zur Aufhebung der Richtlinie 90/313/EWG des Rates, ABl. 2003, L 41/26.
[24] Richtlinie 2003/35/EG des Europäischen Parlaments und des Rates v. 26.5.2003 über die Beteiligung der Öffentlichkeit bei der Ausarbeitung bestimmter umweltbezogener Pläne und Programme und zur Änderung der Richtlinien 85/337/EWG und 96/61/EG des Rates in Bezug auf die Öffentlichkeitsbeteiligung und den Zugang zu Gerichten, ABl. 2003, L 156/7；此外，執

令之中。該訴訟制度的引進正好符合歐盟的環境政策需求。立法資料中清楚顯示，執委會期望透過團體訴訟以貫徹歐盟環境法令，蓋動員民眾可作為去中央化的執行監督手段，有助於消弭執行赤字[25]。

民眾參與指令的第3、4條分別在環評指令中加入第10a條、在整合防治污染指令（IVU-Richtlinie 96/61/EG）[26]中加入第15a條，這兩個條文中關於「團體訴訟」的規定，文字內容幾乎和奧爾胡斯公約第9條第2項一致。其內容如下：

「會員國必須在國內法令中確保，具有利害關係的民眾，其

(a)有足夠的利益者；或

(b)主張權利受損者，倘若該會員國之行政程序法或行政訴訟法以之作為必要的前提，

……能訴諸法院……進行審查程序……（第1項）

（第2項省略）

何謂足夠的利益以及權利受損，由會員國決定，惟須符合授與具有利害關係的民眾廣泛法院救濟之目標。為達成此一目標，每一個符合第1條第2項所稱要件之非政府組織之利益，視為本條第1項a）意義下之足夠。此類組織也視為本條第1項b）意義下之權利可能受損之主體。（第3項）

……」

依照上開規定第1項，得提起訴訟之民眾可以是與該行政決定有足夠的利益關連者，或者是權利受到損害者，端視各會員國的訴訟制度而定。例如在法國，行政訴訟的功能主要被定位在客觀合法性的審查，也就是監督行政機關依法行政，而非個人權利的保護。因此行政機關一旦違法，人民只要有事實上的利害關係（intérêt pour agir）[27]即允許提起行政訴訟，訴訟門檻較低。反觀德國，行政訴訟的功能在

委會於2003年10月24日尚提出一個「環境事務之法院救濟指令」草案（KOM (2003) 624 endgültig），惟該草案至今尚未完成立法。除了上開適用於各個會員國的指令之外，歐盟還在2006年9月6日頒佈Nr. 1367/2006規章以便將奧爾胡斯公約內容適用於歐盟本身的機關和各機構。

[25] Vgl. Koch, NVwZ 2007, 369, 378.

[26] Richtlinie 96/61/EG des Rates vom 24. 9. 1996 über die integrierte Vermeidung und Verminderung der Umweltverschmutzung, ABl. 1996 L 257/26, zuletzt geändert durch Verordnung 166/2006, ABl. 2006, L 33/1.

[27] Vgl. Wahl, in: Schoch/Schmidt-Aßmann/Pietzner, VwGO (Stand: April 2006), Vorb §42 Abs. 2 Rn. 20 f. „intérêt pour agir "直譯成英文應是interest for act。陳英鈴教授即認為，在法國行政訴訟的原告只要有訴之利益即可，許多例子讓人會聯想到與所謂的群眾訴訟（action populares）已經相去不遠。參氏著，撤銷訴訟的訴權，收錄於台灣行政法學會主編，「行

於保障個人權利，因此行政機關縱有違法，但人民若無權利受損，只是有事實上的利害關係，仍不得訴請法院救濟；而是否有權利受損，端視該遭受違反之法令是否賦予個人權利；倘若該規範旨在維護公共利益，並非保護個人利益，則人民並未因為該規範之違反而有權利受損之情事；反之，倘若該規範也有保護個人利益之意旨在內，則該規範授與人民權利，得據以提起行政訴訟，此學說在行政法上稱為「保護規範理論」。有鑑於上述差異，有德國學者稱呼法國的訴訟制度為「利害關係人訴訟」（Interessentenklage），稱德國為「被害人訴訟」（Verletztenklage）[28]。

　　雖然上開規定尊重各會員國內既有的法秩序，但必須注意與該指令之目標相符，亦即「授與具有利害關係的民眾廣泛之法院救濟」。尤其是上開條文第3項第2句規定，為達成此一目標，每一個符合要件之非政府組織視為有足夠之利益，也視為可能有權利受損。換言之，為了監督環境法令的有效執行，歐盟樂見環保團體提起行政訴訟，從而放寬團體訴訟的要件：只要是符合要件的非政府組織，均無需主張並證明有足夠的利害關聯或有權利受損，一律視為適格的原告[29]。

（三）對於德國環境法的影響

　　德國環境法在聯邦層次原本並無（利他的）團體訴訟制度，直到2002年才因應奧爾胡斯公約之訴求而在聯邦自然保育法[30]第61條中引進團體訴訟規定。不過在此之前，德國除了巴伐利亞邦（Bayern）和巴登—符騰堡邦（Baden-Württemberg）以外，各邦均容許在自然保育法中提起團體訴訟，只是規定內容各有不同。然而有些邦，例如黑森邦（Hessen）和薩克森—安哈特邦（Sachsen-Anhalt），在聯邦的團體訴訟規定生效後即廢除該邦原有之規定[31]。聯邦自然保育法第61條規定之團體訴訟設有多項要件限制，尤其是訴訟對象並不及於全部的違法行政決定，而是局限於特定類型，也就是保護區之禁令或命令的解除、侵犯自然或景觀的計畫確定裁決（Planfeststellungsbeschlusse）及計畫許可（Plangenehmigungen）[32]。因此其他種類的行政決定，包括：依照聯邦污染防制法給予之許可、依照聯邦和各邦水法給予之允許和同意、依照聯邦建築法給予之建設計畫決定等，均不得提起團體訴訟。各邦

　　政法爭議問題研究（下）」，2002年，頁990-991.

[28] Vgl. Epiney, VVDStRL 61(2002), 362, 370 ff.

[29] Vgl. Schlacke, NuR 2007, 8, 14.

[30] Gesetz über Naturschutz und Landschaftspflege vom 25. 3. 2002, I S. 1193.

[31] Vgl. Koch, NVwZ 2007, 369, 372.

[32] 上開計畫確定裁決及計畫許可並以有民眾參與者為限。

的團體訴訟規定中，有些容許針對其他行政決定類型提起訴訟，但無論如何並非全面性的。再者，根據聯邦自然保育法第61條之規定，環保團體只能主張行政決定係違反「自然保育」[33]的法令，若是違反空氣、水、土地之污染防治法令，則不得提起團體訴訟[34、35]。

　　由上述可知，德國過去的聯邦環境法制對於利他團體訴訟制度的引進抱持一種保守的態度。如今歐盟民眾參與指令要求廣泛採取利他的團體訴訟制度，對於德國傳統行政法而言，將是一項重大改變。

第三節　「歐洲化」對國內政策的影響

一、概說

　　由於歐洲法優先於內國法，會員國即使面對重大的法律結構歧異，仍然必須如期將歐盟的指令轉換成內國法，以履行條約義務。就環境影響評估法制而言，德國採取的解決方案是微調，而在調適過程中的中介機制主要是聯邦立法者和法院，包括聯邦行政法院和歐洲法院；它們共同形塑了歐洲化的程度。而就團體訴訟制度而言，德國聯邦立法者也採取微調的解決方案，但事後引起環保團體、環境法學界的強烈抨擊，經環保團體提起訴訟，甚至獲得承審之邦高等行政法院表示支持，進而聲請歐洲法院先決裁判，惟目前尚未有最後結果。因此，其調適過程中的中介機制除聯邦立法者、聯邦行政法院、歐洲法院外，還有環保團體。以下乃分別詳述德國環境法採納環境影響評估法制，以及團體訴訟制度的調適過程及狀況。

二、環境影響評估制度

（一）將1985年環境影響評估指令轉換成國內法的情形

　　如前所述，環評法制和德國既有設廠許可法制差異過巨，因此德國在轉換環評指令到國內時，歷經了長久而激烈的辯論。最後，聯邦立法者終於在1990年2月

---

[33] 該法令必須至少旨在維護自然保育及景觀照顧利益。
[34] 除了訴訟對象以及援引的法令範圍有限制外，提起團體訴訟的要件還包括，該事件必須涉及該團體章程所訂之任務領域、該團體有參與權，而且曾經表示過意見。
[35] Vgl. Bunge, ZUR 2004, 141, 147.

12日通過一個包裹法案（Artikelgesetz）[36]以轉換環評指令，比規定的期限晚了將近兩年。該法第1條為環評法，它將環評指令的內容落實為德國法。第2條以下規定各專業法令的必要變更，包括：廢棄物法、原子能法、聯邦污染防制法、聯邦水利法以及聯邦自然保育法等等的修改。整體而言，聯邦立法者採取一個變動最少的轉換策略。在程序方面，立法者在環評法第14條規定，各邦須指定負責機關，它至少負責範疇界定以及提出環境影響的總結描述，至於環境影響的整體評價及考慮仍然由各許可程序的主管機關為之，但由前述的負責機關確保各主管機關共同合作。換言之，多頭進行的許可程序維持不變，只要求各主管機關進行環評的評價及考慮時須「共同合作」；雖然指定負責機關「確保」共同合作，但由於彼此都是平行機關，互不隸屬，各有專業標準，各司其職，評價及考慮的整體性難以達成。而在實體方面，環評法在第12條中規定，主管機關「有鑑於第1條、第2條第1項第2、4句意義下之有效的環境預防，依照現行法」[37]在許可決定中評價該環境影響，並且考慮該評價。根據此項規定，環評中所謂的評價和考慮，均依照現行法的標準。故聯邦行政法院見解認為，環評只是一套程序規定，對於實體法要求並無增益，實體標準仍依照德國原有之各項法令[38]。而就另一種核可類型「計畫決定」，雖然環評制度的納入則不成問題，然而由於環評指令本身缺乏具體的實體規範，因此即使在計畫決定中納入環評制度，聯邦行政法院同樣將之視為程序規定，而不涉及實體規範。

　　一旦將環評制度定位為單純的程序規定，在德國法上即註定其多舛的命運。因為在德國傳統行政法上，程序規定旨在輔佐實體法的實現，僅具有輔助性地位，程序規定只是手段，並非目的本身，從而違反程序法的法律效果與違反實體法有很大的不同。首先，倘若行政機關違反程序規定，除了少數例外情形，通常不允許利害關係人僅援引該程序規定提起行政訴訟，蓋德國法認為，程序法並未賦予個人權利；其次，利害關係人即使同時有其他實體法可作為訴訟依據，亦不得於行政機關違反程序規定時立刻提起訴訟，而是必須等到行政機關作成最終的實體決定時，始可一併表示不服（參照德國行政法院法第44a條）；再者，有些程序瑕疵，在事實審法院審理終結前，行政機關仍得補正該程序（參照德國行政程序法第45條）；最

---

[36] Gesetz zur Umsetzung der Richtlinie des Rates vom 27.6.1985 über die Umweltverträglichkeitsprüfung bei bestimmten öffentlichen und privaten Projekten (85/337/EWG), BGBl. I 205.

[37] 原文為"im Hinblick auf eine wirksame Umweltvorsorge im Sinne der §§ 1, 2 Abs. 1 Satz 2 und 4 nach Maßgabe der geltenden Gesetze"。

[38] 就此可參照德國聯邦行政法院之經典判決：BVerwG 25.01.1996 – 4 C 5.95 = BVerwGE 100, 238 = NVwZ 1996, 788.

後，行政機關之決定僅違反程序規定者，舊法規定，倘若實質上不可能作成其他決定，不得撤銷該決定；1996年修改的新規定則予以放寬，現規定為，倘若該違反對於行政決定顯然沒有實質影響，不得撤銷該行政處分（參照德國行政程序法第46條）[39]。

　　德國聯邦行政法院向來將環評法定位為純粹的程序法，在適用上與其他程序法並無二致。因此倘若行政機關違反環評法，利害關係人不得單僅援引環評法提起行政訴訟。如果行政機關怠於實施正式環評，並不意味著最後的行政決定必然有瑕疵，蓋環評只是一套程序規定，它並不是將環境利益納入考慮的唯一工具。因此唯有當存在具體可能性顯示，若無該程序瑕疵，行政決定將有所不同，該環評法令的違反才具有影響行政決定的重要性[40]。這種嚴格的因果關係證明根本沒有人能夠辦得到[41]。

　　除了聯邦行政法院見解依循傳統行政法導致環評法地位的貶抑外，德國聯邦立法者上開轉換法令本身也有諸多違失，先後遭到歐洲法院於1994年的先決裁判（Vorabentscheidung）[42]以及1998年10月22日的判決[43]所指摘。德國聯邦後續許多立法措施也一再限縮環評法的適用範圍，包括1993年的促進投資和住宅建地法[44]、1990年代的去管制法，也就是加速交通道路計畫法[45]、簡化交通道路計畫程序法[46]、行政程序法第74條第6項等等[47]。這些問題在後來1997年環評修改指令通過後，已經迫使德國做出相應的修改[48]。

---

[39] Vgl. Maurer, Allgemeines Verwaltungsrecht, 14. Aufl., 2002, § 10 Rn. 38 ff.

[40] BVerwGE 100, 238.

[41] Bunge, ZUR 2004, 141, 142; Erbguth, UPR 2003, 321, 324.

[42] Urt. v. 9. 8. 1994, Rs. C-369/92, EuZW 1994, 660.此案係緣於德國巴伐利亞行政法院的請求而作成裁判。

[43] Rs. C-301/95, EuGHE I 1998, 999 = NuR 1999, 95.

[44] Gesetz zur Erleichterung von Investitionen und der Ausweisung und Bereitstellung von Wohnbauland；Investitionserleichterungs- und Wohnbaulandgesetz, BGBl. I S. 466.

[45] V. 16.12.1991, BGBl. I. S. 2174.

[46] Gesetz zur Vereinfachung der Planungsverfahren für Verkehrswege v. 17. 12. 1993, BGBl. I. S. 2123.

[47] 詳參劉如慧，註12文，頁225-226。

[48] 至於1997年環評修改指令，德國是在2001年透過一個包裹法案予以轉換，一般稱為「包裹法二〇〇一」，比最後期限延遲兩年多。這個包裹法沿襲過去的微調策略，僅以符合環評指令修正案的最低要求為已足，整體結構則大致維持不變。

（二）歐洲法院兩則先決裁判的影響

　　歐洲法院曾經判決確認德國在轉換環評指令上有諸多違誤，迫使德國修改國內法，業如前述。除此之外，歐洲法院近年來的兩個先決裁判也對於德國法的調適具有重大意義。

　　首先是歐洲法院在2004年1月7日的先決裁判：《威爾斯（Wells）判決》（Rs. C-201/02）[49]。在該案例中，英國法院提出若干問題請求歐洲法院先決裁判，其中包括違反環評指令的法律效果如何，因為環評指令就此並無明文。歐洲法院在該裁判中指出，會員國根據歐洲共同體成立條約第10條規定之忠誠合作原則，有義務排除牴觸共同體法之違法後果；主管機關必須在職權範圍內採取所有一般或特別措施，以補救環評之怠於實施，例如撤銷或暫時停止執行許可決定，以補作環評，或甚至填補個人損失。依照程序自主原則，程序上的細部安排屬於會員國國內法權限範圍，不過該安排與國內同樣的案件事實相比較，不能較為不利（等價原則），並且不能使得共同體法秩序所授與之權利實際上不可能或過度難以行使（有效原則）[50]。

　　歐洲法院上開判決奠基於會員國程序自主原則，認為違反環評指令規定，甚至是未實施環評，法律效果聽任會員國自行安排，只要不違反等價原則及有效原則即可；歐洲法院甚至明白指出，可以是撤銷原許可開發的決定、可以是暫停執行以補作環評、也可以是損害賠償等等。這項判決某程度承認各會員國可以自行決定環評制度在整體法秩序中的定位和價值，因為法律效果的強度勢必影響行動者遵守該項制度的意願與決心。德國聯邦行政法院在2007年12月13日的阿爾高機場判決（Verkehrsflughafen Allgau）（BVerwG 13.12.2007 - 4 C 9.06）中即援引歐洲法院上開判決為自己向來的主張辯護。聯邦行政法院一向認為，怠於實施正式環評時，不必然要撤銷或停止執行原決定，而是唯有當具體可能性顯示，怠於實施環評對於許可決定的結果有影響時，始要求補正正式環評程序。它主張，歐洲法院也沒有要求怠於實施環評時，都必須撤銷或停止執行原決定，這兩者只是例示而已；德國的作法並未逾越程序自主的界限，而且也未違反等價原則和有效原則。它強調，環評的實施並非目的本身，儘管未實施正式環評，若指令的主要目標仍然能夠達成，則該違法主要是形式性質；如果補正的正式環評，只是將業已實施的環境影響實體審查

---

[49] Slg. 2004, I-723.
[50] EuGH, aaO. Rn. 64 ff.

重複，不管對原告或對指令目標而言都沒有用[51]。

　　歐洲法院最近另一個重要判決是2008年7月25日的先決裁判Rs. C-142/07。在該案中，歐洲法院明白指出，未實施的正式環評可以透過符合環評指令第3條以及第5至10條最低要求之同等價值的措施所取代[52]。德國聯邦行政法院向來主張，環評制度不是將環境利益納入考慮的唯一工具，只要實質上符合環評規定，即使未實施正式環評程序亦無妨。這項主張看來已經獲得歐洲法院的確認。不過歐洲法院也同時明確提出最低標準：該取代措施至少必須符合環評指令第3條以及第5至10條規定。德國聯邦行政法院在2008年12月16日的維撒／尼德萊茵機場判決（Flughafen Weeze/Niederrhein）（BVerwG, Urteil vom 16.12.2008 - 4 C 5.07）中即援引歐洲法院上開判決以及總辯官的終結聲明（Schlussanträge）指出，會員國法院必須審查，系爭開發行為的環境影響在許可前是否充分被研究及描述，並且將這些資料提供給民眾、民眾是否得表示意見、對環境影響的說明以及民眾意見是否在許可決定中被考慮[53]。聯邦行政法院認為，未實施正式環評若導致有利害關係之民眾未有機會對該開發行為表示意見，也屬於對系爭計畫決定有所影響；而在該案中，被告機關是否讓有利害關係之民眾有充分機會對該開發行為表示意見，無論如何值得懷疑[54]。不過由於該案是否得以補充程序排除瑕疵，事實不明，故聯邦行政法院廢棄原審判決發回更審，最後並指明，若更審法院認為其權衡瑕疵得經由補充程序予以排除，則被告機關有義務補正一個符合法律規定之正式環評程序[55]。

（三）2003年之民眾參與指令及其後續發展

　　繼1997年的環評修改指令之後，歐盟民眾參與指令（2003/35/EG），也為環境影響評估帶來進一步的發展。由於上述歐洲法院、聯邦行政法院判決所涉案件均發生在民眾參與指令頒布之前，故不適用之，從而就環評制度的發展歷程而言，民眾參與指令造成的影響是最新發展，應放在最後討論，目前聯邦行政法院亦尚無判決可供參照。

　　如前所述，民眾參與指令在環評指令中加入第10a條，當中第1項規定：

---

[51] BVerwG 13.12.2007 – 4 C 9.06, Rn. 42 f.

[52] EuGH, Urteil vom 25.07.2008, Rs. C-142/07, Rn. 50.

[53] BVerwG, Urteil vom 16.12.2008 – 4 C 5.07, Rn. 37.

[54] BVerwG, aaO., Rn. 40 ff.

[55] BVerwG, aaO., Rn. 78.

「會員國必須在國內法令中確保，具有利害關係的民眾，其

(c)有足夠的利益者或；

(d)主張權利受損者，倘若該會員國之行政程序法或行政訴訟法以之作為必要的前提，

對於應適用本指令之民眾參與規定所作成的行政決定、行為或不作為，能訴諸法院或其他依法創設之獨立公正單位進行審查程序，以爭執其實體法及程序法之合法性。」

簡單來說，上開規定要求會員國必須立法確保，具有利害關係的民眾得對有環評義務之開發案所做之行政決定、行為或不作為訴諸法院審查，審查內容不僅涵蓋是否符合實體法，也及於是否符合環評程序。

為了轉換民眾參與指令（2003/35/EG），德國在2006年12月7日通過「環境救濟法」（Umwelt-Rechtsbehelfsgesetz）[56]，比最後期限晚了將近一年半。根據該法第4條第1項規定，倘若某一開發案未依法進行環評，或是未依法進行個案預審是否有環評義務，也未補正者，得要求撤銷開發許可[57]。這項規定的首要含意是，免除因果關係的證明；也就是說，對於違法未進行環評或是個案預審這兩種類型，日後在因果關係上毋須討論該程序瑕疵是否對於最後的開發許可具有重要性，一律視為重要，若未補正或治癒，均得撤銷該開發許可。該規定構成行政程序法第46條的特別規定。這對於環評制度，乃至於對於程序規定在德國法的地位而言，可說是一項重大突破[58]。至於誰可以依據本條文對於上述兩種環評程序瑕疵提起行政爭訟？具有利害關係的第三人可以嗎？大多數學者對該條文進行體系解釋後，採取否定見解，認為該條文旨在將環境救濟法第2條賦予環保團體的訴訟權，擴大到環評瑕疵；至於具有利害關係的個人則不得單獨援引該法第4條第1項規定提起訴訟，仍然必須有其他的保護規範作為依據始可，故此時第4條第1項規定的作用僅只於免除因

---

[56] Gesetz über ergänzende Vorschriften zu Rechtsbehelfen in Umweltangelegenheiten nach der EG-Richtlinie 2003/35/EG, BGBl. I S. 2816.

[57] 但是同條第2項規定，有環評義務而且取代計畫確定程序的建設計畫（Bebauungspläne）（參見環評法第2條第3項第3點）仍然維持不變，也就是說，這些即使違法未進行環評或是個案預審，仍然必須對於最後行政決定的實質內容有具體重要性，才能撤銷該行政決定。Vgl. Versteyl, AbfallR 2008, 8, 12.

[58] Kment, NVwZ 2007, 274, 277; Ziekow, NVwZ 2007, 259, 264; Schlacke, NuR 2007, 8, 13; Versteyl, AbfallR 2008, 8, 12.

果關係的證明而已[59]。

　　此外，必須注意的是，上開規定只提到違法未進行環評或是未進行個案預審兩種情形，其他的程序瑕疵均不包括在內。因此若形式上有進行環評或個案預審，但實質上錯誤百出，依照條文文義，仍不得適用上開規定訴請撤銷原決定。這樣的規定將其他重要的程序瑕疵均一律除在外，顯然過於狹隘。尤其像是民眾參與的相關規定，正是環評制度的精髓所在，行政機關若是違反民眾參與的規定，應該也要能夠要求撤銷開發許可才是。聯邦政府先前提出的草案中原規定，違反「重要的程序規定」，並且該程序瑕疵未被治癒者，均得要求撤銷開發許可，而違法未進行環評或是未進行個案預審「通常」即是違反「重要的程序規定」。換言之，在原先的草案中違法未進行環評及未進行個案預審僅僅是例示規定而已，並未排除其他重要的程序瑕疵。然而代表各邦利益的聯邦參議院（Bundesrat）反對這項草案規定，要求刪除，認為歐盟法並沒有強制要求這樣的法律效果，並且該規定將導致計畫決定和投資決定的延宕。幾經折衝後，乃通過目前的版本[60]。學者指出，如此條文是否符合歐盟《民眾參與指令》規定以及歐洲法院向來的判決意旨，非常值得懷疑[61]。其次，依照上開規定，即使完全未進行環評或未個案預審也可以補正程序[62]；若未補正，始得要求撤銷。

三、團體訴訟制度

　　就團體訴訟制度方面，如前所述，同樣是規定在歐盟的民眾參與指令以及德國的環境救濟法當中。後者依照前者的要求，規定團體訴訟的對象及於所有具有環評義務、或是有適用整合防治污染指令義務之開發行為的許可，不問該許可之類型如何，也不以違反自然保育的法令為限。不過在訴訟要件方面，卻多了一項限制：依照該法第2條第1項第1款之規定，受認可之國內外團體提起行政訴訟，雖然毋須主張自己權利受損，但必須主張系爭行政機關之決定或者不作為違反法令，而該法令「可能有利於環境保護、賦予個人權利，並且對該決定具有重要性」。這項規定中「賦予個人權利」之要件與團體訴訟之創設目的顯得格格不入。

　　在德國傳統行政法中，人民欲提起行政訴訟必須主張有權利受損，而其「權

---

[59] Kment, NVwZ 2007, 274, 276, 279; Ziekow, NVwZ 2007, 259, 261.

[60] Ziekow, NVwZ 2007, 259, 264.

[61] Kment, NVwZ 2007, 274, 279 f.

[62] Ziekow, NVwZ 2007, 259, 265; Versteyl, AbfallR 2008, 8, 12.

利」必須來自於法律授權，因此行政機關所違反的法規必須至少同時以保護個人利益為意旨，始得認為授與個人權利，進而得據以提起訴訟；倘若該法規僅僅以維護公共利益為目的，並未賦予個人權利，人民不得據以提起行政訴訟。因此在德國行政法中，就個人訴訟而言，法令是否賦予個人權利是一個重要的訴訟要件，蓋「有權利，斯有救濟」。反之，環境法上利他的團體訴訟從本質而言，與個人權利救濟無涉，毋寧是著重於客觀法秩序的貫徹、公益的維護。無論是在聯合國歐洲經濟理事會或是歐盟層次，皆是為了維護環境利益、監督行政機關執法，進而引進環境法上利他的團體訴訟，其建置目的自始無關乎個人的權利救濟。德國聯邦自然保育法第61條規定雖然嚴格限制訴訟對象，不過性質仍然是利他的團體訴訟，就訴訟要件方面，並未要求所違反的法律必須是保護私人利益、賦予個人權利者。反之，新近的環境救濟法竟要求利他的團體訴訟之提起以該法令賦予個人權利為要件，兩者根本是風馬牛不相及。既然旨在維護公益，系爭法令是否賦予個人權利完全無關緊要；縱使該法令賦予個人權利，也與該環保無關，更與公共利益之維護毫不相干；況且權利受損的個人原本即有權提起行政訴訟，通常也會提起，何須勞煩環保團體為之？頂多是環保團體較具有專業知識，資源較為豐富，較能有效利用司法救濟途徑而已，建置意義不大；反倒是原本期待利他的團體訴訟肩負的任務，也就是在缺乏私人權利受損的情況下，仍然能夠訴諸法院審查行政決定的合法性，以維護公益、監督客觀法秩序，已經因為環境救濟法上開規定而落空。像是自然及景觀維護法、程序法（例如環評法）、或是聯邦污染防治法第5條第1項第一句第二點的預防性規範等等，現在均不在該法容許提起團體訴訟的範圍內[63]。這顯然與利他的團體訴訟之建置目的之原則相違背。聯邦政府原先在2005年2月21日提出的法律草案中對於團體訴訟並未附加上開不合理的限制，詎料一年後立法政策竟然出現如此重大的轉變[64]。

　　環境救濟法公布之後，德國環境法學界以及環保團體一片譁然，除少數不同聲音外，一般咸認為該法關於團體訴訟的規定違反歐盟民眾參與指令[65]。北萊茵—威斯特法倫邦（Nordrhein-Westfalen）高等行政法院日前審理相關案件時，也抱持懷疑的態度。該案件肇因於「德國環境和自然保育聯盟」（Bund fur Umwelt und

[63] Vgl. Schlacke, NuR 2007, 8, 11.
[64] Vgl. Koch, NVwZ 2007, 369, 378.
[65] Vgl. Ziekow, NVwZ 2007, 259, 260; Schlacke, NuR 2007, 8, 14.

Naturschutz Deutschland; Bund）反對政府核發某一火力發電廠部分許可。該聯盟主張此興建計畫違反水法、自然保育法和污染防制法之規定；尤其可能危害根據歐盟「維護棲息地以及野生動植物指令」（FFH-Richtlinie 92/43/EWG）[66]所指定之自然保護區[67]，就此點，北萊茵－威斯特法倫邦高等行政法院表示贊同。由於環境救濟法規定，唯有違反賦予個人權利的法規範始得提起團體訴訟，而該聯盟所援引的條文都僅在維護公共利益或自然利益，從而為法所不許。北萊茵－威斯特法倫邦高等行政法院質疑，如果環保團體不能因為行政機關違反未賦予個人權利的法規範而提起訴訟，就無法成為「環境的捍衛者」（Anwälte），與歐盟強調環境保護利益之意旨不符，從而認為環境救濟法相關規定違反歐盟法，爰於2009年3月5日停止審判，聲請歐洲法院解釋歐盟上開指令相關條文內容，以釐清環保團體的訴訟權究竟應該有多廣[68]。此外，德國環境和自然保育聯盟也偕同其他環保團體，針對環境救濟法向歐盟執委會提出申訴[69]。

第四節　「歐洲化」對會員國的影響

一、環境影響評估制度

　　從上述研究可知，德國經過調適後已經將環評制度納入國內環境法體系當中，但主要著重於程序面向，就實質規範面向則沒有因為引進環評制度而產生太大的改變。就「許可決定」而言，主要原因在於環評制度與既有法律體系的結構有重大歧異，而且環評指令本身就實體規範內涵並未有具體化的操作規定，以致於無法得出確切的實體法標準；而就「計畫許可」而言，雖然將環評制度納入並無困難，但是

---

[66] 德國一般將此一指令簡稱為FFH指令。Richtlinie 92/43/EWG des Rates vom 21.5.1992 zur Erhaltung der natürlichen Lebensräume sowie der wildlebenden Tiere und Pflanzen, ABl. 1992 L 206/7, zuletzt geändert durch Verordnung (EG) Nr. 1882/2003 vom 29.9.2003, ABl. 2003 L 284/1.

[67] 1992年的維護棲息地以及野生動植物指令(Richtlinie 92/43/EWG)為野生動植物設置一個連結全歐洲的生態保育網絡，稱為「自然2000」。為此，各會員國必須依照生態保育的專業考慮指定適合地區作為自然保護區。雖然該指令並未規定各會員應申報多少面積的土地，然而執委會認為應該佔各會員國國土面積的10%至15%。由於執委會不斷向會員國施壓，包括提起訴訟以及威脅不給予補助，終於迫使當時15個舊會員國成員如執委會所願申報相當面積的國土為自然保護區。

[68] OVG NRW, Beschluss v. 5.3.2009 – 8 D 58/08.AK, DVBl. 2009, 654 ff.

[69] Versteyl, AbfallR 2008, 8, 11.

同樣因為環評指令主要由程序規範所組成，缺乏實體規範，從而環評制度也僅僅被定位為程序意涵而已。如此一來，就註定環評制度在德國環境法中多舛的命運。因為在德國傳統行政法脈絡中，程序規定僅具有輔佐性、工具性、手段性作用，而非目的本身，從而行政機關違法未舉行環評時，其法律效果並非直接撤銷開發許可，而是審查行政機關的程序行為實質上是否符合環評的要求、該瑕疵是否顯然對於行政決定有實質影響，並且容許事後補正。故環評制度在德國法的地位問題，已經涉及程序規定在德國傳統行政法中的定位問題。德國法向來「重實體輕程序」，與美國法經常採用「以程序保障實體」或強調「程序正義」的思維方式大不相同；況且德國環境法一向以實體標準嚴格著稱，即使未引進環評制度，既有環境法制已經採用各種嚴格的環保標準，或至少具備考慮環境利益的機制，因此德國聯邦行政法院在判決中一再表示，即使未實施正式環評，環境利益同樣可以透過其他既有機制而得到充分的保障。綜合上述，德國環境法固然引進環評制度，但並未賦予其重要地位。

不過，德國法對於程序規定的忽視，也逐步正在「歐洲化」當中，其演變過程和進展值得追蹤觀察。從上述研究可知，就環評制度來說，整體而言，歐洲法院以及歐盟法令日漸強調程序規定的重要性，但歐洲法院的部分見解，也不乏間接支持德國聯邦行政法院的主張者，從而呈現拉鋸的局面。例如歐洲法院上述兩個先決裁判不僅承認正式環評可以被等價措施所取代，也容許各會員國基於程序自主原則，自行決定違法未實施環評的法律後果，可以是撤銷原決定、或停止執行以補作環評、或是賠償等等。這些看法都與德國聯邦行政法院的基本主張相符合，帶有貶抑環評程序重要性的效果。

然而另一方面，歐洲法院以及歐盟法令也努力提升若干程序規定的價值。歐洲法院先決裁判Rs. C-142/07雖然承認正式的環評程序可以被等價措施所取代，但是所謂等價措施至少必須符合環評指令第3條以及第5至10條的要求。因此德國聯邦行政法院在《維撤／尼德萊茵機場判決》中指出，會員國法院必須審查，系爭開發行為的環境影響在許可前是否充分被研究及描述，並且將這些資料提供給民眾、民眾是否得表示意見、對環境影響的說明以及民眾意見是否在許可決定中被考慮；未實施正式環評若導致有利害關係的民眾沒有機會對該開發行為表示意見，也屬於對系爭計畫決定有所影響，業如前述。這項看法至少將某些程序規定視為重要，一旦違反，即擬制為對最終許可決定的實質內容有所影響，是一項重大的突破。因為過去聯邦行政法院要求嚴格的因果關係證明，它當時堅持，唯有當具體可能性顯示，若

舉行正式環評，最終的行政決定內容將有不同時，始能認為該程序瑕疵對於實質結果有所影響。其次，歐盟的民眾參與指令要求會員國必須立法確保，具有利害關係的民眾得對有環評義務之開發案所做之行政決定、行為或不作為訴諸法院審查，審查內容不僅涵蓋是否符合實體法，也及於是否符合環評程序。因此德國的環境救濟法第4條第1項規定，倘若某一開發案未依法進行環評，或是未依法進行個案預審是否有環評義務，也未補正者，得要求撤銷開發許可[70]。這項規定也同樣將部分程序瑕疵視為重要，免除其因果關係的證明。不過該規定僅限縮在違法未進行環評或是個案預審這兩種類型，過於狹隘，恐有違反民眾參與指令之虞，未來是否遭受執委會質疑進而向歐洲法院提起訴訟，有待觀察。

二、團體訴訟制度

在團體訴訟制度方面，德國法目前已經「歐洲化」，但程度不高。德國聯邦立法者雖然已經透過環境救濟法採納團體訴訟制度，但卻是透過非常複雜的法律條文，嚴格限制訴訟提起的可能性，其抗拒態度可說是不言而喻。然而，德國環境法學界及環保團體則大多反對聯邦立法者的態度，質疑該法是否與歐洲法相符。環保團體「德國環境和自然保育聯盟」甚至提起訴訟，還獲得北萊茵—威斯特法倫邦高等行政法院的支持，該法院已經停止審判，請求歐洲法院先決裁判，不過歐洲法院至今尚未定奪。倘若歐洲法院屆時明確指出民眾參與指令確實賦予環保團體廣泛的訴訟權，則德國上開立法將被迫作出修改；反之，如果歐洲法院持否定見解，或是含糊其詞、容留解釋想像空間，則德國法目前的規定仍將延續。

第五節　結論：「歐洲化」對價值體系及認同之影響

歐洲法優先於內國法，因此當歐盟通過新的法令，各會員國法令非「歐洲化」不可，問題只在於歐洲化的程度，以及對各會員國法律體系的影響。從本章以上研究可以發現，新制度與既有制度之間的相容性（或稱結構歧異性）以及政府的態度

---

[70] 但是同條第2項規定，有環評義務而且取代計畫確定程序的建設計畫(Bebauungspläne)（參見環評法第2條第3項第3點）仍然維持不變，也就是說，這些即使違法未進行環評或是個案預審，仍然必須對於最後行政決定的實質內容有具體重要性，才能撤銷該行政決定。Vgl. Versteyl, AbfallR 2008, 8, 12.

對於「法律歐洲化」的調適良窳扮演舉足輕重的角色。在法律領域，法規範的體系性和一致性十分重要，外來的異質元素常帶來如同器官移植般的排斥現象。環評制度在德國法的調適過程即是一個清楚的例證。由於法律結構歧異，環評制度在德國法勢必難以發揮重要作用。至於團體訴訟的引進，雖然該制度也和德國傳統法制的理念不同，但相容性似乎較不成為問題，只需微幅調整現行訴訟制度即可，毋須太多配套措施，也未動搖既有的行政法基本制度；需要克服之處，反倒是行政機關和立法者的態度，因為一旦大幅開放，未來行政機關被訴機率勢必提高、開發單位的計畫時程將受到延宕、投資風險也會增加。

　　再者，上述歐洲法的兩則先決裁判承認正式環評可以透過符合環評指令第3條以及第5至10條最低要求之同等價值的措施所取代，也容許各會員國基於程序自主原則，自行決定違法未實施環評的法律後果，可以是撤銷原決定、或停止執行以補作環評、或是賠償等等。由此我們可以清楚看到，歐盟若藉由「指令」方式進行統合，此時所產生的法律歐洲化結果，可能不是單一化、一致化，而是在滿足最低要求的前提下，呈現多樣的面貌。

　　反觀我國，因為繼受各國法制，時常將不同國家的法律制度冶為一爐，從中產生的問題乍看之下與歐盟各會員國法律歐洲化過程相彷彿，但仔細探究卻可以發現，情形其實更為複雜。因為我國民主化不久，法制根基短淺，所謂之既有制度尚未完全落地生根，但外國法制不斷大量引進，牽涉的問題其實不只是新制度如何與既有制度相互調適而已，甚至是如何將片面擷取的不同國家的制度在我國做體系化的解釋與運用。其次，歐盟法令優先於內國法，各會員國之法令不得與歐盟法相牴觸，因此各會員國不得擅自更改或胡亂解釋。然而，我國在引進外國法制時，常常有片面擷取，或是自行修剪或部分創新的情形，導致與外國制度的原始風貌大異其趣，也引發解讀及適用上的重大困難。

　　例如，我國行政法體系大致繼受德國法，在訴訟制度上以維護個人權利之主觀訴訟為主軸，不過例外在行政訴訟法第9條仿照日本法引進「維護公益訴訟」之概念，允許人民為維護公益，就無關自己權利及法律上利益之事項，對於行政機關之違法行為，得提起行政訴訟；但我國法並未進一步引進日本在此概念下的「住民訴訟」制度[71]。我國具有「維護公益訴訟」性質之條文多半見於環境法上之「公民訴訟」，但所謂「公民訴訟」之理念其實源於美國，依照美國法院實踐的結果，比較

---

[71] 參見翁岳生主編，行政訴訟法逐條釋義，2006年7月出版4刷，五南圖書，頁127以下。

接近「利己的團體訴訟」[72]；而我國的「公民訴訟」條款，雖然在公益團體部分，其性質是行政訴訟法第9條的「維護公益訴訟」無誤，但就個人而言，侷限於「受害人民」方可提起公民訴訟，顯然不是「維護公益訴訟」[73]。而行政訴訟法第35條第1項復規定：「以公益為目的之社團法人，於其章程所定目的範圍內，由多數有共同利益之社員，就一定之法律關係，授與訴訟實施權者，得為公共利益提起訴訟。」這究竟是「利己的」或「利他的」團體訴訟，實在是混淆不清[74]。

　　再就環評制度而言，我國引進環評制度後所產生的問題也與眾不同。依據我國環評法，環評審查結論是一個獨立的行政處分，環評通過後，始得許可開發，這又是另一個行政處分。因此環評審查結論和開發許可，歷經兩個各自獨立的程序，得出兩個獨立的行政處分。這樣的設計也是一項創舉。在國外，環評審查結論通常不是一個獨立對外產生拘束力的決定，而是作為重要審酌資料，必須在決定是否給予開發許可時納入考量。因此在我國，環評審查結論與開發許可這兩個行政處分在實體法以及訴訟法之間的關係，即滋生重大疑義，目前甚至引爆行政機關與司法機關的緊張關係；當地居民即使訴請撤銷環評結論獲得勝訴判決確定，開發許可處分卻仍然不動如山。至於德國所關心的問題，像是環評的實體標準為何？如何獲致？該實體標準與既有其他環境法規的標準之關係又如何？取代或並存？這些在我國似乎都不成為問題。我國自然而然地接受環評審查委員的裁量權限、接受審查過程中委員們可能提出的廣泛而不確定的審查標準、審查結論也自然而然地和既有的實體標準並存。這一切應該和我國環境法規不發達、既有環境法實體標準不高、規範密度太低種種因素有關，因此環評法嚴格而不確定的要求在我國可以取得正當性，與德國情形大不相同。

　　總結上述，本章認為，我國在通過新法案或引進新制度時，從法律角度觀察，最大的問題是對於即將產生的法制磨合問題未能預見、毫無警覺，驟然引進之後，隨即造成長時間的混亂。這主要是因為事先的研究不足所導致。有鑑於此，建議我

---

[72] 在Environmental Defense fund v. Hardin一案中，美國最高法院肯認對系爭問題，任何團體具有環保或消費者保護的利益時，該團體便有當事人適格，但只有當該組織是代表其受害會員時，才可以代替其提起訴訟，尋求司法救濟。而在Sierra Club一案中，該案正式確立環保團體只要主張其成員在環保或美景上受有損害，也有當事人適格。參見葉俊榮，邁向「自制」之路：美國最高法院對環保團體當事人適格的緊縮，載於氏著，環境理性與制度抉擇，作者自版，1997年11月初版，頁416。

[73] 詳參劉如慧，我國環境影響評估法判決回顧，興大法學第7期，2010年6月，頁296以下。

[74] 參見吳庚，行政爭訟法論，1999，頁59；張文郁，前揭文，頁228以下。

國未來在通過新法案或引進新制度之前，應該加強對國外原始制度的基礎研究，並釐清其與我國既有法制架構之間的關係；任何裁剪或創新應該要有堅強的理論基礎，並深入分析可能造成的影響，避免臨時突發奇想。制度設計完成後，最好先小規模試辦一段時間以蒐集經驗，以供分析研究。總之，引進一項新法案或新制度，好比將石子丟進水池中，勢必激起陣陣漣漪，事前做好萬全準備，方能使調適及陣痛期降到最低。

參考書目

一、期刊論文

劉如慧（2008）。〈德國環境法的歐洲化－以整合策略為例〉，《法政學報》，21: 209-247。

劉如慧（2010）。〈我國環境影響評估判決回顧〉，《興大法學》，7：275-308。

Breuer, Rüdiger (2000). Europaisierung des Wasserrechts, Natur und Recht (NuR), 22: 541-549.

Bunge, Thomas (2004). Rechtsschutz bei der UVP nach der Richtlinie 2003/35/EG. Zeitschrift fur Umweltrecht (ZUR), 15, 3: 141- 148.

Bunge, Thomas (1987). Die Umweltverträglichkeitsprüfung von Projekten: verfahrensrechtliche Erfordernisse auf der Basis der EG-RL vom 27.6.1985. Deutsches Verwaltungsblatt (DVBl), 102, 11: 819-826.

Epiney, Astrid (2003). Primär- und Sekundarrechtsschutz im Öffentlichen Recht, Veröffentlichungen der Vereinigung der Deutschen Staatsrechtslehrer (VVDStRL), 61: 362-424.

Erbguth, Wilfried (2003). Entwicklungslinien im Recht der Umweltverträaglichkeits-prüfung: UVP-RL - UVPÄndRL - UVPG -SUP. Umwelt- und Planungsrecht, 23, 9: 321-326.

Kment, Martin (2007). Das neue Umwelt-Rechtsbehelfsgesetz und seine Bedeutung für das UVPG, Neue Zeitschrift für Verwaltungsrecht (NVwZ), 26, 3: 274-280.

Koch, Hans-Joachim (2007). Die Verbandsklage im Umweltrecht. Neue Zeitschrift für

Verwaltungsrecht (NVwZ), 26, 4: 369-379.

Mayen, Thomas (1996). Die Umweltverträglichkeitsprüfung nach dem UVP-Gesetz und der UVP-Verwaltungsvorschrift. Neue Zeitschrift für Verwaltungsrecht (NVwZ), 15, 4: 319-326.

Schlacke, Sabine (2007). Das Umwelt-Rechtsbehelfsgesetz. Natur und Recht (NuR), 29,1: 8-16.

Versteyl, Andrea (2008). Erweiterung der Öffentlichkeitsbeteiligung und des Rechtsschutzes im Anlagenzulassungsrecht. Zeitschrift fur Abfallrecht (AbfallR), 8-13.

Wahl, Rainer (1988). Thesen zur Umsetzung der Umweltverträglichkeitsprüfung nach EG-Recht in das deutsche offentliche Recht. Deutsches Verwaltungsblatt (DVBl), 103, 2: 86-89.

Ziekow, Jan (2007). Das Umwelt-Rechtsbehelfsgesetz im System des deutschen Rechtsschutzes. Neue Zeitschrift für Verwaltungsrecht (NVwZ), 26, 3: 259-267.

二、專書論文

陳英鈴（2002）。〈撤銷訴訟的訴權－個人權利保護與法制續維持之爭〉，台灣行政法學會（編），《行政法爭議問題研究（下）》，頁981-1008。台北：五南。

葉俊榮（1997）。〈邁向「自制」之路：美國最高法院對環保團體當事人適格的緊縮〉，葉俊榮，《環境理性與制度抉擇》，頁409-424。台北：三民。

Kramer, Ludwig (1996).〈Defizite im Vollzug des EG-Umweltrechts und ihre Ursachen〉, Lübbe-Wolff, Gertrude (Hrsg.),《Der Vollzug des europäischen Umweltrechts》, S. 7-18. Berlin: Verlag Schmidt.

三、專書

王泰銓（2006）。《歐洲聯盟法總論》。台北：台灣智庫。

吳庚（1999）。《行政爭訟法論》。台北：作者自版。

翁岳生（編）（2006）。《行政訴訟法逐條釋義》，頁127-135。台北：五南。

張文郁（2009）。《權利與救濟（二）－實體與程序之關聯》。台北：元照。

Bizer, Johann & Ormond, Thomas & Riedel, Ulrike (1990). Die Verbandsklage im Naturschutzrecht. Taunusstein: Eberhard Blottner Verlag.

Breuer, Rüdiger (1993). Entwicklungen des europäischen Umweltrechts - Ziel, Wege und Irrwege. Berlin & New York: Walter de Gruyter.

Erbguth, Wilfried & Schink, Alexander (1996). Gesetz über die Umweltverträglich-keitsprüfung: Kommentar. 2. vollst. uberarb. Aufl. Munchen: Verlag C.H.Beck.

Maurer, Hartmut (2002). Allgemeines Verwaltungsrecht, 14. Aufl. München: Verlag C.H. Beck.

Oppermann, Thomas (1999). Europarecht. 2. Aufl. Munchen: Verlag C.H.Beck.

Wahl, Rainer (2006). in: Schoch/Schmidt-Asmann/Pietzner, Verwaltungsgerichts-ordnung: Kommentar, Vorb § 42 Abs. 2. Stand: April 2006. Munchen: Verlag C.H.Beck.

第七章 歐洲化對歐洲聯盟平衡生技風險與貿易利益之影響

李貴英

第一節 前言

　　2004年5月19日，歐盟執委會核准Syngenta Bt-11甜玉米販售，此乃自1998年以來基因改造生物（Genetically Modified Organism, GMO）產品首度於歐洲市場上市（Bridges Trade BioRes, 2004）。在此之前，沒有一件產品獲得歐盟上市許可。然而近幾年來，歐盟任意暫止其GMOs產品核可程序，不僅新申請案難獲核准，已提出申請且待核的案件亦懸而未決，此舉對於主要GMOs產品生產國對歐出口產生負面影響，故而導致歐盟與該等國家間之貿易關係時生齟齬。詳言之，歐盟對於新型GMOs產品實施普遍暫止（*general moratoria*），並對待核之GMOs產品申請案亦予暫止。此外，若干歐盟會員國也紛紛對GMOs產品之進口予以設限（Christoforou, 2004: 689）。基此，美國、加拿大與阿根廷等國訴諸世界貿易組織（World Trade Organization, WTO）爭端解決機制，控訴歐盟延宕核可GMOs產品上市之申請案，有違其於WTO協定下所應負之義務，此即喧騰一時之「歐體生技產品」案（*EC - Biotech Products*）。[1]

　　該案不僅被視為歐美有關GMOs產品貿易角力白熱化之象徵，同時也被視為影響生技產業未來發展之重要指標。2006年9月，WTO爭端解決小組（Panel）報告公開，雖然並未指摘歐盟相關法規違反WTO協定，不過歐盟之核可程序確實有不當延遲（undue delay）之情事，違反食品安全檢驗及動植物防疫檢疫措施協定（Agreement on Applications of Sanitary and Phytosanitary Measures，下稱SPS協定）相關規定，故應恢復正常之核可程序。然而如何規範與管理GMOs的問題，早自

---

[1] 該案小組報告見WTO (2006)。關於該案之評論，請參見Boisson de Chazournes & Mbengue (2004: 289); Prévost (2007: 67); McGrady (2008: 589); Foster (2008: 1203); Guzman (2004: 1); Sindico (2005: 1); Wirth (2006: 175); Shaffer (2008: 1).

1980年代末期起,事實上即對歐體/歐盟萌生相當的困擾,主要原因在於歐體/歐盟多層次的本質、GMOs產品在技術上的複雜性橫跨若干既有之政策領域(如農業、研究、消費者保護、環境與產業)、GMOs產品對經濟與產業的重要性,以及新型GMOs產品具有不確定性。縱使歐盟於1990年代初期建立相關法規體系,將GMOs產品納入歐盟治理體系予以規範,然而困擾卻並未因而止歇。最主要的質疑在於90/220/EEC號指令釋出GMOs產品之措施是否可靠與準確,[2]尤其是對該項指令採廣義解釋的問題、風險評估的模式,以及上市標準的定義,均有可議之處。由於各會員國與利害關係人對於該項法規普遍不滿,因而導致歐盟於1998年實施「事實上暫止」(de facto moratorium)措施,暫停GMOs產品釋出,嗣後成為「歐體生技產品」案的導火線。此外,1990年代英國狂牛症事件(Bovine Spongiform Encephalopathy, BSE)引起歐洲各國恐慌,並開始全面停止英國牛肉及相關產品的販售,也使歐盟各國深刻體會到食品安全不僅是消費者所關切的事項,同時也是內部市場正常運作的條件。然而當時歐盟既有的法規體系,卻不足以確保高水準的公共健康與消費者保護程度(Vincent, 2004: 517; Alemanno, 2006: 237)。一般咸認狂牛症事件乃是歐盟處理食品安全問題的轉折點,推動了歐盟食品安全規範朝向歐洲化的趨勢。1997年4月30日關於食品法一般原則之綠皮書,[3]以及2000年1月12日關於食品安全之白皮書[4]公布,象徵歐盟在狂牛症事件後處理食品安全問題所採取的全新模式,並針對歐盟食品規範體系與制度面進行改革,致使歐盟食品政策改採全面性與整合性策略,適用於所有食品部門(包括GMOs產品)、所有會員國、歐盟內外,以及歐盟內部決策與國際參與。此外,白皮書並建議儘速成立歐洲食品機構

---

[2] Council Directive 90/220/EEC of 23 April 1990 on the deliberate release into the environment of genetically modified organisms, OJ 1990, L 117/15.該指令嗣後被2001/18/EC號指令所取代,Directive 2001/18/EC of the European Parliament and of the Council of 12 March 2001 on the deliberate release into the environment of genetically modified organisms and repealing Council Directive 90/220/EEC, OJ 2001, L 106/1. 90/220/EEC號指令係屬一般性措施,規範基於研究與發展之目的,訂定GMOs產品刻意釋出環境之最低標準,以及GMOs產品嗣後上市之規定。而其主要目的在於俾利歐體內部市場之運作,調合各會員國之相關立法。至於2001/18/EC號指令的重點之一,則在於調合風險評估原則。關於2001/18/EC號指令之分析,請參見Francescon (2001: 309)。

[3] European Commission, *Green Paper on the General Principles of Food Law in the European Union*, COM (97) 176 final (30 April 1997).綠皮書係就歐體應如何妥為規範食品法的議題,由執委會提出若干相關法規的問題,詢問利害關係人的意見,俾利歐體就食品法制定一般性指令。

[4] European Commission, *White Paper on Food Safety*, COM (99) 719 final (12 January 2000).

（European Food Authority），以負責食品安全之風險評估與溝通工作（惟風險管理除外），此一構想嗣後促成了歐洲食品安全機構（European Food Safety Agency,下稱EFSA）的成立與運作。

此後，歐盟建立一套嶄新的法規體系，植基於三大主軸：GMOs產品特別立法、預防原則（Lafranchi, 2005: 679; Sadeleer, 2006: 139; Antonio & Herrera, 2007: 97; Lofstedt, Fischhoff & Fischhoff, 2002: 381; Wiener, 2003: 207），以及歐洲食品安全機構。[5]關於GMOs產品的特別立法，2001/18指令實施比過去較為嚴謹與明確的GMOs產品授權程序。嗣後，1829/2003號規則[6]更進一步釐清GMOs產品的授權程序，而1830/2003號規則[7]針對GMOs產品的標示與可溯及性予以規範。關於預防原則，根據歐洲法院判例，執委會建議將該原則由原本在環境保護領域的適用，擴大到消費者與健康保護，並釐清執行方針。[8]觀諸歐盟規範GMOs產品的相關法規，即明揭預防原則乃是歐盟立法之基石。至於EFSA，其基本目的在於區隔風險評估與風險溝通的工作（目前由該機構負責），以及風險管理的工作（繼續由執委會與會員國在專家委員會程序comitology procedure下運作）。該等措施的目的均在於釐清授權程序與執行的法律原則，並促進GMOs產品相關程序的透明度。

歐盟為了規範及管理GMOs產品所建立的新架構，不僅顯示其力求制度面的延續性與革新法規體系間之平衡，同時亦反映出重要的政策變革，以及歐洲化的影響。執委會曾一再強調由於歐洲的目標在於成為「全球最具有競爭力及動力的知識經濟體」（Lisbon European Council, 2000），因此「生命科學對於歐洲尋求成為

---

[5] 該機構係根據178/2002號規則所設立，Regulation 178/2002 of the European Parliament and of the Council of 28 January 2002 laying down the general principles and requirements of food law, establishing the European Food Safety Authority and laying down procedures in matters of food safety, OJ 2002, L31/1.

[6] Commission Regulation 641/2004 of 6 April 2004 on detailed rules for the implementation of Regulation 1829/2003 of the European Parliament and of the Council as regards the application for the authorization of new genetically modified food and feed, the notification of existing products and adventitious or technically un avoidable presence of genetically modified material which has benefited from a favourable risk evaluation, OJ 2004, L102/14.

[7] Regulation 1830/2003 of the European Parliament and of the Council of 22 September 2003 concerning the traceability and labelling of genetically modified organisms and the traceability of food and feed products produced from genetically modified organisms and amending Directive 2001/18/EC, OJ 2003, L268/24.

[8] European Commission, Communication from the Commission on the Precautionary Principle, Brussels: European Commission COM (2000) 1 Final (2 February 2000).

享有領導地位的知識經濟體具有策略性的重要性」。[9]然而現代生物科技的優點與
潛在風險,並非侷限於純粹的科學論證,消費者與社會公眾的高度關切,使此一問
題具有高度的政治敏感性。歐盟相關規範的改革,一部分也是為了回應大眾對於
GMOs產品的疑慮。前述歐盟所實施的「事實上暫止」措施,即為一例。惟因該等
措施影響其他WTO會員之貿易利益與合法權益而遭致控訴,歐盟亦被裁定應修正
其措施。由此可見,歐盟如何重新思維處理生技產品風險與貿易利益間之潛在衝
突,以及如何在歐洲化與全球化的浪潮中尋求平衡點,乃是歐盟無法迴避的問題。
基此,下文擬就歐盟相關法規體系歐洲化的問題進行研析,並探討在WTO歐體生
技產品案之後,歐盟在歐洲化與全球化的雙重衝擊下,尋求平衡生技風險與貿易利
益所面臨的挑戰。

第二節　歐盟規範GMOs產品之法規體系與歐洲化之趨勢

　　自1980年代中期起以降,歐體/歐盟即著手處理GMOs產品之使用與上市的
問題。[10]相關立法開始發展,且隨著科學的進步與大眾的關切而有所修正。如前所
述,近年來歐盟建立一套嶄新的法規體系,進行大幅度的修正。在此值得的一提的
是,WTO歐體生技產品案僅針對歐盟舊的GMOs產品法規的適用提出質疑,並不涉
及歐盟的新法規及其適用(United States, 2004a: 4-5)。換言之,在該案中引起爭
議的法規為90/220/EEC號指令、2001/18/EC號指令(於2001年取代90/220/EEC號指
令),以及258/97號規則。[11]至於歐盟嗣後所制定之1829/2003號規則及1830/2003號
規則不在該案爭執的範圍。
　　歐盟規範GMOs產品之法規,其目標在於保護人類健康與環境,以避免GMOs
產品可能帶來的負面影響(例如2001/18/EC號指令前言第5段、第43段、第53段及
第56段,以及第1條規定;1829/2003號規則第1條規定)。此一目標之達成應根據
預防原則,該原則乃是歐盟立法之基石。歐盟法規的範圍涵括GMOs產品的上市,

---

[9] Commission Communication, Towards a Strategic Vision of Life Sciences and Biotechnology: Consultation Document, COM (2001) 454 (4 September 2001).

[10] Communication de la Commission au Conseil, Un Cadre Communautaire pour la Réglementation de la Biotechnologie, COM (1986) 0573

[11] Regulation (EC) No 258/97 of the European Parliament and of the Council of 27 January 1997 concerning novel foods and novel food ingredients, OJ 1997, L 043/1.

上市前應取得核可，條件有三：第一，不得對消費者造成危險；第二，不得誤導消費者；第三，不得不利於消費者之營養（例如1829/2003號規則第4.1條規定）。除了遵循預防原則外，歐盟立法規定必須經環境及健康風險評估後，依授權程序取得上市核可。一旦GMOs產品，還必須符合標示與可溯及性的相關要求。歐盟現行法規主要採規則的形式，指令次之。換言之，歐盟統一立法的意味相當濃厚，而非採調和各會員國國內立法的模式。此舉可促成GMOs產品規範之歐洲化。不過儘管如此，在實際運作上，仍不免有若干問題存在。下文擬先就歐盟規範GMOs產品之法規進行分析，其次以德國為例，檢視歐盟法規於會員國落實的情況。

一、歐盟法規分析

除了2001/18/EC號有關刻意釋出GMOs產品之指令以及178/2002號設立EFSA的規則外，在2004年4月有兩項規則生效，亦即1829/2003號規則及1830/2003號規則。1829/2003號規則規範基因改造食品及飼料，修正258/97號有關新型食品之規則，廢止1139/98及49/2000號有關基因改造玉米與大豆之規則，[12]以及50/2000號有關含基因改造添加物或色素之規則。[13]1830/2003號有關標示與可溯及性之規則修正了2001/18/EC號指令。其他相關之規範還包括：第一，1946/2003號有關GMOs產品跨界流通之規則，[14]旨在落實卡塔赫納生物安全議定書（Cartagena Protocol on Biosafety）之規定；第二，65/2004號有關唯一識別碼之規則；[15]第三，641/2004號規則，[16]明訂適用1829/2003號規則之細則。

---

[12] Council Regulation 1139/98 of 26 May 1998 concerning the compulsory indication of the labelling of certain foodstuffs produced from genetically modified organisms of particulars other than those provided for in Directive 79/112, OJ 1998, L 159/4. Commission Regulation 49/2000 of 10 January 2000 amending Council Regulation 1139/98, OJ 2000, L 6/13.

[13] Commission Regulation 50/2000 of 10 January 2000 on the labeling of foodstuffs and food ingredients containing additives and flavourings that have been genetically modified or have been produced from genetically modified organisms, OJ 2000, L 6/15.

[14] Regulation 1946/2003 of the European Parliament and of the Council of 15 July 2003 on transboundary movements of genetically modified organisms, [2003] OJ L287/1.

[15] Commission Regulation 65/2004 of 14 January 2004 establishing a system for the development and assignment of unique identifiers for genetically modified organisms, OJ 2004, L 10/5.

[16] Commission Regulation 641/2004 of 6 April 2004 on detailed rules for the implementation of Regulation 1829/2003 of the European Parliament and of the Council as regards the application for the authorization of new genetically modified food and feed, the notification of existing products and adventitious or technically unavoidable presence of genetically modified material which has benefited from a favourable risk evaluation, OJ 2004, L102/14.

　　歐盟有關GMOs產品之規範架構，主要包括兩大基本要素：上市前的安全評估，以及內部市場的「單一窗口制」（one-stop）授權程序。關於安全評估方面，風險分析的程序由三項要素所組成：風險評估、風險管理與風險溝通。三者依據科學研究與政策決定的區隔而獨立運作。EFSA負責風險評估，而執委會則負責風險管理與風險溝通。[17]此外，歐盟採用程序導向（process-oriented）的規範模式，著重於就逐一個案進行風險評估後，再給予正式授權。這種模式與美國採用的產品導向（product-oriented）模式不同，美國著重於最終產品的預定用途，而非用於製造的技術。產品導向模式僅要求GMOs產品應與生機產品或傳統產品一樣安全，GMOs產品只是在組成的成分方面與傳統產品不同。換言之，產品導向模式假定基因轉殖並未比傳統植栽技術（例如異種雜交）對人類健康與環境帶來更大的風險，因此GMOs產品不需要接受更嚴格的把關。相反的，程序導向模式則假定GMOs產品由於在生產過程中使用了基因轉殖物質，可能對人類健康與環境造成新風險，因此必須進行風險評估，並通過上市前的核可程序，因此最終產品應另行規範，縱使GMOs產品與傳統產品曝露的風險並無不同，亦應如此（Dunlop, 2000: 149; Kysar, 2004: 557-559; Marden, 2003: 734-736; Winickoff et al., 2005: 86-87; Gonzalez, 2007: 585）。在本質上，程序導向模式隱含較高程度的預防性，蓋因GMOs產品的基因新穎性，具有生態上的不確定性與潛在風險。因此，縱然歐盟相關法規的核心在於以科學為基礎的風險評估，同時在歐盟層次與會員國層次，亦致力於改進與協調的工作，俾能提供更佳的科學建議，不過預防原則仍然在歐盟立法的發展與執行上扮演重要的角色，在風險評估程序當中亦然。

　　此外，內部市場原則亦為歐盟相關規範架構的方針。根據一對一（one door-one key）原則，一件申請案可使GMOs食品或飼料取得刻意釋出之授權與使用之授權。核可後，自由流通原則即適用於GMOs產品（Van der Meulen, 2007: 307）。除非適用防衛條款，否則會員國不得禁止、限制或阻礙已獲授權之GMOs產品上市（Dir. 2001/18/EC, Art. 22 & 23）。尤其是GMOs產品進入環境方面，逐步（step-by-step）原則適用之（Dir. 2001/18/EC, Preamble §24）。該原則係指基於環境保護與人類健康的要求，每一項GMOs產品只有在前一步驟的評估顯示可以採取下一

---

[17] 基本上，風險評估係以科學為基礎，而風險管理則以政策為基礎，風險溝通則是風險資訊與意見的相互交換。178/2002規則明定此一風險分析的模式。關於此一模式之詳細分析請參見Alemanno（2007: 78-103）。

步驟的情況下，控制才逐步降低，釋出規模才逐步增加。該項原則的目的在於確保在GMOs產品釋出環境之前，在控制較為安全的條件下評估風險。

（一）刻意釋出

至2002年10月為止，90/220號指令（經84/15號及97/35號指令修正[18]）規範了刻意釋出的一般性架構。之後新的2001/18/EC號指令歷經密集諮商後通過。為了處理當時的規範體系所存在的矛盾與差距，以及會員國與大眾關切等問題，2001/18/EC號指令對於GMOs產品上市的規範體系進行若干重要變革，例如明文規定納入預防原則（見於該指令之目標與附錄二風險評估準則當中）、調和風險評估的標準（Dir. 2001/18/EC, Preamble §18 & 20, and Annex II）、新的程序要求賦予會員國較大的影響力與課以諮詢歐洲議會的義務、強制性的公眾諮商（Dir. 2001/18/EC, Art. 24）、強制性的監督要求（Dir. 2001/18/EC, Preamble §43 & 44, and Art. 20）、核可限於10年（Dir. 2001/18/EC, Art. 15(4) & 17(6)）、強制與相關之科學委員會進行諮商，以及建議與倫理委員會進行諮商（Dir. 2001/18/EC, Art. 28 & 29）。

2001/18/EC號指令附錄二訂定環境風險評估原則，明揭風險評估植基於預防原則。評估範圍擴大到將直接與間接效果納入考量，以及立即、遲延與長期累積的效果。同時也要求評估GMOs產品如何發展，以及檢視基因改造所產生之新基因產品與基因轉移的可能性所帶來的潛在風險。

GMOs產品在歐盟上市的程序同時涉及會員國層次與歐盟層次（Dir. 2001/18/EC, Part C）。首先，GMOs產品擬首度上市的所在地，其所屬會員國主管機關必須進行是否核准之程序，作成決定。為此，主管機關應作成評估報告，說明該項產品可否上市。如評估報告結果有利於上市，則其他會員國得於評估報告傳閱起60天內提出附理由之異議，並於105天之內試圖達成協議。若異議成立，則應由會員國代表所組成之規範委員會（regulatory committee），根據1999/468/EC號決定所訂定之專家委員會程序，作成決定。[19]若委員會支持執委會之提案，則應通過提案。若不支持或未表示意見，則執委會應向理事會提案，依條件多數決作成決定。若理事會未於3個月內決定，執委會應通過提案且授權該項GMOs產品上市。不過，根據

---

[18] Directive 94/15, OJ 1994, L103/20; Directive 97/35, OJ 1997, L169/72.
[19] Council Decision 1999/468/EC of 28 June 1999 laying down the procedures for the exercise of implementing powers conferred on the Commission, OJ 1999, L184/23.

2001/18/EC號指令第23條（防衛條款）規定，若某一會員國根據新的或額外的科學知識，獲得現有資訊以外新的或額外的資訊或再評估，而有詳細的理由根據認為某項GMOs產品構成人類健康或環境風險，則該會員國得暫時限制或禁止已獲授權之GMOs產品於該國使用及販售。在這種情況下，會員國應立即通知執委會及其他會員國該國所採取之行動，且規範委員會應於60天內作成決定。以過去90/220號指令為例，曾有六個會員國在該指令之下援用防衛條款（European Commission, 2004a: 13），卻無最終決定予以撤銷（European Commission, 2004b）。

（二）基因改造食品與授權

近年來規範基因改造食品最主要的法規，即258/97號有關新型食品與新型食品原料之規則。該項規則對於基因改造食品以及食品內含GMOs產品者均有所規範。該項規則建立兩種上市程序，依據新型食品的種類而定，以及依據食品或原料是否被認為在「實質上相當於」（substantially equivalent to）既有的食品而定。如果符合「實質上相當於」此一標準，則適用簡易程序（Reg. 258/97, Art. 3(4)& 5）。不過，關於基因改造食品，只有由GMOs所生產的食品或原料、但不含GMOs成分者（produced from, but not containing GMOs），才可以依據「實質上相當於」的標準進行評估（Reg. 258/97, Art. 3(4)）。如果新型食品由GMOs組成或含有GMOs者（consisting of or containing GMOs），則必須經過該項規則所訂定之授權前完整安全評估程序（Reg. 258/97, Art. 3(4)）。

1829/2003號規則將基因改造食品從新型食品規則的範圍中移出（Reg. 1829/2003, Preamble §11），並將基因改造動物飼料隸屬於特別的授權程序與安全評估，同時也揚棄「實質上相當於」的概念。其目標有三：第一，保護人類及動物健康、環境與消費者利益，同時確保內部市場的有效運作；第二，制定歐盟對基因改造食品與飼料的授權程序；第三，制定標示之規定。該項規則涵蓋含有GMOs之食品與飼料、由GMOs組成之食品與飼料，以及由GMOs所生產之食品或飼料，但是不包含藉助GMO所生產之產品（products "produced with" a GMO; Reg. 1829/2003, Preamble § 16）。該項規則亦涵蓋已上市的基因改造食品與飼料，並規定有關風險評估、抽樣與檢測方法的額外資訊應送交EFSA（Reg. 1829/2003, Art. 8）。不過，該項規則不包括偶發或技術上無可避免的未獲授權的GMOs，惟比例不得超過0.5%。此外，亦不包括歐盟科學委員會或歐洲食品機構給與正面意見的基因改造物質，以及檢測方法公開可用者（Reg. 1829/2003, Art. 47）。若符合該等

條件，則該項規則（包括標示之規定）即不適用之。此一規定具有高度爭議性，適用期限為三年。

　　如前所述，根據一對一原則，一件申請案可使GMOs產品根據刻意釋出指令之標準獲得刻意釋出環境之授權，以及根據1829/2003號規則取得基因改造食品與飼料使用之授權（Reg. 1829/2003, Preamble §10 & 33, and Art. 5(5) & 27）。不過該項指令與該項規則間之關係十分複雜。根據1829/2003號規則所獲得的授權應足以滿足指令之要求，不過如果涉及食品或飼料，申請程序要件仍受指令規範。至於環境風險評估也受指令規範，同時也受到其他有關風險管理、標示、監督、大眾資訊與防衛措施之規定所規範（Rey Garcia, 2006: 6）。

　　授權程序流程如下：向會員國主管機關提交申請書與相關資料（Reg. 1829/2003, Art. 5(2)）、由EFSA進行科學評估（Reg. 1829/2003, Art. 6(3)）、由執委會準備提案草案，以及將草案送交由會員國代表所組成的食物鏈與動物健康常設委員會（Standing Committee on Food Chain and Animal Health）（Reg. 1829/2003, Art. 19(1)and 35）。若常設委員會以條件多數決通過執委會提案，執委會將通過決定。如否，提案將送交理事會，以條件多數決通過或否決。若理事會未於3個月內決定，執委會將通過提案。授權期間為10年（Reg. 1829/2003, Art. 7(5)），且獲得授權之產品將公開登錄於基因改造食品與飼料登記冊（Reg. 1829/2003, Art. 28）。

（三）標示與可溯及性

　　2001/18/EC號指令訂定一般性的產品標示條款，要求載明GMOs的存在。該項指令要求「本產品含有基因改造生物」（this product contains genetically modified organisms）等字樣必須置於標籤或伴隨產品的文件上（Dir. 2001/18/EC, Art. 13(2)(f)）。關於基因改造食品的標示，歐盟一向借重數項複雜的立法予以規範（包括258/97號規則、1139/98號規則，以及50/2000號規則）。根據規定，產品含有來自於基因改造的DNA或蛋白質，就必須標示。

　　1829/2003號規則取代舊規則並將標示的要求擴及基因改造飼料。而最重大的變革在於標示的要求適用於含有GMOs之食品與飼料、由GMOs組成之食品與飼料，以及由GMOs所生產的食品或飼料，不論最終產品是否可偵測到基因改造的DNA或蛋白質。[20]這一點是為了滿足消費者的需求與便於選擇（Reg. 1829/2003,

---

[20] 關於標示要求的新舊規則比較，請參見European Commission（2004a: 14）。關於標示之規定與實踐，請參見洪德欽（2008：509）。

Preamble §21）。不需經過授權的產品，例如藉助GMO所生產的產品（例如某些動物所生產之產品，如肉品、牛奶與雞蛋，可能產自於使用GMOs產品所飼養之動物），則不在該項規則所要求的強制標示範疇內，儘管一些消費團體曾呼籲應將該等產品予以標示，但並未納入。

　　雖然歐洲議會、消費者與環保團體曾呼籲採用較低的門檻，不過該項規則仍採GMO含量0.9%的門檻，低於此一門檻之基因改造食品與飼料免於標示，不過應為偶發或技術上無可避免者，或提出證據證明已採取適當步驟以避免該等物質存在者（Reg. 1829/2003, Art. 12(2)）。

　　1830/2003號規則針對含有GMOs之食品與飼料、由GMOs組成之食品與飼料，以及由GMOs所生產的食品或飼料之可溯及性制定管理架構，並與前述1829/2003號規則息息相關（Arienzo, 2008: 23）。根據1830/2003號規則第1條規定，其目的在於促進正確標示、監督GMOs對人類健康與環境的效果，以及執行風險管理措施與撤銷。基此，經營者必須提交與保存該等產品上市每個階段的資訊。為了確保可溯及性，避免GMOs產品不慎混入一般產品，業者在運送或交付GMOs產品時，應使受託運送者或收受者知悉GMOs產品之情事。此外，GMOs產品的相關業者應建立一套標準管理制度，妥善保存GMOs產品相關資訊。在GMOs產品運送或交付五年內，相關資訊仍應完整保留，不得銷毀（Reg. 1830/2003, Art. 4 & 5）。關於偶發或技術上無可避免的GMO含量，亦採0.9%門檻，低於該門檻者可免除適用（Reg. 1830/2003, Art. 4C），含有GMOs或由GMOs組成之產品標示亦然（Reg. 1830/2003, Art. 4B）。

二、GMOs產品刻意釋出與上市之授權：以德國個案為例

　　在眾多會員國中，德國對於GMOs產品的安全性，屬於採取保守立場的國家。如前所述，目前歐盟現行法規主要採規則的形式，不需各國再行轉換為國內法即可直接適用。因此在個案分析上，主要以2001/18/EC號指令為例，以檢視該項指令如何於德國落實。另基因改造食品與動物飼料的部分，則攸關德國如何執行歐盟相關規則。以下首先說明授權機制，其次則是風險評估與風險管理的運作。

（一）授權機制

　　在歐盟法規層次上，GMOs產品刻意釋出與上市係由2001/18/EC號指令規範。該項指令於德國落實並轉換為德國國內法，亦即「基因改造法」

（Gentechnikgesetz - GenTG）。[21]關於刻意釋出的部分，程序如下（GenTG, Art. 16(3)-(5); Dir. 2001/18/EC, Art. 6 & 11）。首先，申請案送交德國主管機關「聯邦消費者保護與食品安全機構」（Bundesamt fur Verbraucherschutz und Lebensmittelsicherheit，下稱BVL）。BVL接著請其他專門機構提出意見，如聯邦自然保護局（Bundesamt fur Naturschutz, BfN），以及生物安全專家委員會（Kommission fur Biologische Sicherheit, ZKBS）。BVL將概要提送執委會，由執委會轉送其他會員國俾便表達意見。BVL根據提交的資訊作成評估報告，並就申請案作出決定。

　　關於GMOs產品上市，尤其是含有GMOs之產品，或由GMOs組成之產品，程序較為歐洲化（GenTG, Art. 16(3)-(5); Dir. 2001/18/EC, Art. 13-15）。申請案亦送交BVL，再由BVL將概要提送執委會。BVL檢視申請文件是否完整，並請其他專門機構（如BfN等）提出意見。BVL根據提交的資訊作成評估報告。如果BVL的結論係屬負面，申請案將被拒絕。如果BVL的結論係屬正面，BVL的評估報告將送交執委會，由執委會轉送其他會員國。其他會員國得提出異議。若異議成立，執委會應諮詢相關之科學委員會（Dir. 2001/18/EC, Art. 28），亦即EFSA及其GMOs委員會（Reg. (EC)178/2002, Art. 22(5) (c)），以做出科學報告，並經由委員會程序作成決定（Dir. 2001/18/EC, Art. 18 & 30）。會員國主管機關應執行該項決定。若該項決定有利於上市，則主管機關應核可申請案。若該項決定不利於上市，則主管機關應不予核可。[22]

　　關於含有GMOs之食品與動物飼料、由GMOs組成之食品與動物飼料，以及由GMOs所生產之食品或飼料，在1829/2003號規則之下，其所適用之程序更為歐洲化。申請案亦送交BVL，再由BVL將之轉送EFSA。EFSA通知其他會員國該件申請案，並公布申請文件之摘要。該機構在其GMOs委員會之協助下提供意見（包括評估報告），並允許其他會員國主管機關提出評論（Reg. 1829/2003, Art. 6(4)）。EFSA亦有要求會員國提出環境風險評估之裁量權（Reg. 1829/2003, Art. 6(3) (c)）。該機構之意見將轉送執委會、各會員國，以及申請人，同時也會公布。社會大眾得於30日內提出評論（Reg. 1829/2003, Art. 6(6) (2)）。最後，執委會經委員

---

[21] Law of 20 June 1990, Bundesgesetzblatt 1990 I, at 1080, last amended by law of 1 April 2008, Bundesgesetzblatt 2008 I, at 499.

[22] Dir. 2001/18/EC, Art. 18(2).

會程序核可或拒絕申請案（Reg. 1829/2003, Art. 7(1)-(3) & 35(2)）。

　　不過，1829/2003號規則可否適用於種子，規定並不明確。到目前為止，基因改造種子仍須經過德國國內規範種子方面的法律，[23]與規範基因改造方面的法律（GenTG, Art. 14）雙重核可。要取得基因改造法之下的核可，根據2001/18/EC號指令所訂定的程序，德國主管機關擁有權限。乍看之下，種子並非食物或動物飼料，因此不屬於1829/2003號規則所訂定的程序。然而目前實務上的作法並不相同。在EFSA所收到的申請通知清單中，大多數基因改造種子的申請案根據1829/2003號規則的程序進行，亦即採用更為歐洲化的程序處理（EFSA, 2007）。

　　綜上所述，在上市方面有兩種不同程序：一種是高度歐洲化的程序，適用於基因改造食品與飼料，並由EFSA負責；另一種是較低歐洲化的程序，適用於其他基因改造產品，並由各會員國主管機關負責。

（二）授權之實質標準

　　根據德國基因改造法第16條第1項規定，基於科學狀況與釋出目的之考量，對該法第1條第1項所保護之標的，不至於產生不合理的不利影響時，即給予授權。而該法第1條第1項所保護之標的則包括環境及其交互作用之次級體系、動物、植物與物質資產。觀諸該法第16條第2項有關授權產品上市之規定，亦有相同之要求。

　　不過，1829/2003號規則第4條第1項有關上市標準的規定，並不相同。根據該項規定，第3條第1項所稱之食品不得對人類健康、動物健康或環境有負面影響。此外，2001/18/EC號指令第4條所規定之標準，亦與之不同。事實上，第4條規定具有相當之重要性，1829/2003號規則與會員國國內法皆應以之為準。此外，2001/18/EC號指令第4條第2項要求環境風險評估。而根據2001/18/EC號指令第13條第2項第a款規定，申請案提供之資訊應考量到GMOs產品本身及含有GMOs之產品使用地區之多樣性。

　　從上述規定來看，如果對人類健康及環境之不利影響，仍有科學上的不確定性，根據預防原則，得不予授權。不過，在此種情況下，應有不利影響的跡象存在，純屬風險存在的假設性考量，並不足以拒絕授權。如果不利影響的跡象存在，2001/18/EC號指令第4條第1項不僅賦予拒絕申請案的權限，並且也課以拒絕申請案的義務。

---

[23] Saatgutverkehrsgesetz of 20 August 1985, Bundesgesetzblatt 1985 I, at 1633, Article 30, as amended by Law of 21 March 2002, Bundesgesetzblatt 2002 I, at 1146.

此外，區分直接影響與間接影響十分重要。1829/2003號規則附錄二將間接影響定義為：

「間接影響係指透過事件的因果關聯，透過機制，例如與其他生物體之互動，基因物質的移轉，或使用或管理之變更，而對人類健康或環境產生影響。」

此一定義意指不僅應避免透過人類或非特定目標生物體使用GMOs而直接接觸GMOs所產生的不利影響，也包括透過縱向或橫向基因移轉，甚至透過管理做法的改變，將之釋出環境所造成之不利影響。透過直接和間接影響的概念，可以區分自然的因果關係（如食物鏈、基因轉移、食物鏈等），與社會的因果關係（如化學品變更申請等）。此外，影響可能立即發生，也可能延遲發生。何謂延遲，並無明確界定。不過根據執委會對2001/18/EC號指令附錄二環境風險評估所做的說明，影響延遲發生可能顯現在減少特定昆蟲之總數而影響到其他昆蟲的總數，或多重阻力或系統性影響的發展需要長期互動的評估。

關於2001/18/EC號指令第13條第2項第a款要求各種不同使用地區的規定，執委會特別釐清為了辨識各種不利影響，暴露於GMOs之其他生物體、人口、物種或生態體系，其結果應予評估。這一點需要詳細暸解GMOs被釋出而進入之環境（如地點、區域），以及釋出之方式。此外，環境特點（特定地點或特定區域的特點）也必須納入考量。為了進行逐案評估，可能有必要就生長或棲息地來分類區域資料，以反映有關接受GMOs環境的各個面向。

（三）風險評估之方法

根據2001/18/EC號指令附錄二的規定，環境風險評估包括六個步驟：第一，辨識GMOs內在特性可能造成的不利影響，以及潛在的因果鏈；第二，評估GMOs對其他生物體、人口、物種或生態系統帶來潛在不利影響的幅度；第三，評估潛在不利影響發生的可能性；第四，不同層次的可能性造成不同種類的損害；第五，釋出或上市所產生之風險，應如何管理的策略；第六，評估整體風險。

由授權的實質標準與環境風險評估的方法來看，兩者僅僅著重於不利影響。相較之下，德國基因改造法則要求，就與釋出（或上市）有關之目的，不至於對保護標的產生不合理的不利影響時，即給予授權。該項規定意指釋出（或上市）之利益亦納入考量。換言之，如果釋出或上市預期的利益係屬合理，縱使GMOs有不利影

響，但是仍然可以被接受（Winter, 2008: 211）。乍看之下，德國法的規定，似乎不符2001/18/EC號指令第4條的規定。該項指令第4條要求會員國應確保採取所有適當措施以避免不利影響，而德國法之規定則在於平衡風險與利益。

（四）授權後之監督措施

為了落實2001/18/EC號指令，國內法應規定在核准刻意釋出或上市之授權後，所應適用之監督體系。德國基因改造法亦有如是規定，且下述義務適用於GMOs申請者與使用者：

1.申請者有義務符合授權之要求，特別是執行監測計畫；[24]
2.使用者有義務符合良好做法，以防止損害健康和環境，特別是採取措施預防轉基因透過野生親緣相互交流和傳播（GenTG, Art. 16b(2) and (3) no. 1）；
3.使用者有義務持續向主管機關（即BVL）報告在刻意釋出或上市時突發事件造成未預見之威脅（GenTG, Art. 21(3)），根據監測計劃之要求對具體案件和一般情況提出意見觀察（GenTG, Art. 21(4) and (4a)），以及有關健康與環境風險之新資訊（GenTG, Art. 21(5)）。

相對的，主管機關有以下權責：
1.監督刻意釋出或上市之條件是否被遵守（GenTG, Art. 25）；
2.違反相關條件及法定要求時應介入（GenTG, Art. 26 & 38）；
3.在發生嚴重風險時，採取緊急措施，同時應通知執委會，如有必要時應作成決定（GenTG, Art. 26(5) (2); Dir. 2001/18/EC, Art. 23）；
4.啟動與執委會和其他會員國之合作程序後，課以附加條件（GenTG, Art. 19(2); Dir. 2001/18/EC, Art. 20(3)）。

關於基因改造食品與飼料，情況也很類似。1829/2003號規則第9條第1項規定對授權持有人課以上市後監測之義務，授權持有人應確保遵守該項義務，並根據受權條件向執委會報告。此外，關於影響食品與飼料安全之新科技資訊，授權持有人應提報執委會（Reg. 1829/2003, Art. 9(3) & 21(3)）。

1829/2003號規則第10條規定主管機關的因應作為。如果監測的結果或任何其

---

[24] 該項義務見於GenTG, Article 15(2) no. 4a and (3) no. 5a，以及Ordinance on GM procedures (G entechnikverfahrensverordnung – GenTVfV of 4 November 1996, Bundesgesetzblatt 1996 I 1657), Article 6(1)(4a).

他新資訊顯示未預見的風險，執委會根據EFSA之提案，並與會員國和大眾諮商後，得修正、中止或撤銷授權。此外，根據該項規則第34條所規定之緊急保護措施，如GMOs可能對人類健康、動物健康，或環境構成嚴重風險時，該項規定允許會員國介入，以及執委會有所因應。

第三節　歐洲化vs全球化：WTO歐體生技產品案對歐洲化之衝擊

在WTO歐體生技產品案中，WTO爭端解決小組認為歐體對於生技產品之核可程序，適用普遍性事實上暫止措施（a "general *de facto moratorium*"），致使核可程序不當延遲（undue delay），有違歐體在WTO相關協定之下應盡之貿易義務（WTO, 2006: §4.168 & §7.1598）。不過，小組駁回所有對歐體核可程序本身的指控，蓋因核可程序並非不符合（"not inconsistent"）相關協定之規定（WTO, 2006: §8.14）。小組裁定的重點在於歐體處理生技產品申請案件的遲延，而非針對歐體法規（WTO, 2006: §8.7）。同時小組認定所謂違反貿易義務的部分，係針對歐體個別會員國對特定生技產品之禁令，小組認為由於欠缺科學風險評估之前提要件，因此個別會員國所採取之防衛措施並無正當理由（WTO, 2006: §8.10）。

由於歐體認為小組報告並不影響歐體現行法規，因此決定不提出上訴（Schomberg & Smith, 2006）。歐體並通知爭端解決機構（Dispute Settlement Body, DSB）將執行報告之裁定，以遵守義務。不過由於本案十分複雜與敏感，歐體需要合理期間以執行之。故美歐雙方議定此一合理期間為12個月，於2007年11月21日屆期。嗣後執行期限卻屢經展延，然而歐體仍遲遲未執行報告，導致美國向DSB申請授權報復。美歐嗣後因報復程度之問題又起爭議而提付仲裁，最後美歐雙方達成協議，並致函仲裁人暫停審理工作。

乍看之下，在該案中美國等控訴國勝訴，歐盟敗訴。不過，小組報告在事實上的影響還很難定論。歐盟早在美國等國提出控訴之前，即已進行核可程序的改革，並於2004年完成。其實面對歐洲內部對農業生技反彈的聲浪，執委會十分致力於提倡科技（European Commission, 2002），並捍衛歐盟法規體系。執委會對於生技產品的態度頗為友善，在過去幾年中，也試圖在核可程序中強調風險評估標準的重要性，避免政治考量，不過並不太成功。主要問題有二：第一，在大眾對GMOs產品抱持疑慮態度的情況下，不易落實並徹底執行歐盟法規；第二，若干會員國強烈反

對取消該國對GMOs產品所實施之禁令。2007年年底，執委會曾建議相關會員國取消禁令，不過理事會並未支持此一提案，僅有義大利取消禁令。[25]在小組報告中，提到相關會員國自行作成之風險評估，不足以支持該國所採之禁令，且根據歐盟層次所作成之風險評估，亦無法支持會員國所採取之禁令。

　　基本上，要藉此扭轉歐盟生技政策的可能性其實微乎其微，原因在於歐洲多數民眾排斥基因改造食品、對管理者欠缺信任感、非政府間組織施壓，多數農民反對基因改造作物、食品加工業者與零售商因基因改造食品標示之要求而遠離或退出市場，以及歐盟決策體制的問題。歐盟相關規範的特點（如產品導向），被認為會凸顯GMOs產品所帶來的負面效果。歐盟決策架構體系可能導致GMOs產品的若干負面效果，不利於放寬現行標準。此外，由於歐盟多層次決策、歐盟國家擁有實質的管理自主權，以及維護歐盟內部市場的關切，故而比較傾向於讓GMO相關法規逐步漸進循序落實，而非由上而下進行協調統一（Bernauer & Aerni, 2009: 189）。

　　該案報告要求歐盟不再對GMOs產品實施普遍暫止措施，這一點影響不大，蓋因歐盟早已開始重新進行核可程序。不過有兩項問題值得深思：第一，歐盟相關法規所賴以建立的基石之一，亦即預防原則，在該案中曾被歐盟援引作為辯護之理由，結果未被小組接納。小組不採納歐盟有關預防原則之主張，事實上間接影響到歐盟相關法規的基石。

　　第二，觀諸小組報告，同樣也間接的批評了歐盟會員國採取防衛措施的自主權。小組認為SPS協定所訂定之風險評估規定應適用之，除非基於符合SPS協定要求之風險評估，否則個別會員國之禁令應予廢止。這一點凸顯了歐盟多層次治理的問題。

一、預防原則之未來

　　在歐體生技產品案中，歐體主張國家處理GMOs的問題時，有權採取「預防方法」（precautionary approach）（European Communities, 2004b: §28）。為了支持此一論點，歐體援引卡塔赫納生物安全議定書（Cartagena Protocol on Biosafety）第10條第6項，以及第11條第8項規定。歐體將預防性措施當作一種風險管理工具，作

---

[25] 在歐體生技產品案中，共有六個會員國遭到指控，分別是奧地利、法國、德國、希臘、義大利，以及盧森堡。請參見WTO（2006: §§7.2534-7, 2535）。另請參見Arcuri（2007: 11-13）；Poli（2007: 705-726）。

為風險分析架構的一部分，而非執行風險分析架構的指導方針。基此，唯有專家作成客觀、量化的風險評估後，方能採取預防性措施。預防被視為暫時性措施，視進一步的風險評估而定。歐體這種對預防原則的解釋，顯然是試圖使其適用符合SPS協定之規定。

　　在歐體生技產品案中，除了阿根廷以外，其他當事國亦為牛肉賀爾蒙（*Beef - Hormones*）案之當事國（WTO, 1997）。不僅是當事國相同，對於預防原則所採取的立場亦不變。因此美國主張歐體生技產品案與牛肉賀爾蒙案頗為相似，且認為小組應該援用牛肉賀爾蒙案的先例，不必討論預防原則的法律本質。美國並指出歐體並未解釋預防原則如何有助於解釋WTO協定之規定。此外，美國不認為預防原則已成為一項國際法的原則，蓋因對於該原則的形成並無共識（United States, 2004b: 3）。美國更進一步主張如果預防原則不是國際法一般原則，則亦非國際習慣法的規則（United States, 2004b: 3）。至於歐體則採完全相反的主張。歐體認為預防原則是一項國際法的原則，並且也是生物安全議定書的基石，象徵國際社會規範GMOs產品貿易的成果（WTO, 2006: §7.86）。

　　此外，當事國對於預防原則的法律本質看法也大不相同。美國認為預防原則的地位屬於理論性的問題（United States, 2004b: 3）。這一點還涉及國際法原則可否用於解釋WTO協定之規定。在歐體生技產品案中，這一點相當重要。DSU第2.3條允許在多邊貿易體系中適用國際公法的解釋規則。條約解釋通常依據維也納條約法公約的規定，因此美國認為根據維也納條約法公約第31條第3項規定來解釋WTO協定之目的而言，美國並非生物安全議定書的締約國，因此對於美國而言，該議定書並非國際法規則。縱使美國是締約國，美國認為生物安全議定書不適用於本案，蓋因該議定書不會改變任何既存國際協定下之權利與義務。換言之，美國認為明訂預防原則的生物安全議定書，不能用於解釋WTO協定而影響到爭端解決的結果。

　　相反的，歐體認為WTO不能自外於國際法，並主張WTO協定應參照WTO之外的國際法相關規範予以解釋與適用，例如國際協定與國際宣言（European Communities, 2004a: §456）。歐體強調不僅如此，多邊貿易體系的規範亦須參照國際法相關規範予以適用。換言之，WTO協定條文之適用得基於多邊貿易體系之外的國際法規範。歐體並主張生物安全議定書有關預防和風險評估的規定，告知了WTO協定相關條文的意義和效果（European Communities, 2004a: §459）。根據歐體的立場，生物安全議定書所提到的預防原則，可以作為解釋與適用SPS協定有關預防性措施的指南。

　　不過WTO爭端解決小組並未採納歐體的論點。小組認為由於生物多樣性公約與生物安全議定書並非對本案所有當事國均具有拘束力，因此不必納入考量，亦無須據此來解釋WTO相關協定之條文（WTO, 2006: §7.95）。甚至於小組認為縱使所有爭端當事國均為締約國，也不必然使得依據該公約或議定書來解釋WTO相關協定之舉係屬適當（WTO, 2006: §7.94）。對於歐體認為預防原則是一項國際法的原則，故應納入考量的主張，小組不認為該原則已被會員國廣泛的接受。小組指出並無任一國際法庭的權威性判決宣稱該原則係一般國際法或國際習慣法的原則。不過，小組卻援引了上訴機構在牛肉賀爾蒙案之見解，認為此一問題迄今仍無定論（WTO, 2006: §7.87）。因此小組不裁定預防原則是否為一項國際法原則，在報告中亦不援用該項原則（WTO, 2006: §7.89）。

　　儘管如此，雖然小組沒有直接裁定，不過預防原則的實際作用卻因此大受影響。小組認為在解釋WTO相關協定之條文時，不必考慮生物安全議定書與其所規定之預防原則。雖然小組沒有直接裁定，但是在實際上等於是認定預防原則不是一般國際法或國際習慣法的原則。其實在牛肉賀爾蒙案之後，國際上有很多重要的發展。例如生物安全議定書的問世，將預防原則明文納入規定。小組也注意到若干國際環境公約或宣言，也以明示或暗示的方式適用預防原則（WTO, 2006: §7.88）。除此之外，對於一些學者認為預防原則是一般國際法的原則，小組也予以援用（WTO, 2006: §7.88）。甚至於小組也承認一些國家的國內環境法，也適用預防原則（WTO, 2006: §7.88）。不過小組卻以並無任一國際法庭的權威性判決宣稱該原則係一般國際法或國際習慣法原則為由，放棄直接裁定的機會。這一點引起學者批評（Strauss, 2008: 816-819）。

　　無論是由歐盟執行GMOs法規的經驗來看，或從WTO歐體生技產品案報告來看，預防原則的適用似乎有被削弱或限制的趨勢。由於GMOs的使用爭議不斷，未來焦點有可能會轉向提出消費者關切、道德考量，或其他不直接援引預防原則的論點。無論如何，由於WTO其他會員國透過該組織施壓的結果，未來更不易直接援引該項原則（Cheyne, 2006: 257）。如果以迂迴的方式，透過消費者關切以利預防原則在實際上能夠適用，可能較為可行（Hilson, 2005: 305）。

　　在實務上探尋預防原則適當可行的界線，對於運用該項原則作為法律與政策的堅實基礎，乃是一項相當重要的條件。如同里約宣言所述，預防原則是為了達成目的而採取的方法，不應當作絕對標準。在WTO歐體生技產品案中，歐體所提出的辯護，顯示其忽略運用科學證據來支持政策的必要性。這一點非指應如何規範或

限制GMOs產品，而是指過於依賴預防原則可能並不適當，也無法自圓其說。當然這一點也非指預防原則應予廢棄，或甚至大幅削弱其適用，蓋因歐體藉由基於一般預防性政策的法規，以達成預定目標的問題，也不容忽視（Baldwin, 1997; Haimes, 2004; Kasperson & Kasperson, 2005）。因此，歐盟立法與歐洲法院需要確保預防原則雖然作為立法基礎，但不應過度延伸解釋。提倡預防原則與適用時，應符合比例原則，並有嚴謹的論述予以支持。尤其涉及貿易利益時，要適用預防原則以避免生技風險時，比過去更加敏感，操作也需更為細膩。

二、歐盟多層次治理的問題：朝向規範管理更為集中化之趨勢？

如前所述，根據2001/18/EC號指令規定，GMOs產品在歐盟上市的程序同時涉及會員國層次與歐盟層次。此一制度的設計目的在於俾利會員國參與核可程序，以及在歐盟層次上建立統一的程序，藉以避免規範管理政策因會員國不同而有所差異（Jachtenfuchs & Kohler-Koch, 2004: 103）。不過實際效果卻不如預期，一方面是因為會員國必須就國內對於GMOs產品的疑慮提出合理的反應，另一方面也因為若干會員國利用程序及其影響力進行不當操作，對歐盟機關施壓（Brosset, 2004: 567）。在WTO歐體生技產品案中，共有六個會員國採取防衛措施，即使經小組裁定違反協定後，仍有若干會員國強烈反對取消該國對GMOs產品所實施之禁令。

由此觀之，在GMOs產品的規範管理方面，歐盟採用多層次治理的結果，頗有問題。故下文擬探討歐盟之現況與問題，與朝向規範管理更為集中化的走向。此外，歐盟會員國在現行體制下所擁有的迴旋空間，例如設置無基因改造生物（GMO-free）區的問題，也一併予以討論。

三、歐盟多層次治理之現況與問題：朝向事實上之集中化

如前所述，2001/18/EC號指令在實際適用上，潛藏了若干問題。以授權程序初始階段為例，若非由受理申請的單一會員國作成決定，而是由一群監督管理者協商出最適當的處理方案，即可避免單一會員國片面決定程序是否繼續進行，同時也確保歐盟層次不至於無從著力。以1829/2003號規則而言，其有關授權程序初始階段之規定，即與2001/18/EC號指令規定不盡相同。1829/2003號規則要求申請者應向會員國主管機關提交申請書，這一點與2001/18/EC號指令規定相同。不過1829/2003號規則與2001/18/EC號指令不同之處在於申請案提出後應立即將相

關資料轉知EFSA與其他會員國。程序進行至此，係由EFSA進行科學評估（Reg. 1829/2003, Art. 6(3)），而非由受理申請案之會員國為之，會員國主管機關所能發揮之功能有限。

　　EFSA所扮演的角色，乃是會員國、執委會，與企業互動之樞紐（Chalmers, 2005: 649）。基此，EFSA的作為可較專家委員會更具自主性。EFSA主要由理事會、執委會與歐洲議會經由合作程序所選任之會員國代表組成（Reg. 178/2002, Art. 2）。EFSA監督的優點在於各會員國得於核可程序進行之前，承諾致力於長期的環境與消費者保護的目標（Krapohl, 2004: 523）。雖有EFSA的監督，但是授權體系仍保有一定程度的非階級性架構。此一體系有利於會員國追求長期目標，且單一會員國在授權程序初始階段進行風險評估的權力也被EFSA取代。有鑑於狂牛症事件中單一會員國的管制失靈，對其他會員國可能造成莫大的損害，因此更促成各國與EFSA進行合作（Bignami, 2004: 136）。

　　在歐盟GMOs規範體系中，倘若某個會員國因不配合而付出很高的代價，那麼會員國也許願意放棄某些權力，並讓渡給歐盟機構，以換取執行其他部分的控制權（Bignami, 2004: 101）。一方面這是為了統一監督管理模式的需要，另一方面也是藉由建立在歐盟層級的會員國協商程序，來降低各別會員國監督管理的負擔（Ostrovsky, 2007: 132）。其實，保護國家利益不必然要藉由保留一定的權限給國家機關才能達成（Brosset, 2004: 577）。如果各會員國在歐盟負責風險評估的機構（如EFSA）內有相當程度的代表性，則歐盟機構間之程序集中化，並不必然導致程序本身集中化（Brosset, 2004: 577）。以1829/2003號規則為例，惟有在理事會未作成決定時，執委會才能作成最終決定（Reg. 1829/2003, Art. 7, 19 and 35）。因此在理事會的程序階段，會員國握有決定權，有必要時可以禁止產品上市，同時以合理與共同合作的方式為之，在程序上進行掌控。在授權程序上調整權力均衡的關係，例如由歐盟從一開始即主導程序的進行，確保適用標準的一致性，而由會員國扮演輔助的角色，或許不失為可行之道。

　　由於GMOs相關規範具有高度的政治敏感性，若干會員國又採取保守的立場，加上對歐盟主導的疑慮，使得規範管理體系的集中化仍有一些障礙有待排除（Leibovitch, 2008: 440-443）。不過歐盟藉由調和標準，尤其在以科學為基礎的風險評估這一方面，確實反映朝向集中化的趨勢。此一評估並非僅於一群專家的工作，社會發展、文化傳統，以及價值等因素均應納入考量。EFSA的目的即為發展可被各國接受的原則與普遍性標準，由各會員國自行落實，建立了歐盟本身獨特的

集中化模式。換言之，普遍性標準適用於各會員國，縱使規範管理與執行的權限並未正式統一，然而藉由該等標準的適用仍可自動達成集中化的效果。學者將之稱為「事實上的集中化」（de facto centralization），以促使歐盟各會員國達成調和系統的目的（Bernauer & Caduff, 2006: 159-160）。雖然各會員國實際執行該等標準的情況不一，不過仍然朝向調合的目標。這一點顯示出非正式集中化的形式，而未來有可能演變為正式的集中化。在歐盟對GMOs產品之可溯及性與標示要求方面，即大部分運用了標準與原則的調合，以記錄完整的「從農場到餐桌」（"from the farm to the fork"）系統（European Union, 2009）。事實上的集中化，可能為正式、法律上的集中化（de jure centralization）預先鋪路。

四、會員國之迴旋空間：設置無基因改造生物區之爭議

　　儘管在WTO歐體生技產品案中，小組認定歐盟個別會員國對特定生技產品之禁令，由於無法提出科學風險評估予以支持，該等國家所採之防衛措施欠缺正當理由，不過相關會員國仍我行我素，即使可能面對WTO授權報復之威脅，亦不改初衷。對此，執委會與理事會似乎亦束手無策。

　　過去奧地利國內對生技產品的政策，曾在歐盟內部引發相當大的爭議。上奧地利邦（Oberösterreich）擬立法創設無基因改造生物區。2003年3月，奧地利聯邦政府應上奧地利邦請求，發布GMOs禁令，並根據當時的歐體條約第95條第5項規定通知歐體，上奧地利邦已提出立法草案，預定在未來三年內禁止所有的GMOs產品於該邦上市。但是由於奧地利並未提出新的科學證據，或證明該項問題屬於其特有之問題，因此執委會不同意禁令的實施。[26]奧地利遂向初審法院（Court of First Instance, CFI）提起訴訟，結果遭法院認定禁令之實施違反歐盟法。[27]奧地利復向歐洲法院提出上訴，法院駁回奧地利政府與上奧地利邦之主張，裁定該項立法草案，違反歐盟法。[28]執委會與法院均認定奧地利之禁令違反歐體條約第95條第5項，蓋

---

[26] Commission Decision of 2 September 2003 relating to national provisions on banning the use of genetically modified organisms in the region of Upper Austria notified by the Republic of Austria pursuant to Article 95(5) ECT, OJ 2003, L 230/34.

[27] CFI Joined cases T-366/03 and T-235/04, *Land Oberösterreich and Republic of Austria v. Commission*, [2005] ECR II-4005.

[28] ECJ Case C-439/05 P and C-454/05 *P, Land Oberösterreich and Republic of Austria v. Commission*. Retrieved September 9, 2009, from http://eur-lex.europa.eu/LexUri Serv/LexUriServ.do?uri=CELEX:62005J0439:DE:HTML.

因奧地利並未提出該項規定之前提要件，亦即新的科學證據與地區特有之問題。法院指出歐體核可GMOs上市，乃是基於歐洲食品機構所提供之專業意見，並根據科學證據與評估作成決定。反之，上奧地利邦之立法草案則無科學根據。該邦發展有機農業，或以小規模農場為主的農業結構，不足以合理化該邦之立法草案。若會員國立法禁止栽種基因改造作物，則剝奪了農民選擇作物種植的自由。雖然奧地利主張執委會沒有充分考慮預防原則的應用，不過歐洲法院以歐體條約第95條第5項之法律規定為準，駁回其主張。

儘管如此，奧地利至今仍維持相關禁令，執委會雖曾提案強制該國取消，但未獲理事會通過，成為歐盟十分棘手的問題。此外，若干會員國似乎有藉由設置無基因改造生物區之方式，以達成排除GMOs之目的。截至2008年9月為止，10個會員國政府、236個地區政府，以及22個歐盟會員國國內約4500個小地區禁止或限制基因改造作物。歐洲議會也敦促WTO與歐盟承認各會員國及地區設立無基因改造生物區的民主權（GM-free Ireland Network, 2008）。不過設置無基因改造生物區仍有爭議存在，例如會員國國內不同政府層級立法權限歸屬的問題，仍有待觀察。不過從上述奧地利一案觀之，歐盟其實並不排除在GMOs相關之授權體系下，得允許會員國採取與地區有關之措施，以及適用於特殊土地利用之小地區的特定措施（Palmer, 2006: 79）。有學者即認為歐盟法並不排除產品上市後，得基於保護自然環境而採取與地區有關之措施，除非在授權程序中已認定受影響的棲息地與物種可能遭受的損害風險可以忽略不計（Winter, 2008: 219）。基此，會員國應可設置無基因改造生物區。理事會於2008年12月曾就GMOs相關問題達成結論，其中一項即為支持無基因改造生物區之設置。理事會宣示在個案之基礎上，得設置無基因改造生物區，以保護敏感與受保護地區（EU Council - Environment, 2008）。

傳統作物與基因改造作物共存（co-existence）的問題（郭華仁，2005：35），在歐盟層次引發熱烈討論。最具有爭議性的問題包括有機產品與傳統作物種子中GMOs的存在、責任歸屬，以及無基因改造生物區的設置。執委會曾公布不具拘束力的指導方針（European Commission, 2003），以協助會員國發展出符合歐盟立法的共存措施，並將此一問題留給個別會員國行使其權限。歐洲議會也通過一份報告，敦促通過有關兩者共存的歐盟立法（European Parliament, 2003）。因此，執委會收到愈來愈多有關會員國共存措施的通知，主要在於設置無基因改造生物區，或對基因改造作物的栽種盡可能採取限制性政策。執委會也發現更多的共存措施並未通知（European Commission, 2004b），並且承認會員國正在測試設置無基因改

造生物區的界限為何。奧地利最近倡議在歐盟相關立法中納入排除條款，允許各國自行決定是否在整個區域或部分特定區域栽種GMOs作物。此一提議獲得保加利亞、愛爾蘭、希臘、塞普勒斯、拉脫維亞、立陶宛、匈牙利、馬爾他、波蘭及斯洛維尼亞等國支持（EurActive News, 2009）。

第四節　結論

　　歐盟意欲調合或趨近GMOs相關法規並非易事。為了達成目標，歐盟或採規則，或採指令為之。歐盟與會員國在維持法規一致性與會員國自主性之間尋求非常微妙的平衡，同時讓會員國保留追求國家利益的空間。而在WTO歐體生技產品案之後，歐盟也採取若干措施以降低小組報告所帶來的不利影響。

　　在WTO與美國等國施壓的同時，歐盟會員國也批評歐盟在授權程序方面不夠民主，以及欠缺透明度。歐盟為了回應內外要求，採取新措施來確保歐盟的決定係基於高品質的科學評估，且同時達到高水準的人類健康與環境保護。例如要求EFSA就申請案提供專業意見時能出具更詳細的理由說明，尤其在駁回會員國主管機關所提出的異議時更應如此。申請人與EFSA在風險評估中應詳述潛在的長期影響與生物多樣性問題（Europa, 2006）。此外，EFSA針對基因改造植物提出一項強制性的上市後環境監督（Post Market Environmental Monitoring, PMEM）計劃，以發現對人類健康或環境可能未預期的不利影響，包括直接影響與間接影響（EFSA, 2006）。儘管如此，雖然歐盟繼續改善其規範管理的架構，並特別強調透明化，不過對於GMOs並無從寬處理的趨勢。

　　在WTO歐體生技產品案之後，若干美國農業生技業者遊說美國貿易代表署，希望針對歐盟有關GMOs產品標示與可溯及性的法規，續向WTO提起爭端解決（Inside U.S. Trade, 2003: 6-8）。美國是否有所行動，尚有待觀察。倘若美國進一步針對歐盟GMOs產品標示與可溯及性的問題提起爭端解決，無疑使歐盟雪上加霜。不過，美國與歐盟之間所成立的「生物科技諮詢論壇」（EU-U.S. Biotechnology Consultative Forum），或可化解雙方在GMOs規範管理的歧見與衝突，促進彼此合作（Alemanno, 2008: 16-17）。

　　歐盟在平衡生技風險與貿易利益方面，同時見證了歐洲化的趨勢與全球化的衝擊。歐盟對內需要建立各方對於GMOs規範管理的信心，事實上的集中化似為不可

避免的趨勢，不過仍需為會員國保留迴旋的空間。歐盟對外必須恪遵其國際義務，面對其他各國對歐盟GMO政策與立法的檢驗。歐盟機構在規範管理生技產品方面正面臨一項不爭的事實，亦即GMOs的問題今日已非純屬技術上的問題。大眾的關切使得此一問題深具政治色彩，而相關法規仍需尋求平衡以充份反應之。如何妥善的回應大眾對於生技風險的關切，以及基於生物科技對於人類的真正價值，而非僅基於狹隘的經濟考量來規範之，對於歐盟決策者與立法者而言，乃是一大挑戰。

參考書目

一、中文文獻

洪德欽（2008）。〈消費者權利在歐盟基改食品標示之規定與實踐〉，《歐美研究》，38, 4: 509-578。（Horng, D. C. [2008]. Consumer Rights in the GM Food Labelling - EU Law and Practice. EurAmerica, 38, 4: 509-578.）

郭華仁（2005）。〈基改作物的全球現況與我國農作物生物科技政策〉，《生物科技與法律研究通訊》，18：21-41。（KUO, W. H. J. [2005] .Global status of GM crops and the national policy of agribiotechnology. Newsletter of Biotechnology and Law, 18: 21-41.）

二、西文文獻

Antonio, J. & Herrera, I. (2007). International Law and GMOs: Can the Precautionary Principles Protect Biological Diversity? *Boletin Mexicano de Derecho Comparado*, 118: 97-136.

Arcuri, A. (2007). Compliance is a Hard Nut to Crack in the Biotech Dispute. *Bridges Trade BioRes*, 1/October: 11-13. Retrieved September 8, 2009, from http://www.ictsd.org/cyberlaunch/biores-web.pdf.

Alemanno, A. (2006). Food Safety and the Singal European Market. In D. Vogel & C. Ansell (Eds.), *What's the Beef? The Contested Governance of European Food Safety* (237-258). Cambridge, MA: MIT Press.

Alemanno, A. (2007). *Trade in Food: Regulatory and Judicial Approaches in the EC and the WTO*. London: Cameron May.

Alemanno, A. (2008). How to Get out of the Transatlantic Regulatory Deadlock over GMOs? Time for Regulatory Cooperation. California-EU Biodiversity and Biosafety Regulatory Cooperation Workshop, December 11-12, 2008. Retrieved September 10, 2009, from http://ssrn.com/abstract=1419928.

Arienzo, A. et al. (2008). The European Union and the Regulation of Food Traceability: From Risk Management to Informed Choice. In C. Coff et al. (Eds.), *Ethical Traceability and Communicating Food* (pp. 23-42). Netherlands: Springer.

Baldwin. R. (Ed.) (1997). *Law and Uncertainty: Risks and Legal Processes*. London: Kluwer Law International.

Bernauer, T. & Caduff, L. (2006). European Food Safety: Multilevel Governance, Re-Nationalization, or Centralization? *Review Policy of Research,* 23, 1: 153-168.

Bernauer, T. & Aerni, P. (2009). Trade Conflict over Genetically Modified Organisms. In K.P. Gallagher (Ed.), *Handbook on Trade and the Environment,* (pp. 184-194). London: Edward Elgar Publishing.

Bignami, F. (2004). The Challenge of Cooperative Regulatory Relations after Enlargement. In G. A. Bermann & K. Pistor (Eds.), *Law and Governance in an Enlarged European Union, Essays in European Law*, (pp. 97-140). Oxford, UK: Oxford, UK: Hart Publishing.

Boisson de Chazournes, L. & Mbengue, M. M. (2004). GMOs and Trade: Issues at Stake in the EC Biotech Dispute. *Review of European Community & International Environmental Law*, 13, 3: 289-305.

Bridges Trade BioRes. (28th May 2004). EC Approves GM Canned Maize, Retrieved September 7, 2009, from http://ictsd.net/i/news/biores/9230.

Brosset, E. (2004). The Prior Authorisation Procedure Adopted for the Deliberate Release into the Environment of Genetically Modified Organisms: the Complexities of Balancing Community and National Competences. *European Law Journal*, 10, 5: 555-579.

Chalmers, D. (2005). Risk, anxiety and the European mediation of the politics of life. *European law review*, 30, 5: 649-674.

Cheyne, I. (2006). The Precautionary Principle in EC and WTO Law: Searching for a Common Understanding. *Environmental Law Review*, 8, 4: 257-277.

Christoforou, T. (2004). The Regulation of Genetically Modified Organisms in the EU: The Interplay of Science Law and Politics. *Common Market Law Review*, 29, 2: 637-709.

De Sadeleer, N. (2006). The Precautionary Principle in EC Health and Environmental Law. *European Law Journal*, 12, 2: 139–172.

Dunlop, C. (2000). GMOs and Regulatory Styles. *Environmental Politics*, 9:2: 149-155.

European Food Safety Authority. (2006). *Opinion of the Scientific Panel on Genetically Modified Organisms on the Post Market Environmental Monitoring (PMEM) of Genetically Modified Plants*. Retrieved September 10, 2009, from http://www.efsa. europa.eu/efsa/scientific_opinion/gmo_op_ej319_pmem_en,3.pdf.

European Food Safety Authority. (2007). *EFSA-GMO-Nos UK-2005-17, NL-2005-28, UK-2006-30 and NL-2007-46 in Summary of the Application for the Authorisation of Genetically Modified 1507xnk603 Maize and Derived Food and Feed in accordance with Regulation (EC) 1829/2003 including Authorisation for Cultivation in accordance with Directive 2001/18/EC*. Retrieved September 8, 2009, from http:// www.efsa.europa.eu/EFSA/DocumentSet/gmo_uk_2005_17_en1,0.pdf.

EurActive News. (2009, June 25). *Austria proposes GMO 'opt-out' clause*. Retrieved September 9, 2009, from http://www.euractiv.com/en/cap/austria-proposes-gmo-opt-clause/article-183467#.

EU Council - Environment. (2008, December 4). *Council Conclusions on Genetically Modified Organisms*. Retrieved September 9, 2009, from http://www.consilium. europa.eu/ueDocs/cms_Data/docs/pressData/en/envir/104509.pdf.

Europa. (2006, April 12). *Commission proposes practical improvements to the way the European GMO legislative framework is implemented*. Retrieved September 10, 2009, from http://europa.eu/rapid/pressReleasesAction.do?reference=IP/06/498&format=HTML&aged=0&language=EN&guiLanguage=en.

European Commission. (1997, April 30). *Green Paper on the General Principles of Food Law in the European Union*, COM (97) 176 final . Retrieved September 7, 2009, from http://www.europa.eu.int/comm/dgs/health_consumer/library/pub/pub06_en. pdf.

European Commission. (2000, January 12). *White Paper on Food Safety*, COM (99)

719 final . Retrieved September 7, 2009, from http://www.europa.eu.int/comm/dgs/
health_consumer/library/pub/pub06_en.pdf.

European Commission. (2002, January 23). Communication from the Commission to
the Council, the European Parliament, the Economic and Social Committee and
the Committee of the Regions. *Life Sciences and Biotechnology -- A Strategy for
Europe.* COM (2002) 27 final. Official Journal C 55 of 2.3.2002.

European Commission. (2003, July 23). *Recommendation on Guidelines for the
Development of National Strategies and Best Practices to Ensure the Co-Existence
of Genetically Modified Crops with Conventional and Organic Farming.* Retrieved
September 10, 2009, from http://ec.europa.eu/agriculture/publi/reports/coexistence2/
guide_en.pdf.

European Commission. (2004a, January 28). *State of Play on GMO Authorizations under
EU Law*, DN: Memo/04/17. Retrieved September 8, 2009, from http://europa.eu/
rapid/pressReleasesAction.do?reference=MEMO/04/17&format=HTML&aged=
0&language=EN&guiLanguage=en.

European Commission. (2004b, January 28). *Communication to the Commission: For
an Orientation Debate on Genetically Modified Organisms and Related Issues.*
Retrieved September 8, 2009, from http://europa.eu/rapid/pressReleasesAction.do?
reference=IP/04/118&format=HTML&aged=0&language=EN&guiLanguage=en.

European Communities. (2004a, May 17). *First written submission by the European
Communities.* Retrieved September 9, 2009, from http://trade.ec.europa.eu/doclib/
docs/2004/june/tradoc_117687.pdf.

European Communities. (2004b, June 2). *Oral Statement by the European Communities
at the First Meeting of the Panel.* Retrieved September 8, 2009, from http://trade.
ec.europa.eu/doclib/docs/2004/june/tradoc_117788.pdf.

European Parliament. (2003, December 4). Committee on Agriculture and Rural
Development, *Report on Coexistence Between Genetically Modified Crops
and Conventional and Organic Crops.* Retrieved September 10, 2009, from
http://www.europarl.europa.eu/sides/getDoc.do?language=EN&pubRef=-//EP//
TEXT+REPORT+A5-2003-0465+0+DOC+XML+V0//EN.

European Union (2009), *Food Safety: From the Farm to the Fork.* Retrieved September 9,

2009, from http://ec.europa.eu/food/index_en.htm.

Foster, C. E. (2008). Prior Approval Systems and the Substance – Procedure Dichotomy Under the WTO SPS Agreement. *Journal of World Trade* 42, 6: 1203-1217.

Francescon, S. (2001). The New Directive 2001/18/EC on the Deliberate Release of Genetically Modified Organisms into the Environment: Changes and Perspectives. *Review of European Community and International Environmental Law*, 10, 3: 309-320.

GM-free Ireland Network. (2008, September 20). *Essential Facts about Genetically Modified Food and Farming*. Retrieved September 9, 2009, from http://www.gmfreeireland.org/downloads/GMFI-flyer.pdf.

Gonzalez, C. G. (2007). Genetically Modified Organisms and Justice: The International Environmental Justice Implications of Biotechnology. *Georgetown International Environmental Law Review*, 19, 4: 583-642.

Guzman, A. T. (2004). Food Fears: Health and Safety at the WTO. *Virginia Journal of International Law*, 45, 1: 1-39.

Haimes, Y. Y. (2004). *Risk Modeling, Assessment and Management*. New York: John Wiley. & Sons.

Hervey, T. K. (2002). Europeanization of the Regulation of GM Products: Science versus Citizens? Queen's Papers on Europeanisation, 3: 1-28.

Hilson, C. (2005). Information Disclosure and the Regulation of Traded Product Risks. *Journal of Environmental Law*, 17, 3: 305-322.

Holder, J. & Lee, M. (2007). *Environmental Protection, Law and Policy*. Cambridge, UK: Cambridge University Press.

Howse, R. L. & Horn, H. K. (2009). European Communities – Measures Affecting the Approval and Marketing of Biotech Products. *World Trade Review*, 8, 1: 49–83.

Inside U.S. Trade. (2003, November 28). *Agriculture Groups Seek New WTO Action Against EU on GMO Rule*. Retrieved September 10, 2009, from http://www.insidetrade.com.

Jachtenfuchs, M. & Kohler-Koch, B. (2004). Governance and Institutional Development. In A. Wiener and T. Diez (Eds.), *European Integration Theory* (pp. 97-115). Oxford, NY: Oxford University Press.

Kasperson, J. X. & Kasperson, R. E. (2005). *The Social Contours of Risk*. London: Earthscan.

Krapohl, S. (2004). Credible Commitment in Non-Independent Regulatory Agencies: A Comparative Analysis of the European Agencies for Pharmaceuticals and Foodstuffs. *European Law Journal*, 10, 5: 518-538.

Kysar, D. A. (2004). Preferences for Processes: The Process/Product Distinction and the Regulation of Consumer Choice. Harvard Law Review, 118, 2:525-642.

Lafranchi, S. (2005). Surveying the Precautionary Principle's Ongoing Global Development: The Evolution of an Emergent Environmental Management Tool. *Boston College Environmental Affairs Law Review*, 32, 3: 679-720.

Leibovitch, E. H. (2008). Food Safety Regulation in the European Union: Toward an Unavoidable Centralization of Regulatory Powers. *Texas International Law Journal*, 43: 429-452.

Lisbon European Council (2000, 23 & 24 March). *European Union's Strategic Goal for the Next Decade*, Presidency Conclusions. Retrieved September 7, 2009, from http://www.europarl.europa.eu/summits/lis1_en.htm.

Lofstedt, R. E., Fischhoff, B. & Fischhoff, I. R. (2002). Precautionary Principles: General Definitions and Specific Applications to Genetically Modified Organisms. *Journal of Policy Analysis and Management*, 21, 3: 381–407.

Marden, E (2003). Risk and Regulation: U.S. Regulatory Policy on Genetically Modified Food and Agriculture. *Boston College Law Review* 44, 3:733-788.

McGrady, B. (2008). Fragmentation of International Law or "Systemic Integration" of Treaty Regimes: *EC – Biotech Products* and the Proper Interpretation of Article 31(3)(c) of the Vienna Convention on the Law of Treaties. *Journal of World Trade*, 42, 4: 589-618.

Ostrovsky, A. A. (2007). Up Against a Wall: Europe's Options for Regulating Biotechnology through Regulatory Anarchy. *European Law Journal*, 13, 1: 110-134.

Palme, C. (2006). Nationaler Naturschutz und Europäisches Gentechnikrecht. *Natur und Recht*, 28, 2: 76-79.

Poli, S. (2007). The EC's Implementation of the WTO Ruling in the Biotech Dispute. *European Law Review*, 32: 705-726.

Prévost, D. (2007). Opening Pandora's Box: The Panel's Findings in the EC-Biotech Products Dispute. *Legal Issues of Economic Integration*, 34, 1: 67–101.

Rey Garcia, P. (2006). Directive 2001/18 8 on the Deliberate Release into the Environment of GMOS: an Overview and the Main Provisions for Placing on the Market. *Journal of European Environment and Planning Law*, 3, 1:3-12.

Schomberg, W. & Smith, J. (2006, November 22). *EU Won't Appeal WTO Ruling on GMO Moratorium*. Retrieved September 7, 2009, from http://www.planetark.org/dailynewsstory.cfm?newsid=39102&newsdate=22-Nov-2006.

Shaffer, G. (2008). A Structural Theory of WTO Dispute Settlement: Why Institutional Choice Lies at the Center of the GMO Case. *International Law and Politics*, 41, 1: 1-101.

Sindico, F. (2005). The GMO Dispute before the WTO: Legal Implications for the Trade and Environment Debate. FEEM Working Paper No. 11.05. Retrieved September 10, 2009, from http://www.feem.it/NR/rdonlyres/D6C4B280-88C0-4D0C-A0D9-0F9AEE1EABAB/1432/1105.pdf.

Strauss, D. M. (2008). Feast or Famine: The Impact of the WTO Decision Favoring the U.S. Biotechnology Industry in the EU Ban of Genetically Modified Foods. *American Business Law Journal*, 45, 4: 775-826.

United States (2004a, April 30). *European Communities - Measures Affecting the Approval and Marketing of Biotech Products (WT/DS291), Executive Summary of the First Submission of the United States*. Retrieved September 7, 2009, from http://www.ustr.gov/webfm_send/182.

United States (2004b, July 29). *European Communities - Measures Affecting the Approval and Marketing of Biotech Products (WT/DS291), Executive Summary of the U.S. Rebuttal Position*. Retrieved September 9, 2009, from http://www.genewatch.org/uploads/f03c6d66a9b354535738483c1c3d49e4/US_WTO_execsummaryofrebuttalsubmission.pdf.

Van der Meulen, B.M.J. (2007). The EU Regulatory Approach to GM Foods. *Kansas Journal of Law & Public Policy*, 16, 3: 286-323.

Vincent, K. (2004). Mad Cows and Eurocrats – Community Responses to the BSE Crises. *European Law Journal*, 10, 5: 499-517.

Wiener, J. B. (2003). Whose Precaution After All? A Comment on the Comparison and Evolution of Risk Regulatory Systems. *Duke Journal of Comparative & International Law*, 13, 4:207-262.

Winickoff, D. et al. (2005). Adjudicating the GM Food Wars: Science, Risk and Democracy in World Trade Law, *Yale Journal of International Law*, 30: 81-123.

Winter, G. (2008). Nature Protection and the Introduction into the Environment of Genetically Modified Organisms: Risk Analysis in EC Multilevel Governance. *Review of European Community and International Environmental Law*, 17, 2: 205-220.

Wirth, D. A. (2006). The Transatlantic GMO Dispute Against the European Communities: Some Preliminary Thoughts. *Boston College Law School Faculty Papers*, 175-208. Retrieved September 10, 2009, from http://lsr.nellco.org/cgi/viewcontent.cgi?article =1145&context=bc_lsfp.

WTO. (1996, April 29). *United States - Standards for Reformulated and Conventional Gasoline* (WT/DS2/AB/R), Appellate Body Report. Retrieved September 9, 2009, from http://www.wto.org/english/tratop_e/dispu_e/cases_e/ds2_e.htm.

WTO. (1997, August 18). *European Communities: Measures concerning meat and meat products* (WT/DS26, WT/DS48), Panel Report . Retrieved September 9, 2009, from http://www.wto.org/english/tratop_e/dispu_e/cases_e/ds26_e.htm.

WTO. (2006, September 29). *European Communities - Measures Affecting the Approval and Marketing of Biotech Products* (WT/DS291/R, WT/DS292/R, WT/DS293/R), Panel Report. Retrieved September 7, 2009, from http://www.wto.org/english/ tratop_e/dispu_e/cases_e/ds291_e.htm.

第八章　預防原則歐盟化之研究

洪德欽

第一節　預防原則的發展背景

　　人類的歷史發展及生活環境充滿各種風險，處理這些風險的本能是我們生存的基本條件以及文明進化的重要原因。1850年代工業革命之後，各國紛紛採取工業化政策，從事大量生產、大量交易與大量消費，對環境產生大量開發、大量污染與大量破壞。歐洲國家針對環境污染除了採取事後救濟性的「污染者付費原則」之外，於1970年代之後，也構思在一些緊急情況，必須採取事先預防性的措施，以避免重大災害的發生，此乃預防原則發展的背景。[1]

　　隨者科學的進步發展與快速應用，相對帶來愈來愈多的不可預知或不能確定的風險，例如生物科技與奈米科技。由於科學證據尚未就部分創新的科技充分證明其安全性，該等新興科技即存有一些潛在風險。另外，氣候變遷與全球暖化對人類未來的生存與福祉，帶來更加嚴峻的挑戰。所以預防原則（the precautionary principle）自從1970年代以後，已逐漸被規定於環境、食品安全、公共衛生、貿易等領域的國家法律及國際條約，作為一種風險預防以及保護公共利益或促進永續發展的一項重要原則、策略與措施。[2]

　　預防原則在當代的立法行動，最早出現於1970年德國「空氣法」草案，並於1974年正式通過，以規範空氣污染、噪音、震動等所有潛在來源。預防原則事後陸續規定於德國環境相關法規，其立法精神及理由是基於對於後代子孫的責任，必須保護做為人類生命及生存自然基礎的環境，避免對其造成無法挽回的破壞。預防原則的德文名稱為"Vorsorgeprinzip"，其核心理念是社會應當透過認真的事先規

---

[1] Simon Marr, *The Precautionary in the Law of the Sea: Modern Decision Making in International Law* (The Hague: Martinus Nijhoff, 2003), pp. 5-7.

[2] Andrew Jordan, "The Precautionary Principle in the European Union," in Tim O'Riordan, James Cameron and Andrew Jordan, *Reinterpreting the Precautionary Principle* (London: Cameron May, 2001), p 145.

劃，以預防潛在的危險，避免環境被破壞。Vorsorge同時意味通過全面性及協調性研究，尤其是因果關係的研究，及早發現環境與健康所面臨的風險，以及如何及早採取預防性措施以降低損害。[3]預防原則在德國事後已發展為環境法的一項基本原則，用以處理空氣污染、酸雨、全球暖化、北海污染等環境問題。[4]

在國際層面，1982年聯合國大會通過的「世界自然憲章」（the World Charter for Nature）首次承認預防原則。[5]預防原則事後被規定於多項國際公約，用以保護環境。北海條約（The North Sea Treaties）是較早就重視預防原則的一個例子。值得注意的是，北海條約在不同時期；布萊梅，1984年；倫敦，1987年；海牙，1990年；埃森堡（Esbjerg），1995年，對於預防原則概念的認定也出現不同的變化。預防在1984年被界定為一種措施，1987年則是一種方法（approach），1990年則正式成為一項原則。1987年北海條約倫敦宣言指出：為保護北海免於危險物質的潛在危害，預防方法是必要的，以便在沒有十分明確科學證據以確定因果關係之前就採取行動，以控制危害物質的流入北海。[6]

1992年聯合國「環境與發展會議」通過的「里約環境與發展宣言」[7]原則15之預防原則，指出：「為了保護環境，各國應依據本國能力，廣泛適用預防措施。遇有嚴重或不可逆轉損害之威脅時，不得以缺乏充分的科學確實證據為理由，延遲採取符合成本效益的措施，以防止環境惡化。」會員國另外得依據第16條從事預防性風險管理。歐盟針對預防原則概念，亦參考「保護東北大西洋海洋環境公約」規定從事概念的界定。[8]

另外，2000年，「生物安全議定書」（The Cartagena Protocol on Biosafety，簡

[3] K. von Moltke, "The Vorsorgenprinzip in West German Environmental Policy," in *Twelfth Report of Royal Commission on Environmental Pollution* (London: HMSO, 1988), p. 57.

[4] UNESCO, World Commission on the Ethics of Scientific Knowledge and Technology, *The Precautionary Principle* (Paris: UNESCO, March 2005), pp.9-10.

[5] UNGA Res. 37/7, 28 October 1982, 23 ILM 455(1983).

[6] The Ministerial Declaration of the Second North Sea Conference, London, 25 November 1987. 評論詳見Philippe Sands, *Principles of International Environmental Law*, 2nd ed. (Cambridge: Cambridge University Press, 2003), p. 269.

[7] *The Rio Declaration on Environment and Development*, ILM, Vol. 31, No. 4 (July 1992), pp. 876-880,另見丘宏達（編輯），陳純一（助編），《現代國際法參考文件》，台北：三民，一九九六年十一月，頁878-881。

[8] Convention on the Protection of the Marine Environment in the North-East Atlantic, OJ 1998, L104/3.評論參閱牛惠之，〈預防原則之研究—國際環境法處理欠缺科學證據之環境風險議題之努力與爭議〉，《台大法學論叢》，第34卷第3期，民國94年5月，頁7-8。

稱Biosafety Protocol）[9]的前言及第1條，說明其目標是基於預防方法，以確保基改活體在跨國間之安全移轉、處理與使用，同時不會對人類健康與生物多樣性產生負面影響或構成風險。第1條重申了里約宣言第15條預防原則的內容。預防原則之相關條款在生物安全議定書並非義務，而是會員國採取預防措施之權利。議定書前言後段並且提及議定書並不是在於改變其他現存國際協定會員國之權利義務關係；但是這樣陳述並不代表生物安全議定書之法律位階低於其他國際協定。前言並說明議定書與其他貿易協定及環境協定應相互支持，以實現永續發展（sustainable development）之目標。

國際條約對於預防原則雖然有不同概念界定，但是仍然可以歸納出一些共同因素，包括：[10]

(1)存有科學不確定性，科學上對於損害的性質、因果關係、規模及可能性存有相當的不確定性時，預防原則得被考慮，以發揮危險預防的作用；

(2)符合比例原則及成本效益的考量，預防原則的應用應侷限於那些無法接受的風險，國際條約對於危險有損害、嚴重損害、無法挽回損害或全球性損害等不同敘述或規定，但皆反應對可接受損害程度的道德判斷。某些條約雖然不禁止各國追求零風險，但此一目標在實務上較不實際，因為預防措施也必須可能造成的損害相互對應，亦即符合比例原則，同時具有成本效益的措施，方有意義；

(3)科學分析為依據，預防原則須以某種程度或形式的「科學分析」為基礎，純粹臆測的科學不確定性，不得作為預防原則的依據，以避免形成主觀的行政干預或變相的保護措施。預防措施採行之後另需進行後續風險分析，取得更多證據並做出必要調整。

科學不確定性的來源及原因，一般可分為五種類型，包括：(1)參數不確定性（parameter uncertainty），指科學分析的缺失或不明確信息所導致的不確定性；(2)模型不確定性（model uncertainty），由科學理論的空白及研究模型的不精確所導致的不確定性；(3)系統不確定性（systemic uncertainty），許多未知因

---

[9] The Cartagena Protocol on Biosafety ("Biosafety Protocol")，於2000年1月29日簽署，並於2003年9月11日生效；截至2010年6月底，已有158個國家（地區）簽署，惟美國仍未簽署。The text of Biosafery Protocol，詳見Secretariat of the Convention on Biological Diversity, *Cartagena Protocol on Biosafety* (Montreal, 2000). http://www.biodiv.org/doc/legal/cartagena-protocolen.pdf

[10] UNESCO, *supra* note 4, at 13-14.

素經由累積作用及相互作用所導致的不確定性；(4)障眼法不確定性（smokescreen uncertainty），人為的控制某些研究；或者製造不確定證據方式，以獲取不當利益；以及(5)行政導致的不確定性（politically induced uncertainty），即由行政機關有意地操作或不作為，所導致的不確定性，例如，限制研究範圍、選擇性引用特定參數、模型或分析結果，或者不確定性隱藏在定量模型中。[11]

　　科學揭示其在發展過程與研究成果，無法解決所有問題，同時將面臨新的挑戰。科學本質是每當一項科學問題被解決的同時可能產生其他新問題，每一新知識建立的同時伴隨著很多盲點或無知。[12]尤其具有鉅大商業利益的新科技，廠商為了及早回收投資成本，取得專利權及市場占有率，往往縮短、簡化風險評估方法或流程，或者選擇有利評估結果、或者遮掩不利觀點，搶先商業化，使新產品相對具有較高的未知風險或隱藏風險。[13]科技隨著其應用與商業化而快速全球化，科技「全球化」對所有國家與國際組織的規範與治理體系帶來新的挑戰，尤其在新科技與新產品領域特別明顯。因此，倫理與法律應付現存科學與進行中科技的挑戰，是辨識何種道德與法律論證足以說服多數民眾，以成為規範的法源依據，此乃依據「多數民主」原則以建構科技規範並有效因應科學的不確定性。

　　綜上所述，在科學資訊不充分、不確定，經由初步科學評估，顯示對環境、食品安全、公共健康等構成潛在危險，且不符決策者所選擇的風險容忍或相關保護標準時，便可適用預防原則。各國在從事決策時，除應考慮風險所可能引起之疑慮，並應以預防措施將該等風險消除或降低至可接受程度。此種不待相關科學確定證據的取得，即先行採取措施之決定，即屬預防原則的適用。歐盟亦認同國際條約有關預防原則一般性概念與共同因素的認定，其法律規定與政策操作，與國際條約規定及實踐，亦若合符節。[14]

---

11 馬櫻，〈科技研究管理與風險預測原則〉，《科技管理研究》，2005年第10期，頁52、53；以及Joel Tickner, Carolyn Raffensperger, Nancy Myers, *The Precautionary Principle in Action: A Handbook* (North Dakota: Science and Environmental Health Network, 1999), p. 12.
12 Jürgen Mittelstrass, "Focus: Global Science. The Future of Science. A Welcome Address," *European Review* (2009), Vol. 17, No. 3/4, p. 466;以及Herbert Spender, *First Principle* (Edinburgh: William and Norgate, 1890), p. 16.
13 Hubert Markl, "Challenges of Globalization for Science and Research," *European Review* (2009), Vol. 17, No, 3/4, p. 502.
14 Robert J. Coleman, "The US, Europe, and Precaution: A Comparative Case Study Analysis of the Management of risk in a Complex World," Speech by Director General, Health and Consumer Protection Directorate, European Commission, Grand Hotel–Bruges, 11/12 January 2002, pp. 1-8.

　　歐盟化乃歐盟與會員國相關法律或政策,透過歐盟立法程序及法律調和等方式,成為歐盟層級法律規範,以符合歐盟發展的需求。歐盟化亦是歐盟建構與傳播一般原則、法律規定、政策模式、操作行為,以及共同價值與理念,並使之法規化及制度化,以確立並鞏固歐盟層級的法律與政策。歐盟化因此涉及歐盟法律與政策的建構與調整,甚至組織的轉型,以回應客觀環境的變化,乃一動態的整合過程。[15]預防原則歐盟化得以界定為該原則如何逐步規定於歐盟條約及法律,並透過歐盟執委會政策操作與歐洲法院判決實踐等方式,整合在歐盟法律體系之內,成為歐盟建制(regimes)的一環,對歐盟機構、會員國及歐洲廠商、歐盟公民等皆具有規範效力。歐盟主體於相關行動必須考量預防原則,並對其適用有所期待,如同Stephen D. Kransner教授指出:「建制乃一組明示或默示原則、規範、規則及決策程序,據以使行為者期待聚焦並趨於一致。」[16]預防原則歐盟化因此顯示預防原則在歐盟法律調和與政策趨同的建構進程,乃歐盟整合的動態發展過程,並對歐盟機構、會員國及歐盟廠商公民,產生重大影響及政策變遷。

　　預防原則歐盟化也有其內在需求,以回應會員國及歐盟公民的民意與訴求。歐盟超國家建制基本上也須考量其對歐洲共同理念與價值,尤其在會員國具有共通性的憲政原則與基本權利的承諾與實踐,否則將有政策正當性的疑慮,甚至危機。正當性乃憲政主義的一項重要因素,涉及一個法治體系的法規與政策如何訂定、為何訂定、如何適用、如何解釋、如何具有效力等議題與操作,整體而言,乃攸關政權有效性及合法性的根本性問題。[17]里斯本條約(The Treaty of Lisbon)[18]於2009年12月1日生效後之歐洲聯盟條約第10條及第11條已規定「代議式民主」(representative democracy),使歐盟憲政建制具有更濃厚的「對話性質」(dialogue),歐盟據此將從「認真對待權利」進一步發展到「認真進行對話」,就特定重大政策議題,提供歐盟公民、廠商、相關團體等諮商機會,以提高歐盟決

---

[15] Thomas Risse, Marin Green Cowles, and James Caporaso, "Europeanization and Domestic Change: Introduction," in Martin. G. Cowles, James. Caporaso, and Thomas. Risse (eds.), *Transforming Europe, Europeanization and Domestic Change* (Ithaca: Cornell University Press, 2001), pp. 4-5.

[16] Stephen D. Krasner, "Structural Cause and Regime Consequences: Regimes as Intervening Variables," in Stephen D. Krasner (ed.), *International Regimes* (Ithaca: Cornell University Press, 1983), p. 2.

[17] Thomas. M. Frank, *Fairness in International Law and Institutions* (Oxford : Clarendon Press, 1995), pp. 7-8.

[18] OJ 2007, C206/1.

策的透明性、草根性及民主性。[19]預防原則成為歐盟法律一般原則的一項意涵是，得以提高歐盟公民對歐盟政策與治理的信心，因為這類法律原則強制歐盟機構依據一定程序來進行決策，某種程度限制了歐盟權力，同時提高歐盟決策的透明性。另外，預防原則成為一項法律原則，其解釋也得去政治化，降低操作的不確定以及潛在爭端。[20]

預防原則的適用在實踐上依個案而做一些調整，其乃一項動態發展過程，而非僅是單純靜態的法規援引與解釋。預防原則同時是一項國際學習與法律調和的重要管道，使更多國家與國際組織，透過國際論壇或國際協定，增加對預防原則的認知與建立法的意識，經由更多國家實踐與國際協定的規定，有利於形成國際法一般原則。[21]

預防原則歐盟化亦有外部效應，透過歐盟及其會員國的實踐，形成一項國際法原則。依據國際法與國際太空法權威學者鄭斌教授指出，國際法形成須有兩項條件：(1)國家或國際組織的一致性實踐；(2)行為者於實踐時具有法律義務的認知（opinion juris）。實踐必須多個國家或國際組織，尤其具有代表性者的一致性適用該項原則或習慣。國際法原則有時在很短時間內就具體化，成為「新的慣例」（instant custom）或「新的原則」（instant principle），或至少被視為「形成中的原則」（emerging principle）。[22]國際法一般原則的重要意涵是，於國際條約及習慣沒有規範的地方，尤其生物科技或氣候變遷等新興議題及政策領域，得補充法律空白（gap-filling），成為一項法源，提供立法參考或政策導引。一般法律原則在國際法因此具有重要意義及影響。[23]

預防原則歐盟化是有其社會背景與科學理由，產生的重大政策變遷。1990年

---

[19] Marta Cartabia, "Europe and Rights: Taking Dialogue Seriously," *European Constitutional Law Review* (2009), Vol. 5, No. 1, pp. 29, 31;以及Victor Cuesta Lopez, "The Lisbon Treaty's Provisions on Democratic Principles: A Legal Framework for Participatory Democracy," *European Public Policy* (March 2010), Vol. 16, Issue 1, pp. 123-138.

[20] Koen Lenaerts, "In the Union We Trust: Trust–Enhancing Principles of Community Law," in A. McDonnell (ed.), *A Review of Forty Years of Community Law. Legal Developments in the European Communities and the European Union* (The Hague: Kluwer Law International, 2005), pp. 75-101.

[21] 參閱Peter M. Haas, "Do Regimes Matter? Epistemic Communities and Mediterranean Pollution Control," *International Organization*, (1989), Vol. 43, No.3 p. 377.

[22] Bin Chen, "United Nations on Outer Space: 'Instant' International Customary Law?" *Indian Journal of International Law* (1965), Vol. 5, pp. 23-43.

[23] Robert Jennings and Arthur Watts (eds.), *Oppenheim's International Law* (London: Longman, 1996), p. 7.

代隨者狂牛症（Bovine spongiform encephalopathy，簡稱BSE）等重大食品安全事件的接續發生，加深歐洲大眾對歐盟及會員國政策的不信任，促使歐盟必須重視公共利益問題，對環境、健康、食品安全與消費者等領域，採取高標準保障。另外，隨著環境污染、生態破壞對人類與動植物生命及健康構成威脅，歐洲大眾也深刻反思傳統科學發展模式及風險評估方法。科學快速發展與創新，許多研究成果與應用存有不確定性，以及原因與結果之間的關係也趨於複雜與模糊。在科學不確定情況下，如果任由危害發生或推遲對風險的控制，危害如果發生，後果往往很嚴重或難以彌補；這也不是「責任政治」應有作為，否則將不符合一般大眾的基本期待，形成政府「政策失靈」（policy failure）。[24]

預防原則乃是歐盟因應科學不確定情況下，針對公共利益存有嚴重危害風險，不以必須具備充分科學證據前提下所採取的風險預防措施。所以預防原則乃歐盟對環境、健康、食品安全高標準保障，以及公共利益價值的理念化、憲法化及法典化，具有崇高理想與目標，這也揭示了歐盟內部共識及強烈政治決心，絕不能等閒視之，或者是「簡單地」將其歸類為一種保護手段。

歐盟針對條約未規定的政策領域早期採取「法律調和」（legal harmonization或legal approximation）方式，建立歐體共同適用的最低標準，解決會員國法規差異性問題，這些法規事實上有些條款也隱含預防原則的精神，用以保護健康。[25]歐洲經濟共同體條約第30條（舊歐體條約第28條，現行歐盟功能條約第34條）亦有基於健康保護採取限制措施，形成第30條的例外。[26]此一健康例外亦為歐洲法院於Sandoz案例加以認肯。[27]第30條例外措施對歐體內部市場的貨品自由流通形成重大干擾，為了避免影響內部市場正常功能，歐洲法院針對例外措施的採用一般傾向從嚴解釋。[28]

[24] Fritz Scharpf, *Governing Europe, Efficient and Domcratic* (Oxford: Oxford University Press, 1999), p. 2.

[25] 例如Council Directive of 23 October 1962 on the approximation of the rules of the Member States concerning the colouring matters authorized for use in foodstuffs intended for human consumption, OJ English special edition, 1959-62, p. 279.

[26] 里斯本條約生效後，歐體條約更名為歐盟功能條約（簡稱TFEU），條文內容詳見 Consolidated Version of the Treaty on European Union and the Treaty on the Functioning of the European Union, OJ 2008, C115/1.

[27] Case 174/82 *Officier van Justice v. Sandoz* [1983] ECR 2445.

[28] Case 205/84 *Commission v. Germany* [1986] ECR 3755, paras. 27and 29;以及Case C-180/89 *Commission v. Italy* [1991] ECR I-709, paras. 17 and 18.

　　在歐盟方面，1992年歐洲聯盟條約已正式規定預防原則。歐體條約第174條（現行TFEU第191條）規定歐盟環境政策在考慮不同地區的差異性後，應以高標準保障為目標。歐盟環境政策應以預防原則為基礎，依據該原則採取預防措施；環境破壞應在源頭優先被解決，並且由污染者付費。歐盟在預備其環境政策階段，應同時將可得科技資訊；以及採取及不採取相關行動的潛在利益及損失納入考量。

　　第174條乃有關環境政策的規定，惟預防原則在歐盟的適用，並不限於環境政策。歐盟各項政策乃相互關連的，用以追求歐體條約第2條整體性的目標。另外，歐盟除了環境之外，在消費者、公共健康、食品安全等領域也都採取高標準保障。歐盟在訂定各項政策及立法時，皆須將這些政策一併納入考量。

　　歐體條約第6條規定，歐盟環境保護必須整合融入第3條規定的各項歐盟政策與活動的界定及執行，尤其是用此促進永續發展。第95(3)條（TFEU第114(3)條）規定，就有關健康、安全、環境與消費者保護的立法提案，將以高標準保障為基礎，並將科學事實為依據的任何新發展納入考量。歐洲議會及理事會在其相關職權範圍內，亦將追求達成此一目標。第152(1)條（TFEU第168(1)條）亦規定，在界定與執行歐盟政策與活動時，應該確保人類健康高標準保障。

　　針對消費者高標準保障，歐體條約第153條（TFEU第169條）規定，歐盟應致力於保護消費者健康、安全與經濟利益，同時促進他們的資訊與教育權，以及結社權以保障他們的權益。在界定與執行歐盟其他政策與活動時，應將消費者保護的需求納入考量。歐盟並應採取相同措施以實現消費者高標準保障的目標；同時支持、補充及監督會員國所採取的政策與措施。值得注意的是，歐盟不應阻止任何會員國維持或採取更高標準的消費者保障措施。[29]

　　預防原則在歐盟除了在環境之外，逐漸規定或適用於食品安全、公共健康、消費者保障等領域的政策及法規。1997年4月30日歐盟執委會於「消費者健康與食品安全」通知文件[30]指出：在科學證據不充分或存有某些不確定的情況下，執委會將以預防原則作為風險分析（risk analysis）的指導方針。1997年4月30日歐盟食品法律一般原則綠皮書，[31]歐盟執委會說明為了確保對公共健康，環境與消費者高標準保障以及一致性，於考慮所有相關風險因素，包括科技觀點，最後可得科學證據等

---

[29] 洪德欽，〈消費者權利在歐盟基改食品標示之規定與實踐〉，《歐美研究》，第38卷第4期，民國97年12月，頁519-522。

[30] COM(97)183 final, on Consumer Health and Food Safety.

[31] COM(97)176 final, Green Paper on the General Principles of Food Law in the European Union.

因素後，得採取依據風險評估（risk assessment）為基礎的保護措施。如果完整的風險評估不可行，則得依據預防原則採取相關措施。

　　歐洲議會針對此一綠皮書，於1998年3月10日通過一項決議（Resolution），表示支持。[32]歐盟理事會於1999年4月13日通過一項決議，建議執委會將來在消費者相關立法提案應該更堅定地以預防原則作為指導方針，同時執委會就預防原則的執行應發展明確有效的指導方針。

　　歐盟執委會依據理事會上述決議，於2000年2月2日，進一步發布了一項「預防原則」通知文件，[33]完整地規定了歐盟預防原則適用的範圍、條件、方法、措施、舉證責任等因素，並將WTO等國際義務納入考量。2002年1月28日的歐盟第178/2002規則[34]第7條規定了預防原則。事實上預防原則於1999年已適用於嬰兒食品（baby food），依據1999/39指令歐盟得參酌的國際義務，於科學證據不充分，援引預防原則採取暫時性限制措施。另外，歐盟針對基改作物的環境釋放（environmental release）與大田栽種，亦得援引2001/18指令規定的預防原則理念加以禁止之。[35]

　　預防原則的適用自1990年代在歐盟內部已形成共識，具體規定於歐盟條約、派生法律，並經由歐洲法院判例法的認肯、執委會的執行，顯示了預防原則歐盟化的現象與趨勢。預防原則在178/2002規則明文規定下，在歐盟已超越歐體條約第174(2)條項僅是宣示性的原則規定。178/2002規則第7條對歐盟機構、會員國、歐洲廠商及科研機構，皆產生法律拘束力，必須被共同遵守。另外，2000年「預防原則通知文件」已具體規定預防原則的適用方針，實際操作將更加具體可行，並得確保該原則在歐盟的一致適用。[36]

　　本章除了針對預防原則在歐盟與國際法的發展背景，做一檢視之外，另外對

---

[32] European Parliament, Resolution of 10 March 1998 on the Commission Green Paper on the General Principles of Food Law in the European Union.

[33] COM(2000)1 final, Communication From The Commission on the precautionary principle, Brussels, 2.2.2000.

[34] Regulation 178/2002 laying down the general principles and requirements of food law, establishing the European Food Safety Authority and laying down procedures in matter of food safety, OJ 2002, L 31/1.

[35] Directive 1999/39 on baby food, OJ 1999, L124/8. Directive 2001/18 on the deliberate release into the environmental genetically modified organisms, OJ 2001, L106/1.

[36] Jim Dratwa, "Taking Risks with the Precautionary Principle: Food (and Environment) for Thought at the European Commission," *Journal of Environmental Policy and Planning* (2002), Vol. 4, pp. 197-213.

預防原則在歐盟的概念界定與實踐情況、預防原則歐盟化的架構與路徑加以研析，尤其透過歐盟條約、歐盟法律、歐洲執委會政策，以及歐洲法院相關判例，從事論證，據以窺知預防原則歐盟化的意涵與影響。

第二節　預防原則在歐盟的概念與實踐

歐體條約第174條針對預防原則的概念並沒有給予詳細界定。178/2002規則第7條則明確規定了預防原則的概念與適用條件，其內容是：

「1.在特定情況，經由可得資訊的評估，證實存有對健康危害效果及科學不確定性，得採取暫時性風險管理措施以確保對歐盟健康高標準保障，直到取得更多科學資訊以從事更加完整的風險評估。

2.第一項措施應該符合比例並且對所需達成歐盟健康高標準保障，不會產生更大貿易限制性，同時須將技術及經濟可行性及其他正當因素納入考量。這些措施應於合理期間內重新評估，並且以健康或生命風險的性質，以及對於澄清科學不確定性及從事一項更加完整風險評估所需的科學資訊，作為評估的基礎。」

由第7條文義觀察，涉及健康高標準保障相關議題，皆得適用預防原則。預防原則因此得被視為一項相當開放性的原則。惟第7條本身針對預防原則的適用，設定一些義務規定，包括適用因素、採取措施的原則及舉證責任等條件。預防原則在歐盟的適用，仍須符合一些義務規定，以避免形成武斷決策（arbitrary decision）或是變相保護措施。預防原則在歐盟的適用所應具備的要素包括：(1)鑑定潛在負面效果；(2)風險評估；以及(3)科學不確定性。

在鑑定潛在負面效果方面，在適用預防原則之前，首先必須評估與風險相關的科學資訊。然而，在決定進行評估行動之前，邏輯上及時間順序上皆應先行完成潛在負面效果的鑑定；並因此建構該等負面效果相關的科學試驗。歐盟如果決定從事潛在負面影響的鑑定，不需等待額外佐證的資訊，對理論要求較低，一般是更著眼實務上風險觀點的分析。

在風險評估方面，預防原則必須以風險評估為基礎。178/2002規則第6(3)條項規定，風險管理必須將風險評估結果納入考量。風險評估必須依據可靠的科學資料

及邏輯推論，以做出可靠結論，解釋風險發生的可能性。風險對於環境、人類健康、食品安全等產生的危害效果的嚴重性，其中包括可能損害的範圍、期間、不採取預防措施的損害等面向。歐盟認為預防措施案例皆須致力於風險評估以取得相關科學資訊。

風險評估一般包括四大構成要素：(1)危害辨識（hazard identification）；(2)危險特性化（hazard characterization）；(3)暴露評估（appraisal of exposure）；以及(4)風險特性（risk characterization）。[37]科學知識的侷限性可能影響上述四項要素並伴隨產生科學不確定性，最終影響預防措施之採行及行動基礎。然而，風險評估雖然存在上述科學知識限制性可能產生的一些影響，歐盟在採取預防措施前，仍應完成上述四大要素為主要構成要素的風險評估，以符合178/2002規則第6(3)條項規定。

風險評估應該具有高品質操作，其所得的科學證據才有意義。歐洲法院針對依據預防原則的風險管理決策，指出不僅必須奠基於「可得的科學資訊」，並且該等資訊必須可靠，足以令人信服。經由高品質評估過程，才足以產生具有說服力的堅強科學證據。[38]

歐洲法院在另一案例指出，風險評估相關操作，如果僅是依賴「不充分、不確定或是不精確」（insufficiency, inconclusiveness, or imprecision）的研究結果，並無法確定可疑風險的存立與範圍。[39]所以風險評估必須具有高品質操作過程，其研究成果，才足以被認定為充分、確定及精確。[40]為了避免預防原則被濫用，風險評估雖然不必取得具有結論性證據（conclusive evidence），但須顯示充分科學指標（sufficient scientific indications）以做為採取預防措施的依據。[41]

科學不確定主要源自風險評估的科學運作方法的差異性，尤其，選擇變動性（the variable choice），採用的測量方法、選擇樣本、進行模式及方法，以及建構的因果關係（the causal relationship employed）等方面的差異性。除了科學方法的差異性之外，風險評估產生的科學證據，由於資料的數量、規模、來源、取樣等方面，各國存有差異性，以致影響科學證據的品質，甚至證據力，最終影響到預防措

[37] National Research Council, National Academy of Sciences, *Risk Assessment in the Federal Government, Managing the Process* (Washington, DC: National Academy Press, 1983), pp. 28-29.
[38] Case 192-01, *Commission v. Denmark* [2003] ECR1- 9693, para. 51.
[39] Case E-3/00, *EFTA Surveillance Authority v. Norway,* (2000-2001) report of EFTA court, at 31.
[40] Case T-13/99, *Pfizer Animal Health v. Council* [2002] ECR II-3305, at 393.
[41] *Ibid.*, para. 165.

施的基礎及合法性。[42]

　　一般認為科學方法與科學運作差異性所形成的科學不確定性，可以界定為「真正不確定性」（genuine uncertainty），以區別因為無知而形成的其他類型科學不確定性。無知所造成的科學不確定性，例如包括因為建構科學研究成本過高，某些確切科學資料無法取得，或是某些新科技的應用產生的新型產品，未能及時充分發展評估技術等因素，而導致的科學不確定性。[43]

　　從178/2002規則第7條文義「依據可得資訊所從事的評估，已證實存有對健康危害的效果，及科學不確定性」，顯示唯有足以引發預防原則適用的科學不確定性類型，才屬「真正不確定」，尤其是以「對健康危害效果」作為判斷標準。預防原則的適用因此必須排除基於無知所產生的科學不確定。歐洲法院明白確定此一觀點：「當不確定情況出現，同時足以影響人體健康風險的程度時，歐盟機構可以採取保護措施。」。[44]

　　風險評估的目的，乃針對可能對人體健康有負面效果的特定產品或製作程序進行評估，並針對該等負面效果的潛在嚴重程度加以分析，加總計算風險的或然率，以及風險災害程度。風險評估同時包括對不採取或遲延採取預防措施可能產生的危害，以及不可接受風險的確切程度，加以分析。風險評估並非絕對要求針對風險事實提供確實證據，同時也毋須針對風險可能成為事實的情況，提供潛在負面效果嚴重程度證據的詳細資料。178/2002規則第6(2)條項規定，風險評估是以「可得的科學證據為基礎」，「從事獨立性、客觀性及透明性」的科學評估，這是歐盟風險評估的重點內涵。如果目前情況下欠缺特定科學資料，無法具體描述危險特徵時，應考量風險評估過程原本就具有一定的科學不確定性，這是採取預防措施的一項原因。然而，歐盟於此情況仍須與正常情況下，具備充足科學資料時，所做相關措施的本質以及範圍相互比較，以提高風險評估的客觀性以及預防措施的合理性。

　　在預防措施採用時機方面，歐盟於可能危害人體健康的風險存在或延續擴張時，同時存有科學不確定性，即可依據預防原則採取保護措施，無須等待風險與危害確實發生並產生嚴重損害，才進行保護行動。歐洲法院於BSE案例即已明確支持

---

[42] Daniel Bodansky, "Scientific Uncertainty and the Precautionary Principle," *Environment* (1991), Vol. 33, No. 7, p. 4.

[43] Theofanis Christoforou, "The Precautionary Principle and Democratizing Expertise: a European Legal Perspective," *Science and Public Policy* (2003), Vol. 30, No. 3, p 207.

[44] Case C-157/96, *National Farmers' Union* [1998] ECR 1-2211, para. 63.

此一立場。[45]對人體健康構成威脅的風險，不限於已發生或短期將發生的風險，長期性潛在風險，亦得適用預防原則。例如狂牛症的病毒在人體潛伏期可以長達十年以上才發作感染人體，已被科學證實。人類食用遭受感染牛肉雖然不致皆立即發病，但仍存有長期性遭受染病而影響生命健康的風險。所以在BSE案例，歐洲法院支持歐盟執委會對英國牛肉出口的禁令，此乃依據預防原則所做的一項裁決。[46]

　　某些食品或產品殘留化學物質或毒素，可能透過實用而間接影響人體健康，此類風險可能須經長期累積而發生負面作用，因此長期性潛在風險，亦得適用預防原則。例如在*Pfizer*案，涉及antimicrobial resistance可能從動物移轉到人體的風險。歐盟執委會禁止Virginiamycin添加在動物飼料，被歐洲法院裁定為合法。[47]

　　歐盟風險管理機構如果決定採取預防措施，依據178/2002規則第7(2)條項，仍應符合一些法律規定，包括：比例原則、不歧視、一致性、檢驗作為與不作為的成本利益，以及檢驗科學發展等條件。比例原則具體規定於德國基本法第2及12條，規定對基本自由的限制必須符合比例原則。歐體條約第5條最後一段就比例原則加以規定：歐體任何行動不應超過追求本條約目標的必要範圍。1997年阿姆斯特丹條約[48]附件包括一項輔助與比例原則適用議定書（the Protocol on the application of the principles of subsidiarity and proportionality），指出：「在運用其法定職權，各機關應確實遵守比例原則，據此歐體任何行動不應超過追求條約目標所必需。」比例原則並被歐洲法院相關案例所認肯，成為歐盟法律一般原則。歐洲法院於1970年即已指出：「基於公共利益加諸市民的義務，必須是對所追求目標絕對必要的。」[49]上述規定與實踐顯示比例原則在歐盟法律的重要性。

　　比例原則乃歐盟法律的一般原則，歐盟採取的保護或限制措施，必須竭盡可能達到適當保障水準，亦即保護不得過當，不得超過所欲追求的目標；保護手段應該盡量選擇限制性最低而能達成同等目標的措施。歐盟依據預防原則採取的保護措施，手段與目標必須相當，同時亦應避免以零風險為目標，或以其他鮮少發生的情

[45] Case C-180/96, *UK v Commission* [1998] ECR I-2269, para. 99.
[46] Case C-180/96 *UK v. Commission* [1996] ECR 1-3903, paras. 60, 69, 93.
[47] Case T-13/99 *Phizer*, para. 166.
[48] OJ 1997, C340/1.
[49] Case 11/70 *Internationale Handesgesellschaft v. Einfubrund Vorratsstelle Getreide* [1970] ECR 1125, at 1146.比例原則的評論詳見John A. Usher, *General Principles of EC Law* (London: Longman, 1998), pp. 37-51.

況為目標。[50]

　　預防措施應該採取較不具限制性而能達成適當保護水準的選擇方案，例如適當待遇（appropriate treatment）、降低暴露（reduction of exposure）、加強控制（tightening of control）、暫時性限制（provisional restrictions）、向風險族群提供建言（recommendations for population at risk）等。依據比例原則，歐盟雖然應避免追求零風險目標，但是並非當然意味不得採取全面禁止（a total ban）措施，全面禁止或許並非屬於一種針對潛在風險所採取的最好措施，但是只要符合比例原則仍然不被禁止。[51]另外，風險也不限於已發生、即將發生或已證實的風險，同時包括長期暴露於未處理狀況後，產生負面影響的風險。涉及未來才會發生的風險，不應予以排除或降低考量該等風險發生的可能性。預防措施因此也可以適用於潛在的長期風險，尤其針對環境、生態系統的長期影響，或者是運用新興科技發展的新型產品，可能需要較長期間的觀察或較新科技的評估。

　　不歧視原則指相較之下，性質相近情況，不應運用不同的處理方式或給予不同待遇；同時，不同情況不應採取相同處理方式或給予相同待遇，除非具有客觀基礎，足以合理解釋。不歧視原則在預防措施的適用，主要追求達成「公平的」保障水準，避免預防措施出自武斷或以保護為目的，對於不同地區及來源的同類產品，必須給予相同待遇，以避免爭端，並達成預防原則適用的一致性。[52]

　　一致性原則是指現行措施應與過去相類似情況下已經採行措施，或與使用同類途徑措施間應具備一致性，達成追求預防措施手段的合理性與正當性。風險評估包括多種程序，同時必須考量各項因素，以確保風險得被完整有效地鑑定。一致性原則的目標在做為預防措施基礎的風險評估，尤其運用的「鑑定方法」特別重要，以提高科學證據的客觀性，以有效描述危險特徵，建構預防措施與風險影響之間的因果關係，並評估暴露環境與暴露人口風險接受程度。質言之，科學方法的一致性乃預防措施有效性與合理性的重要依據。

---

[50] Case 174/82 Sandoz [1983] ECR 2445, at 18；Case C-192/1 Commission v. Denmark [2003] ECR 1-9693.

[51] Roberto Andorno, "The Precautionary Principle: A New Legal Standard for a Technological Age," *Journal of International Biotechnology Law* (2004), Vol. 1, pp. 18-19.

[52] 洪德欽，《WTO法律與政策專題研究》，一版二刷，台北：新學林，民國九十四年三月，頁138；以及Ernst-Ulrich Petersmann, "Biotechnology, Human Rights and International Economic Law," in Franceso Francioni (ed.), *Biotechnologies and International Human Rights* (Oxford: Hart Pub., 2007), pp. 272-273.

　　除了上述三項原則之外，預防原則的適用，歐盟也必須從事作為與不作為產生的影響分析，包括對長、短期歐盟利益的影響，以促使預防原則的適用，產生整體性運作優勢，有效降低風險至可接受程度。此一分析方法不得簡化為僅限於經濟上成本利益分析，而應更廣泛地將非經濟因素納入考量。178/2002規則第7(2)條項本身也規定「其他因素」在風險管理決策做為考量因素的合法性。178/2002規則前言第十九段，列舉的其他因素包括社會、經濟、傳統、倫理及環境等項目。分析方法亦可被納入考量，以符合經濟及技術上具有可行性的要求；同時亦得考量可行方案的功效，以及可行方案公眾接受程度等因素。社會大眾也許願意付出較高成本以保障一項特定利益，例如環境或健康，將使該等利益在預防原則及風險管理決策過程中具有優先性及重要性。

　　預防措施採用之後，歐盟事後仍須從事科學發展的檢測，以便對預防措施依據新的科學發展，從事新的調整或提出更堅強有力的科學證據，以支持原先決定。預防措施往往是在仍然不具備充分的科學資料或取得精確的科學結論情況下所做的決定。鑑於科學發展日新月異，歐盟因此必須在一定期限內從事科學新發展的檢測，包括新的評估方法，以取得更加完整的科學證據，據以對原先預防措施加以調整或修正。

　　舉證責任涉及預防措施如果引發爭端，在法庭舉證責任的歸責，亦即由何方負責舉證責任。預防措施由歐盟執委會所決定，對於受該措施影響引發法律爭端，法理上本應由執委會負擔舉證責任。然而預防措施採用的一項因素即涉及科學的不確定性，當時情況仍然不具備完整科學資料，無法取得精確科學結論。所以如果由執委會負擔舉證責任，可能面臨舉證不足，甚至不能舉證的結果。[53]法諺：「舉證之所在，敗訴之所在。」執委會如果負擔舉證責任將使預防原則的適用可能性大大降低，歐盟參考藥品、農藥及食品添加物等上市的許可程序，針對預防措施採取「舉證責任倒置」方法；亦即除非廠商（包括生產者、製造商及進口商等）能證明特定產品不具任何危險性，否則將被認定為具有危險性的物質。廠商因此必須負擔相關產品風險分析的科學工作，證明該等產品不具危險，才得被允許在歐盟市場上市。

　　此一舉證責任倒置方法在預防原則的適用，受預防措施影響者，如果不服執委

---

[53] Carl F. Cranor, "Asymmetric Information, the Precautionary Principle, and Burdens of Proofs," in Carolyn Raffensperger and Joel A. Tickner (eds.), *Protecting Public Health and the Environment. Implementing the Precautionary Principle* (Washington, DC: Island Press, 1999), p. 86.

會的決定，必須對執委會「存在對健康危害效果及科學不確定性」的主張，提出反證，亦即負擔舉證責任；對採取預防措施的執委會相對處於較為有利地位。[54]惟歐盟在預防原則舉證責任的轉換，傾向謹慎立場一般依個案決定之，並且不擴大適用於所有產品，主要針對健康、環境、新興科技等領域須採取高標準保障的相關產品才予適用，以避免預防原則被濫用，形成保護主義手段，甚至影響歐盟公民的基本權利。[55]

第三節　預防原則歐盟化的架構與意涵

　　預防原則歐盟化的路徑與架構主要包括：(1)歐體條約的規定；(2)178/2002規則與其他歐盟法律的規定；(3)歐洲法院判例法與執委會相關政策的實踐等方式。歐盟執委會的實踐在其2000年2月2日的COM（2000）1 final有關「預防原則」通知文件已有詳細說明預防原則適用的範圍、條件、原則等項目。本節因此將以其他項目作為討論對象。

　　在歐體條約規定方面，歐體條約第174條正式規定了預防原則在環境政策的適用，反映了預防原則在歐盟追求環境高標準保障的重要性。預防原則由歐體條約明文規定，提供一種「憲法性」高位階保障，確立了其在歐盟適用的合法性，並得成為歐盟相關派生法律立法的法源依據。歐盟機構據此得從事環境相關立法工作，或在歐盟法律規定預防原則相關條款，超越「法律調和」的模式。

　　在歐盟條約於1993年11月1日生效以前，歐洲經濟共同體條約尚未就環境保護加以規定。歐盟從事環境保護的工作，僅能依據歐洲經濟共同體條約第100條規定，並且不得違反條約其他規定，亦即不得對自由貿易構成障礙。歐洲法院在240/83案例[56]亦採取上述相同觀點。另外，依據歐盟建立的憲政原則，歐盟機構只有在條約明文規定專屬職權範圍內，歐盟才得從事相關立法活動，推動相關政策，此即所謂「法定職權原則」。歐洲經濟共同體條約第235條雖然規定「默示權

---

[54] COM (2001) 1 final, paras. 6.3.4以及6.4.

[55] Han Somsen, "Cloning Trojan Horses: Precautionary Regulation of Reproductive Technologies," in Roger Brownsword and Koren Yeung (eds.), *Regulating Technologies: Legal Futures, Regulatory Frames and Technological Fixes* (Oxford: Hart Pub., 2008), pp. 221-241.

[56] Case 240/83 *Procureur de la République v. Association de Défense des Brûleurs d'Huiles Usagées* [1985] ECR531.

力」，但僅限於歐體採取措施能比會員國更有效實現歐體目標或提供環境保護，且條約沒有賦予歐體職權情況下，才得享有此等默示權力，推動相關立法工作。第235條嚴格的適用條件，大大限制了歐盟依據本條款從事相關的立法進程。預防原則在歐體條約明文規定下，即可跳脫此一限制，歐盟得直接從事相關的立法工作。

　　預防原則規定於歐體條約，統一適用於歐盟機構、會員國、歐洲廠商及歐盟公民，產生「歐盟化」效果。預防原則歐盟化顯示歐盟自1990年代以來，確立在環境、健康、食品安全及消費者等領域，採取「高標準保障」的原則，並且以預防原則做為一項重要的保護手段。歐盟在訂定所有法律及政策，皆需將環境、健康、安全及消費者保護等公共利益納入考量，否則將違反保障權利、公平正義與歐體條約相關規定。歐盟機構一方面亦得合法援引預防原則從事相關保障工作；另一方面，歐盟機構於某些情況，例如已經知悉某些產品或活動存有對健康或安全等領域的潛在風險，如果沒有採取預防措施，其不作亦有違反條約規定的可能性。[57]預防原則的影響層面因此是全面性的，歐盟據此將更加認真對待環境、健康、安全及消費者的高標準保障；前揭領域的高標準保障是有預防原則的重要工具，並非只是政治宣示的「紙老虎」。[58]

　　預防原則歐盟化同時反映了歐盟的一種價值取向，將環境、健康、安全與消費者保障列入歐盟條約，並且採取高標準保障。歐洲經濟共同體條約僅就農業、競爭、共同貿易政策，以及共同市場的貨品、人員、勞務及資金四大自由流通加以規定，明顯地是以追求部門性及功能性經濟整合為目標。歐盟將環境、健康、安全與消費者保障納入條約，提供高標準保障，顯示歐盟已朝向追求全面性經濟整合，加重非經濟因素的考量，以提高歐盟消費者福祉，使歐盟公民成為歐盟統合的真正受益人，而非傳統上歐盟僅是歐盟機構官僚、會員國菁英、歐洲廠商等主要的政治遊戲場域。歐盟據此有機會逐漸由目前「會員國所有、所治、所享的歐盟」，轉型為「歐盟公民所有、所治、所享的歐盟。」[59]

　　第二，在歐盟法律規定方面，178/2002規則第7條規定了預防原則，使該條款得以在會員國產生直接效力，且優先適用。歐盟法律包括：規則、指令、建議、意

---

[57] Jan-Werner Müller, "A European Constitutional Patriotism? The Case Restated," *European Law Journal* (2008), Vol. 14, Iss. 5, p. 554.

[58] Lenaerts, *supra* note 20, at 93.

[59] 洪德欽，〈歐盟憲法之法理分析〉，洪德欽主編，《歐盟憲法》，台北：中央研究院歐美研究所，民國96年8月，頁54。

見等種類。規則的法律位階最高，有直接適用效力，亦即自其規定生效日起在歐盟境內部生效，不須經由會員國內國法的立法程序，轉換為本國法律才生效力。另外，會員國法律與歐盟規則相互牴觸，歐盟規則有優先適用效力。[60]

178/2002規則第7條規定，得以確保預防原則在歐盟境內的統一適用，避免會員國立法工作的延宕，或產生不一致的規定，而引起法律衝突及法律爭端。[61]第7條的直接適用也得避免會員國一一從事立法的繁瑣程序，符合立法經濟原則；提高立法效率。另外，第7條規定了預防原則適用的範圍、條件、原則及相關因素，大大提高了該條款採用的可行性。[62]預防原則透過歐盟法律178/2002規則第7條歐盟化，其意涵是該原則已超越政治宣示或原則規定，已具有實務操作的可行性及正當性。這也顯示歐盟對環境、健康、食品安全、消費者提供高標準保障的決心與行動。

第三，在歐洲法院判決方面，歐洲法院透過判例法，針對預防原則條款及相關法律，從事統一解釋、澄清疑義、解決爭端，確立預防原則適用的合法性，提高其適用可行性。尤其歐洲法院政策採取「司法積極主義」從事法院造法，受理敏感性高的政治案件；採取有效解釋原則，補充條約宣示性規定或澄清法規的不確定法律概念，賦予歐盟條約與法律實質生命力。歐洲法院政策的目標在於：(1)有效解決歐盟內部法律爭端，促進合作關係；(2)從事有利於歐盟機構的解釋，促進歐盟整合的發展；以及(3)建立一些法律原則及先例，強化對歐盟公民權利及福祉的保障，並提高本身在歐盟的信譽與地位。[63]

預防原則透過歐洲法院判決，成為歐盟法律的一般原則。歐洲法院在Artegodan指出：「預防原則得以被界定為歐體法律的一般原則，以要求主管機構採取適當措施，預防公共健康、食品安全及環境產生風險；透過公共健康、食品安全與環境利益保障的要求，突顯該等利益應受到高標準保障，超越經濟利益。歐盟機構由於其各項政策皆須將公共健康、安全、環境等保障納入考量，所以預防原則得被視為實現前揭目標，具體規定於歐體條約的一項自主性原則（an autonomous

[60] Case 106/77, *Administrazione Finanze dello Stato v. Simmenthal* [1978] ECR 629.
[61] Alan Dashwood, "The Principle of Direct Effect in European Community Law," *Journal of Common Market Studies* (1978), Vol. 16, Iss. 3, p. 231.
[62] Paul Craig and Gráinne de Búrca, *EC Law: Text, Cases & Materials*, 4th ed. (Oxford: Oxford University Press, 2008), pp. 567-568.
[63] T. C. Hartley, *The Foundations of European Community Law*, 6th ed. (Oxford: Oxford University Press, 2007), p. 74.

principle）。」[64]

在*Pfizer*案例，預防原則同時取得堅定的認肯，在歐盟形成具有法律強制力的條款。歐洲法院主張：「主管機構不能因為採取某些預防措施而遭受非議，其目的乃在於防止風險發生而產生實質危害，因此主管機構被要求依據預防原則採取行動。」[65]基改食品在歐盟上市必須事先取得許可。歐洲法院認為預防原則不僅得適用於未上市產品，同時包括已上市產品，預防措施因此包括中止或撤回銷售權。在*Artegodan*案例，歐洲法院指出：「當新資訊嚴重質疑藥品安全性或功效時，如果藥品之重新風險評估取得負面影響的評估結果，能產生中止或撤回銷售權之結果。」[66]

歐盟法律一般原則在歐盟的發展源自於會員國共通的憲政慣例或法律原則，尤其對於基本權利與自由的保障，具有「上位規則」（superior rules）性質。所以，歐盟一些基本的法律一般原則，例如，不歧視、合理期待、比例原則等，在法律位階被視為高於任何歐盟派生法律，並須由歐體機構與會員國所共同遵守。違反歐盟法律一般原則甚至被認定為違反了歐盟相關條約。[67]違反歐盟法律一般原則將產生相關法規或措施被宣布無效（annulment）；會員國法院得依據歐體條約第234條提起違反一般法律原則的歐盟法規無效的先行裁決，以及損害賠償義務等後果。[68]

歐洲法院亦得透過統一解釋及判例先例，確立預防原則在歐盟的統一適用，以及適用的一致性，這是透過法律方法促成預防原則歐盟化的一項重要途徑與方法。另外，預防原則在178/2002規則第7條明文規定下，明確具有法制拘束力，一方面歐盟執委會得採取預防措施；另一方面歐盟執委會如果認定沒有採取預防措施的必要，也得禁止會員國片面採取預防措施，以確保預防原則在歐盟適用的一致性。此一觀點亦由歐洲法院所支持。

在*Land Oberösterreich*乙案，[69]奧地利計畫於其境內上奧地利邦建立「無基改種植區」（GMO-free zone）。歐體條約第95(5)條項規定，會員國引介涉及環境保

---

[64] Jointed Cases T-74/00, T-76/00, T83/00, T84/00, T-85/00, T-132/00, T-137/00 and T-141/00, *Artegodan GmbH v Commission* [2002] ECR II-4945, paras. 183, 184.

[65] Case T-13/99 *Pfizer*, para. 115.

[66] Jointed Cases T-141/00等案例，前揭註64，para. 192.

[67] Case 112/77 *Töpfer* v. *Commission* [1978] ECR 1019;以及Case 5/71 *Schöppenstedt v. Council* [1971] ECR 975.

[68] Usher, *supra* note 49, at 124-129.

[69] Jointed Cases T-366/03 and T-235/04, *Land Oberösterreich and Republic of Austria v. Commission*, [2005] ECR II-4005.

護的新法律，若在會員國間或歐體層級操作上產生特殊問題，必須以科學證據為基礎。歐盟執委會就此議題，依據178/2002規則第22(5) (c)及29(1)條款，向歐盟食品安全局（European Food Safety Authority，簡稱EFSA）申請，請其從事一項科學評估工作。2003年7月4日EFSA提出一份科學意見，表示並未取得任何新的科學證據，得以支持奧地利援引預防原則，全面禁止在其上奧地利省種植基改作物的主張。

　　歐盟執委會依據EFSA科學意見，通過2003/653/EC決議駁回奧地利的保護措施。本案的意涵是在有歐盟層級的預防條款下，會員國不能自外於歐盟法律體系，依據自己判斷或各別利益，採取預防措施，得以確保預防原則在歐盟統一適用；並避免預防措施被會員國扭曲使用，形成變相保護措施，取得不當競爭利益，影響內部市場四大自由流通的正常功能，甚至引發會員國間或會員國與歐盟機構間的爭端。

　　會員國不執行歐盟法律，依據歐體條約第226條，將面臨被課徵罰金（penalty payment）處分。會員國不遵守歐洲法院判決以及執行歐盟現行法律（*acquis communautaire*）原則，依據歐體條約第228條第2項，執委會得對這些會員國課徵罰金。另外，歐盟公民針對歐盟法律及政策行動而受影響者，依據里斯本條約的「歐洲聯盟運作條約」（The Treaty on Functioning of the European Union）[70]第263條第4項，得對歐盟機構提起控訴。歐盟同時必須安排受影響個人司法救濟管道，以強化個人法律保護及司法救濟機會。[71]

　　預防原則歐盟化的意涵是，預防原則已發展為一項憲法性歐盟法律一般原則，對歐盟機構會員國及歐盟公民皆有規範效力。預防原則乃歐洲法院發展的一項歐盟法律一般原則的很好例證。透過預防原則在歐洲法院的實踐，歐盟得以將條約條款、歐盟法律與實務政策整合成為一致性法律秩序（a coherent legal order）。預防原則的發展說明歐盟法與會員國法律如何有效互動、相互支援，以及調和創新，為歐盟法律挹注一股新活力；歐盟機構與會員國也必須認真看待預防原則，否則相關政策也將產生正當性的問題。[72]預防原則在歐洲法院的實踐同時顯示了歐盟如何因

---

[70] OJ 2008, C115/47.

[71] Kirstyn Inglis, "EU environmental law and its green footprints in the world," in Alan Dashwood and Marc Maresceau (eds.), *Law and Practice of EU External Relations, Salient Features of a Changing Landscape* (Cambridge: Cambridge University Press, 2008), p. 463.

[72] 參閱Ronald Dworkin, *Taking Rights Seriously* (Cambridge, MA: Harvard University Press, 1977), pp. 40-41.

應1990年代以來客觀環境的變遷、歐洲公民大眾的需求，如何將廠商營業權、財產權、內部市場功能等經濟功能，與環境、健康、食品安全及消費者保障等公共利益，做一有效調和，促進內部市場不同政策與不同目標的協調，以及歐盟整合的發展。[73]

　　預防原則歐盟化的另一意涵是該原則可以加強歐洲公民對歐盟法律的信心，恢復對歐盟食品安全體系與內部市場的正常功能，進而提高歐盟共同政策與超國家組織治理的正當性。預防原則如同其他歐盟法律一般原則，目的是在於強化歐盟機構依據一定程序來進行決策，某種程度也相對限制了歐盟機構的權力。[74]

　　預防原則歐盟化反映了歐盟針對食品安全與公共健康等重大公共議題的政治回應。歐盟公民的溝通協商以及歐洲媒體的有效溝通，及公共論述所形成的歐洲公共輿論，在預防原則歐盟化過程起了一定作用。[75]另一方面，預防原則歐盟化也有改善了歐盟整合以經濟功能為考量的傳統思維，兼納「公共利益」做為共同政策與內部市場的基礎。預防原則歐盟化因此也見證歐盟機構與會員國在環境、公共健康、食品安全、消費者保障等領域的法律調整與政策變遷。[76]

　　預防原則歐盟化的結果，內部影響如前所述包括：(1)明文規定於歐體條約，具有憲法性條款性質，取得最高法律位階的地位；(2)歐洲法院判例法，認肯預防原則的適用，並成為歐盟法律一般原則；(3)歐盟法律相關條款明文規定了預防原則，使其具有明確、具體的規範效力及法律強制力；以及(4)經由執委會政策推動及採取措施，具有實務方面的可行性及實效性。除了內部統一適用之外，會員國針對預防原則在國際論壇的討論，也須配合歐盟，採取共同立場、共同策略及共同行動，並由歐盟統一發言，以捍衛歐盟整體利益，並發揮更大影響力。預防原則歐盟

[73] Francis G. Jacobs, "The Evolution of the European Legal Order," in Alison McDonnell (ed.), *A Review of Forty Years of Community Law. Legal Developments in the European Communities and the European* (The Hague: Kluwer Law International, 2005), p. 30.
[74] Koen Lenaerts, "In the Union We Trust: Trust-Enchancing Principles of Community Law," in McDonnell (ed.), *supra* note 73, pp. 75-101.
[75] Fiorella Dell'Olio, *The Europeanization of Citizenship. Between the Ideology of Nationality, Immigration and European Identity* (Hants: Ashgate, 2005), pp. 75-77;以及John Erik Fossum and Philip Schesinger, "The European Union and the Public Sphere: A Communicative Space in the Making?" in John Erik Fossum and Philip Schesinger (eds.), *The European Union and the Public Sphere: A Communicative Space in the Making?* (London: Routledge, 2007), p. 2.
[76] Claudio M. Radaelli, "The Europeanization of Public Policy," in Kevin Featherstone and Claudio M. Radaelli, (eds.), *The Politics of Europeanization* (Oxford: Oxford University Press, 2003), pp. 30-32;以及Risse, Cowels and Caporaso, *supra* note 15, at. 4-6.

化因此具有外部影響，尤其在一定程度影響歐盟在國際論壇的立場，以及在WTO
爭端解決相關案例的論述。

第四節　預防原則歐盟化的外部影響

　　預防原則雖然在1970年代已被引用於許多國家之環境規範，其中也包括美
國。但歐盟才是預防原則的最主要支持者，具體表現在歐盟的管制性政策或國際協
定。預防原則應被視為歐盟政策之重要且持久性特徵，自從1990年代以後在國際
政策也逐漸有相同發展趨勢，其目的是當面對高風險及科學不確定性時，得以處
理環境、人類與動植物之風險。預防原則最初是在環境規範之領域上適用，逐漸
延伸至其他相關政策領域，例如人類健康，成為國際法論證的一項新興議題。歐
盟積極在國際組織及國際論壇主張預防原則，形成WTO爭端的一項新來源，以及
法律論戰的一項新難題。WTO爭端與預防原則相關的著名案例，包括：賀爾蒙案
（Hormones）案[77]以及「歐體生技產品」（EC-Biotech products）案。[78]
　　賀爾蒙案涉及美國及加拿大使用符合Codex標準的成長激素荷爾蒙飼養牛隻。
歐體認為使用成長激素賀爾蒙飼養的牛肉，食用後對人類健康仍有影響而禁止該等
牛肉的進口。歐盟在WTO爭端解決小組及上訴機構主張其禁止進口其中一項理由
是依據預防原則而採取行動，尤其WTO亦允許預防措施的採用。
　　《食品衛生檢驗與動植物檢疫措施協定》（簡稱SPS協定）第5.7條規定：「如
果適當的科學證據不充分，會員可暫時採取現有相關資訊而定的檢驗或檢疫措施，
包括有關國際組織及其他會員使用的檢驗或檢疫措施。在此情況下，會員應設法
取得更多必要之資訊，從事客觀的風險評估，並在一合理期限內檢討檢驗或檢疫
措施。」第5.7條之措施因此必須同時滿足下列四項條件：(1)該措施是在沒有充分
科學證據情況下實施；(2)該措施是暫時性且依現行有關資訊而定的檢驗或檢疫措
施；(3)採取措施之會員應尋求更多必要之資訊，以從事客觀的風險評估；以及(4)
在一合理期間內檢討此項暫時性措施。這四項條件具有累積性（cumulative）以及

---

[77] WTO, "EC Measures Concerning Meat and Meat Products (EC–Hormones)," DS26, DS48, reports adopted on 13 February.

[78] WTO, Panel Report on "European Communities–Measures Affecting the Approval and Marketing of Biotech Products (EC–Biotech Products)," adopted on 21 November 2006.

同等重要性；如果所採措施不能滿足其中任何一項條件，即不符合第5.7條規定。[79]

　　WTO上訴機構（Appellate Body）認為SPS協定第3.2條規定符合國際標準的措施，將被認為對人類、動植生命及健康已提供必要保護，因此符合SPS協定及GATT相關規定。SPS協定第3.3條雖然規定會員得採取比現行國際標準更加嚴格措施（stricter measures），包括本案歐體採取的禁止使用成長激素賀爾蒙及禁止進口牛肉等措施。然而，該等嚴格措施必須以科學證據為依據，尤其必須符合SPS協定第5.1條事先從事風險評估為基礎。[80]

　　上訴機構依據SPS協定第5.2條推論指出，風險評估分析的風險不能僅是某一實驗室經由嚴謹操控條件取得的確定性風險，同時必須真實存在於人類社會；換言之，風險必須對人類生存、工作與死亡的真實世界的人類健康，具有實質的、潛在的負面影響。[81]風險評估同時必須顯示一種科學不確定情況的存在。預防措施採用時機是風險涉及生命威脅性質，同時對公共健康與安全構成一項明顯及立即的威脅。預防措施在風險與措施之間要有關連性及合理性，亦即符合因果關係及比例原則。[82]

　　上訴機構認為對SPS第5.1條及第5.2條的解釋並不意味等同授與預防原則的適用。換言之，會員即使符合SPS協定第5.1條及第5.2條，並不當然得以合法適用預防原則，因為該等條款不是適用預防原則的依據，但卻是預防原則適用必須滿足的前提要件。另外，上訴機構認為預防原則的適用不得優先於SPS協定第5.1條及5.2條。[83]

　　從賀爾蒙案評析，預防原則在WTO的適用較歐體嚴格，歐盟得針對潛在風險及長期性風險適用預防原則。WTO鑑於預防措施依據SPS協定第5.7條僅是暫時性，法理上隱含必須存有一定緊急性，風險已對公共健康及安全構成一項明顯立即的威脅。另外在適用範圍方面，歐盟預防原則的適用不限於對人體、動植物生命及健康的風險威脅，同時旁及環境、食品安全、消費者保障等領域，適用範圍較

---

[79] WTO, Appellate Body Report on Japan-Agricultural Products II, WT/DS76/AB/R, 22 February 1999, para. 89.

[80] WTO, The Appellate Body Report on "EC Measures Concerning Meat and Meat Products (EC–Hormones)," WT/DS26/AB/R, WT/DS48/AB/R, adopted on 13 February 1998, para. 177.評論另見黃立，〈評析世界貿易組織爭端解決機構對荷爾蒙案的裁決〉，《政大法學評論》，第59期，一九九八年六月，頁277-288。

[81] *Ibid.*, WTO, *EC–Hormones*, para. 187.

[82] *Ibid.*, para. 194.

[83] *Ibid.*, paras. 124,125.

廣。[84]

　　上訴機構明確表示SPS協定第5.7條的確顯示預防原則內容，但其適用有嚴格條件，必須是暫時性，且前提是適當科學證據不充分，會員仍須採取現有相關資訊為依據的措施；且應設法取得更多必要資訊，從事客觀風險評估。歐體評估其在本案所採取相關措施，很難符合這些要求。歐體在本案因此並非以SPS協定第5.7條主張其權益，而是提出預防原則已發展為一項國際法一般原則（a general principle of international law）或至少已成為國際習慣法的一項規則（a rule of customary international law），並據此用以解釋SPS協定，以放寬預防原則在WTO的適用。據此歐體主張人類或動植物之生命、健康或環境受到威脅時，即使沒有風險之足夠證據，仍得以其作為抗辯之理由，採取適當預防措施。美國則堅持預防原則在國際法仍未發展為一項習慣法，目前僅為一種內涵可隨不同情形而改變之「方法」。加拿大則認為預防原則乃一項形成中國際法原則（an emerging principle of international law），將為文明國家所承認，同時為國際法院規約（Statute of the International Court of Justice）第38(1) (c)條款意義下之國際法一般原則。上訴機構在賀爾蒙案對於預防原則之結論則認定，在國際環境法領域之外，其作為國際法上之習慣原則似仍有待確認。[85]上訴機構與小組在本案例皆認為預防原則不得凌駕SPS協定第5.1及5.2條，歐體在本案因此被裁決敗訴。

　　在WTO「歐體生技產品」案，涉及歐盟與美國、加拿大及阿根廷有關基改食品的貿易爭端，本案的事實是，歐盟自1998年10月至2004年5月期間，多年來未核准基改食品上市，嚴重影響美國、加拿大與阿根廷等國家基改油菜仔、玉米及大豆等產品在歐盟市場之出口利益。歐盟長達近六年的基改產品上市審查延宕形成不當延遲（undue delay），被WTO爭端解決小組裁定為不符合SPS協定第5.7條暫時性以及第7條與附件B「迅速公布」等相關規定。[86]

　　在WTO「歐體生技產品」一案，其中一項主要法律爭議是有關預防措施在WTO之合法性。歐盟主張在其審查程序針對某些基改食品所採取擱置（pending）措施，乃依據歐盟178/2002規則第6、7條規定，所採取之預防措施，以便取得更

[84] Wybe Th. Douma, "How Safe is Safe? The EU, The USA And The WTO Codex Alimentarius Debate On Food Safety," in Vincent Kronenberger (ed). *The European Union and the International Legal Order: Discord or Harmony?* (The Hague: T.M.C. Asser, 2001), p. 185.

[85] WTO, *EC–Hormones*, Appellate Body Report,同前註79, paras. 121-123.

[86] WTO, *EC–Biotech Products*, pp. 1070-1071, 1076.

多、更明確及更有力之科學證據，以佐證並支持本案相關產品之安全性。另外，預防措施為歐盟法規所明文規定，在歐盟與其會員國之實踐已行之多年，並為許多國際環境條約或公約所共同接收。所以依據預防原則所採取之措施，其合法性不容受到質疑。然而，美國與許多國家則批評，178/2002規則及歐盟其他基改食品法規，對風險管理規範，不單純僅以科學評估為基礎，同時參考其他因素（other factors）；不過對於其他因素又無明確界定，因此容易形成歐盟之黑箱作業，增添法律關係與貿易交流之不確定性。歐盟在本案所列舉之地震毀壞資料或設備、法律變遷等其他因素，顯然難以令人信服。歐盟其實並不缺乏資金與技術等資源，其有關其他因素之主張較欠缺說服力。[87]

在WTO賀爾蒙案，歐盟敗訴之一項原因是其預防措施被認為不以充分科學證據為基礎。然而，WTO上訴機構傾向於認同歐盟有關預防方法的相關解釋，局部澄清SPS協定第5.7條的適用。上訴機構首先指出，預防方法必須事先明確區分風險評估與風險管理。風險評估必須以科學方法為基礎，風險可接受程度及保護措施（程度）乃政治決定，屬於風險管理。WTO並不禁止會員國採取「零風險」（zero risk）目標，雖然在實務上較不切實際。風險評估結果必須適當支撐採取SPS或預防措施的必要性，亦即兩者間須具有合理關係。其次，上訴機構同意歐體主張，風險評估不能僅侷限於實驗室的測試，必須同時參考對真實世界人類健康是否產生潛在的負面影響。另外，政府得負責地並依誠信原則參考具格及可靠來源的不同意見，包括當時的非主流意見或少數意見。[88]第三，風險必須確定性（ascertainable）而不是「理論性」（theoretical）風險。然而，風險評估不須證明「可能」（probability）風險，亦即不必證明一定數量的風險，因為這將暗示必須證明風險「很高程度或一項潛在或可能的門檻」，而與SPS協定附件A第四段的「潛在」（potential）規定，不相符合。[89]

最後，就舉證責任方面，在WTO賀爾蒙案，上訴機構推翻爭端解決小組關於「實施檢疫措施的一方負有舉證責任」的結論；同時推翻小組關於「一方的檢疫措施如果不是以國際標準為依據，該方有義務證明其措施符合SPS協定第3(3)條」

---

[87] 洪德欽，〈歐盟基因改造食品延宕核准審查之爭端〉，《中華國際法與超國界法評論》，第一卷第二期，民國九十四年十二月，頁443。另見分析WTO, *Trade Policy Review: European Communities*, WT/TRP/S/136 (2004), p. 27, para. 79.

[88] WTO, *EC–Hormones*, Appellate Body Report, para. 194.

[89] *Ibid*., para. 186.

的觀點，亦即出口國仍須負擔採取檢疫措施一方違反SPS協定的舉證責任。可惜的是，上訴機構並沒有進一步要求由出口國負責說明產品安全，亦即須由出口國負責產品安全的舉證責任。

　　法律傳統上，實施對人民義務有影響或限制，以及制裁措施者，必須負擔舉證責任，說明其理由及必要性。然而，在預防原則由執行行為者或製造產品的廠商承擔舉證責任，必須說明其行為或產品的安全性，而非由實施限制措施的政府機構負擔其行為或產品不安全的舉證責任，產生舉證責任的轉換，此乃預防原則在國際環境法與國際食品安全法等法律關係的一項創新特徵，局部反映科學不確定性背後隱含的科學高度專業性及複雜性。[90]

　　預防措施乃針對新型高科技產品，例如，基改食品長期風險與不確定性的重要方法，以防範在欠缺具體科學證據下，可能引發對人類健康、環境保護與生物多樣性之潛在風險。預防原則因此不但是一項法律原則，同時也涉及政治、經濟、社會、環境、生態、人權、倫理、道德等面向的考量。預防原則在高科技快速創新發展，並大量商業化生產行銷之際，乃是針對這些新產品的長期性潛在風險的一項平衡機制，以兼顧食品安全、公共健康、生物多樣性、環境等多功能目標的維護。

　　隨著生物科技的發展，自1990年代以來，預防原則在生技產品、食品安全、公共健康、環境保護、生物多樣性與國際貿易等政策領域的國際論壇引起熱烈的論戰。德國與歐盟也在各種國際論壇，聯合開發中國家積極倡議預防原則在國際法的適用。預防原則已在1982年通過的「世界自然憲章」（The World Charter for Nature）、1987年蒙特婁公約（the Montreal Protocol）、1992年聯合國氣候變化綱要公約（the UN Framework Convention on Climate Change）、1992年生物多樣性公約、1992年環境與發展里約宣言（the Rio Declaration）及2003年生物安全議定書等約十二項國際協定亦有類似規定。

　　歐盟在國際論壇致力於預防原則的認知、適用與法典化，例如，在WTO的SPS協定與TBT協定、OECD生物科技論壇、針對商業與消費者舉辦的「大西洋對話」（Transatlantic Economic Partnership）對話等場合，皆致力於提升以風險分析為基礎的預防原則的認知及接受度。歐盟並堅持Codex在生物科技食品標準化建構過程，必須考量預防原則，因此持續推動Codex風險分析指導原則，包括各國適用預

---

[90] Philippe Sands, *Principle of International Environmental Law, Framework, Standards and Implementation* (Manchester: Manchester University Press, 1995), pp. 272-273.

防措施的適法性。

風險評估與風險管理中的科學不確定性已被廣泛接受。所以大多數國家已認可預防措施作為風險分析中一項合理要素的必要性。WTO的SPS協定以及Codex的風險分析原則討論接反映了此一論證。各國針對預防原則的不同立場不在於是否可以以及如何使用，而在於預防的程度如何不致過當？如何確保預防措施不被濫用形成變相保護主義措施？以及如何確保預防措施適用程度的正當性與透明性？實務上，Codex已留意預防措施與食品標準適用方面的程序標準，以確保各國行政裁量權不致於被濫用。Codex提議的程序標準包括：持續改善相關風險的科學知識及風險分析方法，另外促進比例、透明、一致性、不歧視等原則的遵守、對於風險評估決策及用以降低風險措施所使用的成本效益分析進行審查。這些標準程序草案事實上已皆規範於歐盟相關政策指導原則中，及歐盟食品安全及生技產品風險分析相關法規及政策操作。[91]

預防原則在歐盟已發展為一項法律一般原則，由二十七會員國所共同遵守、適用及執行，因此法理上得有機會進一步形成國際法一般原則，尤其是有關其適用條件、範圍及效力等方面。國際法院（International Court of Justice, ICJ）規約第38(1)(c)條款規定其法源得援引文明國家所承認的一般原則。國際法一般原則的發展因此與國家法的概念、原則及實踐有密切關係。預防原則歐盟化得提供該原則進一步形成國際法一般原則的實踐模式及先行指標。如同國際法大師Ian Brownlie教授明確指出：「一個國際法庭從較好較完整發展體系，選擇、援引及修改條款，將產生一項新的國際法條款，其內容是受到內國法歷史實踐與法理邏輯的影響。」[92]預防原則在歐盟及其二十七會員國已發展為一項法律一般原則，並經有效實踐，足以提供預防原則進一步國際化，形成國際法一般原則的範本，此乃預防原則歐盟化的外部意涵與影響。[93]

預防措施在歐盟以及國際環境協定已發展為一項重要原則，在WTO之SPS協定第5.7條也容許暫時性預防措施之使用。因此預防措施將來仍得透過修法程序，正式規定於WTO，其方法包括：(1)修改GATT第20條、SPS協定第5條等相關規定，

---

[91] WTO, "Relationship with Codex, IPPC and OIE," G/SPS/GEN/775, 15 May 2007, pp. 1-4;以及 Codex, *Codex Alimentarius. Food Labelling Complete Texts* (Rome: UN FAO and WHO, 2001).

[92] Ian Brownlie, *Principle of Public International Law*, 5th ed. (Oxford: Oxford University Press, 1998), p. 15.

[93] Eyal Benvenisti and George W. Downs, "National Courts, Domestic Democracy, and the Evolution of International Law," *European Journal of International Law* (2009), Vol. 20, No. 1, pp. 59-72.

增列預防原則條款；(2)修改WTO相關協定，例如SPS協定，合法引用其他相關國際協定之預防原則條款；(3)在WTO多邊貿易談判，發展新協定，涵蓋預防原則；(4)藉由WTO爭端解決機構之裁決，基於司法積極主義發展判例法，確立預防原則在WTO體系之適用；以及(5)透過WTO部長會議或總理事會，通過相關決議，承認預防原則在WTO之適用等方式。[94]

預防原則將來如果在WTO合法適用，仍應遵守WTO不歧視原則，包括：最惠國待遇原則、國民待遇原則與不歧視處理數量限制措施原則、透明性原則、最低貿易限制原則等WTO相關規定。預防措施也宜有一定期間之限制，並且儘量以科學證據與風險評估為基礎。另外新型產品或生技產品在輸出國如果已經合法從事環境釋出五年以上，並在輸出國合法生產、製造、銷售與消費三年以上，同時達到相當於傳統產品5%以上市場佔有率，則應排除預防措施之適用。[95]預防措施在WTO之合法使用，在其目標、手段與結果之間，也須取得一合理之平衡，避免形成無理歧視或貿易保護之現象。預防原則納入WTO，得以促進WTO法理之創新，使WTO從產業利益與貿易政策之主軸，兼納消費者利益、環境保護與生物多樣性等非貿易關懷之色彩，對WTO之經濟民主、治理正當性與永續發展等目標，應該皆有所助益。[96]

預防原則透過歐盟法律規定與實踐的過程而產生「歐盟化」，對歐盟機構、會員國及歐盟公民不但有共同規範效力，並且有建構一個明確治理體系。歐盟機構、會員國、地方政府與歐盟公民等相互間針對預防原則的適用，在歐盟化的影響下，存有錯綜複雜的多層級競合關係。隨著歐盟東擴，預防原則在acquis原則之下，同時擴張適用於新會員，擴大了預防原則適用的地理區域範圍。[97]另外歐盟在國際論壇也強力主張預防原則的合法適用。歐盟模式預防原則法律輸出方式包括政策倡議

---

[94] WTO, *Understanding the WTO*, 3rd ed. (Geneva: WTO, 2003), p. 102.

[95] 洪德欽，同前註86，頁445-446。

[96] Thomas Cottier, "Implications for Trade Law and Policy: Towards Convergence and Integration," in Christoph Bail, Robert Falkner and Helen Marguard, *The Cartagena Protocol on Biosafety: Reconciling Trade in Biotechnology with Environment and Development* (London: Royal Institute of International Affairs, 2002), p. 473.

[97] 洪德欽，〈歐盟東擴與人權歐盟化〉，《歐洲聯盟人權保障》，臺北：中央研究院歐美研究所，民國九十五年十一月，頁239-242；Carlo Curti Gialdino, "Some Reflections on the Acquis Communautaire," *Common Market Law Review* (1995), Vol. 32, pp. 1090-1093;以及 Phedon Nicolaides, "Preparing for Accession to the European Union: How to Establish Capacity for Effective and Credible Application of EU Rules," in Marise Cremona (ed.), *The Enlargement of the European Union* (Oxford: Oxford University Press, 2003), pp. 47-48.

與規則建構。透過歐盟及其會員國針對預防原則的反覆實踐、政策倡議及規則論述、預防原則已規定於愈來愈多環境領域以外的國際協定，發展為形成中的一項國際法一般原則，此乃預防原則歐盟化的外溢效果，逐漸由歐盟化進而形成國際化或全球化的適用。[98]

　　歐盟乃WTO正式會員，其被期待採用Codex標準以及更積極參與Codex會議的要求，日益增加。歐盟也意識到代表會員國以一個聲音（one voice）參與Codex會議，將更有效保障歐洲公共健康、產業利益與其他歐盟利益，並推銷歐盟相關標準，使歐盟成為Codex標準與法規制訂者，而非僅是消極的Codex規則接受者。歐盟執委會於1993年發動修正Codex程序規則，開放歐盟及其他經濟整合組織得成為Codex的會員。1993年歐盟僅是Codex觀察員，但是歐盟認為在參考Codex標準從事立法工作或採納相關措施時，在Codex及相關國際組織扮演完整會員角色是必要的，以便充分參與相關會議，提出歐盟共同立場，以保障歐盟整體利益，並善盡相關義務。[99]

　　在風險評估方面，Codex從1990年代早期即開始發展相關原則，尤其，「危害分析與關鍵控制點」（Hazard Analysis and Critical Control Point System，簡稱HACCP）原則在風險分析的基礎上指定了生產週期中必須遵守的階段，以提供需要嚴密監督的關鍵點之確認，進而確保食品安全：(1)確認所有的風險都已經被避免、消除或減低到可接受的範圍內；(2)確認關鍵點或極限點獲得必要的監督；(3)建立或運用有效率的程序以監督關鍵點；以及(4)在關鍵點超出限度時採用正確的措施。[100]

　　歐盟就食品與食品安全所實施的相關措施時常訴諸Codex做為其正當理由。尤其是在做為歐洲有關食品衛生，以及針對人類消費的動物源性食品之相關立法基礎的HACCP原則上更是如此。歐盟成為Codex會員，代表二十七會員國就Codex實質議題，從事準備、談判及認定Codex通過的相關標準、原則或建議。歐盟代表二十七會員國在Codex統一發言及採取共同立場，得保護歐盟及會員國利益，同時確保歐盟與Codex標準的協調一致性，提高Codex標準在歐盟適用的可行性。另外

---

[98] Johan P. Olsen "The Many Faces of Europeanization," *Journal of Common Market Studies* (2002), Vol. 40, No. 5, pp. 923-926.

[99] COM (97) 176 final, *Commission Green Paper on the General Principles of Food Law in the European Union*, p. 62.

[100] Codex, CAC/RCP 46–(1999).評論另見Steve Hathaway, "Management of Food Safety in International Trade," *Food Control* (1999), Vol. 10, No. 4-5, p. 248.

歐盟在Codex的政策倡議及建議，如果被Codex採納，也得提高歐盟在Codex的影響力，成為國際規則的主導者。歐盟在2008年10月7日向Codex表示歐洲地區關切的重要議題包括：國際食品貿易的倫理法典、基改食品標示、生技食品的準則、食品添加物質的評估等項目。食品安全及風險評估在EFSA及歐盟實踐下，因此趨向「歐盟化」，在特定議題甚至「國際化」及「全球化」。歐盟與Codex互動關係的意涵與影響，因此值得重視。[101]面對全球化趨勢以及新興風險潛在威脅，歐盟與Codex、FAO、WHO等國際組織的合作更顯重要，透過預防原則在國際法的建構，以確保對消費者、食品安全、公共健康及環境的高標準保障。

第五節　結論

預防原則具體規定於舊的歐體條約第174條，具有憲法性條款性質及法律價值，成為178/2002規則第7條預防條款的政策指引及重要內涵。預防原則透過歐盟執委會2000年「預防原則」通知文件的詳細規定以及歐洲法院多項案例法的實踐，已具體適用於歐盟及會員國，以追求環境、健康、食品安全及消費者等公共利益的高標準保障。

預防原則經由歐盟條約、法律、判例、政策等路徑而歐盟化，具體顯示預防原則在歐盟法律體系已建立堅實地位，並有效實踐。預防原則已確立為一項歐盟法律一般原則，得以發揮立法授權、法律解釋、政策導引等功能，並有利其進一步發展。預防原則歐盟化，顯示歐洲法院及法律整合在歐盟扮演一項重要功能；歐盟不但是經濟共同體，同時也是法律共同體。歐盟追求人民、會員國與歐盟機構「更緊密合作」、「更緊密聯盟」等目標，皆有賴法律提供保障，作為綜合策略的一環，凡此種種，預防原則歐盟化提供了一項明顯例證。

本章研究顯示：(1)預防原則規定於歐盟條約相關條款，具有憲法性保障的最高法律位階及性質，成為歐盟進一步訂定法律及採取行動的重要依據；(2)178/2002

---

[101]Codex, EC Comments on the "Issues of Importance to the Region," Codex Coordinating Committee for Europe (26th Session), Wasaw, Poland (7-10 October 2008), 7 October 2008, pp. 1-4. 評論另見Jorgen Marsk Pedersen, "FAO-EU Cooperation: An Ever Stronger Partnership," in Jan Wouters, Frank Hoffmeister, Tom Ruys (eds.), *The United Nations and the European Union. An Ever Stronger Partnership* (The Hauge, Netherlands: T. M. C. Asser Press, 2006), pp. 87-88.

規則第7條針對預防原則的概念、適用範圍、條件、程序等皆有明確規定，使預防原則具有高度可操作性，並產生法律強制性；(3)預防原則經由歐盟執委會及歐洲法院的實踐，使其在歐盟法律體系成為歐盟法律一般原則，其實施及適用的合法性，獲得認肯；(4)預防原則在歐盟已建立一項非常高的政治共識以及非常完整法律架構，形成預防原則歐盟化，歐盟機構、會員國、廠商及歐盟公民等皆須共同遵守；以及(5)預防原則的實施涉及多邊利益的競和關係，必須符合科學不確定，事先採取風險評估、比例原則、歐盟目標等條件，避免其成為保護主義手段，影響內部市場運作，甚至引發國際貿易爭端。所以，預防原則的作為或不作為皆須符合規定，否則在歐盟會產生合法性、正當性及責任性等後果。

　　預防原則已成為歐盟法律的一項重要原則，以及追求公共利益、預防重大風險的一項重要策略及手段。歐盟在WTO及國際論壇並積極主張預防原則的合法適用。鑑於全球化及高科技發展趨勢，環境污染、氣候變遷、食品安全、疾疫傳染等全球問題日益嚴重，促使各種風險的國際化。預防原則對於潛在的、長期的或嚴重的風險預防仍是一項方法、策略、措施及原則。預防原則在國際論壇仍將受到重視，尤其如何從環境延伸至食品安全、公共健康及消費者保障；如何發展為國際法一般原則，歐盟在此一論證及發展過程，將扮演一項重要角色，值得重視。

參考書目

一、中文文獻

牛惠之（2005）。〈預防原則之研究—國際環境法處理欠缺科學證據之環境風險議題之努力與爭議〉，《台大法學論叢》，34, 3：1-72。

丘宏達（編輯），陳純一（助編）（1996）。《現代國際法參考文件》。台北：三民。

洪德欽（2008）。〈消費者權利在歐盟基改食品標示之規定與實踐〉，《歐美研究》，38, 4：509-578。

洪德欽（2007）。〈歐盟憲法之法理分析〉，洪德欽主編，《歐盟憲法》，台北：中央研究院歐美研究所，頁13-80。

洪德欽（2006）。〈歐盟東擴與人權歐盟化〉，洪德欽主編，《歐洲聯盟人權保

障》，臺北：中央研究院歐美研究所，頁215-269。

洪德欽（2005）。〈歐盟基因改造食品延宕核准審查之爭端〉，《中華國際法與超國界法評論》，1, 2：405-451。

洪德欽（2005）。《WTO法律與政策專題研究》，一版二刷。台北：新學林。

馬櫻（2005）。〈科技研究管理與風險預測原則〉，《科技管理研究》，10：52-54、68。

黃立（1998）。〈評析世界貿易組織爭端解決機構對荷爾蒙案的裁決〉，《政大法學評論》，59：277-288。

二、英文文獻

Andorno, R. (2004). The Precautionary Principle: A New Legal Standard for a Technological Age. *Journal of International Biotechnology Law*, 1, 1: 11-19.

Benvenisti, E. & Downs, G. W. (2009). National Courts, Domestic Democracy, and the Evolution of International Law. *European Journal of International Law*, 20, 1: 59-72.

Bodansky, D. (1991). Scientific Uncertainty and the Precautionary Principle. *Environment*, 33, 7: 4-5 and 43-45.

Brownlie, I. (1998). *Principle of Public International Law* (5th ed). Oxford: Oxford University Press.

Cartabia, M. (2009). Europe and Rights: Taking Dialogue Seriously. *European Constitutional Law Review*, 5, 1: 5-31.

Chen, B. (1965). United Nations on Outer Space: 'Instant' International Customary Law? *Indian Journal of International Law*, 5: 23-43.

Christoforou, T. (2003). The Precautionary Principle and Democratizing Expertise: A European Legal Perspective. *Science and Public Policy*, 30, 3: 205-211.

Codex (2001). *Codex Alimentarius. Food Labelling Complete Texts*. Rome: UN FAO and WHO.

Cottier, T. (2002). Implications for Trade Law and Policy: Towards Convergence and Integration. In C. Bail, R. Falkner & H. Marguard (EdS.). *The Cartagena Protocol on Biosafety: Reconciling Trade in Biotechnology with Environment and Development* (pp. 467-482). London: Royal Institute of International Affairs.

Craig, P. & Búrca, Gráinne de (1996). *EC Law: Text, Cases & Materials* (4th ed). Oxford: Oxford University Press.

Cranor, C. F. (1999). Asymmetric Information, the Precautionary Principle, and Burdens of Proofs. In C. Raffensperger & J. Tickner (Eds.). *Protecting Public Health and the Environment. Implementing the Precautionary Principle* (pp. 74-99). Washington, DC: Island Press.

Dashwood, A. (1978). The Principle of Direct Effect in European Community Law. *Journal of Common Market Studies*, 16, 3: 229-245.

Dell'Olio, F. (2005). *The Europeanization of Citizenship. Between the Ideology of Nationality, Immigration and European Identity*. Hants: Ashgate.

Douma, W. T. (2001). How Safe is Safe? The EU, the USA and the WTO Codex Alimentarius Debate on Food Safety. In V. Kronenberger (Ed.). *The European Union and the International Legal Order: Discord or Harmony?* (pp. 181-198). The Hague: T.M.C. Asser.

Dratwa, J. (2002). Taking Risks with the Precautionary Principle: Food (and Environment) for Thought at the European Commission. *Journal of Environmental Policy and Planning*, 4: 197-213.

Dworkin, R. (1977). *Taking Rights Seriously*. Cambridge, Mass: Harvard University Press.

Fossum, J. E. & Schesinger, P. (2007). The European Union and the Public Sphere: A Communicative Space in the Making? In J. H. Fossum & P. Schesinger (Eds.). *The European Union and the Public Sphere A Communicative Space in the Making?* (pp. 1-20). London: Routledge.

Frank, T. M. (1995). *Fairness in International Law and Institutions*. Oxford: Clarendon Press.

Gialdino, C. C. (1995). Some Reflections on the Acquis Communautaire. *Common Market Law Review*, 32: 1089-1121.

Hartley, T. C. (2007). *The Foundations of European Community Law* (6th ed.). Oxford: Oxford University Press.

Hathaway, S. (1999). Management of Food Safety in International Trade. *Food Control* ,10(4-5): 247-253.

Haas, P. M. (1989). Do Regimes Matter? Epistemic Communities and Mediterranean Pollution Control. *International Organization*, 43 ,3: 377-403.

Inglis, K. (2008). EU Environmental Law and its Green Footprints in the World. In A. Dashwood & M. Maresceau (Eds.). *Law and Practice of EU External Relations, Salient Features of a Changing Landscape* (pp. 429- 464). Cambridge: Cambridge University Press.

Jacobs, F. G. (2005). The Evolution of the European Legal Order. In A. McDonnell (Ed.). *A Review of Forty Years of Community Law. Legal Developments in the European Communities and the European* (pp. 21- 34). The Hague: Kluwer Law International.

Jennings, R. & Watts, A. (Eds.)(1996). *Oppenheim's International Law*. London: Longman.

Jordan, A. (2001). The Precautionary Principle in the European Union. In T. O'Riordan, J. Cameron & A. Jordan (Eds.). *Reinterpreting the Precartionary Principle*. (pp. 143-162). London: Cameron May.

Krasner, S. D. (1983). Structural Cause and Regime Consequences: Regimes as Intervening Variables. In S. D. Krasner (Ed.). *International Regimes* (pp. 1-22). Ithaca: Cornell University Press.

Lopez, V. C. (2010). The Lisbon Treaty's Provisions on Democratic Principles: A Legal Framework for Participatory Democracy. *European Public Policy*, 16, 1: 123-138.

Lenaerts, K. (2005). In the Union We Trust: Trust-Enhancing Principles of Community Law. In A. McDonnell (Ed.). *A Review of Forty Years of Community Law. Legal Developments in the European Communities and the European Union* (pp. 75-101). The Hague: Kluwer Law International.

Markl, H. (2009). Challenges of Globalization for Science and Research. *European Review*, 17, 3/4: 499- 509.

Marr, S. (2003). *The Precautionary in the Law of the Sea: Modern Decision Making in International Law*. The Hague: Martinus Nijhoff.

Mittelstrass, J. (2009). Focus: Global Science. The Future of Science a Welcome Address. *European Review*, 17, 3/4: 463-468.

Moltke, K. von (1988). The Vorsorgenprinzip in West German Environmental Policy. In *Twelfth Report of Royal Commission on Environmental Pollution*. London: HMSO.

Müller, Jan-Werner (2008). A European Constitutional Patriotism? The Case Restated. *European Law Journal*, 14, 5: 542-557.

National Research Council, National Academy of Sciences (1983). *Risk Assessment in the Federal Government, Managing the Process*. Washington, DC: National Academy Press.

Nicolaides, P. (2003). Establish Capacity for Effective and Credible Application of EU Rules. In M. Cremona (Ed.). *The Enlargement of the European Union* (pp. 43-78). Oxford: Oxford University Press.

Olsen, J. P. (2002). The Many Faces of Europeanization. *Journal of Common Market Studies*, 40, 5: 921-952.

Pedersen, J. M. (2006). FAO-EU Cooperation: An Ever Stronger Partnership. In J. Wouters, F. Hoffmeister & T. Ruys (Eds.), *The United Nations and the European Union. An ever stronger partnership*. The Hauge, Nether lands: T. M. C. Asser Press.

Petersmann, E.-U. (2007). Biotechnology, Human Rights and International Economic Law. In F. Francioni (Ed.). *Biotechnologies and International Human Rights* (pp. 229-274) Oxford: Hart Pub.

Radaelli, C. M. (2003). The Europeanization of Public Policy. In K. Featherstone & C. M. Radaelli (Eds.). *The Politics of Europeanization* (pp. 27-50). Oxford: Oxford University Press.

Risse, T., Cowels, M. G., & Caporaso, J. (2001). Europeanization and Domestic Change: Introduction. In M. G. Cowels, J. Caporaso, & T. Risse (Eds.). *Transforming Europe. Europeanization and Domestic Change* (pp. 1-20). Ithaca: Cornell University Press.

Sands, P. (2003). *Principles of International Environmental Law* (2nd ed.). Cambridge: Cambridge University Press.

Sands, P. (1995). *Principle of International Environmental Law, Framework, Standards and Implementation*. Manchester: Manchester University Press.

Scharpf, F. (1999). *Governing Europe, Efficient and Domcratic*. Oxford: Oxford University Press.

Somsen, H. (2008). Cloning Trojan Horses: Precautionary Regulation of Reproductive Technologies. In R. Brownsword & K. Yeung (Eds.). *Regulating Technologies:*

Legal Futures, Regulatory Frames and Technological Fixes (pp. 221-241). Oxford: Hart Pub.

Spender, H. (1890). *First Principle*. Edinburgh: William and Norgate.

Tickner, J., Raffensperger, C. & Myers, N. (1999). *The Precautionary Principle in Action: A Handbook*. North Dakota: Science and Environmental Health Network.

UN Conference on Environment and Development (1992). *The Rio Declaration on Environment and Development*, ILM, 31, 4: 876-880.

UNESCO (2005). *World Commission on the Ethics of Scientific Knowledge and Technology, The Precautionary Principle*. Paris: UNESCO.

Usher, J. A. (1998). *General Principles of EC Law*. London: Longman.

WTO (2003). Understanding the WTO (3rd ed.). Geneva: WTO.

第三篇
細究「歐洲化」對歐盟新進會員國及非會員國之衝擊

第九章　歐洲化對新會員國之影響：以捷克環境政策為例

楊三億

第一節　前言

　　從歐盟整合經驗來看，觀察新會員國與歐盟互動過程中特定領域政策歐洲化過程日趨受到重視，此乃肇因歐盟整合過程中會員國受到來自歐盟作為整體的影響日益突出，在新會員國的分析上尤為明顯。以本章為歷，本章舉出環境政策是歐盟東擴過程中一項重要議題，因為環境議題的跨國性特色令歐盟與所有會員國均須重視環境議題的擴散效應，證諸歐盟執委會在1995年發表之「中東歐聯繫國家內部聯盟市場整合準備（又稱白皮書）」（Preparation of the Associated Countries of Central and Eastern Europe for Integration into the Internal Market of the Union, or White Paper）中指出，白皮書目的在於協助聯繫國能在歐盟內部市場的標準下自我完善，「在單一市場的架構下其他政策領域也將受到擴散效應影響（而一同獲得改變），其中之一即是環境……。歐盟將透過環境立法的調適過程來確保環境的平衡與永續發展」。[1]從最簡單的角度來看，新會員國調整壓力來自於歐體法各項法律基礎，不過更廣泛的來看，此種壓力也是來自於社會化的適應性壓力，來自於「歐洲整合」這個重要的團體認同所形成的內外部壓力。而環境問題曾經是中東歐國家加入歐盟最嚴肅挑戰之一，這主要是因為共產主義時期對環境保護議題漠不關心，與共產極權獨尊兩極軍事對抗與經濟為國家國防目標服務所致，執委會的白皮書也直接指出捷克與其他新會員國在環境議題上的重大挑戰也在於此。[2]以此觀之，對作為過去共產集團工業重鎮的捷克而言，分析捷克加入歐盟的環境政策歐洲化過程有其重要性，因為這可顯示捷克環境政策的調適努力之外，對研究歐盟未來持續擴張或對其鄰近地區的交往政策亦有所幫助，也可以對研究未來歐盟與其他地區的互

---

[1] Preparation of the Associated Countries of Central and Eastern Europe for Integration into the Internal Market of the Union-White Paper, COM (95) 163 final, 3 May 1995, p. 1.

[2] Ibid., p. 65.

動架構有更清楚瞭解。

第二節 歐洲化過程與中東歐新會員國之回應

　　本章歐洲化的調整壓力視為歐洲化過程中重要的自變項，由此解釋捷克加入歐盟過程環境政策變遷與歐洲化間之關連性，歐洲化之調適壓力可以從社會學習模式與經驗學習模式雙重管道理解，兩者形成一種推拉相互牽引的學習力量，由此說明歐洲化過程如何影響捷克環境政策變化。中東歐國家加入歐盟雖直到2004年才完成，不過歐洲化過程卻遠早於2004年，主因是這些國家冷戰結束後紛紛表達意願加入歐盟，並且開始與歐盟進行政治、經濟與社會各層次的接觸。加入歐盟的歷程可以從歐盟哥本哈根會議後提出的「哥本哈根標準」（The Copenhagen Criteria）作為起始點，[3]多數國家都在1994年正式提出申請加入歐盟。不過仔細來看，雖然這些國家加入歐盟的企圖心一致，但實際上各國基本條件狀況並不相同，受到獨立過程、強權干預、國內政經與社會條件等條件影響，接受歐洲化的影響也有差異。大抵來說中東歐國家歐洲化道路可以區分為下列三大類型：

　　第一類是較富改革經驗和動力的波蘭、捷克、匈牙利、斯洛伐克等國，這些國家冷戰時期雖受制於共黨統治影響，不過國家自主程度較其他中東歐國家為高，匈牙利抗暴運動、捷克布拉格之春與波蘭團結工聯抵抗共黨統治、爭取民主的各項運動於冷戰時期綿延不絕，冷戰結束後迅速擺脫共黨統治陰霾，並且由於其相對優越的經濟發展狀況與社會穩定，這類國家歐洲化速度與效果較為明顯，接納歐洲主流價值的意願也高。[4]

　　第二類是由快速崩解的獨裁統治政權走向民主化的羅馬尼亞、保加利亞和其他巴爾幹半島國家，此類國家的政權特色是冷戰時期以獨裁方式進行長期統治，不過冷戰進入尾聲之際，政權瓦解相當快速，羅馬尼亞西奧塞古（Nicolae Ceauşescu）受到當時反對人士推翻而下臺，終至被刺身亡；不過此類國家另一項特色則是民族、宗教、語言等內政問題經常困擾國內政經發展，對國家穩定有其負面干擾因

3　歐盟1993年6月21日於丹麥首都哥本哈根提出三大入盟標準：國內民主制度改革、市場經濟有效運作與具能力執行政治及經濟暨貨幣聯盟的各項要求。

4　Ilya Prizel, *National Identity and Foreign Policy---Nationalism and Leadership in Poland, Russia, and Ukraine* (Cambridge: Cambridge University Press, 1998), pp. 109-112.

素，前南斯拉夫分裂的波士尼亞—赫塞哥維那、科索沃等國軍有此類問題，羅馬尼亞與保加利亞歐洲化過程雖優於其他巴爾幹半島國家，但羅馬尼亞和摩爾多瓦間的移民問題亦長期困擾羅、摩兩國關係發展。[5]

　　第三類國家則是二次大戰前即為獨立國家但被蘇聯併吞的波海三國：愛沙尼亞、拉脫維亞和立陶宛。波海三國被視為小國抵抗蘇聯統治的代表性國家，此類國家雖於冷戰期間被蘇聯併吞為加盟共和國，但由於二次戰前即享有主權地位，因此其民族主義與國家獨立意識高漲，冷戰結束後對於能有助於抵抗蘇聯的各式方式都願意接受，加入北約、歐盟或接受西方價值信仰等途徑皆為其重要選項。[6]

　　上述三類國家由於其獨立時間、政權統治、外交政策走向等因素呈現出對歐洲化不同的接受態度，第一類的波蘭、捷克、匈牙利等國由於地緣位置離傳統西歐核心價值距離較短，接受歐洲化的意願也強，所以觀察者較能夠從單一政策領域中獲得有意義的政策歐洲化變革；第三類國家雖然也願意接受歐洲化價值信仰體系，不過強烈的反俄外交政策取向或有可能將歐洲化過程做為戰略思考設計，干擾選項可能較第一類國家為多；第二類國家的歐洲化過程起步較晚、經濟與社會條件也未臻成熟，因此要獲得高度意義、能檢證的歐洲化成果，可能還需要一段時間的觀察。

　　歐洲化雖然是中東歐國家加入歐盟的必經路程，不過歐洲化如何發生、影響力模式如何發揮、可能產生哪些效果？一個較詳盡的分析體系有其必要，以下討論將針對歐洲化本質與歐洲化影響機制進行探討，期能建構完整的分析架構。

一、歐洲化之內涵

　　在歐洲國家的整合與深化研究中，歐洲化（Europeanization）研究扮演一定角色，學界嘗試從整體的角度來審視歐洲國家為何願意整合？為什麼國家制度或政府政策的選擇會受到歐洲其他國家或歐盟的影響？除物質性誘因外，還有那些力量誘使國家或政府在歐洲整合的道路上願意接受歐盟的影響？這些研究方向隨著歐盟在2004年與2007年東擴完成而使該議題研究更加重要，因為這些新加入的會員國在意識形態、政治與經濟體制、社會價值與文化、國家與個人財富表現等面向變遷過

---

[5]　Adrian Pop, "Migration Effects of Romania's Accession to the EU: The Case of Moldova," *Romanian Journal of European Affairs*, vol. 9, no. 1 (March 2009), pp, 1-25.

[6]　Grazina Miniotaite, "Convergent Geography and Divergent Identities: A Decade of Transformation in the Baltic States," *Cambridge Review of International Affairs*, vol. 16, no. 2 (July 2003), pp. 209-222.

程，均存在與舊會員國之明顯差異，這些國家的政治發展特色除以現代化為目標外，入盟明顯的差異雖使政策調適過程備感艱辛，但其成功轉型的結果卻同樣值得令人注意；此外，新會員國更強調國家互動關係，強調更多關懷應被投注在良性互動與相互建構的穩定環境中，在推廣歐洲價值的漸進過程中定位國家發展目標，因此歐洲化過程正與新會員國企求的發展途徑不謀而合，歐洲價值潛移默化的推動方式符合歐洲國家向外尋求新典範之學習方式，也值得吾人進一步研究未來歐盟與鄰近地區交往關係影響力發展模式。

　　歐洲化的概念近年來受到許多學者重視，將行為者受到歐洲共同價值引導之過程稱為歐洲化，許多學者對此表達看法並嘗試做出定義，Morlino認為歐洲化是「在國內與超國家層次間行為者互動網絡的發展，這些發展使得政策決定過程得以展開，並且將價值、普遍性規範，以及從歐盟制度所做的各項重要決定得以漸進的發散至國內政治⋯⋯。」[7]Baun、Durr、Marek和Saradin等人認為歐洲化雙向互動發生在歐盟與會員國層次政策產出與制度變革等面向上，將會對會員國政治、政策與政體（politics, policy and polity）等面向的產出產生一定影響。[8]另外，Radaelli認為歐洲化主要表現在：「1.歐洲化是一種利益與價值的建構過程；2.將上述利益與價值發散的過程；3.將正式與非正式的規則、程序、政策典範、『處理事情的方法』等議題制度化的過程⋯⋯。」[9]另外和「歐洲化」相近的概念還有「條件設定」（conditionality），Schimmelfennig、Engert和Knobel認為歐洲化強調的是歐盟內部諸如價值信念、規範與標準的同一化過程，而「條件設定」則強調歐盟對東擴所設下的強制性規範，尤其重視新會員國是否將歐盟各項法律轉化成為新會員國內部的正式法律，[10]條件設定讓歐盟規範成為落實歐盟要求新會員國工具性手段之

[7]　Leonardo Morlino, The Europeanization of Southern Europe, in Costa Pinto and N. Teixera (eds.), *Southern Europe and the Making of the European Union, 1945-1980* (New York: Columbia University Press, 2002), pp. 237-260.

[8]　政治層面(politics)歐盟與會員國內政治發展，如政黨政治；政策領域（policy）則是關於各項政府部門所為之決策；政體（polity）則泛指國家相關政治經濟社會等制度的調適與變遷，Michael Baun, Jakub Durr, Dan Marek and Pavel Saradin, "The Europeanization of Czech Politics: The Political Parties and the EU Referendum," *Journal of Common Market Studies*, Vol. 44, No. 2 (2006), p. 252.

[9]　Claudio Radaelli, "Whither Europeanization? Concept Stretching and Substantive Change," *European Integration online Paper* (EIoP), Vol. 4, No. 8, pp. 3-4.

[10]　Frank Schimmelfennig, Stefan Engert and Heiko Knobel, "The Impact of EU Political Conditionality," in Frank Schimmelfennig and Ulrich Sedelmeier ed., *The Europeanization of Central and Eastern Europe* (Cornell: Cornell University Press, 2005), pp. 29-50.

一，歐盟與新會員國之間藉此共同讓歐洲化得以在共同生活圈範圍慢慢形塑而成，Schimmelfennig等人較為重視初期的強制性規範所帶來的後續效應，這些效應透過強制性的因素而慢慢內化到會員國的內部政治循環之中。除條件設定外，推動歐洲化的政策性工具如入盟條約（The Treaty of Accession to the European Union）、歐盟對東擴發表之戰略性評估報告、執委會定期對候選國發布之年度報告（Regular Report）、歐盟與候選國實際入盟各領域之談判內容等，這些工具主要在確保新會員國能符合歐盟各項細部規範、並有適切的行政能力執行歐盟的各項政策，同時政策或制度調整能兼顧民主化與市場經濟的需求。

二、歐洲化影響機制

從歐盟與會員國兩個層次來看，推動歐洲化影響力的兩個主要角色分別為歐盟與會員國，但這兩個角色執行的功能又不一樣，由歐盟推動歐洲化影響力模式的一方創造眾多誘因與各式條件供會員國擷取或學習；而由會員國發動的一方則是由於國內環境需求進而衍生向外尋找解決方式的動力。前者提供的社會學習（social learning model）空間包含物質性與非物質性誘因，如歐洲認同等因素，這一種創造友善的社會學習空間環境正是歐盟得以向外推動歐洲化過程的重要關鍵；後者則以會員國的經驗學習（lesson-drawing model）作為主要發動來源，所以是一種內發性的動因。

（一）社會學習模式（Social Learning Model）

長期以來，政府制定政策的過程被視為政治學研究的核心要素，因為政府政策制定過程容易受到很多因素干擾，政治利益的分析面向常是主要切入點，不過近期相關研究提出主張的認為採用「學習」來觀察公共政策領域，這種學習是根據對過去政策經驗積累或藉由蒐集新資訊來調整政府的政策或管理技術，達成政府治理的最終目標。[11]社會學習論者強調規範內化與學習過程的重要性，他們認為行為者的利益與認同關係將會受到認知與中介組織的影響而出現變化，透過說服、思考與爭辯的過程而導致社會學習的出現，強調組織功能者認為這是一種組織學習

---

[11] 陳恆鈞，「政策學習概念及其對政府組織之意涵」，研習論壇，第28期（2003年），頁 20-29；Hugh Helco, *Modern Social Politics in Britain and Sweden* (New Haven: Yale University Press, 1974), p. 306.

（Organizational Learning）的表現。[12]社會學習要能發揮功能有以下兩大要件：

1. 法令與過程的正當性（Legitimacy of Rules and Process）

正當性是現代國際社會推動法令最主要的依據，會員國願意接受歐盟的法令規範在於這些歐盟法令「能夠清楚傳達，並且法令制定與運用能夠團結在高貴的體系和概念上的凝聚的過程裡」。換句話說，也就是歐盟的法令規範之制定不僅需要合法，決策過程還需要能得到會員國認同，如此歐盟法令推動可以獲得會員國普遍支持。[13]不過多數的新會員國在加入歐盟之前各種法令已經存在，對這些新會員國而言歐盟的各種法令制定過程並未參與，因此歐盟如果強行只是單方面的要求新會員國完全接納各種法令，則歐盟法令正當性將可能遭受挑戰，所以如果歐盟能多關心會員國特殊需求，則雙方的認知衝突將可以較為緩和，新會員國也能因為歐盟願意提供更多支持而增強凝聚力。[14]此種透過強化正當性的方式爭取認同，將歐盟視為所有會員國的「所有」（ownership），是強化正當性與爭取認同的重要因素，讓新會員國能夠覺得自己也是歐盟正式成員，不致因為較晚加入歐盟而感覺處於弱勢的一方，如此將可導致社會學習的過程更容易發生。從實際政治現象來看，歐盟的「條件設定」（conditionality）為新會員國加入歐盟訂下極為嚴苛的入盟標準，同時將監督新會員國入盟的把關程序交由執委會（而非部長理事會），此舉意味歐盟期望盡量減少來自會員國的干預而以行政角度檢視入盟規範，若非如此，新會員國可能無法體認到歐盟法令之正當性，同時新會員國也可能失去對加入歐盟的熱情。[15]

2. 政策共鳴（Policy Resonance）

除了法令規範須具正當性外，特定法令政策實施之成效對其他組織成員之學習亦有影響，其他歐盟會員國採納、實踐歐盟的法令成果的成效也會對新會員國未來是否繼續仿效而有影響。調適歐盟法令的過程中如果也有其他新會員國願意共同採行特定政策、對其他新會員國也有示範作用。對新會員國來說，民主化前多數法

---

[12] Michael Cohen and Lee Sproull ed., *Organizational Learning* (Thousand Oaks, California: Sage Publication, 1996), p. 177, 440-453.

[13] Frank Thomas, *The Power of Legitimacy Among Nations* (New York: Oxford University, 1990), p. 38.

[14] Jeffrey Checkel, "Why Comply? Social Learning and European Identity Change," *International Organization*, vol. 55, no. 3 (Summer 2001), pp. 553-588.

[15] Kjell Engelbrekt, "Multiple Asymmetries: The European Union's Neo-Byzantine Approach to Eastern Enlargement," *International Politics*, vol. 39, no. 1 (March 2002), pp. 37-52.

令都是在共產時期所制定的，隨著這些國家民主化過程諸多法令有更新必要，同時新會員國法令之調適透過內部完整的辯論、遊說與達成共識的過程，這種相稱性邏輯（logic of appropriateness）所引起的調適更為根本，因為會員國改變的不僅是法令規範而已，認同的對象可能因此產生根本性的變化。[16]對新會員國來說，此種相稱性邏輯的調適過程於加入歐盟前即已開始發生，透過國內對回歸歐洲（return to Europe）的訴求展現尋求共識，而公眾是否支持政府決策相當關鍵。公眾的參與未必都是支持政府政策，尤其面臨經濟發展困境時，公眾參與還可能轉化為環境政策推動的限制，不過從正面發展現象來說，政策要能推動公眾參與的支持亦屬必要。因此一國內部民意支持程度高低與反對菁英的反對態度，顯示政府政策推行能否獲得共鳴，就國內支持程度來說，波蘭、捷克與匈牙利等國民意對加入歐盟議題的支持度都超過5成以上，若干國家甚或有7成以上的支持表現，但在白俄羅斯、烏克蘭和摩爾多瓦等國支持度則較不明顯，這些國家推動歐洲化相關領域的作為也較難獲得支持；政策共鳴不僅來自於國內民眾支持，也可以是來自其他國家的共鳴力量，中東歐國家甚早即有區域性組織如維斯格拉瓦集團（Visegrad Group）、中歐倡議（Central European Initiative）等，這些中東歐國家組成的區域性組織可以是促進區域合作、強化歐洲化過程的外部力量，這些區域成員如果還能獲得來自其他歐盟成員國的支持力量，則歐洲化過程便能更有效率。

（二）經驗學習模式（Lesson-drawing Model）

　　相較於社會學習模式，經驗學習模式強調政府決策可以從其他國家成功或失敗的經驗中得到學習機會，進而處理本國類似的問題，不過主要的動力來自於對本國國內的政策環境不滿因而向外尋求解決良方。此種經驗學習的模式又可以簡單區分為兩種，一種是「簡單學習」（simple learning），也就是以理性主義為基礎，強調外界的解決良方都僅僅被視為是一種解決問題的手段；然而另一種觀點則認為透過「複雜學習」（complex learning）的過程，行為者將深刻的掌握到解決方案的深層知識，包含處理問題時的態度、解決問題的價值依循、最終目標的追求等。[17]對歐盟新會員國而言，經驗學習模式更具說服力，原因在於新會員國擷取外在經驗的

---

[16] Maria Green Cowles, James Caporaso and Thomas Risse, *Transforming Europe-Europeanization and Domestic Change* (Ithaca and London: Cornell University Press, 2001), p. 10.

[17] Jack Levy, "Learning and Foreign Policy: Sweeping a Conceptual Minefield," *International Organization*, vol. 48, issue. 2, pp. 279-312.

路徑依賴較為明顯，歐盟或其他會員國的政策適用已有一段時間，因此可供遵循的方向明確，同時可以避免可能產生的政策錯誤，又可據以調整政策使其更符合國內政策環境。一般而言，經驗學習模式能夠發生的條件有以下幾項：

1. 對國內政策心生不滿（Policy Dissatisfaction）

新會員國內部政策實踐的失敗或政策未能符合環境變遷需求的過程是導致向外學習經驗的主要動力，當國內政治菁英或民眾對政策實踐心生不滿而企圖改變現狀時，藉向外尋求新政策或新制度以適應環境變化便成為可欲的選項。如果新會員國國內對現狀改變的要求愈大，或繼續維持現行政策的代價愈高，則向外尋求新模式來解決國內制度衝突的可能性也就愈大，因此政府尋求制度或政策重新調適的主要關鍵，在於先前政策失靈或國內局勢對現狀不滿時產生內部壓力，導致政府向外尋求新的制度或政策模式藉以調和內部需求。長期受制於共黨統治重經濟輕環保的國家發展策略，環境政策一直是中東歐國家政府施政忽略的對象，因為環保問題引起的各種空氣和水污染，如，有毒廢氣與廢水排放、森林砍伐與濕地破壞、沙漠化和生態棲息地縮減等，礙於共黨統治時期民眾無法表達意見之困境，民主化初期國內民意普遍對政策表現心生不滿，此舉提供政府施政改革契機所在，如果施政效果得宜，政府可迅速將國內不滿民意轉化為政策共鳴助力，藉以擺脫改革過程中的諸多阻礙。

2. 知識社群（Epistemic Communities）

新政策或制度之引進對國家現有體制之衝擊相當大，一般政治菁英初期也不容易接受此等新概念之引進，政治菁英要在時間與精力有限的情況下接受新政策，就需要依賴知識社群協助，知識社群跨越國家邊界、對知識理解與重構可以大幅降低政治菁英對新制度之疑慮，在政治菁英對知識社群充分信任的前提下，以及國內制度是否能夠提供知識社群制度化的建議管道，都是知識社群能夠發揮影響力的重要指標。[18]歐盟新會員國的知識社群經驗又較為特殊，由於共產主義統治特性，冷戰期間，捷克的環境知識菁英經常和政治異議人士相結合、同時將其對環境政策的關心與建議隱身於其他領域之中，因此民主化後的環境運動和共黨統治時期的政治反對力量有很強的聯繫，而其跨國知識社群的溝通連結也由此展開。從捷克冷戰時期異議人士與環境精英的結合過程來看，當時的環境精英如環境問題中心（Center for

---

[18] Jeffrey Checkel, "Norms, Institutions, and National Identity in Contemporary Europe," *International Studies Quarterly*, no. 43 (1999), pp. 83-114.

Environmental Questions, CEQ）和生態政策研究所（Institute for Ecological Policy, IEP）的眾多參與者一方面具有律師、學者或專業環保人士身分，但另方面也參與民主化運動的推廣，透過隱身在各專業化的研究單位之中；知識社群的影響力也出現在波蘭的環境政策變遷中，有「氣體排放之父」稱謂的Tomasz Zylicz於1970年代前往歐美等國汲取氣體排放知識，並成為後來波蘭擬定氣體排放的先驅者；此外國際酸雨秘書處（International Secretariat for Acid Rain）、地球國際之友（Friends of Earth International）等組織亦提供各相關協助予波捷匈等國環保議題精英，成為環境政策變遷的重要知識來源。[19]

3. 規則交互使用可行（Transferability of Rules）

最後，新政策或制度的引進能夠發生，除了需要內部動機和知識社群推動以外，引進的外部規則還需要從具備與本國相似環境的成功模範來借用，在成功典範的發散效應下國內反對的力量將降低許多。向外模仿、學習新政策的一般傾向是朝向具有地緣關係、相同文化背景或信仰體系國家，因為不同的信仰體系知識社群可能對政策之合法性解讀有所不同，造成初期學習過程產生認知差異。所以如果由具相同文化背景或信仰體系的知識社群相互溝通，則較可能有益於協調出可能的政策建議，同時政策建議被採納時也可免除文化隔閡帶來的挑戰。[20]與本國具有相似環境的他國成功經驗，因為享有相同的文化背景或天然資源，或具有相同的政治制度與經濟發展模式，而使政府政策擬定過程有更多參考指標，政策複製或仿效的過程因此能夠快速的通過或執行。[21]規則交互可行性的分析等於是經驗學習能否成功的最後一道驗證手續，透過政治人物的論述支持、文化相近性與地理的臨接性讓引進新制度或新政策得以成功進行，後文將提及透過巧妙的制度設計可以讓原先政策調整代價降至一個較低的範圍，減少國內反對阻力；此種地理鄰接性的結合（如捷克和德奧合作）、政治人物的論述支持（如波蘭和英國合作），使得中東歐國家向外借用新制度、新政策的歐洲化過程阻力降低許多。

---

[19] Magnus Andersson, *Change and Continuity in Poland's Environmental Policy* (Dordrecht, Netherlands: Kluwer Academic Publishers, 1999), pp. 149-151.

[20] Steven Smith, *The Politics of Institutional Choice* (Princeton: Princeton University Press, 2001), pp. 137-160.

[21] Frank Schimmelfennig and Ulrich Sedelmeier, "Introduction: Conceptualizing the Europeanization of Central and Eastern Europe," in Frank Schimmelfennig and Ulrich Sedelmeier ed., *The Europeanization of Central and Eastern Europe*, op. cit., pp. 23-25.

（三）政策學習產出類型

　　當學習過程發生並且具有產出，此種學習過程已然完成階段性任務，此種向外尋求政策調適的複雜經驗學習，其政策產出模式可分成四個不同類型，這四個類型分別為：複製（copying）、仿效（emulation）、組合（combination）、啟發（inspiration）。複製指涉一種政策的直接轉移，將他國的政策經驗完整的轉移到國內政策環境；仿效則強調了政策轉移過程的若干調整，讓政策調整能夠有效的適應國內政策環境；組合則是將眾多不同國家的政策作一綜合性揉合，參照多重國家的政策經驗；在政策調適過程以外的聯想則為啟發，因不在原先期望的政策結果之內但卻對產生其他政策內涵的諸多聯想。[22]這幾種不同的經驗學習方式未必都會同時出現，不過對新會員國學習歐盟的經驗來說，在不同的研究案例上會出現不同的學習方式。

　　就上述討論可以得知，中東歐國家歐洲化歷程的社會學習與經驗學習過程差異，表現在以下幾個面向上：對歐盟法令正當性接受、政策能否產生共鳴、國內對政策實踐是否心生不滿、知識社群能否有效溝通價值規範，以及規則能否交互使用等各種面向；從這些面向來看，中東歐國家的歐洲化歷程具有差異性，配合前述所提中東歐國家獨立時間長久、政權統治特性或外交政策走向等觀察，我們可以發現中東歐各國歐洲化的差異表現，這些表現是：

1. 歐洲化起始時間點與歐洲化進展

　　從歐洲化起始點來看，愈早開始進行歐洲化的國家愈能掌握歐盟規則、規範、實際政治運作內涵，波蘭、捷克或匈牙利等國歐洲化時間較其他國家為早，主因是這些國家長期以來自認屬於歐洲主流價值文化圈成員，因此冷戰結束後的歐洲化過程並未遭遇太多阻撓，當然歐洲化的過程也就愈容易鞏固。反之對於歐盟整合抱持較為猶豫心態的國家歐洲化時間點較為晚近，歐洲化過程與成效短期內也較難察覺。[23]

2. 基本社會經濟條件與歐洲化深度

　　經濟與社會體質較健全的中東歐國家歐洲化過程進行的過程能較為順利，這是

---

[22] David Dolowitz and David Marsh, "learning from Abroad: The Role of Policy Transfer in Contemporary Policy-Making," *Governance*, vol. 13, no. 1, pp. 5-24.

[23] Frank Schimmelfennig and Ulrich Sedelmeier, "Conclusions: The Impact of the EU on the Accession Countries," in Frank Schimmelfennig and Ulrich Sedelmeier ed., *The Europeanization of Central and Eastern Europe*, op. cit., pp. 210-228.

因為接受歐盟法令轉化與執行需要強而有力的官僚體系支持，沒有行政體系配合，歐洲化過程的內涵將無法展現，後文將以環境政策為例，行政能在歐洲化過程扮演的角色；此外，國內民意對政策表現能否接受也需要透過適切的媒體管道表達，獨立而自由的媒體經營環境也是要項之一；缺乏這些現代國家應具備的立法、執行與溝通能力，歐洲化過程自然也就受到影響。

3. 外交政策走向與歐洲化

中東歐國家地處西歐國家與俄羅斯交接地帶，這些國家的外交政策長期左右擺盪在東西兩大強權陣營之中，偏左或偏右的外交政策走向將牽動其國內歐洲化進程；一般而言，偏向歐盟的中東歐國家受歐洲化的影響較為明顯，國內政治菁英與主流民意對歐洲化的接受度也高，但外交政策選擇和俄羅斯聚合的中東歐國家要不對歐洲化小心翼翼，要不則傾向抗拒歐洲化之影響。

第三節　入盟前捷克環境政策：轉型前的學習需求

前文所述，歐洲化產生的調適壓力對新會員國具有相當大之影響，不過如果僅有外部壓力而無內部誘因或有一種自發性學習需求，則此種調適過程可能遭受國內憲政架構設計、否決者或利益團體的抵抗，因此加入歐盟前環境政策轉型前內部需求亦是理解歐洲化過程重要因素。支持環境政策轉型的力量與內部學習需求相結合，創造出成功的國內勝利組合，這些內部需求來源諸如入盟的國內立法調適需求、國內反對既得利益者之勢力、強化環境政策執行力之需求等。此種結合與共產主義在捷克失去統治地位有極大關連，捷克自1989年共產政權垮台、政治體制與民主化改革出現很大變化，環境政策也隨之產生巨大轉變。哈維爾（Vaclav Havel）於同年12月底就任總統，提示民主化發展道路，環境政策發展也涵蓋其中。由於共黨時期捷克政府的環境政策思維，以共產主義優越性作為國家發展的綱領性指導，而冷戰時期捷克政府強調工業生產的重要性則帶來巨大的工業污染，當時的環境政策無法解決此一困境，於是捷克成為冷戰時期蘇聯衛星國環境惡化最嚴重的地區之一。[24]本章選擇以捷克環境政策變遷作為分析中東歐國家歐洲化進程的重要代表，

---

[24] David Hunter and Margaret Bowman, "Environmental Reforms in Post-Communist Central Europe: From High Hopes to Hard Reality," *Michigan Journal of International Law*, vol. 13 (Summer 1992), pp. 921-943.

其意義主要在：1.捷克之代表性。中東歐各國歐洲化表現不盡相同，歐洲化起始時間點較早、國內社會經濟條件較健全、外交政策偏向歐盟的國家其歐洲化進程較為明顯；相對的，起始時間點較晚、社經條件較不健全、外交政策偏向俄羅斯的國家歐洲化進程較不明顯，因此較難取得有意義的研究成果，除波蘭、捷克、匈牙利等國外，其他中東歐國家的歐洲化過程可能還在初步階段，波海三國反對俄國的國家戰略使歐洲化過程添加諸多干擾變數、羅馬尼亞與保加利亞的社經條件也未臻成熟，凡此皆增加了觀察歐洲化進程的難度；捷克是中東歐地區國家發展程度較高、工業化表現也較發達的國家，國家能力足以負擔歐洲化過程所需的各項任務，因此選擇捷克乃是適宜的觀察對象。2.環境政策之重要性。環境政策在中東歐國家尋求加入歐盟過程中具有重要意義，這不僅因為：a.環境政策是捷克入盟談判時獨立談判議題領域，此項議題需要雙方相關官員、專家學者和民眾長期共同參與，因此可以觀察各方行為者的價值取向變化；b.環境政策又不僅僅牽涉財政的理性思考邏輯（為達環境政策標準國家／政府應付出多少代價、獲得多少回報），環境政策同時具有生態、科技、跨國合作與經濟思考等綜合面向的考量，透過環境政策之檢證可發現歐洲化發生的過程，以及從中建構出影響力發揮模式。

　　環境惡化是捷克政府民主化後環境政策首要面對的問題，與此現象相關連需要解決的問題則有以下幾點：第一，眾多環境政策法令需要調整以為因應改善環境需求，此等需求恰與加入歐盟所需的法律調和（legal harmonization）相結合，形成一股外部誘因與壓力的雙重力量；第二，對國內反對勢力者反對環境政策的革新亦是環境政策變遷的壓力來源，執政者需要處理不同團體的利益取向；第三，強化環境政策執行力的需求。徒法不足以自行，所以需要提振執行能力使法令能被順利執行，同時也才能去除外界對環境執法能力疲弱不振的觀感。

一、入盟的國內立法調適需求

　　共黨統治時期眾多環境政策相關法令並不夠完備，主要還是由於共黨政府以重工業生產為要的經濟發展目標，同時跟隨莫斯科的政治領導所致。這些共產主義統治下的指令性計劃經濟，促使大多數捷克國有企業以滿足上級交付的生產配額為目標，而忽略環境議題的重要性，所以儘管共產主義時期具有若干主要環境保護法律與超過350項的行政命令，而環境保護政策經常仍只是擔任經濟掛帥任務下，聊備

一格的角色。[25]

　　民主化初期不合時宜的環境立法恰與加入歐盟的法律調和相結合，使捷克提早面對法令調整的議題。加入歐盟的繁瑣的談判程序讓申請國須按部就班遵循歐盟入盟程序規定：即初始階段、協商階段與最後階段。[26]捷克的環境政策調適壓力主要來自於協商階段時期，從布魯塞爾發布的年度報告（Regular Reports）即可看出端倪。歐盟為能確實掌握申請國國內政策調整進度，每年定期發布年度報告，具體說明申請國各種項目的改善進度，捷克的環境政策被列為捷克入盟談判的第22章，由執委會下轄的總署（Directorates-General, DG）的DG1A部門作為評估機關，在捷克申請入盟期間約有超過200項的法令文件需要進行轉化，而且執委會以逐年審查的方式發布報告、確認捷克政府的進度談判是否能進入最後階段，自1998年至2003年，歐盟執委會總共發布了6次的年度報告，環境部分為獨立一章，執委會就捷克的水及水資源管理暨保護、廢棄物、空氣、自然保護、化學製品、基因改造、噪音、核能安全等項目逐年審查，較詳細之執委會審查報告請見表9.1。[27]

　　捷克環境政策調適的壓力來自於以下兩大面向：1.從捷克共產主義時期遺留下的法令規範轉向歐盟看齊的過程，捷克政府需要修改眾多法令政策，數量之大遠超過先前任何一個時期，同時捷克還需要接受歐體法高於國家法律此一事實，以及接受歐洲法院的判決，這些國際法的規範對民主化初期的捷克而言有相當挑戰；而歐體法環保法規體系的逐步發展也造成捷克調適期的困難，例如，歐盟執委會在1997年提出水架構指令（2000/60/EC, or Water Framework Directive, WFD）並歷經長期

---

[25] Ibid. p. 938.

[26] 初始階段的主要工作由申請國在歐盟高峰會期間提出申請文件，而後由歐盟高峰會訓令執委會針對擴大議題提出可行性的評估報告與初審意見，協商階段則包含歐盟與申請國間各項重要議題的協商過程，這個階段也是歐盟與申請國間重要的程序，因為所有相關議題都不可免的被搬到檯面上進行詳細討論，立場不一致的地方可能出現在歐盟與舊有會員國間、舊有會員國與申請國間，以及申請國之間，最後階段則主要包含兩個要項，第一要項就是需要歐盟下轄的各相關機構提出綜合的最終協商同意報告，第二要項即是需要會員國與申請國完成協商談判程序。這兩項程序完成後，根據各國憲政規定最終協議內容呈交各締約國批准（國會通過或交由全民公投複決），迨所有國家都完成批准程序後，申請國將成為新的正式會員國。請見楊三億，「歐盟東擴及其對波蘭衝擊：政治經濟面向之分析」，全球政治評論，第11期（2005年7月），頁79-110。

[27] DG的工作類似政府內閣分工，DG1的主要任務是對外關係的執行，二十世紀九零年代DG逐漸蛻變成三個部門：DG1、DG1A與DG1B，DG1與DG1B的主要工作是處理歐盟會員國的涉外事宜，而DG1A則專責處理申請國的入盟事宜。請見Kjell Engelbrekt, "Multiple Asymmetries: The European Union's Neo-Byzantine Approach to Eastern Enlargement," *International Politics*, Vol. 39, No. 1 (March 2002), pp. 37-52.

表9.1 摘錄歐盟執委會發布東擴之年度報告（捷克環境部分）

年份	內容（摘錄）
1998	核能與化學製品的法令規範能適時轉化成為捷克國內法律 但對於水資源遭受工業污染與核能安全訊息供大眾獲得的部分仍有強化必要
1999	簽署Aarhus Convention 採納新的國家環境政策（New State Environmental Policy） 化學物質的災害預防立法 但仍須強化對水資源保護與管理的架構立法
2000	完成臭氧層保護的第二立法 通過廢棄物管理的修正案 水質保護與自然保育立法工作進度不足 確認農業部為水資源管理主管機關、環境部為水資源保護主管機關、衛生部為飲用水主管機關 關於化學、基因改造、核能安全、噪音的共同體法轉化已超過半數 關於工業污染控制、危機管理的共同體法轉化已達三分之一 關於自然保護、廢棄物管理的共同體法轉化約五分之一 關於空氣保護相關立法僅十分之一，水質部分的立法則更為落後
2001	肯定捷克將環境政策整合至其他領域政策架構內 水法、水供應與下水道系統相關法律制定 政府投資6億歐元於環境事務上，約佔國內生產毛額1.04% 強化環境稽查員之設置
2002	將永續發展納入國家戰略 制訂空氣保護法、廢棄物法與包裝廢棄物法等作為 但空氣與自然保護等相關立法（如二氧化鈦、生物與鳥類的指令轉化）仍需加強
2003	捷克本質上已滿足入盟所需的承諾並期望在入盟前即能完成共同體acquis所需的各項環境政策相關立法

資料來源：Regular Report 1998-2003, From the Commission on Czech Republic's Progress toward Accession, European Union

磋商後在2000年12月正式施行，針對歐盟境內河川流域（包含：河川、湖泊、地面湧出水等）進行管理，將河川流域起源直到入海前作一條鞭、全面式管理。[28]歐盟的2000/60/EC指令嘗試將使資源的多頭馬車管理進行集中化，不過卻對捷克入盟

---

[28] Directive 2000/60/EC of the European Parliament and of the Council of 23 October 2000 establishing a framework for Community action in the field of water policy, *Official Journal* L327 (22 December 2000), pp. 1-73, or http://europa.eu/legislation_summaries/agriculture/environment/l28002b_en.htm accessed 22 July 2009.

法令調適產生極大壓力，讓捷克一方面需要在既有軌道上轉化歐盟的環境法令規範（轉化原先存在的法令），另一方面又需要隨時因應新的政策挑戰（整合水資源的國內立法，包含主管機關的整合與跨國水流域管理的整合等）。[29]2.捷克環境政策調適的壓力還來自於國內環境立法體系混亂，轉化過程需要將不同性質的環境立法統一，鑑於入盟時間急迫，捷克入盟前即有臭氧層保護立法，但同時還需要將歐盟的指令納入國內法律；同時歐盟指令的環境保護專業用語要轉化成為捷克語言亦是一大挑戰，所以這些時間上的競賽與法律體系的混亂對捷克政府環境政策產生重要動力。[30]

二、國內反對勢力

除外部調整需求外，捷克政府內部對環境政策的調適亦有不同聲音存在，反對捷克環境政策調適的主要力量，可以區分為政治與經濟的反對勢力，前者主要以政治上的反對黨為主要代表，後者則以環境政策調適將為企業帶來更多的成本支應而反對。政治上反對陣營的主要人物代表為當時的總理克勞斯（Vaclav Klaus，1993-1997擔任捷克總理），克勞斯的主要訴求在於過度強調環境保護的重要性，將有害於經濟的快速發展並連帶影響失業率的上升，同時為強化環境保護的必要性，勢必國會需要通過各項強制性的法令，如此則有可能造成侵害人民所有權的保障。[31]為確保內閣能執行靠克勞斯的理念，他提名班達（František Benda）為首位環境部長，當時普遍認為此等提名是朝向弱化環境部的權限而設，因此初期的環境立法工作顯得較為牛步化，如雖制定清潔空氣法（Act on Clean Air, 1991），但工業排放廢氣的現象未曾緩和以及罰則金額過低，造成大多數污染源寧願選擇繳納罰款也不願改善污染排放的後果，導致該法對遏止空氣污染的功效形同虛文，此舉也埋下了日後捷克環境政策的大幅改弦更張的伏筆。[32]此外，經濟層面的反對力量也認為環境政策的調適將會引起企業成本大幅增加，從企業講究利潤與效率的層面來

[29] Eva Kružíková, "EU Accession and Legal Change: Accomplishments and Challenges in the Czech Case," *Environmental Politics*, Vol. 13, No. 1 (Spring 2004), p. 107.

[30] Ibid., p. 109.

[31] Cameron Thurber, "Will Retrocession to a Communist Sovereign Have a Detrimental Effect on the Emphasis and Enforcement of Laws Protecting Hong Kong's Environment?" *Journal of Transnational Law and Policy*, vol. 11, no. 1 (Fall 2001), 5-8.

[32] Terence Hoverter and Michael Hoverter, "The Economics of the Environment: Accession of the Czech Republic to the European Union," *Seton Hall Journal of Diplomacy and International Relations*, Vol. 3, no. 1 (winter/spring 2002), p. 53.

看，環境保護將不可避免的增加企業成本支出，因此阻卻環境立法對企業來說尤為
重要，透過遊說過程削弱政府環境立法乃是重要手段之一。捷克民主化初期政治上
的保守態度與經濟上擔憂環境政策推動，引致的額外增加成本使初期的環境政策調
適招致挑戰，而其反對力量的合併則是顯示在政治決策過程。根據研究顯示少數或
聯合內閣的立法效率較容易受到企業干擾，對中東歐實施兩院制的國家更為明顯，
肇因不同政黨對環境與經濟議題的偏好不同，因此將可能會延宕重要立法決策的時
機。捷克兩院制的立法特色正好符合此等制度設計，預計在1992年對能源產業徵收
「綠色燃料稅」（green fuel taxes）原本是捷克環境部重要主張之一，但由於企業
反對與擔憂影響民眾使用燃料的消費模式，捷克政府因此在龐大壓力下決定停止此
一決策推行。[33]

三、強化環境政策執行力之需求

　　後共國家政治發展的特色之一是政府效能低落、行政部門執行功能不彰，這
些執行力不彰的表現主要集中在以下幾個面向：首先是適用法律的僵化性，由於僵
化解釋法律條文文字的習慣，導致諸多法令適用時產生極大限制，最終無法針對違
反行為做出有效遏止。此外，後共國家民主化初期特有的黨國一體、國有企業的經
濟發展模式，致使環境部門對違反環境法規行為開罰時增添政治考量，這對大型的
國有企業（如石化工業）尤為明顯，政府無法忽視經濟發展作為國家發展的首要目
標，因而對有效制裁的執行力難以為繼。最後，捷克政府環境部和其他部門的平行
與垂直協調也未見純熟。這類的協調不是不夠，就是在若干重要的部門聯繫上未臻
健全，這類協調尤其見於中央部門與地方政府的協調過程上，地方政府為求企業投
資，對於環境標準通常採取寬鬆的解釋標準以吸引外資進入，而其結果則是造就捷
克民主化初期環境政策無法有效執行的主要原因。[34]

[33] Dimiter Toshkov, "Embracing European Law: Compliance with EU Directives in Central and Eastern Europe," *European Union Politics*, Vol. 9, No. 3 (September 2008), pp. 379-402; Martin Horak, "Environmental Policy Reform in the Post-communist Czech Republic: the Case of Air Pollution," *Europe-Asia Studies*, Vol. 53, No. 2(2001), pp. 313-327.

[34] Ladislav Miko, Helena Cizkova and Eva Kruzikova, "Environmental Enforcement in the Czech Republic: The EU Pre-Accession Phase," paper presented at *Fifth International Conference on Environmental Compliance and Enforcement*, 16-20 November 1998.

第四節　捷克環境政策的學習模式詮釋

受到歐洲化之影響，捷克的環境政策具有高度的學習產出表現，無論是溫室氣體的排放標準、制度設計與國際參與、知識社群的協同與學習作用、成為最佳實踐概念的引進與實際運用，都可以看出歐洲化於捷克環境政策發揮之影響力。

一、社會學習模式與捷克環境政策歐洲化

（一）歐盟法令與制定過程的正當性

一個友善的社會學習空間是捷克環境政策歐洲化過程的必要條件，缺乏歐盟提供一個可供捷克進行社會學習的空間，捷克便缺乏動力來進行環境政策歐洲化過程，這個社會學習的過程有賴歐盟提供法令與制定過程的正當性與政策共鳴的環境。從歐盟法令與制定過程的正當性面向來看，捷克未正式成為歐盟的會員國前沒有參與歐盟法令制定的權力，因此即便希望加入歐盟的企圖心濃厚，但捷克對於需要全盤接收歐盟所有的法令規範感到極大的挑戰，因此一般認為歐盟若可以在若干領域上妥協，則申請國即可大幅降低入盟的成本。就實際觀察來看，歐盟於2001年頒布空氣污染的排放標準指令，規定各個會員國2010年之前必須降低空氣污染排放標準，[35]歐盟同時還將此項指令納入入盟條約之中，成為包含捷克在內的新會員國皆須遵守的入盟標準，[36]更詳細的數據請見表9.2。

從入盟條約來看，捷克的排放標準並沒有特別優惠之處，如以人口相當的比利時、希臘與葡萄牙（約1,000萬人）來看，捷克的排放標準雖較希臘嚴格，但低於葡萄牙和比利時，同時標準之制定也已兼顧當時捷克溫室氣體排放現況，亦即歐盟所制定的二氧化硫（265千噸，下同）、氮氧化合物（286）、揮發性有機化合物（220）與阿摩尼亞（80）的排放量高出捷克年度實際排放量，捷克氣象局（Czech Hydrometeorological Institute, CHI）甚至認為「在捷克許多區域SO_2的排放是極低

---

[35] Directive 2001/81/EC of the European Parliament and of the Council on national emission ceilings for certain atmospheric pollutants, or see http://eur-lex.europa.eu/LexUriServ/LexUriServ.do?uri=OJ:L:2001:309:0022:0030:EN:PDF, accessed 12 September 2009.

[36] Treaty Concerning the Accession of the Czech Republic (Environment), Annex I, or http://www.europarl.europa.eu/enlargement_new/treaty/doc_en/aa00023en03.doc, accessed 12 September 2009.

表9.2 歐盟會員國2010年前二氧化硫、氮氧化合物、揮發性有機化合物、
阿摩尼亞最高排放標準[37]

Country	SO$_2$ Kilotonnes	NO$_x$ Kilotonnes	VOC Kilotonnes	NH$_3$ Kilotonnes
Belgium	99	176	139	74
Czech Republic	265	286	220	80
Denmark	55	127	85	69
Germany	520	1051	995	550
Estonia	100	60	49	29
Greece	523	344	261	73
Spain	746	847	662	353
France	375	810	1050	780
Ireland	42	65	55	116
Italy	475	990	1159	419
Cyprus	39	23	14	09
Latvia	101	61	136	44
Lithuania	145	110	92	84
Luxembourg	4	11	9	7
Hungary	500	198	137	90
Malta	9	8	12	3
Netherlands	50	260	185	128
Austria	39	103	159	66
Poland	1397	879	800	468
Portugal	160	250	180	90
Slovenia	27	5	40	20
Slovakia	110	130	140	39
Finland	110	170	130	31
Sweden	67	148	241	57
United Kingdom	585	1167	1200	297
EC 25	6543	8319	8150	3976

資料來源：Treaty Concerning the Accession of the Czech Republic (Environment), Annex I

---

[37] SO2=Sulphur Dioxide, NOx=Nitrogen Oxides, VOC=Volatile Organic Compounds, NH3=Ammonia

的」，[38]因此歐盟的規定對於捷克溫室氣體排放影響不大。此另一個面向來看，歐盟為何訂出較為寬鬆的標準？這除了給予捷克政府預留未來經濟成長的空間，讓捷克仍能採取刺激經濟成長的各種方案，同時歐盟給予較寬鬆的標準也是爭取捷克政府認同歐盟相關環境法令制定的正當性，因為觀諸歐盟的溫室氣體排放標準制定過程中缺乏新會員國的參與，故而給予更大的餘裕空間是一種補償性的措施，歐盟此種補償性態度亦可見於波蘭排放標準，其所享有的上限標準為當時所有25個會員國之最高（最寬鬆）。

（二）泛歐區域的政策共鳴

　　環境議題的關連性是跨越國界的，環境保護工作也無法由單一國家的政策推動即可達成，而跨國交流正可以促進政策更廣泛的對話空間，1991年捷克斯洛伐克環境部長伐柔賽克（Josef Vavrousek）首先倡議歐盟應設置泛歐的歐洲環境委員會（European Environmental Council）供歐洲國家參與，以為統籌協調歐洲環境議題的最高單位，歐盟接納此種想法，將捷克的設計修改成歐洲環境（Environment for Europe, EfE）組織。[39]EfE第一屆會議就選在捷克斯洛伐克的Dobris Castle召開，當時歐洲共同體的成員國、中東歐新興民主國家，以及巴西、加拿大、日本、美國等環境部長均派員參加，歐洲理事會（Council of Europe）、歐安會議（the Conference on Security and Co-operation for Europe）與其他歐洲區域性組織也派員參與；[40]EfE第二屆會議（Lucerne, 1993）、第三屆會議（Aarhus, 1997）、第四屆會議（Kiev, 2003）均彙集各國重要的決策精英與環境問題專家，使EfE成為在當時是相當重要的意見溝通論壇。EfE有兩個重要的議題在當時受到各國重視並熱烈討論的，第一項議題是關於積極的促進歐盟政策擴散（policy diffusion）效應，讓中東歐新興民主國家能採取較一致的環境政策。這一項議題不僅在大會上獲得通過作成結論，同時也在後續的會議中被持續關注並採取行動，例如，在Lucerne召開的第二屆會議，與會國家同意需要一份能監督歐洲國家的環境報告（Report on the

---

[38] Czech Hydrometeorological Institute - *Air Quality Protection Division, Air Pollution in the Czech Republicin 2001* (Prague: Czech Hydrometeorological Institute, 2002), or http://www.chmi.cz/uoco/isko/groce/gr01e/aobsah.html, accessed 7 July 2010.

[39] Tamar Gunter, *Banking on the Environment: Multilateral Development Banks and Their Environmental Performance in Central and Eastern Europe* (Cambridge, MA: MIT Press, 2002).

[40] Conclusions of the Conference "Environment for Europe," Dobris Castle, Czech and Slovak Federal Republic 21-23 June 1991 or see http://www.unece.org/env/efe/history%20of%20EfE/Dobris_E.pdf, accessed 23 July 2009.

State of the Environment in Europe, RSEE），並且將統籌泛歐環境評估的工作交給歐盟下轄的歐洲環境總署（European Environment Agency, EEA），但同時不限制非歐盟會員國參與。[41]EEA為能提供參與EEA機制的會員國環境政策更多迴響，建置「歐洲環境資訊與觀察網絡」（European environment information and observation network, Eionet）作為參與國家資訊交流的重要媒介，提供氣候變遷、生物多樣性、土地使用與空間資訊、永續消費與製造、水等方面訊息。[42]

　　歐盟提供一個學習窗口的機制對捷克的環境政策提供一個產生政策共鳴的場所，從捷克歷次通過的國家環境政策（State Environmental Policy, SEP）來看，SEP揭櫫的幾大原則，如永續發展、公眾參與或政府相關部門間政策合作等都是EfE訴求重點，SEP一方面作為捷克加入歐盟前重要的官方環境政策，指導捷克環境政策重要走向，另一方面SEP的制定又參考EfE的主要精神，以及根據RSEE年度評估報告進行修正，最後再將這些交互學習的影響修正成為捷克環境政策的細部要項，作為落實捷克環境政策的各項準備工作。[43]

二、經驗學習模式與捷克環境政策歐洲化

（一）從對國內政策心生不滿作為起端的歐洲化

　　如前所述，儘管共產主義時期已經具有初步規模的環境保護法令，然環境保護政策經常仍只是擔任經濟掛帥任務下聊備一格的角色，但環境惡化的事實並不因漠視而獲得減輕，在捷克波希米亞北部（Northern Bohemia）、波蘭下西里西亞（Lower Silesia）、德東地區薩克森（Sachsen）各區域，重工業與能源工業污染土地的情形充斥空氣、土壤與水源等惡化的環境，因此構成所謂的黑三角地帶（Black Triangle）。[44]根據統計顯示，如果捷克政府持續採取忽視經濟惡化所帶來的危機，則其所造成的經濟損害（空氣、水質與土壤等）與所要付出的補救措施，將可能達到每年捷克國民生產總值的7%，不僅如此，捷克境內的河川用水已有高

---

[41] The Declaration adopted by the Ministers in Lucerne, 30 April 1993, or see http://www.unece.org/env/efe/history%20of%20EfE/Luzern.E.pdf, accessed 23 July 2009.

[42] See http://eionet.europa.eu/, accessed 23 July 2009.

[43] *State Environmental Policy1999* (Prague: Ministry of Environmental of the Czech Republic, 1999).

[44] Liliana Andonova, "The Europeanization of Environmental Policy in Central and Eastern Europe," in Frank Schimmelfennig and Ulrich Sedelmeier ed., *The Europeanization of Central and Eastern Europe*, op. cit., p. 147.

達60%遭受污染、23%的水質已被列入為最危險的污染區塊，此種高度環境污染的惡果，透過媒體的傳播，使捷克民眾意識到污染帶來的危害，進而形成一股強大要求改善的力量，環境問題逐步被提升至國家發展與人類安全的重要組成。[45]對於經濟發展與環境保護孰輕孰重的看法，在加入歐盟之際也逐漸獲得扭轉，此種思維在強烈希望加入歐盟氣氛的推波助瀾下，捷克國內政治支持的強度也隨之增加，對捷克國內立法規範與歐盟達成更趨緊密的要求呼聲日益升高，清潔空氣法（Act on Clean Air, 1994, amendment）的修訂、廢棄物法（Act on Waste, 1997, amendment）的修訂皆為思維轉變過程的重要表現。此外，捷克政府也順勢提出「彩虹計劃」（Rainbow Program）作為改革的重要起步，彩虹計畫以勾勒國家環境戰略、重視人民健康、提升國際地位，以及和歐盟環境標準的趨同作為主要改革方向，彩虹計畫的開展也成為捷克國家環境政策各年度版本的重要綱目。[46]

（二）捷克的知識社群作用

　　捷克知識社群亦是扮演推動歐盟環境典範的重要力量，環境專家與非政府組織在捷克入盟過程中扮演諮詢地位，入盟談判過程由捷克政府內閣層級的「歐盟整合委員會」（Government Committee for European Integration, GCEI）主導入盟戰略規劃事宜，GCEI由內閣總理擔任主席，並邀集內閣重要部會首長組成，第一線的談判代表則是由外交部領軍，為了能夠爭取入盟談判的有利地位，捷克的談判陣容涵蓋NGO、協會與工會各項民間組織成員，並在35個次領域的「工作小組」（working groups）下安排專家學者參與，成為入盟談判的重要團隊組成。[47]這一種專家提出建議、政府採納，以及非政府組織遊說政府採納民間建議的過程能夠發生，主要還在於當時捷克入盟的不確定性與極大挑戰的困難所致，由於執委會每年發布年度報告嚴格把關的態度，造成申請國沒有太多餘地可供政治操作，所以滿足執委會的要求是最主要工作，因此說服、模仿與學習成為政策制定的重要考量，而透過此種學習過程也逐步將捷克環境政策的規範予以清晰化，對未來捷克的環境政

---

[45] Alena Cerna, "Economic Transformation and the Environment," in Jan Svejnar ed., *The Czech Republic and Economic Transition in Eastern Europe* (San Diego, California: Academic Press, 1995), p. 378.

[46] *State Environmental Policy 2001* (Prague: Ministry of Environmental of the Czech Republic, 2001).

[47] Barbara Lippert, Gaby Umbach and Wolfgang Wessels, "Europeanization of CEE Executives: EU Membership Negotiation as a Shaping Power," *Journal of European Public Policy*, Vol. 8, No. 6 (December 2001), pp. 980-1012.

策發展有更為深遠的影響。[48]

　　除了政府部門和知識社群的緊密聯繫之外，若干扮演獨立角色的非政府組織也主導了擴散歐盟環境規範的重要媒介，環境問題中心（Center for Environmental Questions, CEQ）和生態政策研究所（Institute for Ecological Policy, IEP）是其中較為重要的兩個組織。由於共產主義時期執政者對非政府組織的反對，因此關心環境問題的專家，僅能在遠離政治核心的邊緣範疇內籌組相關的環保組織，這些人士因此在查理士大學（Charles University）的生物社之下籌設生態部門（Ecological section of the Biology Society），當時活躍在這些共同關心環境議題的人士以Bedrich Moldan、Vaclav Mezricky和Ivan Dejmal為代表，CEQ主要由科學家所組成，提供專業的環境科技意見、舉辦研討會來發揮影響力；而IEP由律師所組成，強調透過法律的調適來改善捷克的環境問題、提請政府重視。在這些活動當中，Moldan可以算是重要的靈魂人物，他不僅首先引入永續發展的觀念，同時在捷克民主化後還主導捷克加入歐盟談判的環境議題，並身兼聯合國永續發展委員會的主席。[49]相似的例子也出現在Ivan Dejmal身上，Dejmal原是捷克七七憲章的簽署人之一，長期投身於民主化運動的異議份子，對環境議題也持續保持關注，民主化後Dejmal擔任捷克的環境部長，其和歐洲西方國家長期交流環境議題的結果促使其全面檢討捷克的環境立法，這也是捷克在1990年代初期環境立法出現結構性改變的重要原因之一，環境稽查員、國家環境基金與重要架構性的立法都是在這個階段完成的。[50]除此之外，IE當時也致力於引介歐盟環境法規，出版各式刊物介紹歐盟環境立法，儼然扮演環境議題歐盟典範的「翻譯者」角色，凡此皆說明非政府組織在當時捷克的影響。[51]

（三）交互學習歐盟與會員國環境標準的捷克環境政策

　　除了知識社群的交流外，國家層級的經驗學習也讓捷克可以在相當短的時間內

[48] Jeffrey T. Checkel, "Why Comply? Social Learning and European Identity Change," *International Organization*, Vol. 55, No. 3 (Summer 2001), pp. 553-588.

[49] Adam Fagan, *Environment and Democracy in the Czech Republic: The Environmental Movement in the Transition Process* (Cheltenham, UK: Edward Elgar, 2004).

[50] Nick Manning, *Patterns of Environmental Movements in Eastern Europe, Environmental Politics*, Vol. 7, No. 2 (Summer 1998), pp. 100-133.

[51] Sandrine Devaux, "Old Networks, New Roles? The Role of Environmental Think Tanks in the Czech Republic," *Perspectives on European Politics and Society*, Vol. 7, No. 2 (June 2006), pp. 221-235.

充分認知、掌握歐盟環境典範所在，歐盟法爾計畫（Poland-Hungary Assistance in Restructuring their Economies, PHARE）與其他相關經費補助的推動即為一例，為因應捷克加入歐盟環保政策的調適，捷克大約需要通過300多項的法令，而這些相關法令的搜集、轉化過程需要大量人力物力資源，更需要在轉化過程時間兼顧捷克環境的特殊需求，以清除捷克黑三角地帶的環境污染為例，捷克除需要資金設立監控站監督廠房空污與水資源的排放以外，還需要捷克與波蘭、德國共同合作解決上述問題，因此法爾下轄的各項子計畫即負責處理這些事務，PHARE-GTAF（General Technical Assistance Facility）提供技術與資金援助給捷克政府從事區域內環境保護工作，另外PHARE-CBC（Cross Border Cooperation）則提供捷克與德國、捷克與奧地利邊境的環境基礎建設投資計畫。[52]這些跨國合作團隊針對環境保護共同研擬任務目標，但同時由於空氣污染及酸雨管制屬於專業立法，因此參照專家建議制定標準乃必然趨勢，要快速解決黑三角地區環境惡化問題非得需要專家提供適切建議。1991年捷克討論清潔空氣法案的污染物排放標準時即援引參考鄰國標準，主要是因為捷克與德國緯度相近，援引這項標準將可以快速達到可見污染減量效果，所以在熱容量（Thermal Capacity）、除硫（desulfurization）、二氧化氮與浮塵微粒的排放量管制訂出和歐盟大規模植物燃燒指令Large Combustion Plants Directive（88/609/EC）近乎相同標準。[53]

　　另外，利用巧妙的制度設計也可以讓捷克的經驗學習能以更有效的方式加速進行。鑒於歐盟推動環境保護與共同農業政策的改革並加強兩大領域相互合作，歐盟於1991年制定「硝酸鹽指令」Nitrate Directive（91/676/EEC）來降低農民因為不當使用化學肥料而造成對土壤與水資源的污染，這項指令對歐盟會員國的農民產生極大困擾，因為長期習慣使用的化學肥料將因而被禁止，從而改變耕種習慣與成本支出。[54]該指令對新會員國的衝擊之大亦可想見，對以農業生產體系為主的波蘭等國反彈聲浪於入盟談判過程經常出現，波蘭政府甚至提出8年過渡期的設計來緩

---

[52] Frank Carter and David Turnock, *Environmental Problem of East Central Europe*, second edition (London: Routledge, 2002), p. 132.

[53] Liliana Andonova, "The Europeanization of Environmental Policy in Central and Eastern Europe," in Frank Schimmelfennig and Ulrich Sedelmeier ed., op. cit., pp. 148-149.

[54] 正式全文為Council Directive 91/676/EEC of 12 December 1991 Concerning the Protection of Waters Against Pollution Caused by Nitrates from Agricultural Sources as Amended by Regulations 1882/2003/EC and 1137/2008/EC,縮寫成The EC Nitrates Directive, 91/676/EEC.見歐盟官方網頁 http://ec.europa.eu/environment/water/water-nitrates/index_en.html, accessed 14 September 2009.

和因為執行Nitrate Directive的可能衝擊，捷克、斯洛伐克與立陶宛等國的反對聲浪雖然較小，但對可能支付的代價依然感覺游移不定。[55]儘管來自新會員國的反彈聲浪，不過這些顧慮隨著若干制度調整與降低風險的學習方式而獲得減緩，捷克透過參照其他會員國的經驗學習過程使成本支出的顧慮降至最低，一種成對最佳實踐（Twinning Best Practice）的概念被援引至歐盟東擴的進程中，透過入盟候選國選擇與特定舊會員國的相互合作，以團隊進駐候選國，並採互助學習的方式來提升候選國的執行能量，一般稱之為入盟前顧問（Pre-Accession-Advisors, PAA），[56]波蘭和捷克與英國顧問、斯洛伐克與愛爾蘭、立陶宛與荷蘭顧問均建立緊密的聯繫關係，[57]這些顧問協助候選國修正硝酸鹽指令要求會員國發表的年度評估報告、提出「指定易受硝酸鹽損害區域」（designated Nitrate Vulnerable Zones, NVZs）的具體改善建議，以及如何從事良善的農田行為規則（codes of good farm practice）等，這些具體建議可以為候選國節省龐大的經費支出、同時透過這些建議也可以更有效爭取來自歐盟的經費補助。[58]

第五節　結論：捷克環境政策的歐洲化表現

本章研究結果指出，捷克環境政策的歐洲化效應極其明顯，制度與政策變遷一方面需要合乎歐體法之規範，因此內部立法過程需要回應外部壓力，但同時回應壓力之國內成本又極為高昂，因此政府採取以階段性和過渡期安排之方式減緩國家所需付出之代價，本章指出，無論在實際案例之檢證或對於理論與實際案例交互解釋之重構過程，歐洲化無疑在詮釋歐洲政治、政府或政策變遷議題上具有相當重要的

---

[55] Matthew Gorton, Philip Lowe and Anett Zellei, "Pre-accession Europeanization: The Strategic Realignment of the Environmental Policy Systems of Lithuania, Poland and Slovakia towards Agricultural Pollution in Preparation for EU Membership," *European Society for Rural Sociology*, Vol. 45, No. 3 (July 2005), pp. 202-223.

[56] 這些組成的顧問團體又稱為「成對團體」（twinning team），即是透過顧問的協助可將舊會員國的環保經驗複製到新會員國。

[57] Matthew Gorton, Philip Lowe and Anett Zellei, "Pre-accession Europeanization: The Strategic Realignment of the Environmental Policy Systems of Lithuania, Poland and Slovakia towards Agricultural Pollution in Preparation for EU Membership," *European Society for Rural Sociology*, op. cit., pp. 217-218.

[58] Christoph Knill, *The Europeanization of National Administrations* (Cambridge: Cambridge University Press, 2001).

地位。

　　首先在國內制度變遷之表現上，我們可以從幾個階段來理解捷克的制度變遷過程。第一階段環境政策改革首先發生於1991年，這個時期最主要的工作是制度建立，如環境部（Ministry of Environment）、環境稽查員（Czech Environmental Inspectorate）、國家環境基金（National Environmental Fund）的設置等；另外如環境法（Act on Environment）、清潔空氣法（Act on Clean Air）、廢棄物法（Act on Waste）等重要法令也都是在這個時期訂定通過。[59]

　　歷經捷克與斯洛伐克的分裂後，捷克政府的第二階段環境政策重要改變起於1995年，先前捷克雖已制定環境保護基本架構規範，然其他各單項的環境法令仍未臻完備，所以捷克這個時期通過多種的專門性法律，如森林法（Act on Forest），森林法之制定是在共產主義時期，當捷克為預先加入歐盟做準備時，便須重新修訂森林法相關條文。

　　第三階段的環境政策起於1998年，隨著加入歐盟的腳步日漸逼近，歐盟要求捷克盡速將共同體法和歐盟指令轉化的壓力也與日俱增，實際上，捷克政府需要一方面處理與歐盟談判進程問題，另一方面歐盟還不斷產生新的環保指令，促使捷克政府還需要額外花費心思同時處理兩種問題，這些新指令如整合預防與污染控制指令（the Integrated Prevention and Pollution Control Directive）、水架構指令（Water Framework Directive）、環境衝擊評估指令（Environmental Impact Assessment Directive）等，更詳細之相關立法請見表9.3。

　　另外，對於理論與實際案例交互解釋之重構過程，捷克環境政策的歐洲化過程顯示其環境法令調適過程的歐洲化傾向，而歐洲化過程的確也顯示出其對捷克環境政策的影響，本章有以下幾個研究成果：

　　第一，歐盟法令制定與過程的正當性原則在歐洲化過程中依然享有決定性因素，原先本章假定如果歐盟在環境議題上能滿足捷克的特殊需求，則正當性原則能夠獲得更有力的支持，不過研究發現在環境議題的討論上歐盟並沒有提出特殊妥協條件滿足捷克，從捷克入盟條約條文中可看出，捷克享有的過渡期安排、要求降低與豁免（transitional arrangements, derogation and exemptions）僅有三項，此三項分別是：應遵循符合中程目標的可供回收的包裝材料規定至2005年12月31日、得不予

---

[59] Eva Kru íková, "EU Accession and Legal Change: Accomplishments and Challenges in the Czech Case," *Environmental Politics*, Vol. 13, No. 1 (Spring 2004), pp. 99-113.

表9.3　摘錄捷克不同時期主要環境立法（1991-2004）

第一階段（1991-1993）
清潔空氣法（Act on Clean Air, 1991）
廢棄物法（Act on Waste, 1991）
國家環境基金法（Act on the National Environmental Fund, 1991）
環境法（Act on Environment, 1991）
自然與地貌保護法（Act on Nature and Landscape Protection, 1992）
農業土壤保護法（Act on Agricultural Soil Protection, 1992）
環境衝擊評估法（Act on Environmental Impact Assessment, 1992）
第二階段（1994-1998）
清潔空氣法（Act on Clean Air, 1994, amendment）
獲得環境資訊權法（Act on the Right to Access to Environment Information, 1998）
森林法（Act on Forests, 1995）
廢棄物法（Act on Waste, 1997, amendment）
臭氧層保護法（Act on the Ozone Layer Protection, 1995）
瀕危野生動植物國際貿易條件暨保護法（Act on Conditions of International Trade with Endangered Species of Wild Fauna and Flora and other Measures of Protection of Such Species, 1997）
核能和平使用法（Act on Peaceful Use of Nuclear Energy, 1997）
產品技術需求法（Act on Technical Requirements for Products, 1997）
化學製品與化學準備法（Act on Chemicals and Chemical Preparations, 1998）
第三階段（1999-2004）
特定危險化學物質重大災害預防與準備法（Act on the Prevention of Major Accidents caused by Certain Dangerous Chemical Substances and Preparations, 1999）
基因改造組織與產品處理法（Act on Handling with Genetically Modified organisms and Products, 2000）
特定保育類動物所生損害賠償法（Act on Indemnification of Damage Caused by Certain Protected Animals, 2000）
狩獵法（Act on Hunting, 2001）
環境衝擊評估法（Act on Environmental Impact Assessment, 2001, amendment）
水法（Water Act, 2001）
廢棄物法（Act on Waste, 2001）
清潔空氣法（Act on Clean Air, 2002）
整合預防與污染控制法（Act on Integrated Prevention and Pollution Control, 2002）
修正核能和平使用法（Act Amending the Act on Peaceful Use of Nuclear Energy, 2002）

資料來源：Eva Kružíková, "EU Accession and Legal Change: Accomplishments and Challenges in the Czech Case," *Environmental Politics*, Vol. 13, No. 1 (Spring 2004), p. 101.

遵守城市廢棄污水收集系統要求至2010年12月31日、得不遵守二氧化硫排放限制價值至2007年12月31日）；[60]將捷克與其他新會員國入盟的緩衝限制交互參照可以發現，包含捷克在內的新會員國多數環境政策緩衝期到2010年年底（波蘭的氮氧化合物排放標準可延長到2017年12月31日），歐盟給予這些國家6年的緩衝設計。此種調適標準以階段性方式來逐步提升新會員國的環境政策也可見諸於其他政策領域，規避以「一刀切」、硬性的入盟時間表來取得難以達成的任務。[61]

　　第二，除歐盟法令正當性原則在歐洲化過程所扮演之主導地位無庸置疑外，捷克入盟過程中環境政策成本效益分析也是一個重點，環境政策要求愈高，需要付出的經濟代價可能也愈高，研究結果顯示捷克透過以下幾個方式來降低此種需要支付的代價：第一項作為即是上文所述，透過互助學習的方式提供他國成熟的環保實踐經驗，藉此降低不必要的經費支出與更有效的爭取經費補助，這些作為的附加效益則是更有效拉近布拉格與布魯塞爾政策合作的關係，以此種學習的經驗獲得未來政策領域的積極合作。第二項則是透過經濟手段彌補捷克因入盟所需要繳交的經費，給予捷克暫時性的預算補貼（temporary budget compensations）和一次性（lump-sum）的財政補貼方式。[62]這些預算補貼和財政補貼的措施雖和入盟經費相關，主要目的是為避免新會員國成為歐盟內部的淨支出國家，但實際上和環境政策調適的相關性不大，事實上也很難釐清這些經費提供與捷克為求加入歐盟的環境政策調適相關，不過歐盟此舉具有象徵性財政補貼意涵則非常明顯。[63]

　　第三，捷克國內的環境惡化議題得力於民主化過程而搬上檯面，因為存在一個歐盟法令正當性原則與舊會員國相對成熟的實踐經驗的環境，捷克的學習動力得以充分的在其國內推動，而且這種過程不僅是一種簡單學習的過程，更是一種複雜的學習過程，即是包含捷克處理環境議題的態度、解決環境惡化問題的價值依循，以

[60] Treaty of Accession of Czech Republic to the European Union, Protocol on the Treaty and Act of Accession of the Czech Republic, *Official Journal of the European Union*, C 310/297(16 December 2004).

[61] Kjell Engelbrekt, "Multiple Asymmetries: The European Union's Neo-Byzantine Approach to Eastern Enlargement," *International Politics*, vol. 39, no. 1 (March 2002), pp. 37-52.

[62] 2004年至2006年捷克獲得的暫時性預算補貼分別為1.25億、1.78億和0.85億歐元；一次性的財政補貼則為1.747億、0.91億、0.91億歐元。

[63] Madalina Ivanica, *An Overview of the Treaty of Accession of Cyprus, Czech Republic, Estonia, Hungary, Latvia, Lithuania, Malta, Poland Slovakia, Slovenia to the European Union* (Maastricht : Maastricht University, European Institute of Public Administration, 2003), or see http://www.eipa.eu/files/repository/product/20070816125607_2003w03.pdf, accessed 4 June 2010.

及最終目標的追求等。這些行為調適不僅是簡單的法令趨同，同時也涵蓋多樣化的
環境議題參與者，從共產時期由政府主導轉向民間積極參與，政府環境政策目標也
從以往經濟發展優先轉而將環境視為個人生活品質的重要組成，拋棄獨尊經濟發展
的國家政策；若干重要觀念，如永續發展、預防原則（precautionary principle）、
污染者付費（the polluter pays）、公眾參與（public participation）等也幾乎成為全
國共識，這一些改變受到歐盟環境典範極大影響，也透過此種歐洲化過程改變民眾
對環境議題的認知與行動。

　　第四，捷克環境政策歐洲化產出以複製和組合為主，1990年至1992年這段
期間捷克通過高達51項相關的環境法令，而後再從申請入盟到正式加入歐盟止完
成300多項的相關法令調整，此種法令產出是一種政策直接移轉，將歐盟與舊會
員國的環境政策或法令完整的轉移到捷克國內的政策環境，如「環境衝擊評估」
（Environment Impact Assessment）、「廢棄包裝材料」（packaging waste）、「淋
浴廢水」（bathing water）或前述的硝酸鹽有害物質等，布魯塞爾要求捷克以直接
複製的方式來轉換歐盟指令。[64]不過由於法令執行層面非常廣泛，同時入盟前顧問
與成對團體之組成來自各個不同舊會員國，這些國家對原本歐盟的環境指令之執行
或有差異（這些差異其實也是各國環境典範特色的表現），因此也促使捷克對環境
政策執行層面上產生影響，其結果是將眾多不同國家的環境政策作一綜合性揉合，
參照多重國家的政策經驗來運用在捷克的環境議題之上。[65]

　　第五，歐洲化是影響捷克環境立法過程非常重要的因素，不過歐洲化和歐盟
以外地區的環境政策建制也可能產生交互影響，如，聯合國Aarhus公約對環境資訊
獲得、公眾參與決策，以及環境事務的公正行使等均有規範，[66]作為締約國的歐盟
和捷克而言，歐盟既一方面將擴大公眾參與的概念投射至國際社會之中，另一方面
又需要將國際社會所通過的Aarhus公約精神落實於國內立法之中，因此歐洲層次與
國際層次交流過程亦可能影響捷克環境政策，不過如果回到歐盟與會員國立法調適

---

[64] "Comprehensive Monitoring Report on the Czech Republic's Preparations for Membership, Chapter 22(2003)," European Commission.

[65] Heather Grabbe, "How does Europeanization Affect CEE Governance? Conditionality, Diffusion and Diversity," *Journal of European Public Policy*, Vol. 8, No. 6 (December 2001), pp. 1013-1031.

[66] Aarhus公約（Aarhus Convention）全文為"Convention on Access to Information, Public Participation in Decision-making and Access to Justice in Environmental Matters," 2001年10月30
日生效，該公約將環境權與人權概念相結合，使環境權成為人類基本權利之組成，而為達成
上述三大目標，公約規定：公部門必須依大眾要求公開環境資訊、制定司法或行政程序供大
眾對環境決策提出看法、異議等，請參閱http://www.unece.org/env/pp/, accessed 10 June 2010.

的觀點來看，歐盟指令頒布使會員國遵行的立法過程亦可解釋歐洲化過程，透過歐盟率先於1997年修正環境評估指令（Council Directive 97/11/EC），[67]捷克再於2001年修正環境衝擊評估法（Act on Environmental Impact Assessment, Act No. 100/2001 Coll），可見捷克在國內環境政策上的調整，捷克開放國內NGO組織有權於15天以內提出對政府所提的各種環境方案建議，而政府也有義務需要提供NGO組織各式相關資訊與文件，並在決策過程中將NGO的建議納入考量。[68]

第六，歐洲化的經驗對歐盟推動其與周邊地區交往有重要參考作用，如前所述，捷克的歐洲化過程非始於入盟後，而是早於入盟前歐洲化就成為影響捷克環境政策發展的重要因素，目前歐盟東面政策強調的各項交往關係，如價值共享的基本理念、透過對話與實務交流的合作模式、尊重東歐各國的內部需求與差別性的合作關係等，基本上都符合歐洲化過程發生的各項基本條件，不過東歐國家與第五波東擴的新會員國歐洲化模式又有其他變因干擾，這些東歐國家受到民族認同、區域衝突或外部力量的干擾因素又遠大於第五波東擴的國家，然從歐盟所揭櫫的政策目標來看，歐洲化經驗仍有其參考價值。

參考書目

Preparation of the Associated Countries of Central and Eastern Europe for Integration into the Internal Market of the Union-White Paper, COM (95) 163 final, 3 May 1995.

Leonardo Morlino, The Europeanization of Southern Europe, in Costa Pinto and N. Teixera (eds.), Southern Europe and the Making of the European Union, 1945-1980 (New York: Columbia University Press, 2002), pp. 237-260.

Michael Baun, Jakub Durr, Dan Marek and Pavel Saradin, "The Europeanization of Czech Politics: The Political Parties and the EU Referendum," Journal of Common

---

[67] 該指令Council Directive 97/11/EC of 3 March 1997乃修正Directive 85/337/EEC而來，主要是關於擴大公私領域參與環境計畫的效應評估。請見Official Journal, No. L 073, 14/03/1997 P. 0005, or http://ec.europa.eu/environment/eia/full-legal-text/9711.htm, accessed 10 June 2010.

[68] Czeslaw Walek, "The Aarhus Convention and its Practical Impact on NGOs: Examples of CEE and NIS Countries," *The International Journal of Not-for-Profit Law*, vol. 3, issue 1 (September 2000), 或請見電子版http://www.icnl.org/knowledge/ijnl/vol3iss1/index.htm, accessed 10 June 2010.

Market Studies, vol. 44, no. 2 (2006), p. 252.

Claudio Radaelli, "Whither Europeanization? Concept Stretching and Substantive Change," European Integration online Paper (EIoP), vol. 4, no. 8, pp. 3-4.

Frank Schimmelfennig, Stefan Engert and Heiko Knobel, "The Impact of EU Political Conditionality," in Frank Schimmelfennig and Ulrich Sedelmeier ed., The Europeanization of Central and Eastern Europe (Cornell: Cornell University Press, 2005), pp. 29-50.

Hugh Helco, Modern Social Politics in Britain and Sweden (New Haven: Yale University Press, 1974), p. 306.

Michael Cohen and Lee Sproull ed., Organizational Learning (Thousand Oaks, California: Sage Publication, 1996), p. 177, 440-453.

Frank Thomas, The Power of Legitimacy Among Nations (New York: Oxford University, 1990), p. 38.

Jeffrey Checkel, "Why Comply? Social Learning and European Identity Change," International Organization, vol. 55, no. 3 (Summer 2001), pp. 553-588.

Maria Green Cowles, James Caporaso and Thomas Risse, Transforming Europe-Europeanization and Domestic Change (Ithaca and London: Cornell University Press, 2001), p. 10.

Jack Levy, "Learning and Foreign Policy: Sweeping a Conceptual Minefield," International Organization, vol. 48, issue. 2, pp. 279-312.

Jeffrey Checkel, "Norms, Institutions, and National Identity in Contemporary Europe," International Studies Quarterly, no. 43 (1999), pp. 83-114.

Steven Smith, The Politics of Institutional Choice (Princeton: Princeton University Press, 2001), pp. 137-160.

Frank Schimmelfennig and Ulrich Sedelmeier, "Introduction: Conceptualizing the Europeanization of Central and Eastern Europe," in Frank Schimmelfennig and Ulrich Sedelmeier ed., The Europeanization of Central and Eastern Europe, op. cit., pp. 23-25.

David Dolowitz and David Marsh, "learning from Abroad: The Role of Policy Transfer in Contemporary Policy-Making," Governance, vol. 13, no. 1, pp. 5-24.

Eva Kružíková, "EU Accession and Legal Change: Accomplishments and Challenges in the Czech Case," Environmental Politics, Vol. 13, No. 1 (Spring 2004), pp. 99-113.

Kjell Engelbrekt, "Multiple Asymmetries: The European Union's Neo-Byzantine Approach to Eastern Enlargement," International Politics, Vol. 39, No. 1 (March 2002), pp. 37-52.

Directive 2000/60/EC of the European Parliament and of the Council of 23 October 2000 establishing a framework for Community action in the field of water policy, Official Journal L327 (22 December 2000), pp. 1-73

Eva Kružíková, "EU Accession and Legal Change: Accomplishments and Challenges in the Czech Case," Environmental Politics, Vol. 13, No. 1 (Spring 2004), p. 107.

Directive 2001/81/EC of the European Parliament and of the Council on national emission ceilings for certain atmospheric pollutants.

Treaty Concerning the Accession of the Czech Republic (Environment), Annex I.

Tamar Gunter, Banking on the Environment: Multilateral Development Banks and Their Environmental Performance in Central and Eastern Europe (Cambridge, MA: MIT Press, 2002).

Conclusions of the Conference "Environment for Europe," Dobris Castle, Czech and Slovak Federal Republic 21-23 June 1991

State Environmental Policy1999 (Prague: Ministry of Environmental of the Czech Republic, 1999).

Terence Hoverter and Michael Hoverter, "The Economics of the Environment: Accession of the Czech Republic to the European Union," Seton Hall Journal of Diplomacy and International Relations, Vol. 3, no. 1 (winter/spring 2002), p. 53.

Liliana Andonova, "The Europeanization of Environmental Policy in Central and Eastern Europe," in Frank Schimmelfennig and Ulrich Sedelmeier ed., The Europeanization of Central and Eastern Europe, op. cit., p. 147.

Dimiter Toshkov, "Embracing European Law: Compliance with EU Directives in Central and Eastern Europe," European Union Politics, Vol. 9, No. 3 (September 2008), pp. 379-402; Martin Horak, "Environmental Policy Reform in the Post-communist Czech Republic: the Case of Air Pollution," Europe-Asia Studies, Vol. 53, No. 2(2001), pp. 313-327.

State Environmental Policy 2001 (Prague: Ministry of Environmental of the Czech

Republic, 2001).

Barbara Lippert, Gaby Umbach and Wolfgang Wessels, "Europeanization of CEE Executives: EU Membership Negotiation as a Shaping Power," Journal of European Public Policy, Vol. 8, No. 6 (December 2001), pp. 980-1012.

Jeffrey T. Checkel, "Why Comply? Social Learning and European Identity Change," International Organization, Vol. 55, No. 3 (Summer 2001), pp. 553-588.

Adam Fagan, Environment and Democracy in the Czech Republic: The Environmental Movement in the Transition Process (Cheltenham, UK: Edward Elgar, 2004).

Nick Manning, Patterns of Environmental Movements in Eastern Europe, Environmental Politics, Vol. 7, No. 2 (Summer 1998), pp. 100-133.

Sandrine Devaux, "Old Networks, New Roles? The Role of Environmental Think Tanks in the Czech Republic," Perspectives on European Politics and Society, Vol. 7, No. 2 (June 2006), pp. 221-235.

Frank Carter and David Turnock, Environmental Problem of East Central Europe, second edition (London: Routledge, 2002), p. 132.

Liliana Andonova, "The Europeanization of Environmental Policy in Central and Eastern Europe," in Frank Schimmelfennig and Ulrich Sedelmeier ed., op. cit., pp. 148-149.

Council Directive 91/676/EEC of 12 December 1991 Concerning the Protection of Waters Against Pollution Caused by Nitrates from Agricultural Sources as Amended by Regulations 1882/2003/EC and 1137/2008/EC, The EC Nitrates Directive, 91/676/EEC.

Matthew Gorton, Philip Lowe and Anett Zellei, "Pre-accession Europeanization: The Strategic Realignment of the Environmental Policy Systems of Lithuania, Poland and Slovakia towards Agricultural Pollution in Preparation for EU Membership," European Society for Rural Sociology, Vol. 45, No. 3 (July 2005), pp. 202-223.

Matthew Gorton, Philip Lowe and Anett Zellei, "Pre-accession Europeanization: The Strategic Realignment of the Environmental Policy Systems of Lithuania, Poland and Slovakia towards Agricultural Pollution in Preparation for EU Membership," European Society for Rural Sociology, op. cit., pp. 217-218.

Christoph Knill, The Europeanization of National Administrations (Cambridge: Cambridge University Press, 2001).

Kjell Engelbrekt, "Multiple Asymmetries: The European Union's Neo-Byzantine Approach to Eastern Enlargement," International Politics, vol. 39, no. 1 (March 2002), pp. 37-52.

"Comprehensive Monitoring Report on the Czech Republic's Preparations for Membership, Chapter 22(2003)," European Commission.

Heather Grabbe, "How does Europeanization Affect CEE Governance? Conditionality, Diffusion and Diversity," Journal of European Public Policy, Vol. 8, No. 6 (December 2001), pp. 1013-1031.

David Hunter and Margaret Bowman, "Environmental Reforms in Post-Communist Central Europe: From High Hopes to Hard Reality," *Michigan Journal of International Law*, vol. 13 (Summer 1992), pp. 921-943.

Cameron Thurber, "Will Retrocession to a Communist Sovereign Have a Detrimental Effect on the Emphasis and Enforcement of Laws Protecting Hong Kong's Environment?" *Journal of Transnational Law and Policy*, vol. 11, no. 1 (Fall 2001), 5-8.

Ladislav Miko, Helena Cizkova and Eva Kruzikova, "Environmental Enforcement in the Czech Republic: The EU Pre-Accession Phase," paper presented at *Fifth International Conference on Environmental Compliance and Enforcement*, 16-20 November 1998.

Alena Cerna, "Economic Transformation and the Environment," in Jan Svejnar ed., *The Czech Republic and Economic Transition in Eastern Europe* (San Diego, California: Academic Press, 1995), p. 378.

Treaty of Accession of Czech Republic to the European Union, Protocol on the Treaty and Act of Accession of the Czech Republic, Official Journal of the European Union, C 310/297(16 December 2004).

Madalina Ivanica, *An Overview of the Treaty of Accession of Cyprus, Czech Republic, Estonia, Hungary, Latvia, Lithuania, Malta, Poland Slovakia, Slovenia to the European Union* (Maastricht : Maastricht University, European Institute of Public Administration, 2003).

Official Journal, No. L 073 , 14/03/1997 P. 0005

Czeslaw Walek, "The Aarhus Convention and its Practical Impact on NGOs: Examples of CEE and NIS Countries," *The International Journal of Not-for-Profit Law*, vol. 3, issue 1 (September 2000).

Czech Hydrometeorological Institute - *Air Quality Protection Division, Air Pollution in the Czech Republicin 2001* (Prague: Czech Hydrometeorological Institute, 2002).

http://europa.eu/legislation_summaries/agriculture/environment/l28002b_en.htm

http://ec.europa.eu/environment/water/water-nitrates/index_en.html

http://www.unece.org/env/efe/history%20of%20EfE/Luzern.E.pdf

http://eionet.europa.eu/

http://www.unece.org/env/efe/history%20of%20EfE/Dobris_E.pdf

http://eur-lex.europa.eu/LexUriServ/LexUriServ.do?uri=OJ:L:2001:309:0022:0030:EN:PDF

http://www.europarl.europa.eu/enlargement_new/treaty/doc_en/aa00023en03.doc

http://www.eipa.eu/files/repository/product/20070816125607_2003w03.pdf

http://www.unece.org/env/pp/

http://www.icnl.org/knowledge/ijnl/vol3iss1/index.html

http://ec.europa.eu/environment/eia/full-legal-text/9711.html

http://www.chmi.cz/uoco/isko/groce/gr01e/aobsah.html

第十章 「歐洲化」對羅馬尼亞與保加利亞之影響

王群洋

第一節 羅馬尼亞與保加利亞「歐洲化」之背景因素

羅馬尼亞與保加利亞「歐洲化」之背景因素是兩國重返歐洲之訴求以及「歐洲聯盟」（EU，以下簡稱歐盟）東擴。歐洲歷史發展的進程中，西歐主要是受天主教與基督教之影響，東歐則主要是受東正教之影響。現代化之進程始自西歐，故西歐被視為較先進之地區，而東歐長期以來被視為落後地區。檢視東歐國家為推動現代化進程所展開之「歐洲化」，可從政治、經濟及安全三個面向來觀察，其中以加入歐盟、「歐洲理事會」（The Council of Europe）、「經濟合作暨發展組織」（OECD），以及「北大西洋公約組織」（NATO，以下簡稱北約）為主。本章探討羅馬尼亞之司法制度與保加利亞的能源政策和司法制度，在兩國加入歐盟前後在國內進行「歐洲化」的調整進程及其影響。

歐盟東擴開啟東西歐的整合，實現建立「歐洲家庭」的理念，有助於中、東歐國家建立民主法治，歐盟亦可成為國際多極體系中的一極。歐盟經由提供補助款，協助企業開拓單一市場以及共享經濟成長來協助前東歐共黨國家全面改造政治、司法與經社制度。哥本哈根高峰會議（1993年）決議在經濟和政治狀況具備加入歐盟條件情況下，依序將中東歐國家納入歐盟。就歐盟之立場而言，制訂加入歐盟的條件可協助要加入的中東歐國家內部鞏固其自由派的力量，自由派政黨執政所建立之制度亦有利歐盟整合，而歐盟整合所帶來的利益又進一步有助於中東歐國家民主體制之鞏固，有利現代化進程之推動。（Schimmelfenning, 2006: 220）

本章旨在檢視位處東歐邊陲的羅馬尼亞與巴爾幹半島核心區且信仰東正教之保加利亞，均以農業為主要經濟發展模式，貪污與有組織犯罪橫行，在歐盟內部認同與偏好日漸多元，質疑歐盟機構合法性與效率不足以及歐盟繼續擴大之必要性之際，成為歐盟新會員的情況下，如何調整國人之認同與偏好以及建構現代化之典章制度，以因應歐盟對其能源政策與司法制度「歐洲化」之吸收、調適與轉型之要求，以及內部對於歐洲整合持懷疑立場者與民族主義份子之挑戰。

　　東歐社會經濟發展由農業社會以及家父長制之思考方式所塑造，（Boia, 2006: 13）東歐轉型為市場經濟需要實質的投資，但東歐國家本身無法提供，西歐國家當時則是受困國際經濟衰退及排外主張，民眾反對援助外國的大量支出以及開放市場的衝擊，而不願提供此投資，此為造成東歐之社會問題，減緩改革以及政治不穩定的重要原因。此外，當時的「歐洲共同體」（European Community）亦不具能力同時接納所有東歐國家為會員。（Ezkenazi and Nikolov, 1996: 190）

　　羅馬尼亞在中東歐之邊緣位置，由歷史文化背景所塑造之民族主義，使其反蘇聯與反俄羅斯。（Wagner, 2006: 5）羅馬尼亞人堅持民族認同，偏好威權，宗教信仰以羅馬天主教為主，但與東正教會保持友善關係。羅馬尼亞人分布之地區在羅馬帝國與「野蠻人」（異教徒）（barbarian）世界的分界線。自十九世紀民族主義興起，即開始轉向西方。（Boia, 2006: 14, 18-19）在1989年12月推翻喬契斯古（Nicolae Ceauşescu）政權後，其對外關係的基本政策，是一方面脫離以蘇聯為主導的政治和軍事組織（華沙公約組織，Warsaw Pact）以及經濟組織（經濟互助委員會，Comencon），避免俄羅斯之軍事干預和佔領的危機；另一方面，羅馬尼亞政府也提出對外關係的基本準則是面向全球和回歸歐洲。羅馬尼亞所遵循的「離東親西」外交策略主要是為其經濟轉型，謀求安全穩定的環境，但羅馬尼亞轉向冷戰後的歐洲所面臨的局勢則是民族主義的興起，種族衝突以及領土糾紛等問題，對羅馬尼亞的安全構成了直接和間接的威脅。此外，羅馬尼亞內部的民主轉型，市場經濟制度以及安全等之發展仍不穩定，無法承受外界的威脅。因此羅馬尼亞若無歐洲安全之保障，其現有的主權和國家利益均無法確保，故羅馬尼亞藉由與鄰國改善及保持友好關係，籌組區域性組織以及回歸歐洲，來建構對其有利的安全環境。（洪茂雄，2008：171）

　　羅馬尼亞希望經由加入歐盟能確保農業與貿易發展，穩定的物價，建立透明的規則，現代化以及財政資源，免關稅及減少在歐盟單一市場消費者與生產者間的官僚障礙（Gabanyi, 2003: 24）。在能源政策方面，羅馬尼亞政府希望能源以國內生產為主外，確保多元的能源進口來源，以及支持在歐盟制定有關能源安全的共同政策，以整合羅馬尼亞的國內能源政策以及在歐盟有關氣候變遷的義務以及該國的相關承諾。（Boc, 2009: 1）

　　保加利亞人在四十多年的共黨統治後，主觀的認為統一的歐洲（United Europe）會成為事實，民主與市場經濟體制將使其生活水準與西歐拉近，而西歐國家也會將其過去對東歐異議份子的抗爭運動的道德支持與鼓勵，轉換為大量的經濟援助計畫，而西歐人亦準備接納東歐國家，以共同努力建構共同的「歐洲家庭」，

（Ezkenazi and Nikolov, 1996: 190）但自1990年代以來保加利亞政黨的政策左右屬性不明確，因本世紀初保加利亞內部的主要議題僅是愛國主義、廉價的水電、犯罪與腐敗。保加利亞人民希望加入歐盟以改善生活，並在統一的歐洲內取得應有的地位。[1]

　　歐盟高峰會議（1994年12月）在德國埃森（Essen）舉行，邀請中、東歐六個國家的政府首長和外長參加，共同討論歐盟的東擴戰略，並決定從次年開始為東歐國家加入歐盟做準備外，並批准1995至1999年向該等國家提供55億歐元援助的計劃，且議定此後每年與其政府首長舉行一次會議，商討有關加入歐盟的相關問題。羅馬尼亞與保加利亞在1995年6月，向歐盟提出加入歐盟之申請。羅馬尼亞首度在1996年2月與3月期間應邀參與在布魯塞爾舉行的「15＋9」外長會議，和在義大利杜林（Torino）召開的歐盟高峰會議。（表10.1）歐盟第一次正式評估羅馬尼亞加入之願望是從1997年開始，雖然評估結果不樂觀，但「歐洲共同體」基於地緣戰略的考量在1999年建議，開始與羅馬尼亞與保加利亞協商。科索沃衝突以及北約對賽爾維亞進行之軍事行動改變了東南歐區域情勢，而羅保兩國政府在國內民眾同情賽爾維亞人的情況下，支持北約的親西方立場使得歐盟同意兩國之加入。（Ghinea and Tănăasache, 2010: 9）

表10.1　羅馬尼亞加入歐盟之進程

時間	進程
1993年2月 1995年2月（生效）	入會協議（Europe Agreement）
1995年6月22日	申請加入
1997年7月	歐盟執委會審查
2000年2月15日	開始協商入盟
2004年12月14日	協商結束
2005年4月25日	簽署入會條約
2007年1月1日	加入歐盟成為正式會員國

資料來源：作者整理

---

[1] *作者任職高雄國立中山大學政治學研究所副教授，電子信箱：mawang@mail.nsysu.edu.tw。

2004年4月的民意調查顯示，66%的公民投票贊成加入歐盟，72%的公民認為如果不加入歐盟，保加利亞將前途渺茫。在此對歐盟高度認同的基礎上在布魯塞爾舉行的第9屆政府會議中（2004年6月4日），保加利亞得以完成最後三項的談判—農業、區域政策、預算和財政方面，使得保加利亞在2007年至2009年間獲得45億歐元的財政援助。（托多羅娃，2005：25）

第二節　羅保兩國推動政策與制度「歐洲化」之因：歐盟之規範

　　歐盟東擴增加大量的小會員國，其語言的稀少性以及因為轉型所造成之特殊問題，使得歐盟內部偏好呈現多元化。新會員國帶給歐盟之問題有種族與民族衝突以及威權式的政治傳統之外，亦使得歐盟更接近巴爾幹半島，「新獨立國家國協」（the Community of Independent States）以及中東等衝突區，及因為會員國間廣泛的經濟發展差異而惡化之分配問題，使得在決策及轉型所需之支出大量的增加。（Schimmelfennig, 2006: 210）羅馬尼亞與保加利亞之現代化進程，受制於緩慢之改革，無效率的國營企業，官僚主義，中央集權及腐敗。羅馬尼亞最大的問題是嚴重貪腐，保加利亞則是嚴重貪腐及有組織的犯罪。

　　歐洲國家要加入歐盟必須符合的基本條件有：（一）「歐洲協定」（Europe Agreement, 1988）；（二）哥本哈根標準（Copenhagen criteria, 1993）。哥本哈根高峰會議對中東歐國家加入歐盟提出之條件，是申請國必須有穩定的秩序與多元的民主國家，擁有獨立的政黨，定期進行選舉且依法治國，尊重人權和保護少數民族權益。此外，必須具備可以發揮功能的市場經濟，以及能夠面對歐盟內部的壓力，特別是歐盟單一市場中的競爭和勞動力市場的壓力；必須贊同歐盟的經濟、貨幣和政治聯盟的目標，並能夠執行歐盟所有法規與約定（acquis communautaire）。（Rem and Gasper, 2008: 6）從歐盟之觀點而言，歐盟之組織擴大與新會員國之認同，偏好與制度的「歐洲化」之關聯性是互相依賴與互相強化，特別是東歐國家民主化與「歐洲化」促成歐盟的擴大，而加入歐盟的條件又促使東歐國家接受歐盟的法律、約定與政策規範（political conditionality）（表10.2），進行制度改革，而歐盟多次的擴大已超越原本制度之設計與各項共同政策的效能，故亦開啟歐盟之預算與制度改革的協商。西歐會員國對於歐盟的擴大所顯現之偏好則視東歐國家，因應歐盟提出之加入條件，所採取之各項「歐洲化」措施，以及視歐盟東擴增加之成本與可能的效益而定。（Schimmelfennig, 2006: 222）歐盟對所有申請國發展出普遍性的改革框架、監督機制及服從誘因，以連結既存的歐盟架構。歐盟單向由上而下所推動之「歐洲化」對於羅保兩國在調適與轉型的過程中具有規範性。（Spendzharova, 2003: 149, 151）

　　歐盟執委會依照三十一章加入歐盟協商的架構（The structure of the 31 accessions negotiation Chapters），在2002年11月針對羅馬尼亞及保加利亞提出路徑圖（roadmap），其中列出兩國準備成為會員國所要完成的調整，此外，要求改革

表10.2　中東歐國家加入歐盟之條件

第一階段	歐洲協定			
第二階段	哥本哈根標準			
第三階段	埃森入盟前置策略	歐洲協定		
		法爾方案（PHARE）		
		白皮書		
		結構對話		
第四階段	2000強化加入歐盟前置策略議程	歐洲會議		
		入盟協商進程		
		入盟進程	入盟協商-31法律章節	
			法律審核	
			審核程序	
			強化加入歐盟前置策略	歐洲協定
				入盟夥伴
				入盟前置協助及法爾方案

資料來源：Spendzharova, A. B. (2003). Bringing Europe In？ The Impacts of EU Conditionality on Bulgarian and Romanian Politics. *Southern European Politics*, 2-3, 4: 147.

以適應歐盟所提出之條件。羅馬尼亞政府在2003年為處理貪腐嚴重之情況，制定一系列反貪腐以及司法改革之法律。在公布官員財產，利益衝突以及政黨經費等亦有廣泛之立法，但「歐洲共同體」認為新措施之標準過低。此外，「歐洲共同體」要求修改法律以及若干無效率的組織機制。就法律之實踐以及制度之有效性必須提出新的規範，（Ghinea and Tănăasache, 2010: 9）故羅馬尼亞直到2004年12月才完成所有三十一章協商框架和加入歐盟條約文本的談判，並與歐盟會員國達成一致協議。「歐洲議會」在2005年4月13日通過加入歐盟的條約文本，同意羅馬尼亞（497票贊成，93票反對）以及保加利亞加入歐盟（534票贊成，88票反對）（表10.3），並於4月25日完成簽署加入歐盟條約。（Leisse, 2006: 8-9）

　　歐盟與會員國國內政治運作過程與政策以及制度間的落差，提供社會的或政治的行為者在追求其利益時的新機會或限制，而此新機會或限制是否導引國內的權力重新分配，端視行為者是否有能力去利用機會以及迴避限制，而存在於國內制度結構的多重否決點（multiple veto points）與正式的組織等中介因素（mediating factors）均可能影響此能力。理性抉擇制度主義者的觀點認為「歐洲化」提供愈多

表10.3　保加利亞加入歐盟之進程

時間	進程
1993年3月 1995年2月1日（生效）	入會協議（Europe Agreement）
1995年12月	申請加入
1997年7月	歐盟執委會審查
2000年2月	開始協商入盟
2004年12月17日	協商結束
2005年4月25日	簽署入會條約
2007年1月1日	加入歐盟成為正式會員國

資料來源：作者整理

機會與限制，更高的調適壓力愈有可能在國內層次造成資源重分配，而此可以改變國內的權力平衡，以及使國內的行為者有能力有效的動員，來改變政策以超越國內的否決點（domestic veto points）。社會學制度主義者認為歐盟所施加之高度調適壓力亦有可能遭到強大的制度墮性而阻止國內的改變，大規模的改變僅能經內在危機或是外在的強迫情況下發生。社會學制度主義者期望國內的改變超越吸收的過程，直接進入長期的獲利調適過程。（Börzel and Risse, 2000: 2 and 10-12）

　　羅保兩國於2004年12月入盟談判完成，確定得以在2007年1月1日加入歐盟後，為確保必要之改革得以依協定持續進行，「歐洲共同體」持續監督兩國之改革，若情況沒有改善，加入時間可延後一年。「歐洲共同體」認為羅馬尼亞2004年選出之新政府與新總統展現反貪腐的政治意志，且認命中立的反貪腐專家Monica Macovei為司法部長，故直至2007年「歐洲共同體」未提及延遲加入歐盟之事，但提出新的「合作與考核機制」（Mechanism for Cooperation and Verification, MCV）以確保兩國加入歐盟後持續改革，若兩國不遵守則啟動「保證條款」（safeguard clause），即歐盟會員國不承認羅馬尼亞與保加利亞之司法判決。（Ghinea and Tănăasache, 2010: 9）

第三節　「歐洲化」對羅保兩國政策與制度之影響

　　申請加入歐盟的國家得以加入之前提，是必須接受歐盟主導法律、政策與制度

方面之「歐洲化」，故在入會談判過程中，不僅實質上無實力協商，且必須提出制度與政策的改革路徑圖。「歐洲化」對於會員國之衝擊主指歐洲層面的治理體制，對其國內制度的影響。（Risse, Cowles and Caporase, 2001: 1）國內制度代表的是長期的工作習慣，而歐盟要求之政治制度化是包括在國內發展歐洲，國家及國內各地方之治理政治的正式與非正式的規則、程序、規格及實務。羅馬尼亞與保加利亞政策與制度「歐洲化」之中介因素主要集中在憲政機構、政黨與利益團體的動員，而所面對之國內否決點亦以政黨與利益團體為主。

　　全面投入歐洲整合既然是羅馬尼亞的主要外交政策，當時「民族拯救陣線」（National Salvation Front, FSN）提出「重返歐洲」（return to Europe）的十點政綱促成與歐盟關係加速發展，並簽定「貿易與合作協定」（trade and cooperation agreement, 1990）以及「歐洲協定」（Europe Agreement, 1993）。（Phinnemore, 2002: 222）羅馬尼亞為符合「哥本哈根標準」中尊重少數民族之先決條件，針對境內民族主義的興起，種族衝突以及領土糾紛等問題，與匈牙利進行雙邊談判，匈牙利放棄將「歐洲理事會」於1993年通過的第1021號建議，列入條約正文中的要求，同時亦承認特蘭西凡尼亞（Transilvania / Ardeal）是羅馬尼亞的領土。匈牙利和羅馬尼亞更於1996年9月16日簽訂了「羅、匈共和國諒解、合作與睦鄰友好條約」，解決匈牙利與羅馬尼亞間少數民族問題和特蘭西凡尼亞之主權歸屬問題。（洪茂雄，2008：177-178）

　　保加利亞在政治、經濟與社會轉型的過程中，偏好西方民主體制，[2]以及整合入歐洲的制度框架。就保加利亞對自由貿易之偏好而言，希望與歐盟的自由貿易是雙向有利，而所有東歐國家得到的貿易特許應是等值的。（Ezkenazi and Nikolov, 1996: 195-197 and 202）保加利亞在申請加入歐盟的過程中，能源政策所面對的調適壓力是來自歐盟執委會在1997年提出，必須提前關閉有嚴重的核能外洩的科茲洛杜伊（Kozloduy nuclear power plant）核能電廠，才能商討加入歐盟之申請。（林溫霜，2000：28）科茲洛杜伊核能電廠是在蘇聯的協助下於1970年代在保加利亞興建的第一個，亦是至今在東南歐最大的核電廠。此外，在保加利亞的石油與天然氣及核能廠的燃料供應上，俄羅斯亦是最重要的供應國，在煤礦供應則是居第二位。隨著俄羅斯為保加利亞興建第二個核能廠，俄羅斯在保加利亞核能領域之影響力大

2　1990年與1991年保加利亞第一次全國大選的投票率平均在85-90%。（Raichev and Todorov, 2006: 339）

增，進而在其經濟領域扮演重要角色，保加利亞亦因此免於天然氣與石油供應的中斷，並成為東南歐最重要的電力出口國，為保加利亞賺取大量的外匯。（Faire and Hishow, 2008: 4）

歐盟要求關閉核電廠所產生之調適壓力，在保加利亞內部所面臨之國內否決點是議會針對歐盟要求關閉核子反應爐有兩次不信任投票，認為其是違反國家利益，故此加入歐盟的條件在保加利亞內部形成衝突，特別是政治菁英的意見亦因此而分歧。（Ditchev, 2006: 25-28）保加利亞的強硬派提出要提前關閉核電廠，必須有足夠的資金作為賠償。為使保加利亞執政黨有能力動員國內之支持力量去超越反對勢力，歐盟希望經由財政援助促使該國能源政策之「歐洲化」得以成功，故同意在2006年之前，在保加利亞和羅馬尼亞投資6.2億歐元，以帶動兩個準會員國經濟發展，[3]故保加利亞在1999年談判加入歐盟時，同意從2000年底開始且在2003年之前關閉科茲洛杜伊一號與二號核子反應爐，並更新三號與四號核子反應爐。保加利亞於2002年10月再度面臨歐盟強大調適壓力的同時，亦獲得約5億歐元（550 Milionen）經費之支持，同意關閉三號與四號核子反應爐，以完成加入歐盟的談判，進而加入歐盟。（EurActiv.com, 2008: 1）

保加利亞在三號與四號核子反應爐被關閉前是巴爾幹區域內主要的電力輸出國，如今保加利亞喪失此戰略地位，且因此使得巴爾幹地區成為能源不足的區域，特別是阿爾巴尼亞。（EurActiv.com, 2008: 1）故在保加利亞有部分政治人物及核能利益團體主張重新啟動科茲洛杜伊第三號與四號核子反應爐，為歐盟執委會拒絕，而歐盟之財政援助使得保加利亞總理Sergej Stanišev在內部得以說服反對勢力的壓力而同意與歐盟合作，但亦主張在能源供應不足的情況下，三號與四號核子反應爐仍應可重新啟動。（EurActiv.com, 2008: 2）

保加利亞當時之執政黨雖然有能力動員支持力量而得以關閉核子反應爐，但並未說服國人重新定義其國家利益，原因即在於保加利亞與擁有豐富天然資源之俄羅斯、「新獨立國家國協」、高加索地區與中亞等地區有地理之鄰近性，使得保加利亞就區域投資發展而言，成為此等地區內各市場及合資企業的橋樑，（Tzanez, 1996: 184）故保加利亞在歐盟有意減少依賴俄羅斯石油與天然氣之際，卻加入俄

---

[3] 若保加利亞停止兩個核電廠（共有4個核電廠）的使用，國內的電費就將漲10％，每停一個核電廠每年將損失1億多美元。（林溫霜，2000：28）

羅斯的四個油管計畫。[4]保加利亞加入此四項計畫使其在歐盟或俄羅斯的能源折衝中影響力大增。（Faire and Hishow, 2008: 1）此外，保加利亞參加南歐天然氣管線計畫，使得歐盟面對俄羅斯以能源供應做為施壓工具時，形成共同立場的困難度增加，但保加利亞從俄羅斯之石油與天然氣管過境收到的報酬卻十分可觀，且與俄羅斯貿易亦達到保加利亞對外貿易的10%。[5]

當歐盟與俄羅斯意見相左情況增加，而保加利亞與俄羅斯關係改善的情況下，保加利亞面對來自俄羅斯龐大之利益，親歐盟之執政黨是否有能力說服內部將該國對俄羅斯之政策偏好轉回歐盟？就歐盟之立場而言，俄羅斯是藉此離間歐盟新舊會員國間的關係，使得保加利亞遭到由Geoffrey von Orden所撰寫歐洲議會的報告中指名警告，必須將歐盟之共同利益放在與俄羅斯利益之前，兩國密切關係將對歐盟整合產生不利影響，特別是增加形成能源政策共識方面的困難。[6]歐盟以安全理由要求保加利亞關閉四個在科茲洛杜伊的核子反應爐，至今在保加利亞仍被視為不利於該國之利益。（Faire and Hishow, 2008: 9）

就制度之「歐洲化」而言，羅馬尼亞與保加利亞在1990年代過渡至民主化的最初階段。[7]羅馬尼亞人隨著歷史發展一直有不同的政治與文化的學習榜樣，以將其傳統或多或少與外國之思想或制度聯結，但往往只有外表而無實質內容。在1990年代體制轉型時，羅馬尼亞人很容易就接受西方立法機制與制度，但常常僅產生有限的功能，故造成腐敗與行政之混亂。羅馬尼亞各政黨雖然形式上都納入歐盟的政

---

[4] 俄羅斯的四個油管計畫：（一）保加利亞港口Burgas至希臘港口Alexandropolis；（二）黑海與地中海間之阿爾巴尼亞、馬其頓與保加利亞的石油合作協定（Albania Macedonian Bulgarian Oil Cooperation, AMBO）。由保加利亞港口城市Burgas鋪設油管至阿爾巴尼亞Vlore；（三）Nabucco，從土耳其往保加利亞與羅馬尼亞至匈牙利與奧地利；（四）南歐天然氣管線計畫(South Stream, South European Gas Pipeline)，此天然氣管線從俄羅斯港口Novorosijsk至保加利亞的黑海城市Varna再至義大利與奧地利。（Faire and Hishow, 2008: 1）

[5] 保加利亞成為歐盟會員國，該國企業亦必須「歐洲化」，即要嚴格遵守技術產品標準，使得產品符合歐盟市場的高標準。保加利亞的產品在歐盟內不具競爭力，但卻能進入俄羅斯的市場，僅2007年就有約500家保加利亞公司產品，因不符歐盟標準而被排除在歐盟市場之外，但同時保加利亞兩個最重要的化妝品公司Rosa Impex以及BRK-Cosmetics得到俄羅斯在莫斯科設立據點之許可，BRK-Cosmetics在莫斯科之Lagerhalle-zentsrum購物中心甚且成為保國最重要的海外投資，而俄羅斯的企業投資，特別是大型能源企業亦以保加利亞為區域中心，來擴展東南歐市場。（Faire and Hishow, 2008: 3-5）

[6] 例如運送俄羅斯天然氣之南歐天然氣管線計畫之管線經過保加利亞，以及俄羅斯在保國Belene協助建構核能廠。

[7] 依照Dankwart Rustow從制度的觀點檢測民主化進程可分為三個連續的階段：（一）有民主化突破前之過渡危機（pre-transition crisis）；（二）以新與舊體系為核心的民主過渡；（三）民主鞏固是以連貫性的方式出現的新體系。（Ágh, 1999: 268-269）

黨運作，但實質運作往往仍是威權模式，黨工自肥，政黨主張左右搖擺。（Boia, 2006: 19）

　　羅馬尼亞及保加利亞兩國必須針對反腐相關的司法改革，以及將少數民族得以參與政治事務做為優先施政方針，是其得以成為歐盟會員國的主要原因。（Spendzharova, 2003: 152）有鑑於此，歐盟運用經費與技術援助給予羅馬尼亞「入會前基金」（pre-accession funds）及引用法爾方案，強勢要求羅馬尼亞增強其公共行政能力，貫徹其法律與政策框架。羅馬尼亞政府為回應此要求，而提出負責調適歐盟法規之國家計畫（National program for the adoption of the Acquis, NPAA），以增強司法與內政領域之組織能力為首要工作。此外，歐盟2002至2005年之監督報告（the monitoring reports）持續要求改善司法體系、反腐敗策略、國境管制（external border controls），以及強化法律執行能力。為能加入歐盟，羅馬尼亞推行「司法改革行動計畫與策略」，全面打擊腐敗，特別是政府高層之腐敗，以確保反腐敗之立法及國家廉政檢察署（National Anti-Corruption Prosecutor's Office, NAPO）之獨立有效運作。針對2005年歐盟憲法公投遭受法國與荷蘭等國否決之困境，而產生是否不利於羅馬尼亞與保加利亞加入歐盟之疑慮，歐盟為讓兩國如期加入，由歐盟執行委員會針對羅馬尼亞與保加利亞入會時未達標準以及入會後要持續監督之領域，提出附帶措施的機制（a mechanism of accompanying measures），以針對司法改革，對抗貪腐以及有組織犯罪領域提出「合作及進度考核機制」（mechanism for cooperation and verification of progress），以說服其他會員國之疑慮。（Rem and Gasper, 2008: 6-8）

　　羅馬尼亞與保加利亞在國內調整制度以符合歐盟標準之過程中雖然欠缺經費，但羅馬尼亞政府依舊在1995年3月9日的140號決議，成立行政機關以協調國內各單位準備加入歐盟。此跨部會協調委員會（Inter-ministerial Committee for European Integration）由總理主持，由內閣部長以及政府有關歐盟整合之部門主管組成，而早在1993年2月成立之總理辦公室內之「歐洲整合部」（Department for European Integration）的主要工作則是繼續負責協調加入歐盟的工作，議會亦在1995年成立與「歐洲議會」協調之聯合委員會（Joint Commission for European Integration）。此外，羅馬尼亞尚有「立法理事會」（Legislative Council），負責督導國家之法律與歐盟法規與約定之趨同，並與「歐洲協定」之規定保持一致的工作。（Phinnemore, 2002: 299）

　　歐盟2002年10月公布的評估報告卻仍然認為羅馬尼亞在制度轉型以符合歐盟

要求的過程中，出現司法改革滯後，決策和立法程序改革速度緩慢之缺失，應增加議會對立法審議的能力，以減少政府對緊急命令的依賴。政府執行歐盟共同政策與法律的行政能力仍不足，已成為羅馬尼亞加入歐盟準備工作的主要障礙。（朱曉中，2003：1）羅馬尼亞政府回應來自歐盟的壓力在2003年提出之改革路徑圖，針對司法改革提出1052號決議（government decision no. 1052/2003），強調法的穩定性，司法判決的品質，司法之獨立性。為建構符合歐盟標準之獨立司法制度，羅馬尼亞政府將行政與立法權分開，並建立獨立於司法部之外的「高階仲裁委員會」（the Superior Council of the Magistracy, SCM）。歐盟為協助教育該會人員有關歐盟的法規，出資協助其成立獨立的「國家法務研究所」（National Institute of Magistrates, NIM）。（Rem and Gasper, 2008: 15-16）羅馬尼亞調適來自歐盟的壓力在國內所制定之新規定，削弱反對黨的權力與資源，故羅馬尼亞反對黨在2003年3月針對執政黨依據歐盟要求，所提出之廉政包裹立法（anti-corruption legislative package）投下不信任票（non-confidence vote）。羅馬尼亞執政黨在遭遇國內議會反對的情況下，仍在2004年12月任命無黨派，主張打擊貪腐的中立專家Monica Macovei為司法部長，並擔任貪腐調查委員會負責人，取消國會議員和政府部門的司法豁免權，並要求總數多達數10萬人的政府官員、法院與檢察院人員公布私人財政狀況。（洪茂雄，2008：188-189）

　　羅馬尼亞轉型至民主體制與資本主義市場經濟所面臨的前述諸多挑戰之外，尚有種族認同的問題，特別是境內匈牙利人對民主體制的挑戰最為典型。以種族為訴求的政黨在羅馬尼亞「歐洲化」的進程中有巨大之影響，其中「匈牙利民主聯盟」（Democratic Alliance of Hungarians in Romania, DAHR）的制約，對於該國「歐洲化」進程都會產生正面或負面的影響。（Gherghina and Jiglău, 2008: 82-83）「匈牙利民主聯盟」在1999年甚且成為歐洲議會內「歐洲人民黨」團（European People's Party, EPP）的成員。「匈牙利民主聯盟」為和羅馬尼亞政府爭取更多的少數民族權利，常訴求有別於西歐國家之少數民族調適模式的「歐洲規格與標準」（European norms and standards），並藉「歐洲化」的推動要求更多的權利。在2006年歐洲議會針對羅馬尼亞的報告中「歐洲人民黨」要求羅國政府採取具體行動保護且擴大少數民族的權利，特別是必須同意文化自主權，「匈牙利民主聯盟」即利用此報告要求羅馬尼亞議會完成加入歐盟的準備工作。（Gherghina and Jiglău, 2008: 93-94）此外，該國之利益團體（智庫）積極於治理議題之研究，例如羅馬尼亞學術社群（Romanian Academic Society, SAR ）倡導由政府組織「廉能議會聯

盟」（Coalition for Clean Parliament），並在2004年選舉時強迫主要政黨刪除98位有貪腐醜聞以及與共黨有關聯之候選人，[8]「公共政策研究所」（The institute for public policy）則監督政黨、競選經費以及國家之立法表現。歐盟執委會直至2007年之進程報告（European Commission progress reports）均定期引用羅馬尼亞智庫之政策建議，以致智庫可以形塑政府之施政議程而權力大增，並得以在「歐洲化」進程中獲得資源。（Buldioski, 2009: 23-24）

　　羅馬尼亞的貧困現象和貪腐的風氣，始終困擾羅馬尼亞政府推動現代化的進程，該國雖在2007年得以加入歐盟，但當初歐盟認為其與保加利亞的公共管理和法律體系尚不健全，並就社會、經濟、司法等問題向羅馬尼亞提出改革要求，特別要求羅馬尼亞在反貪腐和司法方面做全面改革。羅馬尼亞在2008年建立一個執行反貪腐特別法的單位（specialized anticorruption law enforcement units），其擁有明確之調查與檢查特權（prosecutorial prerogatives），保加利亞則設立一個擁有預防與協調部門調查高層腐敗及有組織犯罪的國家安全機構（the State Agency for National Security, SANS）。[9]從歐盟之觀點而言，羅馬尼亞之反貪腐機構（Anti-corruption Directorate, DNA）及國家整合機構（National Integrity Agency）的改革工作是斷斷續續以及政治化的運作，歐盟執行委員會甚且認定羅馬尼亞雖然更新其刑法，但並未全面修正，以致新修訂之法案與緊急法（emergency laws）僅是補充法規，故使得反腐敗的目標因為延遲或因法規本身存在矛盾而難以進展。（Mahony and Pop, 2009: 1）

　　羅馬尼亞政府在加入歐盟後，試圖遊說早在加入歐盟前夕為處理羅馬尼亞與保加利亞腐敗情勢而設立之「合作與考核機制」中除名，但遭受提供歐盟預算

---

[8]　羅馬尼亞學術社群（Romanian Academic Society, SAR）與羅馬尼亞歐洲政治中心（Romanian Center for European politics）針對歐盟要求羅馬尼亞在司法方面要符合其條件而設立之司法「合作與考核機制」的績效與效果之評估在2010年4-5月間所做之民調，針對226個記者與專家（都有發表過關於司法、司法改革、反腐政策以及羅馬尼亞與歐盟關係之著作或參與相關之計畫者），其中112位女性，124位男性經由電子郵件之問卷回收84份，其中60位是媒體以及24位來自非政府組織（NGO），認為歐盟的「合作與考核機制」對於羅馬尼亞之反腐政策之影響情況是1999～2004年有影響佔74.3%，沒有影響佔21.6%。2004~2007有影響佔83.8%沒有影響佔10.8%。2007～2010有影響佔58.1%，沒影響有佔33.8%，主張「合作與考核機制」要延長並主張要加重懲處者佔65.9%。（Ghinea, Popescu and Ciucui, 2010: 31）

[9]　在東歐有兩大類廉政機構：第一類是巴爾幹反腐機構（Baltic anti-corruption agencies），例如立陶宛及拉脫維亞，其包括事前的防範，調查檢查以及教育的多邊工作機構（multi-task agencies）；第二類是反腐監督團體（Anti-corruption Monitoring Group），例如保加利亞與羅馬尼亞。（Smilov, 2009: 14）

較多之核心國家如德國、荷蘭、瑞典、丹麥與奧地利的反對，歐盟執委會亦認為
必須等到羅馬尼亞與保加利亞完全達到加入歐盟時的承諾才可以終止監督機制。
（Pop, 2009, July）歐盟執委會在2009年7月鑑於司法改革及對抗有組織犯罪與反腐
敗的進度過於緩慢（表10.4），主張羅馬尼亞與保加利亞繼續留在歐盟特別監督機
制（special monitoring mechanism），並更進一步將針對此兩國的「合作與考核機
制」至少延長到2010年。此外，歐盟執委會亦在2008年凍結保加利亞數百萬歐元之
援助，以警告其不具成果的司法改革。[10]

表10.4 羅馬尼亞法規「歐洲化」之重點與進度

編號	法規「歐洲化」之重點	歐洲共同體與歐盟提出相關法規「歐洲化」之時間	法規「歐洲化」之進度	審查報告
1	反腐法律	1998年11月	2000年5月完成	歐洲共同體2000年審查報告
2	在刑法中明確定義腐敗	1998年11月	2000年5月部分完成	歐洲共同體2000年和2010年7月審查報告
			2010-完成新刑法	
3	解決組織之重疊及設立實質獨立之辦公室以肅貪	1998年11月	2000年5月部分完成	歐洲共同體2000年，2002年和2006年審查報告
			2006年完成	
4	強化廉政辦公室之獨立性（明確定義檢察官之地位，保障其終身職）	2002年10月	2004年4月部分完成	歐洲共同體2004年，2005年和2007年審查報告
			2007年完成	
5	給予國家廉政檢察署（NAPO）適當之編制與經費	2003年11月	2006年9月完成	歐洲共同體2004年，2005年和2006年審查報告
6	通過公務員服務法	1998年11月	1999年12月完成	

[10] 保加利亞之經濟制度，國內市場以及內政亦因改革不具成果而遭警告。歐盟執委會發現保加
利亞因非法與詐騙140件而損失9百萬歐元。羅馬尼亞的「農業基金」（agricultural funding）
亦被凍結1億9千萬元，直至羅馬尼亞改善控管機制後立即恢復。羅馬尼亞亦被認為在2008年
浪費與詐騙有效期至2009年之「入會前基金」，因246件的非法與詐騙案件而浪費與詐騙2千
1百萬歐元，其中1千6百萬是歐盟執委會發現的。（Mahony and Pop, 2009: 2）

表10.4 羅馬尼亞法規「歐洲化」之重點與進度（續）

編號	法規「歐洲化」之重點	歐洲共同體與歐盟提出相關法規「歐洲化」之時間	法規「歐洲化」之進度	審查報告
7	批准兩項歐洲理事會之反腐法規	2000年11月	2002年7月完成	歐洲共同體2002年審查報告
8	設立完全透明之政黨經費制度	2001年11月	2006年4月部分完成	歐洲共同體2003年和2006年審查報告
9	立法保障使用公共資訊	2000年11月	2001年10月完成	歐洲共同體2002審查報告
10	國家級新反腐策略	2000年11月	2001年10月部分完成	歐洲共同體2002年審查報告
11	在立法中引入企業刑事責任之觀念	2001年11月	2005年12月完成	歐洲共同體2006年5月審查報告
12	說明政治人物與公務人員潛在之利益衝突	2002年10月	2010年7月部分完成	歐洲共同體2003年，2004年和2010年審查報告
13	針對腐敗性質與範圍做策略性評估	2003年11月	2005年3月完成	歐洲共同體2005年審查報告
14	取消前部長之司法豁免權	2004年10月	未完成	歐洲共同體2006年7月，2007年和2008年2月審查報告
15	設立獨立單位以監督官員之私人財產	2006年5月	2010年完成	歐洲共同體2006年5月與10月，2007年6月，2010年7月審查報告
16	負責監督財產；不適任；潛在的利益衝突及有職務任命權等單位必須有明確之制裁權力	2006年10月	2010年完成	歐洲共同體2006年5月與10月，2007年6月，2010年7月和2006年審查報告
17	提出國家廉政公署之效率報告	2007年6月	部分完成	歐洲共同體2007年至2010年審查報告
18	繼續針對高層腐敗進行專業與獨立之調查	2006年10月	完成	歐洲共同體2008年和2010年審查報告

表10.4　羅馬尼亞法規「歐洲化」之重點與進度（續）

編號	法規「歐洲化」之重點	歐洲共同體與歐盟提出相關法規「歐洲化」之時間	法規「歐洲化」之進度	審查報告
19	確保反腐立法與組織之穩定性，特別是反腐機構（DNA）之穩定性，以及促成針對高層貪污進行有效判決	2007年6月	部分完成	歐洲共同體2007年至2010年審查報告
20	針對地方政府推動進一步預防腐敗與反腐措施	2006年10月	未完成	歐洲共同體2008年7月和2010年7月審查報告
21	針對最易受影響之部門及地方行政部門，建立全國一致之反腐策略並監督其執行	2007年6月及2008年2月	2008年6月完成	歐洲共同體2008年7月和2010年7月審查報告
22	評估增加民眾對反腐認知之系列活動的成果，若有必要建議針對高危險之腐敗進行後續行動	2007年6月	部分完成	歐洲共同體2008年7月審查報告
23	針對減少腐敗機會，使地方政府更透明以及制裁政府官員，特別是地方官員之措施的報告	2007年6月	未完成	歐洲共同體2009年7月審查報告
24	整合司法機構	2007年6月	部分完成	歐洲共同體2009年7月與2010年7月審查報告
25	設立合理及可行的司法人員評鑑制度	2007年6月	未完成	歐盟執委會2009年7月審查報告
26	發展與推動一套處理管理缺失及人力資源議題之公部門重建計畫	2007年6月	部分完成	歐洲共同體2010年7月審查報告
27	監督修改程序法	2007年6月	未完成	歐洲共同體2008年7月審查報告
28	監督與報告採用新實行細則之進度（其中包括是否充分諮詢及對司法體系之影響）	2007年6月	部分完成	歐洲共同體2010年7月審查報告

表10.4　羅馬尼亞法規「歐洲化」之重點與進度（續）

編號	法規「歐洲化」之重點	歐洲共同體與歐盟提出相關法規「歐洲化」之時間	法規「歐洲化」之進度	審查報告
29	加強治安委員會（CSM）執行其核心權責的能力	2007年6月	未完成	歐洲共同體2008年7月和2009年7月審查報告

資料來源：Romanian Center for European Policies and Romanian Academic Society, eds., 2010, *Worth Having It ---The Effectiveness of the Co-operation and Verification Mechanism on Romania---*, Policy memo no. 16, November, Bucharest: Flickr, pp.24-32.

　　羅馬尼亞議會做為該國「歐洲化」之國內否決點，在2007到2008年試圖限制依照歐盟要求而設立之反腐機構的權力。在2008年9月選出之大部分國會議員甚且主張保持未改革前內部的權力平衡狀況（old status quo），年輕的議員亦非制度改革與透明化的保證。（Pop, 2009, July）面對歐盟的壓力以及2009年的7%失業率，羅馬尼亞Emile Boc政府必須把2009年的國家預算赤字保持在5.1%的國內生產毛額以內，凍結公職人員的薪資並改革國家退休制度，2009年的通膨亦不得超過4.5%。此外，受國際經濟危機重創之羅馬尼亞於2009年3月25日所獲得之「國際貨幣基金」120億950萬歐元2年期的貸款，其中由歐盟執委會出資50億歐元，世界銀行與「歐洲重建與發展銀行」各出資10億歐元，（Deutsche Welle, 2009）但必須改善其財政與經濟體制為其得到貸款的條件。為達到此要求羅馬尼亞Emile Boc所領導之中間偏右少數政府所推動之減薪與退休金改革措施卻在國會遭到不信任投票（254票比176票）而成為看守政府。（Pop, 2009, October）

　　保加利亞政府在轉型為市場經濟的過程中，所從事經濟改革的關鍵性政策之一是私有化。由於各黨派之間爭鬥不斷，政府更迭頻繁，造成政策缺乏延續性，而未能發揮功能。另外，保加利亞政府擔心對經濟失去控制，而保留大部分財產，如此又為腐敗的滋生提供機會，以至國有財產在私有化的過程中被少數人掌控。（林溫霜，2000：29）歐盟執行委員會在2006年12月13日決議（2006/929/EC）在保加利亞設立「合作與進度審核機制」（mechanism for cooperation and verification of progress, CVM），要求具體之司法改革，打擊腐敗與有組織犯罪的措施。（Commission of the European Communities, 2009: 2）歐盟執行委員會在2009年的報告中，進一步要求保加利亞在打擊腐敗和有組織犯罪方面，採取具體行動以發展出整合之策略；設立獨立的常設專門聯合調查團隊，檢查與判決高層腐敗與有組織犯

罪之外，鼓勵所有行政機構擁有管制功能，依職權調查貪腐，發展中央通報系統，確保有效執行利益衝突法。此外，保加利亞政府必須監督打擊腐敗和有組織犯罪相關法律對保加利亞之衝擊，並針對此進行修法；改善凍結與沒收犯罪資產制度的效率；強化檢查總長（general inspectorate）以及各單位調查人員的能力，並付予其積極改善缺失之任務。在組織方面，歐盟執行委員會要求強化28個區域反腐委員會與市民協會的伙伴關係，建立良好之行政措施以確保檢舉人之安全，而部會間協調單位則必須負責密切監督中央與地方的反腐進度。（Commission of the European Communities, 2009: 7）

在法律的一致性方面，歐盟執行委員會對保加利亞施壓，要求在司法效率方面採取具體行動，以防止法律之分歧，並進一步加強最高法院判決之權威，快速完成刑法（Penal Code）修正草案，且修改刑事程序法（Penal Procedures Code），以簡化程序與減少冗長的形式主義。在人事方面則要求快速推薦實務界人事，參與改善刑事程序法。保加利亞必須依照「最高司法委員會」（Supreme Judicial Council, SJC）之建議，延緩執行重大刑案，並持續有系統監視相關案件；監督認罪協商之減刑程序的使用與衝擊；針對要求法院發行所有判決文本之效率進行控管。針對法務人員之素質，則要求確保客觀執行所有法務人員之評鑑，以及審查「最高司法委員會」指定之法令的規則與標準；分析與說明「最高司法委員會」指定之調查（紀律與肅貪）過程中出現矛盾的案例；確保有效追縱與考核「最高司法委員會」監察人員（inspectorate）之建議與發現。（Commission of the European Communities, 2009: 7-8）

政黨是保加利亞制度「歐洲化」的主要中介機構，自1985年領導反對保加利亞共產黨推動土耳其人「保加利亞化」的「土耳其人權利與自由運動」（Movement for Rights and Freedoms, MRF）參加歐洲議會的「歐洲自由黨」團（European Liberal Party）之運作，並與由前國王Simeon II所領導之「新政治運動」（political movement）合作在2001年贏得選舉，推動後共產黨轉型之「民主聯盟」（The Union of Democratic Forces, UDF）以及「保加利亞社會黨」（Bulgarian Socialist Party, BSP）成為在野黨，使得反共產黨與前共產黨員間的緊張結束（Raichev and Todorov, 2006: 353），[11]然而至2005年由Simeon II所領導之「社會主義聯盟」及土

---

[11] 檢視保加利亞制度「歐洲化」的進程，必須面對其特殊之偏好。蘇聯紅軍1944年進入保加利亞後，該國快速成為蘇聯的最忠實盟友，甚至曾經有兩次考慮整合為第16個蘇維埃共和國。

耳其少數政黨卻被認為是政治腐敗的證明，其所造成之結果即是由新納粹主義份子
與民族主義份子所組成之「民族聯盟」（National Union Attack, ATAKA）的崛起。
（Ditchev, 2006: 25-28）

　　歐盟對保加利亞施加之調整壓力，使得歐盟之規範得以有一定程度的內化，
故在2008年保加利亞民眾支持歐盟整合仍有65%-70%，反對則有17%-20%。保加
利亞中小企業對歐盟的認同卻有減低之趨勢，此外，受過中學教育及在中型鄉村之
居民對歐盟的認同，持不確定之態度則有增加。保加利亞加入歐盟18個月後通膨增
加，其主要原因雖是準備加入歐盟的過程中造成之商品通膨，以及不健全之市場機
制，但有民眾將此通膨歸咎於加入歐盟。此種看法較集中在未從歐盟自由遷移的制
度中獲利，以及在西歐沒有受教育機會的社會團體（social group）。（Institute for
European Politics, 2008: 130-131）

　　保加利亞在2009年6月5日的大選中，中間偏右的反對黨（GERB party or
Citizens for the European Development of Bulgaria）索非亞市長Boiko Borisov贏得選
舉組成新政府，而當時執政黨的總理Sergej Stanišev所領導之政府敗選之因，除了
無法有效處理腐敗外，尚有在加入歐盟前所獲得之援助中2億2千萬歐元遭浪費，
（Vucheva, 2009: 1）以及仍有歐盟援助的幾百萬歐元經費因腐敗而被歐盟凍結，
另一個敗選原因即在於民眾不滿成為歐盟會員國進行「歐洲化」所帶來的衝擊。
（Vucheva, 2009: 5）

第四節　結論

　　「歐洲化」是一持續進行之過程，如前所述理性抉擇制度主義者認為「歐洲
化」進程中，國內受到之衝擊可提供行為者在追求其利益時新的機會與限制。「歐

保加利亞的前總理Sergej Stanišev認為，仍然有多數東正教所塑造之保加利亞人認同俄羅斯
為傳統斯拉夫文明的保護者。（Faire and Hishow, 2008: 7-8）故保加利亞在轉型過程中，對
於共黨體制之偏好顯現在（一）1878年保加利亞建國時俄羅斯扮演支持與重要的角色，故
不認為社會主義的體制是蘇聯佔領的結果；（二）保加利亞現代化的進程始自「現實的社
會主義」（"real socialism"）；（三）保加利亞共產黨並未經歷「布拉格之春」（"Prague
Spring"）以及史達林血洗改革派的事件，故在共黨瓦解後，保加利亞境內反倒出現前共黨
改革派的理念又再度復興的情況；（四）1980年代的種族清洗，約佔4%的土耳其裔少數民
族受到影響，姓氏都必須「保加利亞化」（"burglarize"）等等。此外，在保加利亞反共產黨
人以及前共產黨人共存，但雙方關係有時緊張。（Raichev and Todorov, 2006: 336）

洲化」提供愈多機會或限制，愈有可能在國內層次造成資源重分配，而此又可以改變國內的權力平衡，以及使國內的行為者有能力有效的動員資源來改變政策，以超越國內的否決點促成轉型成功。社會學制度主義者主張「歐洲化」之所以導致國內政治的改變，是經由社會化及集體學習的過程，所造成之規範的內化及新認同的發展，但社會學制度主義者亦同意，高度調適壓力有可能遭到強大的制度惰性而阻止國內的改變，大規模的改變僅能經由內在危機或是外在強迫的情況下發生。

羅馬尼亞與保加利亞在「歐洲化」進程中，主要之中介機構如執政黨雖因為支持「歐洲化」而取得權力，歐盟單向由上而下施加之調適壓力，促使兩國內部資源及權力的重新分配，但因制度的惰性，以及執政黨沒有能力建構廣為接受之新權力平衡與新的國家利益。政策與制度的調整遭遇限制，而執政黨亦沒有能力有效動員支持力量來超越國內之否決點，又無法說服國人重新定義其利益與認同，再加上缺乏執行歐盟大部分法規與政策的有效工具，反倒衝擊兩國親歐盟執政黨的影響力，更有甚者被視為貪腐之源頭。

對於羅馬尼亞與保加利亞而言，政策與制度「歐洲化」意味著接受更多的「歐洲價值」（European values），但「歐洲價值」實質內涵對兩國而言仍是模糊不清的，兩國希望歐盟接納其在文化，價值與實務方面的特質。在未獲回應的情況下，歐盟限期達成之政策與制度改革，造成兩國更多的不安。（Gherghina and Jiglău, 2008: 33）羅馬尼亞的少數民族政黨「匈牙利民主聯盟」，以及保加利亞之「土耳其人權利與自由運動」有機會在政府中發揮影響力，即是與兩國推動「歐洲化」有關。此外，兩國的民族主義份子與對歐洲整合持懷疑論者，掌握自1989年推動「歐洲化」造成部分民眾對加入歐盟的高度期待落空與不滿，在議會民主制度運作中取得權力，進而挑戰由歐盟核心會員國單向主導之「歐洲化」規範，並以民族主義為對外關係之主軸，不僅使得兩國政策與制度「歐洲化」進程不如預期，（Lang, 2009: 6）兩國與歐盟互動亦不全然如歐盟所期待是互賴與互相強化。

羅馬尼亞與保加利亞兩國政策與制度「歐洲化」現階段進度之理論意涵在於，僅能佐證理性抉擇制度主義者主張，即在「歐洲化」進程中國內受到之衝擊可提供行為者（例如，政黨、利益團體、民族主義份子以及對歐洲整合持懷疑主義者等）在追求其利益時新的機會或限制（例如憲政機構之權力），進而造成國內資源重分配，而此又可以改變國內的權力平衡。兩國現階段之情況卻無法全然佐證理性抉擇制度主義者主張，即國內資源重分配後，國內的行為者利用機會或限制，有效的動員資源來改變政策，以超越國內的否決點促成轉型成功。此外，兩國現階段之情況

亦無法全然佐證社會學制度主義者主張，即政策與制度「歐洲化」可以發展新的認同。

參考書目

一、中文文獻

托多羅娃（2005）。〈保加利亞對外政策重點〉，《外交學院學報》，80：頁24-27。

朱曉中（2003）。〈進北約易入歐盟難──以羅馬尼亞為例〉，《環球政情》，1：頁24-25。

林溫霜（2000）。〈他們離歐盟有多遠－從保加利亞說起〉，《世界知識（World Affairs）》，23：頁28-29。

洪茂雄（2008）。《羅馬尼亞史：在列強夾縫中求發展的國家》。台北：三民書局。

二、英文文獻

Àgh, A. (1999). Process of democratization in the East Central European and Balkan states: Sovereignty-related conflicts in the context of Europeanization. *Communist and Post-Communist Studies*, 32: 263-279.

Boia, L. (2006). Historische Wurzeln der politischen Kultur Rumäniens. *Aus Politik und Zeitgeschichte*, 27: 13-20.

Börzel, T. A. and Risse T. (2000). When Europe Hits Home: Europeanization and Domestic Change, *European Integration online papers*, 15,4: 1-20. Retrieved October 10, 2009, from http: //eiop.or.at/eiop/texte/2000-015a.htm

Buldioski, G. (2009). Think tanks and state reform in Central Europe , *Development & Transition* , 12 : 23-25.

Commission of the European Communities (2009, July 22), *Report from the Commission to the European Parliament and the Council: On progress in Bulgaria under the Cooperation and verification mechanism {Sec (2009) 1074}*. Retrieved August 11, 2009, from http: //eu.europa.eu/dgs/secretariat_general/ cvm/docs/bulgaria_report_2

0090722_en.pdf

Deutsche Welle (2009, March 25). Milliardenkredite für Rumänien and Serbien. Retrieved March 26, 2009 from http: //www.dw-world .de/dw/ poup-printcontent/ 0412638800html.

Ditchev, I. (2006). Die geheimen Freunden des Provinzialismus. *Aus Politik und Zeitgeschichte*, 27: 20-28.

EurActiv.com(2008, April 22). *Atomausstieg: Bulgarian will mehr EU-Mittel*, Retrieved August 1, 2009, from http: //www.euractiv.com/de/energie/ atomausstieg- bulgarien-will-mehr-eu-mittel/article-171813-print

Ezkenazi, I. and Nikolov, K.(1996). Relations with the European Union : Developments to date and prospects. In Iliana Zloch-Christy (Ed.), *Bulgaria in a Time of Changes: Economic and political dimensions* (pp.189-206). Aldershot, Hants, UK; Brookfield Vt., USA: Avebury.

Faire, J. R. and Hishow, O. (2008). *Wirtschaftsinteressen und mehr: Bulgarian als engster Freund Moskaus in der EU Wo steht des pro-russische Neumitglied in Europaeisch-russischer Dialog?* , No. 1, Diskussionspapier der FGI von SWP Berlin.

Gabanyi,A. U.(2003). Die Landwirtschaft in Prozess der EU-Integration Rumäniens, *SWP-Studies*, 38: 1-31.

Gherghina, S. and Jiglău, G.(2008). The Role of ethnic parties in the Europeanization process--The Romanian Experience, *Romanian Journal of European Affairs*, 8, 2: 82-98.

Ghinea, C., Popescu, M. and Ciucui, C. (2010). The Effects of Justice Monitoring on Romanian Politics and Institutions-Media and Civil Society Perceptions-, Romanian Center for European Politics, *CRPE Policy Memo*, 11: 1-31.

Ghinea, C., Popescu, M. and Tănăasache, O. (2010). "When, how and why did Romania accept the EU coditionalities in the anti-corruption field? Overview 1999~2010", *CRPE Policy Memo*, 14: 1-31.

Institute for European Politics (2008). Bulgaria* People detect EU's influence on everyday life, *EU-27 Watch*, 7: 130-132.

Lang, K. O. (2009). Populismus in den neuen Mitgliedslaender der EU Potentiale Akteure, Konsequenzen, *SWP-Studies*, 16: 1-35.

Leisse, O. (2006). Rumänien und Bulgarien vor dem EU-Beitritt. *Aus Politik und Zeitgeschichte*, 27: 6-13.

Mahony H. and Pop V. (2009, July 22). Brussels takes Bulgaria and Romania to task again, euobserver.com. Retrieved July 23, 2009, from http: // euobserver. com/ 9/28482

Phinnemore, D. (2002). Enlargement to the East : Romania, In: Hilary Ingham and Mike Ingham (Eds.) , EU expansion to the East : prospects and problems, (pp.222-244). Cheltenham, UK and Northampton, M.A. USA: Elgar.

Pop, V. (2009, July 16). EU commission to continue monitoring Bulgaria and Romania , euobserver.com. Retrieved July 19, 2009, from http: //euobserver. com/9 /28464

Pop, V. (2009, October 13). Romanian government falls in no-confidence vote, euobserver.com. Retrieved October 19, 2009, from http: //euobserver. com/9 /28 8 20

Radaelli, C. M. (2004). Europeanization: Solution or Problems? *European Integration online papers* , 16, 8: 1-23. Retrieved October 11, 2009, from http: //eiop.or.at/ eiop/ texte/ 2004-016.a.htm.

Raichev, A. and Todorov, A. (2006). Bulgaria Democratic Orientation in support of civil society. In Hans-Dieter Klingemann, Direter Fuchs and Jan Zielonka (Eds.), Democracy and political Culture in Eastern Europe (pp. 308-335). London, UK and New York : Routledge.

Rem, D. and Gasper D. (2008), *Romania's accession into the European Union: discourses at policy-, program-, and project-levels in the justice sector,* working paper of Institute of Social Studies, 463: 1-45.

Risse, T, Cowles, M. G. and Caporaso, J. (2001). Europeanization and Domestic Change : Introduction. In Thomas Risse, Maria Green Cowles and Jannes Caporaso (Eds.), *Transforming Europe Europeanization and Domestic Change*, (pp.1-20). Ithaca and London, UK : Cornell University Press.

Romanian Center for European Policies and Romanian Academic Society, (eds.), (2010), *Worth Having It –The Effectiveness of the Co-operation and Verification Mechanism on Romania-*, Policy memo no. 16, November, Bucharest: Flickr, pp.24-32.

Schimmelfennig, F. (2006). The process of enlargement problems, interests, and norms. In Jeremy Richardson(Ed), *European Union Power and policy-making*, (pp.207-223). New York: Routledge.

Smilov, D.(2009). Designing anticorruption institutions in Central and Eastern Europe, *Development & Transition*, 12: 14-15.

Spendzharova, A. B. (2003). Bringing Europe In ? The Impacts of EU Conditionality on Bulgarian and Romanian Politics. *Southern European Politics*, 2-3, 4: 141-156.

Steunenberg, B. and Dimitrova. A. (2007). Compliance in the EU enlargement process: The limits of conditionality. *European Integration online papers*, 5, 11: 1-18. Retrieved October 10, 2009, from http: //eiop.or.at/eiop/text/2007-005a.htm.

Tzanez, D. (1996), Bulgaria's international relations after 1989: Foreign policy between history and relaity. In Iliana Zloch-Christy (Ed.), *Bulgaria in a Time of Changes: Economic and political dimensions* (pp.179-187). Aldershot, Hants, UK; Brookfield Vt., USA: Avebury.

Vucheva, E. (2009, July 6). Centre-right wins landslide victory in Bulgarian elections, euobserver.com. Retrieved July 6,2009, from http: //euobserver. com/9/284515

Wagner, R. (2006). Autistische Nachbar. *Aus Politik und Zeitgeschichte*, 27: 3-6.

吳建輝

第一節　前言

　　「普遍性優惠待遇」（Generalised Systems of Preferences, the GSP）係歐
洲聯盟（European Union, the EU，以下簡稱歐盟）[1]對外提供貿易優惠（trade
preference）之主要法律工具，除促進第三國進入歐盟內部市場外，亦具有對外援
助，環境保護及永續發展等重要面向。就普遍性優惠措施以條件（conditionality）
所涵蓋規範面向之非貿易考量（non-trade concerns）而言，係歐盟對外經貿政策之
重要特色。而以條件之方式促進第三國內國政策或措施之改變，則是其對外經貿政
策之主要特徵。藉由誘因之提供（貿易優惠）以及制裁之採行（不履行普遍性優惠
待遇之條件時，取消貿易優惠），歐盟得以促使第三國更易其內國政策或措施。因
而，普遍性優惠待遇乃提供一個觀察歐盟是否得以成功以貿易優惠，促使第三國改
變其內國政策或措施，以遂行「歐洲化」歷程之良好例證。

　　然而，相對於歐盟之會員國而言，第三國對於歐盟之法律工具並無履行之義
務。一方面，並無共同體法優位性以及直接效力之適用，另一方面，就第三國不
履行普遍性優惠待遇之條件時，歐洲執行委員會（European Commision，下稱執
委會）亦無法向歐洲法院（European Court of Justice）提出訴訟，以確保第三國之
執行。相反的，在歐盟與第三國同屬世界貿易組織（World Trade Organisation, the

---

[1] 如眾週知，在馬斯垂克條約，即歐洲聯盟條約（Treaty on European Union, TEU），歐洲聯
盟包含三個支柱，第一支柱仍為歐洲共同體，第二支柱則係共同外交與安全政策，第三支柱
則係司法及內政事務的合作（在阿姆斯特丹條約後，基於簽證，庇護，移民及其他人的自由
移動政策的共同體化，第三支柱則限於警察及司法領域之合作）。因此，歐洲聯盟與歐洲共
同體確有不同之指涉對象。然在本文之脈絡下，即針對於對外經貿面向，主要涉及之權限屬
於原第一支柱，即共同體支柱。由於而又因里斯本條約於2009年12月1日生效，歐洲聯盟正
式取代並承繼歐洲共同體，因此，本文於行文上，多數使用歐盟一詞，僅於特定（歷史）脈
絡下方使用「歐體」字眼。至於，本文所稱之共同體法則指acquis communautaire。

WTO）之會員時，第三國享有向世界貿易組織之爭端解決機制（Dispute Settlement Mechanism）提出訴訟以挑戰歐盟之措施之權利。因而，就「普遍性優惠待遇」展現之「歐洲化」歷程，展現與會員國或候選成員國迥異之途徑。因而，本章擬以「普遍性優惠待遇」為例，分析歐盟在對外經貿領域，有無以貿易優惠之提供促使第三國之經貿政策進行「歐洲化」可能。

　　就國家選擇部分，本章擬以印度與巴基斯坦為例，討論歐盟藉由「普遍性優惠待遇」所試圖實踐之「歐洲化」歷程，其成效，乃至於其所遭遇之挑戰。本章對於研究國家之選擇，主要著眼於，印度對於第一代「普遍性優惠待遇」之挑戰與質疑，以及其後，印度於世界貿易組織爭端解決機制所提出之訴訟。相對於此，巴基斯坦基於地緣政治，以及其列於第一代「普遍性優惠待遇」名單內，兩者對於「普遍性優惠待遇」，不論是舊制，或新的普遍性優惠待遇所採取之立場及其取向均有其值得比較之處。而藉由兩者之比較，更得以確認「歐洲化」對於不同之第三國所產生之不同影響。此外在此「歐洲化」歷程中，除須考量歐盟對於第三國所施加之條件外，另一個影響之因素則是第三國本身貿易政策之考量。基於本身之經貿實力以及貿易政策考量，進而決定兩國對於「普遍性優惠待遇」所課予之條件，所採取之態度。

　　本章之行文安排如下：在前言之後，將先說明何以本章認為「普遍性優惠待遇」之採行係「歐洲化」之體現；進而闡述「普遍性優惠待遇」之法律基礎及其內涵；並探究「歐洲化」之調適壓力來源。其次則釐清「歐洲化」之客體，亦即何政策將被「歐洲化」。其次，則說明印度與巴基斯坦對於此「歐洲化」歷程之態度，有無其調適之壓力，是否抗拒？或持趨同（convergence）之態度？其後，則討論「歐洲化」對於印度與巴基斯坦之影響為何？最後，則是本章之結論，除簡述本章之發現與論點外，並探究其政策意涵。

第二節　「普遍性優惠待遇」作為歐洲化之體現

一、「普遍性優惠待遇」作為「歐洲化」之體現

　　「歐洲化」或「法律的歐洲化」一詞，最常應用在共同體法之形塑過程中，共同體法對於共同體及會員國之影響。就歐盟而言，「歐洲化」係指在經濟整合以及隨之而來的非經濟議題之整合過程中，法律規範、政策形成，乃至於權力競

逐逐漸轉移至歐盟層次。這個「歐洲化」之面向著重：即令在有限授權之限制（principle of conferred competence）下，歐盟作為一個超國家的政治組織，所擁有廣泛之行政，立法及司法權限。「法律的歐洲化」係指共同體法作為一個獨特（sui generis）的自主（autonomous）法律體系的演變過程；就會員國而言，則著重於在歐盟或共同體法對於會員國法律制度，政策形成以及經濟、社會及文化領域之影響上，並探求會員國對於歐盟規定如何調適之過程。[2]在此面向下的「法律歐洲化」則著重於共同體法對於會員國憲政及法律架構之衝擊、影響，乃至於會員國反饋之過程（Risse, Cowles & Caporaso, 2001）。其著眼點在於共同體法所具有之穿透效果，以及歐盟對於其會員國所具有之強大影響力。而在國際法與歐盟法交互影響之議題上，歐洲化有時指涉國際法在歐盟以及其會員國如何解釋以及適用。這個面向則屬於傳統國際法領域下，國家如何解釋、適用國際法，並承擔其國際義務之問題。第四個態樣的「歐洲化」則是指涉歐洲聯盟如何將其歐洲價值及歐盟之法律規範，擴展到第三國，或是國際組織及一般國際法領域上（Wouters, Nollkaemper & de Wet, 2008: 7-8）。簡言之，「歐洲化」之觀察，可以歐洲聯盟為區分點，區分為歐洲聯盟內部／外部兩個面向，就歐洲聯盟內部而言，觀察點可以區分為以歐盟為觀察主體，以及以會員國為觀察主體。就歐盟與外部面向而言，可區分為國際法在歐盟內部之效力，以及歐盟對外向國際組織、第三國之影響。

　　就「歐洲化」的內部面向而言（尤其，歐洲整合對於會員國法律制度政策形成之影響這個意涵上），在不同程度上，將對於會員國產生調適壓力（adaptional pressures），而對於該壓力之回應，取決於會員國之內部制度結構，進而決定會員國對於該歐洲化的壓力是否容易調適（Risse et al., 2001: 6-7）。這樣的過程，主要衍生於真誠合作原則（principle of sincere cooperation）[3]會員國對於歐盟所負有之義

---

[2] 在The Europeanisation of Law這本書之前言裡，Snyder指出「法律之歐洲化」探討的是歐洲整合之主要法律效果，其包含對於特定內國法，如憲法、行政法、勞工法或私法等領域之影響；歐洲聯盟法之發展，進而對於特定領域提供新法律架構，甚至於取代會員國法律架構。歐盟法與會員國法交互影響以及歐洲化之間接或未預期之影響（Snyder, 2000: 3）。

[3] 忠誠或真誠合作關係，依據不同學者之意見，有不同之強度，依據學者De Witte之見解，歐洲法院並未明白使用loyal一字，歐洲法院所使用之用語，毋寧是較為委婉之真誠合作（sincere cooperation）關係，在強度上相對於忠誠合作關係略低（De Witte, 2000: 86-88, 93-95）。但亦有其他學者使用忠誠合作關係之用語，諸如，Broberg（2008: 1395）；學者Jan Wouters則將共同體條約第10條之義務稱之為對於共同體忠誠之義務（duty of Community loyalty）（Wouters, 2000: 45, 65, 75, 83）。本章基於憲法條約亦採用真誠合作之用語（principle of sincere cooperation，憲法條約I-5(2)條），於行文上，乃採用「真誠合作」之用語。此外，亦有學者（前歐洲法院法官）強調共同體法之真誠合作關係與德國憲法學上之聯

務。歐盟機構對於會員國之不服從（non-compliance）亦有一定機制確保歐盟法之執行。

然而，就本章所關懷的「歐洲化」的外部經貿法面向，亦即上開四個面向中之第四面向而言，具有強制性之義務或制裁機制並不存在，蓋因國際組織或第三國並無義務執行歐盟法；相反的，國際組織有時反而規範歐盟的行為，包含立法及政策形成。在討論「歐洲化」的外部經貿法面向時，世界貿易組織是最為重要的媒介，一方面，世界貿易組織是歐盟運用其政治與經貿影響力，重塑國際貿易法體系以及秩序的場域。另一方面，世界貿易組織規範外部經貿法面向的「歐洲化」之可能及其侷限。因而，須進一步思考者係：「普遍性優惠待遇」之制度設計與實施須受到世界貿易組織之規範與限制，是否影響該貿易優惠措施作為促使「歐洲化」之法律工具之功能；以及，歐盟之「普遍性優惠待遇」有何異於其他國家之「普遍性優惠待遇」措施之處，足資辨識上開法律措施係「歐洲化」之政策工具。

歐盟之「普遍性優惠待遇」其中一項特色，在於藉由特別誘因安排連結貿易優惠與非經貿議題。例如在1994年之（EC）3281/94號規則中，該規則對於積極提高勞工與環保標準之開發中國家提供額外貿易優惠。此外，並對致力於打擊毒品活動之國家，暫停共同關稅之課徵。此項特徵一直延續至（EC）2501/2001號規則。因而，藉由特別誘因安排之設計，第三國若欲享受額外之關稅優惠，則須遵守歐盟「普遍性優惠待遇」制度設計中所包含之相關環保、勞工乃至於打擊毒品規範。是故，第三國為取得優惠性之歐盟市場進入機會，便產生其遵守「普遍性優惠待遇」相關環保、勞工以及打擊毒品規範之調適壓力。

其次，另一須加以討論之議題則係：歐盟之「普遍性優惠待遇」展現何特徵足以被視為該貿易優惠之賦予係「歐洲化」之呈現？此問題可藉由與其他國家之「普遍性優惠制度」對比中得到答案，而其中最鮮明之對比乃係美國之「普遍性優惠待遇」。美國「普遍性優惠待遇」係規範於美國聯邦法典第2462條，該條主要規範以下面向：誰擁有權限決定受惠國家；何國家不得適用貿易優惠；[4]決定優惠國家之考量因素；[5]優惠之撤回、[6]中止與限制；[7]強制畢業條件；[8]以及對於國會之通知

邦忠誠（Bundestreue）之連結（Due, 1991: 17; Koopmans, 1991: 502）。

[4] 19 U.S.C 2462(a)

[5] 19 U.S.C 2462(b).

[6] 19 U.S.C 2462(c).

[7] 19 U.S.C 2462(d).

[8] 19 U.S.C 2462(e).

等。[9]

　　就排除國家而言，除對特定已開發國家諸如日本、加拿大、歐盟會員國國家明文排除外，並設下特定限制。就其排除國家而言，除涵蓋與歐盟之「普遍性優惠待遇」相同之人權議題，例如違反童工規定，[10]或是違反反恐行動（anti-terrorism）之相關措施等；[11]該限制並涵蓋多數與美國公民或美國持有50%以上股份之公司、合夥或團體之經濟利益之要件。其中包括：一國賦予優惠待遇予屬已開發國家之第三國，且造成或可能造成美國商業之有害效果；[12]一國對美國公民或由美國持有50%以上股份之公司、合夥或團體所有之財產予以國有化、徵收或予以凍結或控制該財產者；一國違反或拒不履行其與美國公民或美國持有50%以上股份之公司、合夥或團體之契約或協定，或課予稅收或費率或其他限制性措施，而產生與前項國有化、徵收等行為類似效果者；[13]一國未依誠信方式，履行涉及美國公民或由美國持有50%以上股份之公司、合夥或團體所有之財產，而對美國公民等有利之仲裁決定。[14]而即使在違反童工人權要求，或違反反恐措施時，或對美國公民或由美國持有50%以上股份之公司、合夥或團體所有之財產為徵收等行為時，在總統認為將該國列入受惠國與美國之國家經濟利益相符，並將該理由知會國會時（be in the national economic interest of the United States and reports such determination to the Congress with the reasons therefor），亦得將該國列為「普遍性優惠待遇」之受惠國。[15]

　　就受惠國家之決定而言，美國總統除須考量該國之經濟發展程度外，亦須考量該國是否提供美國對其市場及原物料資源公平與合理之市場進入，以及是否承諾避免從事不合理之出口措施。[16]並須考量該國是否提供足夠且有效之智慧財產權保障。[17]

　　就歐盟與美國「普遍性優惠待遇」之要件加以比較，得以發現美國「普遍性優惠待遇」受惠國之決定，除涵蓋童工人權之保護或反恐議題外，其中一項重要之考

9　19 U.S.C 2462(f).
10　19 U.S.C 2462(b)(F).
11　19 U.S.C 2462(b)(G).
12　19 U.S.C 2462(b)(C).
13　19 U.S.C 2462(b)(D).
14　19 U.S.C 2462(b)(E).
15　19 U.S.C 2462(b).
16　19 U.S.C 2462(c)(4).
17　19 U.S.C 2462(c)(5).

量因素乃係美國之經濟利益。此項經濟因素之考量，則未見於歐盟之「普遍性優惠待遇」。是以，相對於美國之「普遍性優惠措施」，歐盟之「普遍性優惠待遇」呈現較強之規範性色彩。因而，本章主張：歐盟之「普遍性優惠待遇」具有其獨特之「歐洲性」特質，使其得以與美國或其他國家之「普遍性優惠待遇」區別，而此項「歐洲性」特質，反應歐盟之規範性價值偏好。在歐盟之「普遍性優惠待遇」下，第三國為獲取貿易優惠，得以優惠關稅或零關稅之條件進入歐盟市場，第三國須滿足「普遍性優惠待遇」中所包含之條件（人權、環保及打擊毒品），藉此，歐盟得以將其「歐洲價值」延伸至非歐盟國家，以開啟「歐洲化」之歷程。

二、「普遍性優惠待遇」之法律基礎

在有限授權原則的限制下，歐盟在特定領域為一定行為或不行為時，其重要考量之一乃係歐盟於該領域所享有之權限。在對外經貿的議題上，歐盟之行為，同時間亦須受到世界貿易組織之限制。因此，在檢驗「普遍性優惠待遇」之法律基礎時，同時間必須考量歐盟內部法以及國際經濟法兩個層面。

1979年11月28日，關稅暨貿易總協定之締約方達成「一九七九年十一月二十八日對開發中國家差別及優惠待遇、互惠及充分參與之決議」（簡稱授權條款），[18] 該決定規定：締約方可不因GATT第I條之限制，給予開發中國家較優惠之待遇，而不將該待遇授予其他締約方。該決定之第2條則規範授權條款之適用範圍，於第(a)款中，則援引1971年6月5日之「普遍性優惠待遇豁免決定」，[19] 該豁免決定於第三段弁言中則強調建立一個共同可接受的一般性、不歧視、非互惠性的優惠關稅待遇之重要性。

基於授權條款，歐體理事會乃於1971年6月21日及22日制訂七項規則，分別規範工業產品及農產品之普遍性優惠待遇。[20] 理事會並在煤鋼共同體架構下，作成兩項決定，以規範煤鋼產品之「普遍性優惠待遇」（Yusuf, 1982: 120）。「普遍性優惠待遇」隨時間而逐漸演變，個別理事會規則在執行期滿後，理事會視情事之變更，另制訂一新規則予以替代。就其法律依據而言，歐盟之「普遍性優惠待遇」主

---

[18] Decision on Differential and More Favourable Treatment, Reciprocity, and Fuller Participation of Developing Countries, GATT Document L/4903, 28 November 1979, BISD 26S/203.

[19] Waiver Decision on the Generalised System of Preferences, GATT Document L/3545, 25 June 1971, BISD 18S/24.

[20] OJ L142, 28 June 1972.

要來自於共同體條約第131至134條之共同商業政策（common commercial policy，[21] 原歐洲經濟共同體條約第110條至第116條），最具重要性者，厥為共同體條約第133條，該條第1項強調：在涉及關稅稅率改變，關稅與貿易條約之締結，自由化措施以及貿易保障措施等共同商業政策時，應確保其一致性（uniformity）。[22]

　　除共同商業政策之外，發展政策就其作為「普遍性優惠待遇」之法律基礎亦具有相當之重要性，1994年之理事會規則，雖未如共同商業政策一般，明文援引共同體條約第133條，然而，該規則在前文第9段提及：歐盟條約業已為作為歐盟外交政策一環的共同體發展政策注入新動能，而共同體之發展政策之重點在於開發中國家的永續經濟及社會發展，及該國家之逐漸融入世界經濟體系。[23]此外，1994年之規則，並於第10段前文中述及共同體之「普遍性優惠待遇」應逐漸轉型為發展導向（development-oriented），應著重於最需要該待遇之國家，亦即最貧窮之國家。「普遍性優惠待遇」應補充其他貨品貿易總協定之相關規定，強化整合開發中國家進入世界經濟及多邊貿易體系。[24]

三、第一代「普遍性優惠待遇」之內涵

　　世界貿易組織成立後，授權條款因其作為貨品貿易總協定之一部分，成為建

---

[21] 當然，共同農業政策（Common Agricultural Policy, the CAP）之重要性，亦不容忽視。

[22] 共同體條約第133條係共同商業政策最重要之法律基礎，該條共有7項。除了在第1項強調共同商業政策一致性之重要外，在第2項則規定，共同商業政策之擬訂，執委會應向理事會提出該政策之計畫，供理事會採認。第3項則規定，在須與國際組織或第三國協商協定時，執委會應向理事會提出建議，據此建議理事會得授與談判權限予執委會。理事會與執委會並應確保執委會所簽訂協定與共同體內部之政策或規則不相抵觸。理事會並得指派個別委員會協助理執委會談判之進行，並確保執委會之談判內容屬於理事所制訂之談判指示之範圍內（倘若理事會有制訂談判指示時）。談判過程，執委會除應諮商該特別委員會，並應定時報告特別委員會談判之進展。第4項、第5項主要規範理事會表決程序之進行，第6項則規定協定超脫共同體內部權限時，以共同體名義對外談判之禁止，以及相對應處理程序。第7項則規範智慧財產權領域國際協定之協商。里斯本條約生效後，歐洲聯盟運作條約（Treaty on the Functioning of the European Union, TFEU）在第207條規定共同商業政策，除延續上開條文外，另擴大共同商業政策之範疇，包含外人直接投資等。

[23] 將所有國家整合進世界貿易體系之目標，係聯盟對外行動之主要目的，在歐盟條約第21條關於聯盟對外行動之共同原則與目的中，條約第21條第2項第(e)款則強調此項目標。

[24] 就發展政策而言，可以共同體發展政策為法律依據者，即排除歐洲聯盟以第二支柱共同外交及安全政策（the CFSP）之方式為之。亦即，聯盟不得規避共同體條約第47條之適用。See, Case C-91/05 *Commission of European Communities v. Council of the European Union* [2008] ECR I-03651.本案係涉及為執行歐盟與ACP國家所簽定之柯多努條約第11條之和平維持，衝突避免及解決目標，理事會依據歐盟條約第14條，做成打擊小型及輕型武器（small and light weapons, SALW）擴散之決定，執委會因此提起訴訟，主張理事會之決定侵害共同體權限。

立世界貿易組織條約單一承諾（Single Undertaking）之一部分。就其拘束歐盟之國際法上之規範效力，並未改變。然而，就歐盟內部對於「普遍性優惠待遇」之規範方式，1994年之EC 3281/94號規則[25]就其規範方式作了些許修正。除傳統之一般性標準措施，規範受惠國、貿易優惠及畢業等；另採取一項特別誘因安排（special incentive arrangements），對於積極提高勞工及環保標準之開發中國家，提供額外貿易優惠（洪德欽，2004：176）。在1994年之規則中第7條規範對於勞工權利之特別誘因安排，對於勞工之權利，第7條述及國際勞工組織公約第87號、第98號關於結社自由及保障組織權，及集體談判權利之保障，並涵蓋第138號工人之最低年齡。就環境保護議題上，1994年之規則，於第8條規範森林永續管理的特別誘因安排，而管制之標準主要來自於國際熱帶木材組織（International Tropical Timber Organisation, the ITTO）之規範。就這兩個特別誘因安排之執行，規則委由執委會提出方案，由理事會以決定之方式為之。[26]

除此之外，1994年之理事會規則，並於第3條第2項規定，對於附錄V所列之國家，基於其等打擊毒品活動之原因，共同關稅應暫停課徵。第18條第3項則責成普遍性優惠待遇委員會應逐年檢視執委會對於各該國家打擊毒品之進展，俾以決定是否繼續暫停課徵共同關稅。而該附錄V之國家則包含哥倫比亞、委內瑞拉、厄瓜多、秘魯以及波利維亞。在1994年之理事會規則中，印度與巴基斯坦均列名於傳統之普遍性優惠待遇名單中，但印度與巴基斯坦均未列入特別誘因安排之國家，也未被列入打擊毒品之國家中。

1994年之規則執行期限4年屆滿後，理事會乃於1998年制訂新規則，[27]在該規

Council Regulation (EC) 3281/94 of 19 December 1994 on applying a four-year scheme of generalized tariff preferences (1995 to 1998) in respect of certain industrial products originating in developing countries, OJ L348/1, 31 December 1994.此外，理事會於1996年6月20日，制訂(EC)1256/96理事會規則，規範農產品之普遍性優惠待遇。Council Regulation, (EC) 1256/96 of 20 June 1996 applying multiannual schemes of generalized tariff preferences from 1 July 1996 to 30 June 1999 in respect of certain agricultural products originating in developing countries. OJ L160/1, 29 June 1996.而後，理事會並於1998年依據上開兩項規則第7條及第8條之規定，制訂規則，規範特別誘因安排之適用。Council Regulation (EC) No 1154/98 of 25 May 1998 applying the special incentive arrangements concerning labour rights and environmental protection provided for in Articles 7 and 8 of Regulations (EC) No 3281/94 and (EC) No 1256/96 applying multiannual schemes of generalised tariff preferences in respect of certain industrial and agricultural products originating in developing countries, OJ L160/1, 4 June 1998.25

[26] Council Regulation (EC) 3281/94, Art. 7(3), 8(3).

[27] Council Regulation (EC) 2820/98 of 21 December 1998 on applying a multiannual scheme of generalized tariff preferences for the period 1 July 1998 to 31 December 2001, OJ L375/1, 30

則前文中，除強調環境保護及勞工權利之重要性外，在弁言第17段及第30段亦述及打擊毒品之重要性。基於這樣的目的，1998年之理事會規則除低度開發國家之外，仍延續其特別誘因安排之設計。在制度設計上，就環境保護與勞工權利部分，1998年之規則設有一定程序，供開發中國家申請此兩項特別誘因安排之適用，該規則規範此兩項特別誘因之監督以及相關行政事項。[28]然而，就打擊毒品之特別誘因部分，該規則在附件V中直接列出適用該特別誘因之國家，除前述哥倫比亞、委內瑞拉、厄瓜多、秘魯以及波利維亞五個國家之外，另包含瓜地馬拉、宏都拉斯、薩爾瓦多、尼加拉瓜、哥斯大黎加以及巴拿馬六個國家。

　　2001年，因1998年之規則執行期滿，理事會乃另制訂（EC）2501/2001規則，[29]該規則於第1條區分五種關稅優惠，即傳統適用於所有開發中國家之關稅優惠；對於勞工權利保障之特別誘因安排；對於環境保護之特別誘因安排；對低度開發國家之特別安排；以及對於打擊毒品之特別誘因安排。就打擊毒品之國家，除前述之十一個中南美洲國家外，2001年之規則另增加了巴基斯坦為適用打擊毒品特別誘因安排之國家。

四、「歐洲化」之客體

　　歐盟之第一代之「普遍性優惠待遇」主要涵蓋三個特別誘因安排：環境保護、人權保障以及打擊毒品之特別誘因安排。在第一代「普遍性優惠待遇」機制下，歐盟主要希望藉由關稅優惠之賦予，改善受會員國之人權保障、促進其永續發展，並減少該受惠國之毒品問題。因而，就個別議題而言，第一代「普遍性優惠待遇」希望藉由關稅優惠所遂行「歐洲化」，其客體乃係各該政策：人權保障、環境保護以及毒品防制。然而，此三項個別政策乃係建立在更大的發展目標上，易言之，之所以強調人權保障、環境保護乃至於打擊毒品係因歐盟的發展哲學係以永續發展為主軸，而永續發展係建立在良善治理之基礎上。因而，上開個別政策之目標均係促進第三國之永續發展。易言之，第一代「普遍性」優惠待遇就其整體目標而言，乃係

December 1998.

[28] Council Regulation (EC) 2820/98, Title 2.

[29] Council Regulation (EC) 2501/2001 of 10 December 2001 on applying a multiannual scheme of generalized tariff preferences for the period 1 January 2002 to 31 December 2004, OJ L346/1, 31 December 2001.關於2001年之理事會規則，中文文獻，請參照李貴英（2005: 76）。並請參見李貴英（2004）。

希望藉由關稅優惠之誘因促使第三國建立一個完善之法律架構，俾以保障其人權體制，避免環境之惡化，進而建立良善治理機制以達永續發展之目標。因而，在此層面下，「歐洲化」之客體則係更廣泛的第三國政治經濟發展架構。亦即，「普遍性優惠待遇」乃歐盟發展政策之重要政策工具之一，歐盟希望藉由「普遍性優惠待遇」提倡以良善治理為基礎之發展模式，在此意義下，歐盟所欲促成之「歐洲化」實係第三國政經制度發展架構之重塑。

五、「歐洲化」之調適壓力來源

上開（EC）2501/2001規則公布後，印度與巴基斯坦對於歐盟之「普遍性優惠待遇」有不同之反應，就巴基斯坦而言，其經列為打擊毒品之特別誘因安排國家，其獲得額外之貿易優惠，對此，除須強化其打擊毒品之相關措施外，毋須擔負其他義務，倘若在打擊毒品措施上未能符合歐盟之要求，日後則有可能被撤銷其打擊毒品特別誘因安排受惠國家之地位。而就印度而言，其對於歐盟之「普遍性優惠待遇」將巴基斯坦列入打擊毒品特別誘因安排受惠國中，則產生較大之反對聲浪，一方面，來自於印度與巴基斯坦之長期地緣政治衝突，另一方面則來自於其與巴基斯坦之產業競爭。

就前者而言，印度與巴基斯坦在歷史發展上長期即存在衝突，兩國之間並有邊界糾紛，就地緣政治因素而言，印度與巴基斯坦間之緊張關係使得印度對於巴基斯坦獲取更優渥之貿易優惠相當敏感。此外，除地緣政治因素外，印度與巴基斯坦具有相同之產業結構，專注於相同之市場區隔，有時，兩國之產業甚至擁有相同的採購者。再者，兩國均有強大之棉花產業，低轉換成本、垂直生產結構等。就歐盟而言，亦常同時間對兩國之產業進行貿易防衛措施，[30]因而，印度與巴基斯坦之產業間具有高度之競爭關係。

其次，印度主張：整體而言，歐盟藉由打擊毒品特別誘因安排所賦予之特別關稅優惠，改變了印度產品與巴基斯坦產品間之競爭關係，而印度與巴基斯坦出口之歐盟之產品又高度重疊。因而，打擊毒品特別誘因安排改變了印度與巴基斯坦產品間之競爭條件，並產生貿易轉向效果。印度並以關稅編號第61至63章之貨物為例，主張巴基斯坦在打擊毒品特別誘因安排實施後之16個月內，其出口至歐盟之貨物在數量上增加26.81%，就價值而言，則增加19.54%。相反地，印度出口至歐盟之

---

[30] Panel Report on EC – *Tariff Preferences*, p. B-33.

貨物在數量上則減少6.14%，就價值而言，則僅增加1.62%。[31]除了出口數量之改變外，因為打擊毒品特別誘因安排所給予之關稅優惠，巴基斯坦同產品在價格上亦具有優勢，即使CIF價格高於印度同類產品，因無需負擔關稅之緣故，就進入市場之價格亦可以低於印度產品（CIF價格加上關稅）銷售。[32]因而，打擊毒品特別誘因安排所賦予之關稅優惠，嚴重影響了印度相類產業之經濟利益。

最後，印度並主張：印度亦遭受嚴重之毒品危害，其亦透過管道向歐盟表達其被列入打擊毒品特別誘因安排之意願，然歐盟表示，基於現行制度，並無任何途徑或程序得將印度列為打擊毒品特別誘因安排之受惠國中。因而，若印度有意被列為打擊毒品特別誘因安排之國家，僅能等待（EC）2501/2001規則四年執行期滿，於2004年修正時方得加以更正。[33]

第三節　印度與巴基斯坦對於「歐洲化」之回應

就歐盟藉由「普遍性優惠待遇」所促使之「歐洲化」歷程而言，印度明顯採取了抗拒的態度，甚而，經由世界貿易組織所提供之爭端解決機制，印度進而挑戰該歐洲化歷程之正當性基礎以及合法性。相對於此，巴基斯坦對於歐盟所採取之立場則採取趨同之態度，在世界貿易組織爭端解決機制中，巴基斯坦以第三國參與之方式，參與了印度與歐盟間之訴訟。巴基斯坦明確表示，其完全支持歐盟所提出之論據，並表示其反對印度所提出之主張，尤其印度關於「打擊毒品特別誘因安排並不符合巴基斯坦之發展需要，而屬於歐盟之政策目標」之主張。[34]以下則就印度與巴基斯坦在世界貿易組織爭端解決機制中所主張之論據，加以討論。

一、印度之挑戰

就本案之爭點而言，印度與歐盟在授權條款與貨品貿易總協定第I條第1項之關係、舉證關係，以及歐盟之普遍性優惠待遇應如何受到授權條款第3個註腳所援引之1971年豁免決定中「一般性」、「不歧視」、「非互惠性」之規範。兩造交鋒之

---

[31] Panel Report on EC – *Tariff Preferences*, p. B-35.
[32] Panel Report on EC – *Tariff Preferences*, p. B-33.
[33] Panel Report on EC – *Tariff Preferences*, p. B-32-33
[34] Panel Report on EC – *Tariff Preferences*, paras. 5.79.

重點之一乃在於授權決定之第3(c)條中，開發中國家意指所有開發中國家、抑或可被解釋為具有相同經濟發展狀況或困境而需要特定援助之一部分開發中國家。由於本案所涉及之打擊毒品特別誘因安排所涉及之受惠國僅有十二個國家，因此，並非所有開發中國家均可受惠於該打擊毒品特別誘因安排之關稅減免，本案兩造之論述重點乃著重於「不歧視」是否意味：在歐盟決定授予關稅減免優惠予某開發中國家時，必須同時間適用於其他所有開發中國家。

　　倘若，歐盟如同本案所涉之打擊犯罪特別誘因安排──僅授予關稅減免之優惠與某些特定面臨相同發展問題之開發中國家，有無違反1971年豁免決定所要求之「不歧視」。對此，小組與上訴機構（the Appellate Body）有不同之意見。小組認為：授權條款第2(d)條明白指出，普遍性優惠待遇之授予國家得對於低度開發國家授予更多之優惠，倘若締約方有意容許普遍性優惠待遇之授予國家對於某些國家為更優惠之待遇，即應如第2(d)條之規定，予以明文化。因此，小組認為，對於普遍性優惠待遇之受惠國為區分，原則上為授權條款所不許，除非在對於低度開發國家或在計畫執行中先驗上之先後限制（implementation of a priori limitations）。[35]上訴機構對此則有不同之見解，上訴機構認為：「不歧視」並非當然排除對於某些處於相同狀況的開發中國家予以區分，而授權條款條文第3(c)條中所提及之開發中國家，並不當然意味「所有開發中國家」。[36]況且依據條文所指出，依據授權條款所授予之普遍性優惠待遇其目的在於正面回應「開發中國家之發展、財政及貿易需求」。「開發中國家之發展、財政及貿易需求」並非完全相同，每因國家而異。因此，即令未將一模一樣之關稅優惠授予所有開發中國家，仍有可能符合「不歧視」之要求。[37]然而，上訴機構語鋒一轉，上訴機構首先指出，普遍性優惠待遇，其目的在於正面回應「開發中國家之發展、財政及貿易需求」，優惠之授予國家不得對於受惠國施加不當之負擔。即令區分某些具有相同狀況之開發中國家，為區分而為差別待遇並不當然違反「不歧視」之要求，在本案之打擊毒品特別誘因安排中，該名單係歐盟自行決定之固定名單（closed list），並無提供其他機制供其他有毒品問題之開發中國家申請該特別誘因優惠之可能。此外，該名單之決定，亦未見有何客

---

[35] Panel Report on EC – *Tariff Preferences*, paras. 7.145~7.161.

[36] Appellate Body report on EC – *Tariff Preferences*, paras. 154~156; 175, 176.

[37] Appellate Body report on EC – *Tariff Preferences*, para. 165.

觀標準，難以認為該打擊毒品方案係正面回應「開發中國家之發展、財政及貿易需求」。[38]

二、巴基斯坦之第三國參與

在印度對歐盟提出訴訟後，巴基斯坦旋以第三國之身分，參與該訴訟。同時間，巴基斯坦並於2003年4月17日，強調其係普遍性優惠待遇中打擊毒品特別誘因安排之受惠國，其於該案件中有實質之利益，基此，請求小組授予其強化第三方權利（enhanced third party rights）。[39]亦即，巴基斯坦請求小組授予其超過爭端解決規則暨程序瞭解書（Understanding on Rules and Procedures Governing the Settlement of Disputes, the DSU）第10.3條所賦予得收受訴訟程序兩造之第一次書面陳述；以及參加第一次實質辯論；並以書面或口頭陳述第三國意見之權利。具體而言，巴基斯坦主張：其應被准許參加所有小組實質辯論程序；得於該辯論程序中陳述意見；得收受兩造之所有書面陳述；得於第二次實質辯論程序中為陳述；並得審視在小組報告敘述部分關於其等所為之論據之摘要。[40]

就實質論據而言，巴基斯坦明確指出其完全支持歐盟之論據，[41]此外，巴基斯坦更強調：該國與其他打擊毒品特別誘因安排之受惠國相同，都飽受毒品之患。由於巴基斯坦處於重要之毒品走私途徑中，該國尤受毒品走私所苦。此外，由於其與阿富汗地處交界，阿富汗在罌粟種植的大量成長，連帶使得巴基斯坦受到毒品之危害。[42]

第四節　歐洲化之成效

如同本章在前言即提及：以對外經貿措施作為「歐洲化」之法律或政策工具

---

[38] Appellate Body report on EC – *Tariff Preferences, paras.* 181~183; 187~188.

[39] 請求強化第三方權利之國家另有：波利維亞、哥倫比亞、哥斯大黎加、厄瓜多、薩爾瓦多、瓜地馬拉、尼加拉瓜、巴拿馬、秘魯及委內瑞拉。Panel Report, *European Communities – Conditions for the Granting of Tariff Preferences to Developing Countries (EC – Tariff Preferences)*, WT/DS246/R, adopted 20 April 2004, modified by Appellate Body Report, WT/DS/246/AB/R, DSR 2004:III, 1009, paras. 1.8~1.9.

[40] Panel Report on EC – *Tariff Preferences*, p. A-1.

[41] Panel Report on EC – *Tariff Preferences*, paras. 5.79.

[42] Panel Report on EC – *Tariff Preferences*, para. 5.82.

須受世界貿易組織所規範，倘第三國同屬世界貿易組織之成員，該第三國可能藉由爭端解決機制挑戰歐盟之措施，因而歐盟在遂行第三國「歐洲化」歷程中之法律或政策工具之成效，將受到第三國挑戰以及爭端解決機制裁決所影響。歐盟之第一代「普遍性優惠待遇」由於小組以及上訴機構宣告與WTO規範不符，在上訴機構報告公布並經爭端解決機構（Dispute Settlement Body, the DSB）採認後，印度乃請求成立仲裁小組決定歐盟應改正其「普遍性優惠待遇」之履行期間。仲裁小組隨即決定，歐盟應於2005年7月1日將其「普遍性優惠待遇」制度與WTO規範不符之處，予以改正。[43]歐盟藉由「普遍性優惠待遇」遂行「歐洲化」之成效受到相當程度之減損。基此，本節乃進一步說明，在該在上開爭端解決小組織裁決後，歐盟對「普遍性優惠待遇」修正，以及印度與巴基斯坦對於此第二代「普遍性優惠待遇」之回應。

一、「歐洲化」之頓挫：第二代「普遍性優惠待遇」

在第一代「普遍性優惠待遇」被宣告與WTO規範牴觸後，執委會乃於2004年7月7日發布一份標題為「開發中國家、國際貿易與永續發展：共同體普遍性優惠待遇之功能——自2006年至2015年」之文件，該文件之對象為理事會、歐洲議會及歐洲經濟及社會委員會（European Economic and Social Committee）。在該文件中，執委會列出2006年至2015年共同體普遍性優惠待遇之執行方針。在該文件中，執委會強調開發中國家間區域合作之角色，並著重永續發展對開發中國家之重要。執委會指出：共同體將對於接受社會權利、環境保護以及良善治理（包含打擊毒品）等國際公約規範之開發中國家，授予額外之關稅減讓。[44]在該文件第5段法律架構部分，執委會提及上訴機構報告針對印度所提出之控訴，並援引上訴機構之見解，認為：「普遍性優惠待遇」原則上容許對於部分處於相同發展情境之開發中國家給予相同待遇。而額外關稅優惠之授予必須建立在客觀之標準上，且必須明確指出該部分開發中國家之特殊發展需求，以及額外關稅優惠如何正面回應該需求。[45]基此，

---

[43] Award of the Arbitrator, *European Communities – Conditions for the Granting of Tariff Preferences to Developing Countries – Arbitration under Article 21.3(c) of the DSU*, WT/DS246/14, 20 September 2004, para. 60.

[44] Communication from Commission to the Council, the European Parliament and the European Economic and Social Committee: Developing Countries, International Trade and Sustainable Developing: the Function of Community's Generalised System of Preferences (GSP) for the ten-year period from 2006 to 2015, COM (2004) 461 final, 7 July 2004, p. 3.

[45] *Id.*, p. 6.

執委會認為「普遍性關稅優惠」必須授予最迫切需要該優惠之國家。從而因此，在受惠國部分，執委會先區分低度開發國家與一般開發中國家。其次，就特別誘因安排部分，執委會強調一個較廣義的永續發展及良善治理概念之重要；在此同時，執委會並述及打擊毒品議題包含於上開概念之中。執委會並主張依受惠國是否接受國際公約之規範，藉以決定受惠國之範圍，如此可建立一客觀之標準。[46]

基於此文件，理事會乃於2005年6月27日制訂（EC）980/2005號規則，[47]該規則第7段弁言則說明對永續發展及良善治理之特別誘因安排，認為該安排係基於永續發展之核心概念所設立。而永續發展之概念業為國際公約及文件所肯認，其中包含1986年之聯合國發展權宣言；1992年之里約環境與發展宣言；1998年國際勞工組織工作基本原則及權利宣言；聯合國千禧年宣言；以及2002年約翰尼斯堡永續發展宣言。第7段弁言並強調基於永續發展及良善治理之特別誘因安排所賦予之關稅優惠，係用來促進經濟發展因此得以正面回應永續發展之需要。[48]2005年規則第2條乃將共同體之「普遍性優惠待遇」區分為三類：一般性之安排；對於永續發展及良善治理之特別安排；以及對於低度開發國家之特別安排。[49]第9條第1項則規範永續發展及良善治理之特別誘因安排之申請程序，而第10條則規範該特別誘因安排之暫時適用。[50]至於受惠國名單之決定，則規範於第26(e)條，由執委會以決定之方式為之。依據現行適用之（EC）732/2008號理事會規則，永續發展及良善治理特別誘因安排之國際公約，計有27個，包含16個核心人權及勞工權利之國際公約以及11個與環境與治理原則有關之國際公約。[51]

2006年1月1日至2008年12月31日之受惠國為：玻利維亞、哥倫比亞、哥斯大黎加、厄瓜多、喬治亞、瓜地馬拉、宏都拉斯、斯里蘭卡、摩多瓦、蒙古、尼加拉瓜、巴拿馬、秘魯、薩爾瓦多及委內瑞拉十五個國家。[52]

---

[46] *Id.*, p. 7-10.

[47] Council Regulation (EC) No 980/2005 of 27 June 2005 applying a scheme of generalised tariff preferences OJ L169/1, 30 June 2005.

[48] Council Regulation (EC) No 980/2005, the 7th preamblar.

[49] Council Regulation (EC) No 980/2005, Art. 7(1).

[50] Council Regulation (EC) No 980/2005, Art. 10.

[51] Council Regulation (EC) No 732/2008 of 22 July 2008 applying a scheme of generalised tariff preferences for the period from 1 January 2009 to 31 December 2011 and amending Regulations (EC) No 552/97, (EC) No 1933/2006 and Commission Regulations (EC) No 1100/2006 and (EC) No 964/2007, L211/1 6 August 2008

[52] Commission Decision (2005/924/EC) of 21 December 2005 on the list of the beneficiary countries which qualify for the special incentive arrangement for sustainable development and good

　　2009年至2011年12月31日之受惠國為：亞美尼亞、亞賽拜然、玻利維亞、哥倫比亞、哥斯大黎加、厄瓜多、喬治亞、瓜地馬拉、宏都拉斯、斯里蘭卡、蒙古、尼加拉瓜、巴拉圭、秘魯、薩爾瓦多及委內瑞拉十六個國家。[53]

　　在2006年至2008年的受惠國中，多數屬於原本中南美洲國家，部分則屬於歐盟鄰國政策（European Neighbourhood Policy）之國家，而第二次公布的受惠國中，歐盟鄰國政策國家似乎有增長的趨勢。而觀察受惠國名單之變化，有幾點值得加以注意。首先，因巴拿馬未及時申請，因此，巴拿馬乃自2008年的受惠國名單中移除；[54]而巴拉圭則在2008年成為受惠國。[55]此外，斯里蘭卡雖列於2006年及2008年之受惠國名單，必須注意的一點是，執委會對於斯里蘭卡曾啟動調查，其目的主要在於確認斯里蘭卡是否確實履行其基於永續發展及良善治理，尤其人權保障之義務。[56]執委並會於2009年發布新聞稿表示：對於斯里蘭卡之人權調查報告業已完成，並經採認。該報告中確認斯里蘭卡之人權保障存在諸多缺失。斯里蘭卡違反其基於第二代「普遍性優惠待遇」之特別誘因安排所為之承諾。執委會將持續藉由外交對話以促進斯里蘭卡遵守其承諾，否則將暫時中止其額外之優惠待遇。[57]該額外優惠並於2010年2月15日經執委會宣布暫時中止六個月。[58]

二、印度與巴基斯坦對於第二代「普遍性優惠待遇」之回應

　　在第二代「普遍性優惠待遇」之架構下，印度與巴基斯坦均屬於一般安排之受

---

governance, provided for by Article 26(e) of Council Regulation (EC) No 980/2005 applying a scheme of generalised tariff preferences, OJ L337/50, 22 December 2005.

[53] Commission Decision (2005/924/EC) of 21 December 2005 on the list of the beneficiary countries which qualify for the special incentive arrangement for sustainable development and good governance, provided for by Article 26(e) of Council Regulation (EC) No 980/2005 applying a scheme of generalised tariff preferences, OJ L337/50, 22 December 2005.

[54] The EC Special Incentive Arrangement for Sustainable Development and Good Governance (GSP+) 2009-2011, European Commission Memo, 9 December 2008; available at http://ec.europa. eu/trade/issues/global/gsp/memo091208_en.htm (last accessed 19/09/2009).

[55] 巴拉圭在歐體—普遍性優惠待遇一案中，以第三國之身份參加訴訟，並與印度均選任ACWL為代理人。

[56] Commission Decision (2008/803/EC) of 14 October 2008 providing for the initiation of an investigation pursuant to Article 18(2) of Council Regulation (EC) No 980/2005 with respect to the effective implementation of certain human rights conventions in Sri Lanka.

[57] Press Release, Commission Statement on Sri Lanka GSP+ Report, available at http://trade. ec.europa.eu/doclib/press/index.cfm?id=466 (last accessed 23/11/2009).

[58] http://trade.ec.europa.eu/doclib/press/index.cfm?id=515&serie=316&langId=en (last accessed 19/02/2010).

惠國。同時間，印度與巴基斯坦均非永續發展與良善治理特別誘因安排之受惠國。印度固然對於歐盟規範「普遍性優惠待遇」之經貿法律偷渡許多非經貿議題感到不滿（Kolben, 2006: 230），然而，這項安排與WTO規範之相同性，某程度為上訴機構所支持。因此，倘若印度欲挑戰第二代「普遍性優惠待遇」，前提要件係：依據理事會規則所制訂之歐盟「一般性」優惠待遇，並非建立在客觀之標準上，也未正面回應開發中國家之需要。在此爭議上，根本之問題係「授權條款」所稱之發展，係限於經濟發展而言，抑或如歐盟所主張之具有人權、環境及良善治理色彩之「永續發展」。[59]就本案而言，印度並未因理事會規則所授予之永續發展與良善治理特別誘因安排，即放棄其拒絕經貿議題與非經貿議題連結之立場。甚至於，這個立場，延伸到印度與歐盟間正在進行之自由貿易談判中，在2008年歐盟印度高峰會期間，印度之商業及工業部部長Kamal Nath在接受專訪時即明白表示，其不歡迎用貿易之方式解決非貿易問題之立場。[60]

就巴基斯坦而言，在第一代「普遍性優惠待遇」被廢止時，巴基斯坦所得享有之打擊毒品措施額外關稅優惠也隨之取消。雖然歐盟在第二代「普遍性優惠待遇」中強調打擊毒品之重要性，也認為永續發展及良善治理特別誘因安排包含打擊毒品之適用。相對於中南美洲國家，巴基斯坦並未申請永續發展及良善治理特別誘因安排之適用。因此，即令巴基斯坦在第一代「普遍性優惠待遇」之爭端解決程序中以第三方之身分參與訴訟，並持與歐盟相同之立場。其在歐盟藉由「普遍性優惠待遇」所欲導向之經貿法律之規範化此一方向上，仍做相當程度之保留。易言之，巴基斯坦對於歐盟所欲藉由「普遍性優惠待遇」所導引之「歐洲化」，其「趨同」程度仍相當有限。

詳言之，不論是第一代「普遍性優惠待遇」所設之誘因，及第二代「普遍性優惠待遇」除了誘因之外，強調該關稅優惠所附隨之條件，以及不履行條件所隨之而來的優惠之中止，並不當然得以完全轉化巴基斯坦之經貿政策或其發展架構。當經貿政策涉及「普遍性優惠待遇」以外之經貿與非經貿議題之連結，且要求巴基斯坦須落實一定之國內措施以重塑其發展架構時，巴基斯坦所面臨之調適壓力則

---

[59] 對於發展應作較廣義之解釋，包含其他非經貿考量，抑或應作狹義解釋，僅限於經貿因素之爭議，就前者請參照Bartels（2007: 875）；後者，則參見Gruszczynski（2008: 13）。

[60] 'Don't Use Trade for Resolving Non-trade issues: Kamal Nath', The Economic Times (28 September 2008), available at http://economictimes.indiatimes.com/PoliticsNation/Dont_use_trade _for_resolving_issues/articleshow/3536793.cms (last accessed 19/09/2009).

隨之增加。在第一代「普遍性優惠待遇」中，巴基斯坦被列入打擊毒品特別誘因安排中，因該名單業已確定，且第一代「普遍性優惠待遇」並無中止優惠之制裁機制，因此，巴基斯坦並無任何執行成本（implementation cost）或遵守法規之成本（compliance cost）。即令巴基斯坦未落實打擊毒品措施，面臨之制裁係修正之「普遍性優惠待遇」不再將該國列入打擊毒品特別誘因安排國家中，對其依據第一代「普遍性優惠待遇」所享有之關稅優惠，並無影響。相較於此，第二代「普遍性優惠待遇」則要求巴基斯坦向歐盟提出申請，將其列入打擊毒品特別誘因安排受惠國中。巴基斯坦並須說服歐盟該國確為毒品所苦，且業已致力於打擊毒品之相關措施，與第一代「普遍性優惠待遇」架構下「不勞而獲」之關稅優惠，第二代「普遍性優惠待遇」之遵守法規成本顯然增加許多，因此，增加了巴基斯坦之調適壓力。此項因素，說明了何以巴基斯坦未列名於第二代「普遍性優惠待遇」之打擊毒品特別優惠安排之受惠國中。

三、歐洲化之成效

在第一代「普遍性優惠待遇」機制下，適用打擊毒品此項特別誘因安排的名單，並非制訂一定程序供第三國得以申請，該名單係由理事會規則單方決定。就此點而言，與環境保護及勞工權利保障之特別誘因安排不同。因此，就打擊毒品特別誘因安排之受惠國名單決定，就其程序之透明性及公正性而言，本身即容易遭受非難。其次，由2001年規則中所列適用打擊毒品特別誘因之國家，稍加觀察便得以發現：除巴基斯坦外，其餘國家均屬中南美洲國家。南亞及東南亞國家亦屬於毒品製作及販賣之主要區域，然相較於緬甸、寮國兩個東南亞國家及鄰近之阿富汗，巴基斯坦在毒品製造及販賣之地位，似不具特別之重要性。2001年之理事會規則將巴基斯坦列入打擊毒品之特別誘因安排國家內，其正當性尚嫌不足。

而細究之下，即不難發現，巴基斯坦之所以被列入打擊毒品之特別誘因安排中，乃著眼於其鄰近之阿富汗。亦即，將巴基斯坦列入打擊毒品之特別誘因安排國家中，是歐盟在九一一之後對於反恐戰爭所為之回應與相關措施之一環，此項目的亦為執委會所明白承認。[61]執委會指出：

---

[61] *EU's Response to September 11*, http://www.eu-un.europa.eu/articles/fr/article_1425_fr.htm (last visited 17/09/2009).

　　基於認知到巴基斯坦在塔利班政權之位置轉換，以及巴基斯坦在2002年回復民主體制之決心，執委會已強化歐盟對於巴基斯坦之援助。除合作協定之外，另有貿易措施俾以促進巴基斯坦貨品對於歐盟市場之進入。此部分之貿易措施包含……將巴基斯坦列入普遍性優惠待遇中打擊毒品之特別誘因安排國家。[62]

　　再者，印度與巴基斯坦長期以來即屬相互對立之國家，歐盟將巴基斯坦列入打擊毒品特別誘因安排之國家自易引起印度之不滿，況印度自關稅暨貿易總協定以來即屬積極使用爭端解決機制之國家之一，藉爭端解決機制挑戰歐盟之「普遍性優惠待遇」自然成為印度挑戰2001年理事會規則之途徑。而事實上，印度對「普遍性優惠待遇」在爭端解決機制中提出之訴訟，雖然印度在一開始在其成立爭端解決小組審查其控訴之請求時，該請求之書面將打擊毒品特別誘因安排，以及其他特別誘因安排（即環境保護及勞工權利保障）均列入控訴之範圍，[63]但印度旋即將在第一次書面陳述中，即陳明本件控訴僅限縮於毒品之特別誘因安排。[64]

　　就印度在爭端解決機制中對於歐盟提出之控訴而言，其對於「普遍性優惠待遇」之挑戰，在廣義之脈絡下亦可視為印度對於歐盟貿易政策規範性色彩加深之抵制。亦即，印度長期以來即反對將該議題列入世界貿易組織之談判範疇，在經濟議題加入非經濟考量原本即為印度所不喜，因此，「普遍性優惠待遇」之規範性因素本極易為印度所質疑（Kolben, 2006: 235-243）。在2001年之理事會規則，歐盟復將其對立國巴基斯坦列入打擊毒品之特別誘因安排中，這個考量另加入反恐目的，顯然已超越印度對於「普遍性優惠待遇」之合理期待。印度將2001年之理事會規則訴諸於爭端解決機制，即不難理解。

　　最後，藉由「普遍性優惠待遇」連結貿易優惠與非經貿議題，以遂行「歐洲化」之成功與否仍有待於該法律工具之正當性以及合理性。亦即，歐盟在決策過程中應遵守程序之透明與公正，以強化其決策之正當性基礎。其次，在貿易優惠與非經貿議題之連結，亦須具有其合理連結。良善治理作為「永續發展」概念之一環，並認為毒品之危害有礙於良善治理之建立，藉此論據，希望藉由貿易優惠之授予以

---

[62] *Id.*

[63] WTO Document, WT/DS246/4, 9 December 2002, p. 1-2.

[64] Appellate Body Report, *European Communities – Conditions for the Granting of Tariff Preferences to Developing Countries* (*EC – Tariff Preferences*), WT/DS246/AB/R, adopted 20 April 2004, DSR 2004:III, 925, paras. 120-122, esp. footnote 252.

促使第三國強化其打擊毒品措施，以實現該國良善治理制度，進而促進該國之永續發展。此項連結或有其正當性，然倘若將反恐措施與貿易優惠並促進第三國之發展加以連結，兩者間之正當性則稍嫌薄弱。此項設計上之缺失，亦是減損「普遍性優惠待遇」作為「歐洲化」歷程法律工具成效之原因。

第五節　結論

　　本章著眼於「歐洲化」之外部經貿法面向，試圖探究非歐盟會員國或候選成員國有無受歐盟法律或政策工具影響，而開展「歐洲化」歷程之可能？本章以「普遍性優惠待遇」作為討論客體，並以印度與巴基斯坦兩國作為研究對象，試圖分析兩國之政經環境有何促進或妨害「歐洲化」歷程開展之因素。本章主張：歐盟之「普遍性優惠待遇」迥異於美國之「普遍性優惠待遇」制度，因在歐盟之「普遍性優惠待遇」架構下，美國「普遍性優惠待遇」架構下之美國經濟利益考量並不存在。此項明顯差異，呈現獨特之歐洲性特徵，因而，藉由「普遍性優惠待遇」中關稅優惠之賦予，試圖更易第三國之人權保障、環境保護或毒品防制政策乃至於整個發展架構，可作為觀察「歐洲化」歷程之媒介。在此「歐洲化」歷程中，其「歐洲化」之客體，就具體而言，係該人權保障、環境保護或毒品防制政策，然而就廣義而言，可說是對於第三國發展政策與架構之重塑。就第三國之調適壓力而言，執行成本以及遵守法規成本是一重要考量；其次，第三國本身之經貿政策亦具有相當之重要性。而本案中，涉及印度與巴基斯坦兩個特定國家，其彼此間之地緣政治因素以及產業結構與競爭狀況亦係印度對於歐盟之第一代「普遍性優惠待遇」採取抗拒，並在世界貿易組織爭端解決機制中提出訴訟的主因。再者，除第三國之政經情況或彼此間之地緣政治因素可能影響「歐洲化」之成效外，「歐洲化」歷程所依附之法律或政策工具本身之正當性與合理性亦是影響「歐洲化」成效之原因。在本章中，第一代「普遍性優惠待遇」將巴基斯坦列為打擊毒品特別誘因安排之考量因素之一，乃係著眼於巴基斯坦對於反恐之角色，就此因素顯與「普遍性優惠待遇」之制度目的（促進開發中國家之發展）不符，此項制度設計上之缺失，亦係阻礙「歐洲化」歷程之原因。最後，在觀察「歐洲化」之外部經貿法面向時，無可避免的會面臨到歐盟法秩序與國際法秩序交錯之問題，在本章中所觸及之議題則係WTO法秩序與歐盟法秩序兩者間之關係。一方面WTO法規範固然為「普遍性優惠待遇」提供了

法律基礎；另一方面，WTO法規範也設下限制。因而，倘若歐盟希望藉由對外經貿政策開啟第三國「歐洲化」之可能，無可避免的歐盟須考量其在WTO法秩序下所負有之義務，該項義務可能成為「歐洲化」歷程受挫之原因。

參考書目

一、中文文獻

李貴英（2004）。〈歐洲共同體對開發中國家之優惠—法律規範與經濟發展〉，《歐美研究》，34，4：675-735。

李貴英（2005）。〈WTO「歐洲共同體授予開發中國家關稅優惠之條件」一案之評析〉，《月旦民商法雜誌》，8：75-86。

洪德欽（2004）。〈歐盟對外貿易與發展協定之人權條款—規定與實踐〉，《歐美研究》，34，1：143-202。

二、英文文獻

Bartles, L. (2007). The WTO legality of the EU's GSP+ arrangement. *Journal of International Economic Law*, 10: 869-886.

Broberg, M. (2008). *Acte Clair* revisited: Adapting the *Acte Clair* criteria to the demands of times. *Common Market Law Review*, 45: 1383-1397.

De Witte, B. (2000). The role of institutional principles in the judicial development of the European Union legal order. In F. Snyder (Ed.), *The Europeanisation of law: The legal effects of European integration* (pp. 83-100). Oxford, UK: Hart.

Due, O. (1991). Article 5 du Traité CEE. Une Disposition de Caractère Fédéral? *Collected Courses of the Academy of European Law*, 2: 15-35.

Gruszczynski, L. A. (2008, August 3). *The EC general system of preferences and international obligations in the area of trade - the never-ending story* (pp. 1-17). Available at SSRN: http://ssrn.com/abstract=1199502

Kolben, K. (2006). The new politics of linkage: India's opposition to the workers' right clause. *Indiana Journal of Global Legal Studies*, 13: 225-259.

Koopmans, T. (1991). The birth of European law at the crossroads of legal traditions.

American Journal of Comparative Law, 39: 493-507.

Risse, T., Cowles, M. G., & Caporaso, J. (2001). Europeanization and domestic change: Introduction. In M. G. Cowles, J. Caporaso, & T. Risse (Eds.), *Transforming Europe: Europeanization and domestic change* (pp. 1-20). Ithaca, NY: Cornell University Press.

Snyder, F. (2000). The EUI law department and the Europeanisation of law: An introduction. In F. Snyder (Ed.), *The Europeanisation of law: The legal effects of European integration* (pp. 1-14). Oxford, UK: Hart.

Wouters, J. (2000). National constitutions and the European Union. *Legal Issues of Economic Integration*, 27: 25-92.

Wouters, J., Nollkaemper, A., & de Wet, E. (2008). Introduction: The 'Europeanisation' of international law. In J. Wouters, A. Nollkaemper, & E. de Wet (Eds.), *The Europeanisation of international law: The status of international law in the EU and its member states* (pp. 1-13). The Hague, the Netherlands: T. M. C. Asser Press.

Yusuf, A. (1982). *Legal aspects of trade preferences for developing states: A study in the influence of development needs on the evolution of international law*. The Hague, the Netherlands: Martinus Nijhoff.

盧倩儀

第一節 前言

　　上千篇論文、十數本書籍已針對「歐洲化」概念討論過無數次。近年來，相關研究逐漸放緩反覆賦予「歐洲化」新定義的腳步，而開始聚焦「歐洲化」概念的「用處」（usefulness）。歐森（Olsen）指出，不同學者給予歐洲化不同的定義未嘗不可，但重點並非歐洲化「是什麼」，而是歐洲化概念「有何用處」、要「如何使用」、面對持續演變的歐盟歐洲化概念能幫助我們多瞭解些什麼。²循著歐森的建議，拉德利及艾克沙達克泰羅斯（Radaelli and Exadaktylos）亦專注於探討歐洲化研究對社會科學研究設計的用途與貢獻。³本章依循近期歐洲化相關研究所指出的方向，著重歐洲化概念對進一步增進我們對歐盟的瞭解所可能提供的「用處」，探討歐洲整合對於不同層次的行為者所造成的衝擊。

　　參考芬克及格拉其安諾（Vink and Graziano）之論述，歐洲化研究可區分為兩種：

(1)將歐洲化視為「待解釋的現象」，相關理論的目的在解釋「歐洲化如何發生」；

(2)將歐洲化現象界定為「已知」，進一步探究歐洲化的「意義」、「影響」、「後果」為何。⁴

1　本文前一版本刊登於問題與研究第50卷第2期，民國100年6月。

2　Johan P. Olsen, "The Many Faces of Europeanization," *Journal of Common Market Studies*, Vol. 40, No. 5 (2002), p. 922.

3　Claudio M. Radaelli and Theofanis Exadaktylos (2009) "Research Design in European Studies: The Case of Europeanization," in *Journal of Common Market Studies*, Vol. 47, No. 3 (2009), p.508.

4　Maarten P. Vink and Paolo Graziano, "Challenges of a New Research Agenda," in Paolo Graziano and Maarten P. Vink (eds.), *Europeanization—New Research Agendas* (New York: Palgrave Macmillan, 2007), p. 12.

　　本研究明確屬於後者，旨在將歐洲化研究多年來所累積的論述見解，拿來作為解釋其他現象的有利工具。在歐洲化研究裡，"So What?"的挑戰反覆在辯論與批評中出現。本章以歐盟的民主赤字現象為例，說明歐洲化研究的實用性。本章首先從既存研究中確立歐洲化在歐洲政治結構的「上層」已然發生，然而歐洲化在歐洲政治結構的「底層」則尚未發生。歐洲化的發生所仰賴的「機制」如果持續單獨存在於上層而不存在於底層，則此一「不對稱的歐洲化」將讓歐盟民主赤字的問題在未來更加嚴重。從歐洲化的途徑剖析民主赤字，並非僅是換一種新角度尋求印證已經獲得相當印證的民主赤字現象而已。民主赤字無論從成因（例如，是選民對民主政治的普遍倦怠抑或是歐洲整合所造成）、本質（例如，為純粹理性計算下的制度設計問題抑或與認同、建構、社會化密切相關）、或對策（例如，增強歐洲議會決策權是否必然減緩民主赤字）來看，皆極其複雜且涉及面向廣闊，因此仍舊需要學者由不同視角及途徑突破，提出新見解。本章結論指出，歐洲化概念正能提供這樣一個視角。

　　歐洲整合自始即充滿著精英主導色彩。在早期一般民眾對於歐洲整合具有「寬容共識」（permissive consensus）[5]的年代裡，精英—民眾之間的鴻溝未曾成為問題。隨著歐洲整合漸深漸廣，歐盟逐漸成了自身成功的受害者（a victim of its own success），精英—民眾之間的鴻溝不僅透過民主赤字的論述持續成為論者批評歐盟的焦點，在歐盟實際運作上，此一鴻溝也反映在一般民眾對於歐洲整合的不滿與冷漠中。帕森斯（Parsons）指出，歐盟發展至今，眼前最嚴重的問題之一就是：一方面，各會員國針對歐盟所做的決定影響深遠、極為重要；然而另一方面，相關的公共討論卻十分貧乏。根據帕森斯的觀察，民間對於歐盟的看法／觀感存有相當高度的差異性，然而政府、甚至主流媒體對於歐盟的看法／觀感卻展現相當高度的一致性，導致選民眼前並無可供反映實際感受的選項可供選擇。[6]梅爾（Mair）亦點

---

[5]　「寬容共識」意指歐洲整合自50年代具體成形以來，雖然明顯是由精英主導，但未曾遭遇來自一般人民的負面評價或反對聲浪。選民即使未對精英的決定表達積極支持，卻也未曾表達強烈反感。此一現象到了90年代初期便劃上句點。丹麥選民1992年透過公投拒絕了馬斯垂克條約，被認為是「寬容共識」已然終結的徵兆。請參閱Clifford J. Carrubba, "The Electoral Connection in European Union Politics," *Journal of Politics*, Vol. 63, No. 1 (2001), p.141; Paul Statham, "What Kind of Europeanized Public Politics?" in Ruud Koopmans and Paul Statham (eds.), *The Making of a European Public Sphere*, 2010 (Cambridge: Cambridge University Press), pp.280-2.

[6]　Craig Parsons, "Puzzling out the EU role in national politics," *Journal of European Public Policy*, Vol. 14, No.7 (2007) p. 1139.

出，會員國其實早已經不是行為者利益競逐的主要場域所在：只有在與歐盟憲政體制有關的問題上會員國仍是個影響力深遠的競逐場域；至於日常功能議題，歐盟早已取代會員國成了真正的競逐場域了。然而此一「應然」卻與一般人的直覺與現實生活中的實然有著顯著差距：無論是政治人物或是選民，依舊習慣性地把會員國當成利益競逐的主要場域。[7]Mair一針見血點出了歐洲化與歐盟民主困境之間的正相關：歐洲化愈是如火如荼地展開，選民的疏離與冷漠就愈是明顯。[8]

　　梅爾的觀察是否貼近事實端看不同層次的行為者歐洲化的程度是否有所差異。現存歐洲化研究告訴我們，歐洲整合對不同國家、不同政策領域會產生不同程度的衝擊；而不同型態的國家、不同結構的產業會對來自歐盟的調適壓力也具有不同強度的抗拒能力。那麼在帕森斯及梅爾等學者所提出的觀察之基礎上，一個理所當然的問題便是：歐洲整合是否／如何對不同層次的行為者造成不同程度的衝擊？不同層次的行為者對於來自歐盟的調適壓力是否具備不同強度的抗拒能力？歐盟民調一再顯示，歐盟公民對於無法──或不知如何──對歐洲事務表達意見有強烈無力感。[9]而相關研究顯示，此一現象的根源並非歐盟民主制度設計的問題，而是「公共政策決策權上移」與「公共政策辯論依舊在國內進行」的矛盾失衡所致。[10]如果決策權的上移未能同時有國內公共論述範圍的相應擴張伴隨，那麼歐洲整合形同剝奪了人民在民主政治中主要的權利及角色，亦即獲得資訊、理性判斷及監督批評的機會。[11]

[7] Peter Mair, "The Limited Impact of Europe on National Party Systems" in West European Politics, Vol. 23, no. 4 (2000), pp. 45-6.

[8] *Ibid*., p.49.

[9] 歐盟官方民調（Eurobarometer）顯示民眾對於自己身為歐盟公民的意義／權益了解不足，普遍希望能獲得更多相關資訊；請參閱European Commission, *Standard Eurobarometer* 73 Spring (2010), p. 37。此外在歐盟例行民調（Standard Eurobarometer）中，歷年來重複請受訪者回答的問題之一為：「您個人偏好／意見／利益是否獲得機會表達給歐盟決策者並受到考量？」而調查結果一再顯現多數民眾認為無法將意見／偏好上達。請參閱European Commission, *Standard Eurobarometer* 71 Spring (2009), p.99; ; *Standard Eurobarometer* 70 Autumn (2008b), p.142; Standard Eurobarometer 69(4) Spring (2008a), p.28; Standard Eurobarometer 68 Autumn (2007b), p.79; *Standard Eurobarometer* 67 Spring (2007a), p.102; *Standard Eurobarometer* 66 Autumn (2006b), p.97; *Standard Eurobarometer* 65 Spring (2006a), p.58; *Standard Eurobarometer* 63 Spring (2005), p.37; *Standard Eurobarometer* 62 Autumn (2004b), p.89; *Standard Eurobarometer* 61 Spring (2004a), p.C92。

[10] Gerhards, J. (2001), "Missing a European Public Sphere" in Kohli, M. and Novak, M. (eds), *Will Europe Work? Integration, Employment and the Social order*. (London: Routledge, 2001), p.199.

[11] Stefanie Sifft, Michael Bruggemann, Katharina Kleinen-V. Konigslow, Bernhard Peters, and Andreas Wimmel, "Segmented Europeanization: Exploring the Legitimacy of the European Union

　　找出不同層次行為者受到歐洲整合不同程度衝擊之目的及用處為何？飛特史東（Featherstone）強調，歐洲化現象當中的種種「不對稱」是目前歐洲化研究學者所必須仔細探討的一項課題。[12]據此，本章之假設為：不對稱的歐洲化對歐洲整合所能造成之最嚴重的影響莫過於不同層次行為者的偏好、利益、認知、價值受到（或未受到）改變調整後，再次回饋至歐盟機構時所產生的斷層及落差。芬克及格拉其安諾指出，現存歐洲化研究的一大弱點乃其未成功回饋至傳統整合理論。[13]本章釐清不同層次行為者受到不同程度歐洲化之目的在於以此一差異解釋歐洲整合目前有關精英——人民認知偏好斷層之困境。卡博拉索（Caporaso）認為，歐洲化研究的出現乃源自區域整合理論的階段發展及演化情況。早期（1950-1970年代）的整合理論採取由下而上的研究途徑，並且無論新功能主義或是自由政府間主義皆是從國際關係的角度分析歐洲整合。1980年代以後，歐盟的制度機構本身已成熟發展至足以支撐一個完整研究領域的地步，於是學者開始透過比較政治的研究途徑分析歐盟。當歐盟制度機構愈來愈像一個國家、甚至學者們已將其視為與一般國家相同時，接下來自然要問的問題就是，歐盟為會員國帶來什麼樣的衝擊，於是研究方法開始模仿哥維奇（Gourevitch）的「反轉的第二意象」（second image reversed），傾向由上而下由外而內，此即1990年代以來逐漸盛行的歐洲化研究。換言之，第一階段的整合研究著重的是將問題解決能力由國家上移歐盟的過程；第二階段的整合研究著重歐盟內部的決策；第三階段則企圖回答前兩階段對會員國造成了什麼衝擊。[14]

　　卡博拉索的歐洲整合三部曲雖然充分反映了區域整合領域的發展過程，但從目前仍為進行式的歐洲整合發展全貌來看，卡博拉索的三部曲其實只呈現了一個不完整的圖像。本章所欲凸顯的正是不對稱的第三步（歐洲化）對於卡博拉索所未著墨的第四步（行為者對整合之反饋）所可能造成的影響（圖12.1）。曼德茲、衛希雷德以及約勒（Mendez, Wishlade & Yuill）指出，整齊切割「由上而下」或「由下而

---

from a Public Discourse Perspective," in *Journal of Common Market Studies*, Vol. 45, No. 1(2007), p128.

[12] Kevin Featherstone, "Introduction: In the Name of 'Europe," in Kevin Featherstone and Claudio Radaelli (2003), *The Politics of Europeanization* (Oxford: Oxford University Press, 2003), p.29.

[13] 同註3, p.13.

[14] James Caporaso, "The Three Worlds of Regional Integration Theory," in Paolo Graziano and Maarten P. Vink (eds.), *Europeanization—New Research Agendas*, (New York: Palgrave Macmillan, 2007), pp.23-28.

上」的整合或歐洲化過程並分別研究的途徑，對於增進我們對歐盟了解的幫助將十
分有限，因為歐盟與會員國的關係是持續不斷地相互影響著，呈現出的是循環狀態
而非線性關係。[15]如圖12.1右下方所呈現，會員國並非一體、必須加以拆解：無論
是「被歐洲化」（第三步）的過程或是「反饋」（第四步）的過程，頂、中、底層
的行為者之間皆有相當差異。本章將指出，歐洲化概念能夠被視為解釋歐洲整合從
「寬容共識」到「民主赤字」批評聲浪到「消極反饋」[16]回歐盟體系的一個重要因
變項。換言之，本章除分析歐洲化在精英與民眾身上不同的過程、機制、因果動力
外，亦將深入探討此一差異對於歐洲整合的未來代表什麼樣的意義，透過歐洲化概
念工具指出「一般公民未被／缺乏歐洲化」的事實與「高層精英高度歐洲化」的事
實自然會造成選民只能選擇消極回饋一途；突顯歐洲化概念可以作為補足既有之歐
洲整合論述所缺乏之「第四步」。此部分將於「結論」一章再敘。

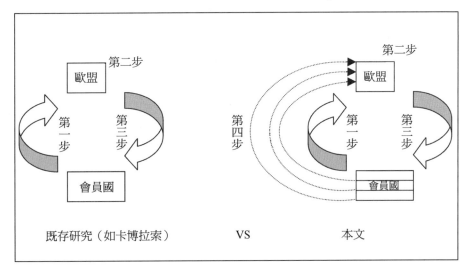

圖12.1　歐洲化概念圖

來源：作者自繪

---

[15] Carlos Mendez, Fiona Wishlade, and Douglas Yuill (2006), "Conditioning and Fine-Tuning Europeanization: Negotiating Regional Policy Maps under the EU's Competition and Cohesion Policies," in *Journal of Common Market Studies*, Vol. 44, No.3 (2006), p.583.
[16] 「消極反饋」意指選民在對歐盟瞭解始終有限並且無從有效影響決策之情況下，造成如2005
年法國、荷蘭公投以及2008年愛爾蘭公投之結果。一方面，選民對歐盟事務興趣缺缺；另一
方面，在了解有限的情況下，選民只能透過「NO」來傳達對於無法左右歐盟決策此一現狀
之不滿甚至是對本國政府執政表現之不滿。

第二節　研究設計

　　拉德利認為任何歐洲化研究必須點出「是什麼被歐洲化、歐洲化到什麼程度？」拉德利將歐洲化的對象分為三大類——國內（政治）結構、公共政策、認知及規範。所謂國內（政治）結構包含了制度設計、行政立法間之關係、司法體系、政黨體系、利益團體角色等。所謂公共政策指的是政策內涵、政策輸出、政策結果、行為者、資源分配、政策工具、政策風格（如統合主義、多元主義等）而認知及規範則指歐洲整合對會員國主流價值、規範、論述都能產生影響。根據此一分類法，拉德利認為理想的歐洲化研究應該要能夠就該政策領域完成表12.1或是類似表12.1的表格。

　　由於本研究之目的在於探討不同層次行為者歐洲化程度的差異，因此將拉德利表格的構想加以延伸，創造出概念雷同但目的與焦點有別的分類法。歐洲化的發生主要出現在制度上、程序上，然而制度及程序變化的發生顯然是行為者發生變化的結果。本章將所有可能被「歐洲化」的行為者區分為三個層次，以距離決策核心遠近來進行區分。從「統治」到「被統治」；或者從最接近公共政策決策核心的「政策精英」到被動接受公共政策卻幾乎無任何影響力的「一般公民」，歐盟所涵蓋地區之行為者大致可劃分為三個階層：

- ・頂層：政策精英，如各國政府（包括國會、法院）。
- ・中層：容易透過集體作為對政策制定或執行產生影響的行為者：(1)公務員；(2)政黨；(3)社運團體，NGOs；(4)利益團體；(5)涉入決策之專家／專業人士、私人機構、產業；(6)媒體。
- ・底層：一般選民。

　　將行為者分成三個層次，隱含著每個層次之內具同質性，就本章而言，此一同質性即指：在任何會員國，頂層行為者必然最接近公共政策決策核心，而底層行為者則最不具政策影響力。雖然特定層次行為者在不同國家受到歐洲化的程度必然會有差異（例如，英國政治精英當中有為數眾多的疑歐派），但這並不能推翻整體、跨國而言，最接近決策核心的頂層行為者有較多時間／機會被曝露在歐盟環境中。因此儘管從縱切面來看，國與國之間有著差異，橫切面的「頂層」、「中層」、「底層」分類依然有其意義存在。

　　根據此一分類，並且參考拉德利之構想，發展出表12.2作為本研究之概念藍本。

表12.1　歐洲化領域及轉變

歐洲化對象	歐洲化方向及程度			
	成功抗拒	無動於衷	吸收	轉變
	──	0	＋	＋＋
國內結構 1.政治結構 　(1)機構（如內閣與議會之關係） 　(2)行政部門 　(3)政府間關係 　(4)司法結構 2.利益代表及社會歧間（cleavages）結構 　(1)政黨 　(2)壓力團體 　(3)社會歧間結構				
公共政策 　(1)行為者 　(2)政策問題 　(3)政策風格 　(4)政策工具 　(5)資源				
認知與規範結構 　(1)論述 　(2)規範及價值 　(3)政治合法性 　(4)認同 　(5)國家傳統─對治理的理解 　(6)政策典範、框架及敘事				

資料來源：Claudio M. Radaelli, (2003) "The Europeanization of Public Policy," in Kevin Featherstone and Claudio Radaelli, *The Politics of Europeanization* (Oxford: Oxford University Press), p35.

表12.2　歐洲化對象

歐洲化對象	歐洲化方向及程度			
	成功抗拒	無動於衷	吸收	轉變
	--	0	+	++
頂層：政策精英，如各國政府（包括國會、法院）				
中層：容易透過集體作為對政策制定或執行產生影響的行為者：(1)公務員；(2)政黨(3)社運團體，NGOs；(4)利益團體；(5)涉入決策之專家／專業人士、私人機構、產業；(6)媒體				
底層：一般選民				

資料來源：作者參考Radaelli 2003自繪

　　本章從SSCI資料庫中蒐集自「歐洲化」研究開始流行的1999年[17]到2009年這十年之間，社會學、政治學、公共行政，以及國際關係領域中之英文期刊論文以"Europeanization"為研究主題之論文為代表歐洲化既存研究之樣本。在1999年到2009年間，社會學、政治學、公共行政、國際關係領域中以歐洲化為題之SSCI英文期刊論文共有245篇，其中*Journal of European Public Policy*共73篇，佔30%；*Journal of Common Market Studies*共33篇，佔13%；兩者佔據了探討歐洲化問題之SSCI英文期刊論文近半篇數，遙遙領先其他所有期刊。根據此一數據，本章鎖定此二期刊為檢視既存之歐洲化機制研究之主要資料之一，據此找出兩本期刊過去十年有關「歐洲化」之所有論文，逐篇進行內容分析，找出該文所認定的歐洲化過程中，發生想法、態度、認知、習慣上的改變與調整的「被歐洲化」行為者是屬於「頂層」、「中層」或是「底層」。唯無論是歐洲整合或是歐洲化皆內涵「重精英而輕民眾」的偏見，因此雖然在這245篇論文中只有17篇屬於社會學學門，為平衡相關研究「重精英而輕民眾」的偏見，仍將把屬社會學學門期刊中出版歐洲化相關論文最為頻繁的European Societies（7篇）納入分析範圍。此外需特別加以說明

---

[17] 1999年是歐洲化研究開始蓬勃發展的一年，請參閱Featherstone, Kevin (2003) "Introduction: In the Name of 'Europe," in Kevin Featherstone and Claudio Radaelli (2003), *The Politics of Europeanization* (Oxford: Oxford University Press), p.5.

的是，被歸類為「X層」者有兩種可能：一，以X層為研究對象；或二，指出「X層」是目前歐洲化研究偏重的主要對象。

　　歐洲化「既存研究」顯然並不能完整呈現歐洲化「實際現況」。為進一步檢驗「底層公民歐洲化程度低微甚或不存在」這個觀察，本研究再進一步以2008年愛爾蘭里斯本條約第一次公投探索歐盟公民歐洲化程度。之所以選擇此一個案乃因其正為所謂「最可能個案」（most likely case）。公民歐洲化的媒介主要是媒體，公投期間是媒體密集報導歐盟事務最為密集的時期。如果連此一時期的民調資料都顯現公民歐洲化程度微弱，那麼上節「底層公民幾乎未被歐洲化」的觀察便又獲得了另一層的確認。底層公民被歐洲化之指標同時含括媒體對於歐盟的報導、公投結果、期間對歐盟相關問卷之民調結果……等。[18]

第三節　關於歐洲化既有文獻之回顧與分析

一、現存「歐洲化」研究中，誰被「歐洲化」了？

　　在沛吉與萊特（Page and Wright）等學者針對歐洲國家政府高階官員角色及策略轉變的研究當中，歐盟的存在毫無疑問是造成這些歐洲國家高階政府官員所處環境改變的主要原因之一。[19]此一類型的研究設計與研究發現已成為典型的歐洲化研究共通特點。安德生（Anderson）指出，歐洲化研究存在並且蓬勃發展多年，但有關歐洲整合對會員國的衝擊之研究始終集中在政治機構——如行政單位、國會、司法體系或是公共政策制定過程。相對地，對政黨、政黨體系、利益團體、公民價值及態度的歐洲化程度，學者並未投予足夠的注意。[20]的確，相對於沛吉與萊特「國內高階官員已被歐盟改變」的發現，整個歐洲化研究論述中似乎遍尋不著任何「國內選民／公民已被歐盟改變」的類似發現。此外，既存歐洲化研究的另一項共同點乃其往往著眼「制度」、「機構」、「過程」的歐洲化。然而誠如瑞斯、寇爾斯以

---

[18] 由於愛爾蘭里斯本條約2009年10月第二次公投後歐盟官方民調機構並未如第一次公投後出版民調特輯，因此本文仍選擇民調資料較為豐富之愛爾蘭里斯本條約第一次公投為分析個案。

[19] Edward C. Page and Vincent Wright "Introduction: From the Active to the Enabling State," in Edward C. Page and Vincent Wright (eds.) *From the Active to the Enabling State—The Changing Role of Top Officials in European Nation*, (New York: Palgrave Macmillan, 2007), p.9.

[20] Jeffrey J. Anderson, "Europeanization and the Transformation of the Democratic Polity, 1945-2000," *Journal of Common Market Studies*, Vol. 40, No. 5, 2002, p. 796.

及卡博拉索（Risse, Cowles and Caporaso）所言：「制度的改變非由制度造成，而是由行為者造成」（institutions do not change institutions; actors do.），[21]因此歐洲化的對象乍看往往是制度機構，但歐洲化的「終極對象」畢竟還是行為者。本節所要釐清的問題是：在既存的歐洲化研究中，「被歐洲化」的行為者是屬於「頂層」、「中層」或是「底層」？

表12.3　「歐洲化」對象行為者層次

作者	期刊	年	歐洲化行為者			
			頂	中	底	N/A[22]
Hauray, B and Urfalino, P	JEPP	2009	✓	✓		
Goetz, KH						✓
Bulmer, S				✓		
Stolfi, F		2008				✓
Schneider, V and Hage, FM			✓	✓		
Michelsen, J				✓		
Panke, D		2007		✓		
Toshkov, D				✓		
Trondal, J			✓	✓		
Schmidt, VA				✓		
Bauby, P and Varone, F				✓		
Howarth, DJ			✓			
Saurugger, S				✓		
Parsons, C			✓			
Martinsen, DS				✓		
Hamada, Y						✓
Beyers, J and Kerremans, B				✓		
Lavenex, S		2006	✓			
Schmidt, VA			✓	✓		
Berglund, S; Gange, I; van Waarden, F				✓		
Clifton, J; Comin, F; Fuentes, DD				✓		

---

[21] Thomas Risse, Maria Green Cowles, and James Caporaso "Europeanization and Domestic Change: Introduction," in Maria Gren Cowles, James Caporaso, and Thomas Risse (eds.), *Transforming Europe—Europeanization and Domestic Change* (Ithaca: Cornell University Press, 2001), p.11.

[22] Not applicable. 表示該論文探討主題無法適用頂、中、底層行為者分類。

表12.3　「歐洲化」對象行為者層次（續）

作者	期刊	年	歐洲化行為者			
			頂	中	底	N/A[22]
Lopez-Santana, M			✓	✓		
Bruno, I; Jacquot, S; Mandin, L			✓	✓		
Woll, C				✓		
Greer, SL			✓	✓		
Wagner, W			✓			
McGowan, L		2005	✓	✓		
Mastenbroek, E			✓	✓		
Marshall, A				✓		
Featherstone, K			✓	✓		
Knill, C			✓	✓		
Holzinger, K and Knill, C			✓	✓		
Jordan, A						✓
Risse, T			✓	✓	✓	
Batora, J			✓	✓		
Eberlein, B and Grande, E				✓		
Bugdahn, S			✓	✓		
Radaelli, CM and Franchino, F		2004	✓	✓		
Kritzinger, S; Cavatorta, F; Chari, RS				✓		
Kreppel, A						✓
Zerbinati, S				✓		
Constantelos, J				✓		
Della Sala, V						✓
Bull, M and Baudner, J				✓		
Natali, D			✓	✓	✓	
Quaglia, L				✓		
Schimmelfennig, F and Sedelmeier, U			✓	✓		
Sciarini, P; Fischer, A; Nicolet, S						✓
Dostal, JM						✓
Mair, P						✓
Cernat, L				✓		
Menz, G		2003		✓		
Gualini, E			✓	✓		

表12.3　「歐洲化」對象行為者層次（續）

作者	期刊	年	頂	中	底	N/A[22]
Drulak, P; Cesal, J; Hampl, S				✓		
Jobert, B			✓			
Irondelle, B			✓			
Mach, A; Hausermann, S; Papadopoulos, Y						✓
Schmidt, VA		2002	✓	✓		
Harcourt, A				✓		
Bair, A						✓
Coleman, WD and Chiasson, C						✓
Lippert, B; Umbach, G; Wessels, W		2001	✓			
Grabbe, H			✓			
Goetz, KH			✓			
Kerwer, D and Teutsch, M						✓
Montpetit, E		2000	✓	✓		
Cole, A and Drake, H			✓			
Eyre, S and Lodge, M			✓	✓		
Marcussen, M; Risse, T; Engelmann-Martin, D; Knopf, HJ; Roscher, K		1999	✓			
Rosamond, B						✓
Agh, A			✓	✓	✓	
Benz, A and Eberlein, B				✓		
Levi-Faur, D			✓	✓		
Exadaktylos, T and Radaelli, CM	JCMS	2009				✓
Kern, K and Bulkeley, H				✓		
Aspinwall, M						✓
Tocci, N		2008				✓
Heidenreich, M and Bischoff, G				✓		
Sifft, S; Bruggemann, M; Konigslow, KKV; Peters, B; Wimmel, A		2007			✓	
Mendez, C; Wishlade, F; Yuill, D			✓	✓		
Bache, I		2006		✓		
Baun, M; Durr, J; Marek, D; Saradin, P			✓	✓		
Grossman, E			✓	✓		

表12.3　「歐洲化」對象行為者層次（續）

作者	期刊	年	歐洲化行為者			
			頂	中	底	N/A[22]
Martinsen, DS		2005	✓			
Gray, E and Statham, P				✓		
Flockhart, T			✓	✓	✓	
Papadoulis, KJ				✓		
Meyer, CO				✓		
Papadimitriou, D and Phinnemore, D		2004		✓		
Laegreid, P; Steinthorsson, RS; Thorhallsson, B			✓	✓		
Featherstone, K		2003	✓			
Tonra, B			✓	✓		
Longo, M				✓		
Anderson, JJ		2002	✓	✓		
Olsen, JP						✓
Borzel, TA			✓	✓		
Hennis, M		2001				✓
Lavenex, S			✓			
Vink, MP			✓			
Warleigh, A				✓	✓	
Monar, J			✓			
Jachtenfuchs, M						✓
Cole, A			✓	✓		
Falkner, G		2000		✓		
Dyson, K			✓			
Borzel, TA		1999	✓	✓		
Triantafillou, P	ES	2008	✓	✓		
Sassatelli, M			✓	✓		
Mihelj, S; Koenig, T; Downey, J; Stetka, V				✓		
Gerhards, J					✓	
Van Os, R; Jankowski, NW; Vergeer, M		2007		✓		
Leon, M						✓
Martin, P		2005			✓	
總計	106		55	70	8	21

資料來源：ISI Web of Knowledge;主題：'Europeanization'; 期間: 1999-2009

　　在123篇期刊論文中，部分論文之歐洲化對象同時涵蓋了兩個以上層次的行為者。整體看來，歐洲化對象含頂層行為者的論文有55篇；含中層行為者的有70篇；含底層行為者的只有8篇；其餘論文之內容不適於做此分類。對既存研究之統計所採用之樣本固然只是歐洲化研究之一小部分，但基於兩本期刊之重要性，同時考量已特別為平衡歐盟研究「重精英」之偏見而納入了社會學學門期刊，這些論文對於歐洲化研究的全貌仍舊具有一定程度的代表性。在「歐洲化『實際現況』」是不可取得、無法測量的情況下，既存研究之統計分析仍不失為衡量歐洲化現況的可用資料。畢竟「歐洲化」作為一個現象，專門針對此一現象所累積的研究必然在某種程度上反映了學者眼中所看到的歐洲化。如果「底層」是歐洲化最活躍、發生最頻繁的層級，則學者針對歐洲化所進行的研究就不可能都集中在「頂層」。既然既存研究在相當程度上是能夠反映實際情況的，則上述分析告訴我們精英與公民歐洲化程度的差距十分可觀；其可用圖12.2加以表述。

　　圖12.2所顯現出中層行為者歐洲化程度超越頂層行為者的現象與沛吉和萊特、穆勒（Muller）的觀察是一致的：歐洲國家政府高階官員的影響力有逐漸被中階公務員取代的趨勢，因為真正在歐盟內負責「代表國家利益」的行為者經常是會員國駐在布魯塞爾或史特拉斯堡、負責出席歐盟各式政府間決策委員會的會員國中階官員。[23]懷勒（Weiler）同樣認為，歐盟決策過程中，中階——包括來自會員國以及

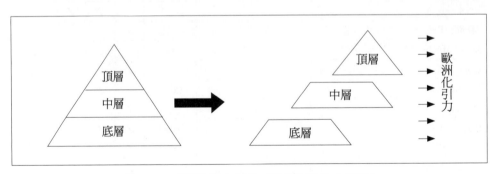

圖12.2　不同層次行為者被歐洲化之情況

來源：作者自繪

---

[23] 同註18, p.9; Wolfgang C. Muller, "The Changing Role of the Austrian Civil Service: The Impact of Politicisation, Public Sector Reform, and Europeanisation," in Edward C. Page and Vincent Wright (eds.) *From the Active to the Enabling State—The Changing Role of Top Officials in European Nation*, (New York: Palgrave Macmillan, 2007), pp. 57-8.

來自歐盟——官員往往扮演關鍵決策角色。[24]從社會學角度來看，就調適所需的靈活度、適應力、語言能力、對其他會員國體制運作熟悉程度而言，中階官員的確較高階官員更容易被改變；因為這些能力與技巧並非傳統上躋身高階官員所必須，卻往往是年紀較輕的中階官員所已經具備的。[25]

二、歐洲化本是針對頂層、中層，而非底層？

以上對於歐洲化既存研究的分類統計可能顯得毫無新意，因為統計結果似乎符合所有人期待，原因在於歐洲化對許多人而言，本質上指的就只是制度上的轉變，因此必然只涉及中上層行為者。但是這並不妨礙本章所想要表達的中上層與底層的差異，甚至反而更凸顯了此一差異。換言之，本章主旨是試圖利用歐洲化概念表達中上層受影響、產生變化，但底層則無，而非釐清歐洲化概念。

首先，如前所述，本章目的在於遵循歐森之建議，讓歐洲化概念有所「用」。不同學者對於歐洲化有不同定義，有些人的定義明顯排除了底層，有些人的定義則包含了底層；然而就本章的目的而言，這些定義上的差異並不是重點。假設「歐洲化」這樣一個極度蓬勃發展的研究是只集中針對中上層的行為者，底層民眾本不在研究對象之列，那麼這個現象本身更是提供我們一個非常值得深思的問題：若歐洲化本是排他性地單獨針對中上層，那麼在底層相對應的是什麼？如果毫無相對應的概念，這個空缺的存在就是一個問題。換言之，歐洲化研究的樣貌呈現出一種"Everything is Europeanized but the people"的現象；這個現象充份顯露了歐洲整合發展至今的警訊：上中層與底層早已脫節，此與「人民到底是否涵蓋在『歐洲化』定義範圍內」是無關的：就算人民不該被涵蓋在歐洲化定義範圍內，上中層與底層脫節的事實已透過歐洲化研究而一覽無遺。

其次，如果我們仔細回顧歐洲化的定義，反而會發現，底層行為者其實並未被排除在多數經典的歐洲化定義之外。對勞頓（Lawton）而言，歐洲化是在法律上

---

[24] Joseph H. H. Weiler, *The Constitution of Europe: 'Do the New Clothes Have and Emperor and Other Essays on European Integration*, (Cambridge: Cambridge University Press, 1999).

[25] 同註18, p.9; Wolfgang C. Muller, "The Changing Role of the Austrian Civil Service: The Impact of Politicisation, Public Sector Reform, and Europeanisation," in Edward C. Page and Vincent Wright (eds.) *From the Active to the Enabling State—The Changing Role of Top Officials in European Nation*, (New York: Palgrave Macmillan, 2007), p.58.

將主權轉移給歐盟的過程。[26]布默及布爾奇（Bulmer and Burch）用歐洲化一詞來描述「歐洲整合過程對會員國政府機構的衝擊」。[27]對波爾左（Borzel）而言，歐洲化是「國內政策愈來愈受到歐盟政策制定之影響的過程」。[28]這些顯然是對歐洲化最狹義或是最特定（如專門針對「政策」歐洲化）的定義。對於歐洲化最常見的定義以及最普遍的用法通常將歐洲整合對政策（policies）、政治（politics），以及政體（polities）的衝擊皆列入考量。既然如此，人民當然是歐洲化──特別是政治（politics）歐洲化──的可能對象。以波爾左及瑞斯（Borzel and Risse）所提供的歐洲化概念圖來看（圖12.3），其中至少政治下的利益形成、利益代表、公共論述以及政體下的集體認同是涉及一般的公民及選民的。

再者，對賴德瑞奇（Ladrech）而言，歐洲化是：「將歐盟公共政策制定及政治互動過程中所率先定義並鞏固且隨後被融入國內論述、認同、政治結構、公共

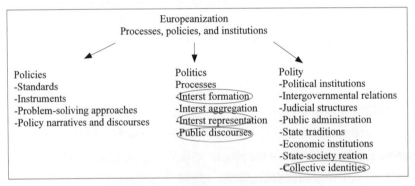

圖12.3　歐洲化的國內效果

資料來源：Borzel and Thomas Risse, "Conceptualizing the Domestic Impact of Europe," in Kevin Featherstone and Claudio Radaelli (2003), The Politics of Europeanization (Oxford: Oxford University Press), p.60；圓圈標示為作者所加。

---

[26] Thomas Lawton, "Governing the Skies: Conditions for the Europeanisation of Airline Policy," *Journal of Public Policy*, Vol. 19, No. 1, p. 94.

[27] Simon Bulmer and Martin Burch, "The Europeanisation of Central Government: The UK and Germany in Historical Institutionalist Perspective," in G. Schneider and M. Aspinwall (eds.), *The Rules of Integration: Institutionalist Approaches to the Study of Europe*, (Manchester: Manchester University Press, 2001) p. 75.

[28] Tanja A. Borzel, "Towards Convergence in Europe? Institutional Adaptation to Europeanization in Germany and Spain," *Journal of Common Market Studies*, Vol. 37, No. 4 (1999), p. 574.

政策邏輯中之正式及非正式的規則、過程、政策典範、風格、習慣、共同認知以及規範加以建構、擴散及制度化的過程」。[29]施密特（Schmidt）對政策歐洲化的定義是：「歐盟決策——包含決策過程及結果——產生出一種制度動能，導致會員國政策、做法，以及政治發生改變」，[30]唯施密特特別提到，歐洲化的對象不僅只是政策，亦包括政體（polity）及政治（politics）；[31]此亦為馬汀生、西克斯、芶慈（Martinsen, Hix and Goetz）以及拉德利的立場。[32]而梅爾更是提出呼籲：歐洲化研究應該透過由下而上的研究途徑更加著重歐洲整合對國內政治的直接衝擊，包括其對國內合法性、代表以及政治競爭系統性的衝擊。[33]因此雖然歐洲化概念最常被用於政策衝擊與制度衝擊，但從學者對歐洲化概念的認知來研判，底層行為者並未被排除在歐洲化潛在可能對象之外。綜上所述，就本章的目的而言，最適切的「歐洲化」定義應屬賴德瑞奇所提供之「將歐盟公共政策制定及政治互動過程中所率先定義並鞏固且隨後被融入國內論述、認同、政治結構、公共政策邏輯中之正式及非正式的規則、過程、政策典範、風格、習慣、共同認知以及規範加以建構、擴散、及制度化的過程」。[34]一方面，賴德瑞奇與多數歐洲化學者一樣，在定義歐洲化時並未將底層行為者排除在外，也並不視歐洲化為本即只涉及頂、中層行為者而已。同時與其他學者相較，賴德瑞奇在其定義中更清楚細緻地透過「政治互動」、「論述」、「認同」等元素而將底層行為者含納在歐洲化的概念中。

三、涉及底層行為者的歐洲化研究

既然就歐洲化概念的用處而言，其研究對象毫無排除底層行為者之必要，那麼

---

[29] Robert Ladrech, "Europeanisation of Domestic Politics and Institutions: The Case of France," *Journal of Common Market Studies*, Vol. 32, No. 1 (1994), p.69.斜體為作者所加。

[30] Vivien A. Schmidt, "Europeanization and the mechanics of economic policy adjustment," *Journal of European Public Policy*, Vol. 9, No. 6 (2002), p. 896.

[31] *Ibid.*, p.897.

[32] Dort Sindbjerg Martinsen, "The Europeanization of gender equality—who controls the scope of non-discrimination?" in *Journal of European Public Policy*, Vol. 14, No. 4 (2007), p. 544; Simon Hix and Klaus H. Goetz, "Introduction: European Integration and National Political Systems" in *West European Politics*, Vol. 23, no. 4, p.9; Claudio M. Radaelli, "The Europeanization of Public Policy," in Kevin Featherstone and Claudio Radaelli, *The Politics of Europeanization* (Oxford: Oxford University Press, 2003), pp. 28-31.

[33] Peter Mair, "The Europeanization Dimension" in *Journal of European Public Policy*, Vol. 11, No. 2, 2004, p. 346.

[34] 同註28, p. 69.

在既存研究中碩果僅存之含括底層行為者的歐洲化研究之發現又是什麼呢？以下簡短列舉少數將底層行為者涵蓋在內的歐洲化研究，指出其共同發現便是：底層行為者被歐洲化之程度極端有限。

蓋博（Gabel）檢視歐洲整合是否衝擊到選民在會員國國內選舉中的投票行為，其研究發現呼應了泛德艾克、富蘭克林及馬爾西（van der Eijk, Franklin and Marsh）之研究，顯示當歐洲選舉與國內選舉同一時間舉行或者在國內選舉後短時間內舉行時，選民傾向不重視歐洲選舉的結果，而只關注國內選舉。但是當歐洲選舉是在國內選舉後相當時間才舉行，則該歐洲選舉對下一次的國內選舉會發生加乘作用：執政黨如果在歐洲選舉中表現亮眼，則在接下來的國內選舉得票會超乎預期；反之，執政黨如果在歐洲選舉中表現欠佳，則在接下來的國內選舉得票會低於預期。[35]此一發現雖然說明選民的確受到了歐洲整合的衝擊，但這畢竟是十分表淺的歐洲化型式：選民非但未將歐盟的價值、想法、作法、邏輯加以內化，反而只是讓歐洲選舉淪為懲罰或獎賞國內政黨的工具，與歐洲選舉的設計和用意完全背道而馳。

西福特等學者（Sifft et al.）以會員國公領域（public sphere）為歐洲化對象進行研究，發現會員國公領域被歐洲化的程度極為有限。西福特等學者就1982-2003年間德國、英國、法國、奧地利、丹麥五個會員國之最大報進行質化與量化分析，發現雖然報導歐盟治理的文章在數量上有上升趨勢，但如果進一步探究報導方式，便會發現雖然報紙文章提及歐盟及其機構，但歐盟及其機構仍非主角；真正的主角仍舊是會員國政策或機構。就立法數量而言，歐盟通過的立法與各會員國國會所通過之立法數量十分接近，然而有關歐盟立法的報導卻遠遠落於有關國內立法之報導數量。此外媒體對歐盟的關注點往往是歐盟如何阻礙或干預會員國既定政策，在歐盟機構未被視為主體的報導方式下，一般公民很難透過這些報導增進對歐盟的瞭解，遑論透過這些報導來提升監督歐盟的能力。[36]此外，如果從一會員國媒體引用

---

[35] Mathew Gabel, "European integration, Voters and National Politics" in *West European Politics*, Vol. 23, no. 4 (2000), pp. 53-55; Cees Van der Eijk, Mark Franklin and Michael Marsh, "What Voters Teach Us About Europe-Wide Elections: What Europe-Wide Elections Teach Us About Voters," in *Electoral Studies* 15 (1996), p. 156.

[36] Stefanie Sifft, Michael Bruggemann, Katharina Kleinen-V. Konigslow, Bernhard Peters, and Andreas Wimmel, "Segmented Europeanization: Exploring the Legitimacy of the European Union from a Public Discourse Perspective," in *Journal of Common Market Studies*, Vol. 45, No. 1 (2007), pp.136-7.

其他會員國民眾看法的頻率未見上升的趨勢來分析，各會員國公領域跨越國界的可穿透性可謂毫無改變；[37]同時若從媒體報導文章內容中所能被歸納為以歐洲為單位的「我群」增長趨勢來看，跨國的歐洲集體認同幾乎可說是完全不存在的。[38]簡言之，會員國公領域的歐洲化程度非但極為有限，而且表淺。西福特等學者的發現印證了瑞斯的觀察：歐洲公民認同（European citizen identity）並未被歐洲化。[39]

最後，格哈茲（Gerhards）的研究更為明確地顯示底層行為者的歐洲化遙遙落於上中層行為者之後。格哈茲利用對各會員國公民針對「人員自由流動／反歧視」主張所做之民調分析出會員國之公民並未跟隨著為他們擘畫整合未來的政治精英們發展出「人員應該要自由流動／反歧視是理所當然的」的想法。[40]從圖12.4可以看出，除瑞典、荷蘭、丹麥外，贊成「人員自由流動／反歧視」主張的民眾在各國皆居於少數。

如果再就長期發展趨勢來看，表12.4羅列會員國民眾在三個不同時期對於「對所有歐盟公民一視同仁」主張之態度演變情況，顯示非但總體而言，民眾並不支持精英們此一主張，同時國與國之間無論從支持該主張之程度或變化起伏之趨勢來看，皆毫無趨同或呈現任何其他能證明歐洲化已然存在的跡象。

---

[37] *Ibid.*, pp.142-3.

[38] *Ibid.*, pp.144-5.

[39] Thomas Risse, "Neofunctionalism, European Identity, and the Puzzles of European Integration," *Journal of European Public Policy*, Vol. 12, No. 2 (2005), p. 297.

[40] Juergen Gerhards, "Free to move? The acceptance of free movement of labor and non-discrimination among citizens of Europe," *European Societies*, Vol. 10, no. 1 (2008).

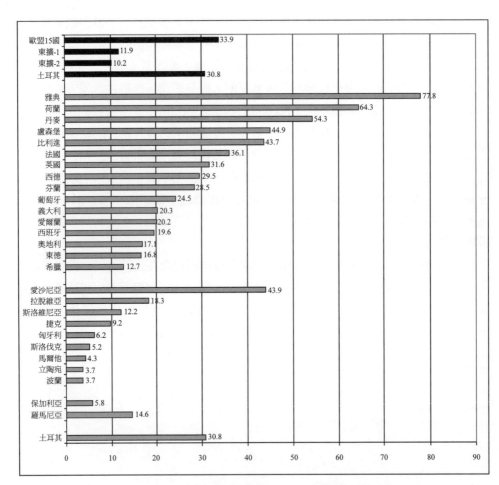

圖12.4　對待本國人及外國人採取非歧視態度：雇主不應優先僱用本國勞工（％）

資料來源：作者參考Gerhards, 2008: 127並自行整理

表12.4　歐盟各國對本國及外國公民採取非歧視態度的發展趨勢
（1990-2000）：「雇主不應優先僱用本國勞工」（%）

	1990	1995/1998	2000	趨勢*
歐盟15國	29.7%	35.4%	33.9%	*
瑞典	56.7%	74.3%（1996）	77.8%	+
荷蘭	62.0%	-	64.3%	*
丹麥	37.9%	-	54.3%	+
盧森堡	-	-	44.9%	
比利時	26.9%	-	43.7%	+
法國	31.2%	-	36.1%	*
英國	41.5%	39.1%（1998）	31.6%	-
西德	29.7%	46.6%（1997）	29.5%	-
芬蘭	17.0%	18.2%（1996）	28.5%	+
葡萄牙	8.1%	-	24.5%	+
義大利	17.8%	-	20.3%	*
愛爾蘭	28.5%	-	20.2%	-
西班牙	16.6%	12.6%（1996）	19.6%	*
奧地利	17.1%	-	17.1%	*
東德	24.9%	21.8%（1997）	16.8%	-
希臘	-	-	12.7%	
歐盟東擴-1	7.2%	19.4%	11.9%	*
愛沙尼亞	3.0%	40.0%（1996）	43.9%	*
拉脫維亞	4.9%	41.4%（1996）	18.3%	-
斯洛維尼亞	15.1%	7.5%（1995）	12.2%	*
捷克	6.9%	-	9.8%	*
匈牙利	10.9%	-	6.2%	*
斯洛伐克	5.2%	-	5.2%	*
馬爾他	-	-	4.3%	
立陶宛	2.6%	3.5%（1996）	3.7%	*
波蘭	4.5%	3.7%（1996）	3.7%	*
歐盟東擴-2	12.4%	6.6%	10.2%	
保加利亞	10.5%	6.6%（1998）	5.8%	*
羅馬尼亞	14.2%	-	14.6%	*
土耳其	21.5%	17.2%（1996）	30.8%	

*"＋"代表趨勢向上；"－"代表趨勢向下；"＊"代表無明顯向上或向下趨勢。
資料來源：World Values Surveys 1990, 1995/98, 2000，作者參考Gerhards（2008:130）後自行整
　　理

第四節　底層行為者歐洲化個案：愛爾蘭里斯本條約第一次公投

　　以上對既存研究的檢驗得到了「底層行為者未被歐洲化」的整體印象，本節將進一步以愛爾蘭里斯本條約第一次公投為最可能個案，檢視底層行為者被歐洲化之情形。里斯本條約第一次公投之前及公投期間，愛爾蘭媒體對歐盟做了密集的報導。圖12.5為愛爾蘭最大報愛爾蘭時報（Irish Times）報導／文章當中，在頭版、國內、民意、讀者投書四個版面內提及「歐盟」一詞的頻率圖。2008年4月到6月──亦即里斯本條約公投前及公投期間──「歐盟」一詞在報紙出現的次數是平時五倍。然而密集的「歐洲化轟炸」，是否能達到「歐洲化」、降低對歐盟疏離感、或是增加對歐盟好感的效果呢？圖12.6至圖12.8是Eurobarometer對於歐盟機構信任度及歐盟予人印象正反面的例行民調結果。這些民調顯示，在愛爾蘭媒體對歐盟做了密集的報導之後，愛爾蘭人民對於歐盟機構的信任反而明顯降低（圖12.6），而歐盟在愛爾蘭人民心目中的印象更是不升反降（圖12.7-圖12.8）。對歐盟機構信任度下降以及對歐盟擁有更負面感受並不一定能夠代表愛爾蘭人民歐洲化程度的微弱，因為「歐洲化」並非「親歐盟」的代名詞。然而如果伴隨選民對歐盟的疏離感及反感的是「對歐盟高度的不瞭解」，那麼選民對歐盟的疏離感與反感就能較合理地作為選民歐洲化程度的指標。在愛爾蘭第一次里斯本公投裡未投票的選民中有高達52%表示，未投票的理由為「無法完全瞭解公投的議題」，居各項理由之冠；而認為「未獲得相關議題利弊得失的資訊」者亦高達42%、認為「未獲得有關條約內容的資訊」者達37%（圖12.9）。至於參與了公投但投下反對票的選民，反對的首要理由同樣是「我對條約內容不夠瞭解」（圖12.10）。事實上，從圖12.11可以看出，自1972年愛爾蘭首次針對歐盟議題舉行公投以來，選民在七次得以透過選票對歐盟表達支持與否的機會中，整體的「支持」趨勢呈下滑，而整體的「不支持」或「漠不關心」趨勢則上揚。

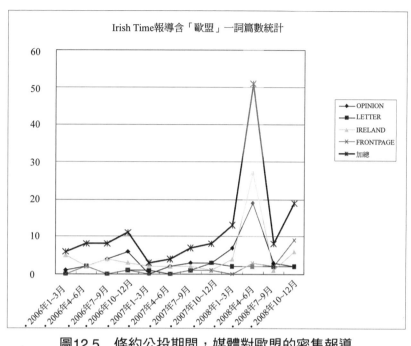

圖12.5　條約公投期間，媒體對歐盟的密集報導

資料來源：作者整理自Lexis Nexis資料庫

圖12.6　媒體對歐盟密集報導後，民眾對歐盟機構之信任度

資料來源：*Eurobarometer* 65-70.[41]

[41] 2006春季：Eurobarometer 65.2；2006秋季：Eurobarometer 66.1；2007春季：Eurobarometer 67.2；2007秋季：Eurobarometer 68.1；2008春季：Eurobarometer 69.2；2008秋季：Eurobarometer 70.1。

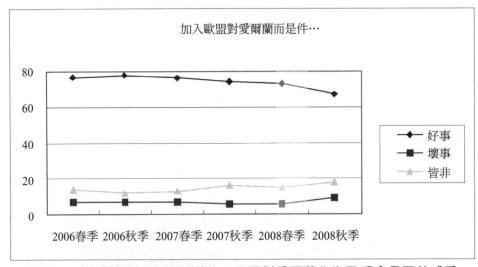

圖12.7　媒體對歐盟密集報導後，民眾對愛爾蘭作為歐盟會員國的感受
資料來源：*Eurobarometer* 65-70.

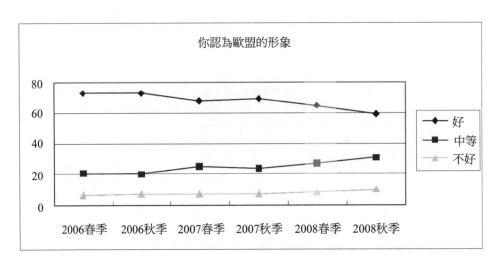

圖12.8　媒體對歐盟密集報導後，歐盟在民眾心中的形象
資料來源：*Eurobarometer* 65-70.

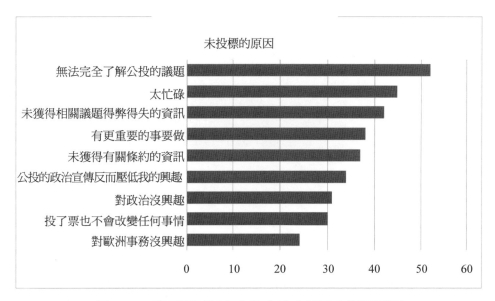

圖12.9　愛爾蘭里斯本公投中缺席選民未投票原因

資料來源：Flash Eurobarometer No245-Post referendum survey in Ireland

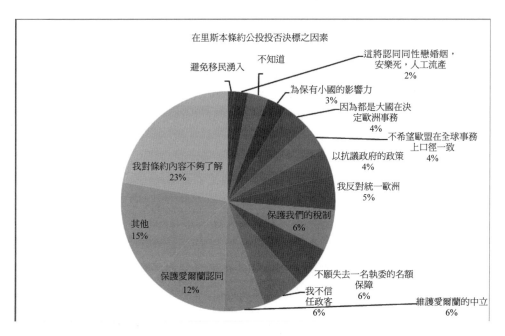

圖12.10　愛爾蘭里斯本公投中投反對票原因

資料來源：Flash Eurobarometer No245-Post referendum survey in Ireland

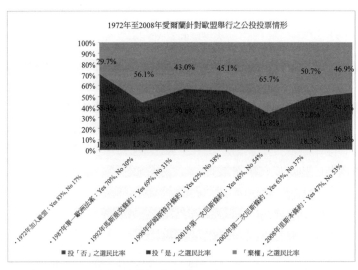

圖12.11　愛爾蘭選民歷年針對歐盟公投投票情形

資料來源：Eurobarometer 69.2

　　上述這些統計資料確實印證了帕森斯的觀察：

　　如果我們把會員國國內所有公共議題的動員、媒體報導的焦點、政黨針對各種重要公共議題的辯論整理出來，我們會發現，即使經過了相當長的一段時間，歐洲整合在會員國公共議題的動員、媒體的報導、政黨間的辯論上，並沒有造成顯著衝擊。儘管由於現在太多議題的決定權已經在歐盟手裡，政治人物無法避免在談話中提及歐盟，因此從趨勢上觀察，這個現象的確有些微的改變；然而媒體與公民對歐盟注意力及瞭解度提昇的速度，卻遠遠追不上歐盟對各國政策實際衝擊日益增高的速度。[42]

第五節　從歐洲化機制分析歐洲化對公民之意義

　　以上論述顯示，會員國頂層、中層行為者已在相當程度上被歐洲化，但底層行為者卻未被歐洲化。此一經驗性之發現與既存歐洲化理論是否相容？現存歐洲化理

---

[42] 同註6, p. 1139.

論是否已足以解釋此一現象？欲回答此一問題必須將所有既存理論對於歐洲化發生的「機制」（mechanism）──即透過何種途徑、方式而造成行為者歐洲化之結果──之描述挑出並加以整理比較，才能瞭解「公民/底層行為者」在現存歐洲化理論當中的位置。既存理論之歐洲化「機制」是含納了公民？抑或是從未曾視公民為歐洲化的對象？完全排除了公民被歐洲化的可能？本節將進一步整理歸納出學者對歐洲化機制之論述，並探討這些幾乎全數只發生在頂層、中層行為者身上的歐洲化機制對於底層的公民/選民而言代表什麼樣的意義。表12.5整理出六大有所差異但彼此不互斥之主要歐洲化機制論述。

表12.5　歐洲化機制

作者	歐洲化機制		
一、Borzel (1999)；Cowles *et al.* （2001）；Borzel and Risse （2003）	**調適壓力[43]**	**中介變數[44]**	**調適機制[45]**
	新機會/限制	多重否決點[46]多寡；扮演協進角色機構[47]存在與否	資源重分配（理性制度主義邏輯）
	新規範、想法、集體理解	規範變革之引領者是否存在；組織文化是否崇尚合作	社會化及學習（社會制度主義邏輯）
二、Schmidt (2002)	**調適壓力**	**潛在調適機制**	
	清楚、具體成形之規定	高度強制	
	不清楚、不具體成形之規定	中度強制	
	作為建議之規定	擬態	
	無規定	市場政策競爭	

---

[43] "Adaptational pressures,"指歐洲整合對行為者造成必須有所改變、調適之壓力。

[44] "Mediate,"指國內制度機構能中介並影響歐盟對會員國的衝擊效果。

[45] "Adaptation mechanism,"即改變是透過何種方式發生；是透過資源重分配或是社會化及學習？

[46] "Multiple veto points,"意指一個政策的制定或立法的完成過程中所要經歷的可能否決點。否決點越多的制度立法通過的速度越慢、機會越小。例如以英國議會制與講究制衡的美國總統制相比，前者否決點少、後者否決點多，因此任何政策要透過立法而改變在美國將較困難，因為過程中能夠否決提案的行為者較多（眾議院、參議院、總統）。請參閱R. Kent Weaver and Bert A. Rockman, "Assessing the Effects of Institutionsk," in R. Kent Weaver and Bert A. Rockman (eds.), *Do Institutions Matter? Government Capabilities in the United States and Abroad* (Washington, D.C: The Brookings Institution, 1993), pp. 1-42.

[47] "Facilitating institutions,"例如依歐盟新政策意旨而設立之統整、輔導會員國之委員會等機構。

表12.5　歐洲化機制（續）

作者	歐洲化機制
二、Schmidt（2002）	**中介變數**
	一、經濟脆弱度： 是否有經濟危機？是否具競爭力？
	二、政治機構效度： 相關政府部門貫徹政策能力
	三、政策遺產： 既有政策及決策機制與歐盟政策契合度
	四、政策偏好： 既有政策偏好與歐盟政策契合度
	五、敘事： 說服行為者改變認知及偏好之能力
三、Knill and Lehmkuhl（1999, 2002）	**正向整合（positive integration）** 歐盟直接要求會員國必須依照歐盟具體構想建立一套新的制度。 邏輯：強迫 調適成敗：會員國與歐盟機構的契合度
	負向整合（negative integration） 歐盟立法導致國內機會結構（權力及資源在國內行為者之間分配）的改變。 邏輯：利誘 調適成敗：歐盟政策改變國內行為者策略計算程度
	框構整合（framing integration） 改變國內行為者的認知與期望，導致偏好、策略、以及制度的調整。 邏輯：說服 調適成敗：歐盟成功說服國內行為者改變想法、進行國內改革程度
四、Radaelli（2003）	**垂直歐洲化（vertical Europeanization）** 由上而下、因歐盟壓力而導致會員國必須調整。調適壓力的形式包括透過法律規定來「強迫」（coercion）以及透過少數傾向模仿學習多數的「擬態」（mimetism）。
	水平歐洲化（horizontal Europeanization） 在市場考量或是歷經社會化過程後產生的調整。改革動力並非來自上面的壓力，而是源於看到值得學習的好政策新想法；歐洲化是透過潛移默化式的框構（framing）完成。
	其他形式之歐洲化（other forms of Europeanization） 既不是來自上面的壓力，也不是向左右學習借鏡，而是歐盟政策改變了國內機會結構。

表12.5　歐洲化機制（續）

作者	歐洲化機制	
五、Checkel et al.（2005）	國際組織中的社會化（從「因果邏輯」（logic of consequences）轉變為「適切性邏輯」（logic of appropriateness）機制	中介變數＝機構
	策略計算：以物質利益誘使行為上的改變；東擴新成員加入歐盟時，歐盟最常用的就是這一招。	機構在社會化過程中扮演重要角色： (1)機構是社會化的促進者 (2)機構為社會化提供場域
	角色扮演：行為者只有「有限理性」（bounded rationality），無法理解所有事。團體或組織對行為者而言是一種簡化複雜事情的捷徑，因為能觀察出什麼樣的行為是適當的。長期並密集暴露在歐體機構環境進行溝通會提昇這群人的「我群」感受。	
	受規範引導（communicative rationality）借重哈伯馬斯的社會理論，這些國際關係建構主義者認為，要解釋理性且具備溝通本能的行為者的行為，要考慮的既非利益計算亦非在特定群體中的行為適切性，而是他們說服彼此及被說服的能力。行為者一旦被說服，他們所謂的「利益」與「偏好」都必須被重新定義。	
六、Hix and Goetz（2000）	**兩種型態的歐洲化**	
	政策衝擊：限制會員國選項，或催化更多改革	
	機構場域衝擊： 1.行為者棄國內競爭場域、投入超國家競爭場域； 2.透過歐盟增強否決力量，阻擋國內政策； 3.參與歐盟事務越深，越能獲得資訊優勢。	

資料來源：作者自行整理

　　表12.5綜合呈現出了鑽研「歐洲化」之學者對於歐洲化發生之「機制」的描述與解釋。觀察這些既存理論對於歐洲化發生之可能機制，是否能夠歸納出某些行為者本身位置即處於歐洲化發生的必經途徑上；而某些行為者則相反？如果從上述這些歐洲化機制對一般公民／選民（即底層行為者）所代表之意義切入，則至少可歸納出以下六項結論：

1.歐盟為行為者所帶來之調適壓力鮮少造成頂層及中層行為者必須照單全收之後果。表12.5所提及之各項變數，從會員國制度設計之否決點多寡、協進角色機構及改革者之存在與否、到組織文化、政策遺產、說服能力，會員國頂層及中層行為者擁有許多選擇接受或抗拒歐盟調適壓力的機會及能力；而這些條件卻無一存

在於底層行為者之間。國內政策與歐盟政策「契合與否」（goodness of fit）主要是由中、頂層行為者來感受／接招，因此所謂「調適壓力」是大或小只與中、頂層行為者有關，與底層行為者無關。

2. 扮演「中介角色」的同樣是中、頂層行為者。波爾左（Borzel）的1999文章一大重點即在闡述：國內制度機構中介並影響歐盟對會員國的衝擊效果，因為國內制度機構不僅決定資源如何在國內行為者之間分配，同時也決定歐洲化改變國內行為者之間資源分配的程度。不具備任何中介條件及能力的底層選民除難得的公投機會外，基本上只有被動接受中介變數決定下之調適結果。政府機構的傳統／習慣／文化／程序遠遠比人民的意見／感受重要太多了。簡言之，中介歐洲化影響程度的必然，是掌握了資源分配權的頂層與中層行為者，而不是被動接受資源分配的一般民眾。

3. 表12.5所列之歐洲化機制一如波爾左與瑞斯所述，可概括劃分為依理性制度主義之因果邏輯（logic of consequences）進行或是依社會制度主義之適切性邏輯（logic of appropriateness）進行之兩大類。[48]表12.5之「新機會」、「政策偏好」、「負向整合」、「策略計算」、「避開國內限制」[49]等歐洲化機制屬理性制度主義之因果邏輯，彰顯的是國內制度、機構、利益團體在對自己有利之情況下得以潛越（bypass）會員國政府舊制度、舊規定，擁抱歐盟新法律新規定的機會與能力。作為利益偏好未加組織的底層行為者，[50]一般公民無從規避任何會員國層次或歐盟層次的各項政策規定；中、頂層行為者懂得主動將歐盟為其所用，[51]底層行為者因此只負責接受「果」，其偏好無法成為「因」。

4. 至於依照社會制度主義之適切性邏輯（logic of appropriateness）所進行之歐洲化機制，底層行為者同樣不具備感受體會歐盟環境下適切性的能力與機會。根

---

[48] Tanja A. Borzel and Thomas Risse, "Conceptualizing the Domestic Impact of Europe," in Kevin Featherstone and Claudio Radaelli, *The Politics of Europeanization* (Oxford: Oxford University Press. 2003), p. 66;所謂適切性邏輯乃指行為者在做決定時會將社會規範、眼光、習慣納入考量；相反的，因果邏輯則僅以利益計算作為分析行為者做決定時之依據。請參閱James G. March and Johan P. Olsen, "The Institutional Dynamics of International Political Orders," International Organization, 52, 4, Autumn 1998, pp. 943-969

[49] 請與註46、49、50、52相互參照。

[50] 請參閱Mancur Olson, Jr., *The Logic of Collective Action—Public Goods and the Theory of Groups*, (Cambridge: Harvard University Press, 1965).

[51] Simon Hix and Klaus H. Goetz, "Introduction: European Integration and National Political Systems" in *West European Politics*, Vol. 23, no. 4, p.14.

據瑞斯與波爾左，行為者的行為適切與否不是一種客觀判斷，而是社會集體認知、群體互構、互為主體性理解下的結果。透過爭辯、說服、學習，行為者會重新定義其利益、偏好、甚至認同；此亦拉德利「水平」框構式歐洲化的精髓。透過長期曝露在歐盟環境中，頂層及中層行為者有機會獲致新觀念、新作法，瞭解新規則、新意義結構，隨時親身經歷歐盟語境並且具備將這些新觀念作法融入國內結構之能力。這一切對底層公民而言，再多的解釋與宣傳仍十分抽象虛幻，無論如何無法導致切身體會感受之效果。切克（Checkel）曾指出，「機構」在社會化過程中扮演極吃重的角色：一方面，機構本身就是「促進者／推動者」（promoters），另一方面，機構也是「社會化發生的場地」（sites of socialization）；[52]而這個環境場域恰恰是底層群眾所無從接觸的。

5. 瑞斯後來提出了一些與其前述「適切性邏輯」觀點稍有出入的看法：歐洲認同的社會化過程並非透過長期曝露在歐盟機構，而是將「歐洲性」（Europeanness）或「歐化」（becoming Europe）逐步鑲嵌（embed）入國家認同中，形成一種類似「大理石蛋糕」（marble cake）的歐洲認同。[53]瑞斯認為認同雖然極其複雜、難以確切描述，但「歐洲性」或「歐化」這樣的認同元素卻顯然能從逐步潛入個人的國家認同之中。然而瑞斯所沒有交代的是：未經曝露，何從鑲嵌？鑲嵌步驟為何？對誰（頂層行為者／中層行為者／底層行為者）而言鑲嵌成功了？對誰而言鑲嵌失敗了？事實上瑞斯此一歐洲化機制看似針對公民，其實又是針對精英，因為他所引用的個案是「政體」（聯邦國家vs.單一國家）。瑞斯明白道出他認為公民認同並未被歐洲化，原因在於，儘管會員國施行的法律是源自歐盟且凌駕會員國法律，但執行這些法律的卻是會員國或地方政府而不是歐盟。其次，會員國精英對於歐盟「共享價值」、「命運共同體」的論述太過模糊不清。雖然會員國政府明明是在自主意志下受歐盟機構的引領，與歐盟共同建構著反映自由主義價值的共同體，但每當這些政策在國內受到批評質疑時，會員國政府又拿布魯塞爾當擋箭牌。[54]

6. 歐洲化機制之相關研究正逐漸朝向「歐洲化含括雙向互動」的共識發展。會員國政府（及其他頂層、中層行為者）與歐盟彼此相互競逐對對方之影響。會員國政

[52] Jeffrey T. Checkel, "International Institutions and Socialization in Europe: Introduction and Framework," *International Organization*, 59, Fall 2005, p. 806.
[53] 同註38, p. 301.
[54] *Ibid.*, p.297.

府明白，只要能夠將本國既有作法化為歐盟規範，即可省去為遵循歐盟規範而必須調整既有作法的成本。因此為了要降低從歐盟「下載」（download）政策的成本，各會員國政府皆努力尋求將自己既定的政策「上傳」（upload）至歐盟。為求上傳成功，不同會員國政府在不同政策領域會採取不同的上傳策略：或積極推動、或極力拖延、或採觀望策略。無論競爭結果輸贏，此一角力過程本身即為歐洲化發生之過程。[55]反觀距離歐盟決策最遙遠的底層行為者不具任何政策「上傳」能力，只能聽憑不同利益與政治勢力進行角力，再被動接受所有結果。

　　從上述六項歐洲化機制的特點可以看出，在既存歐洲化學者所建立的歐洲化機制模型中，底層行為者往往並不（或者無法）位處於這些路徑上，當然也就無從透過既存機制被歐洲化。而這些歐洲化機制的特點也告訴我們，「歐洲化」是一種長期、持續、緩慢漸進的過程，並不會因為一場辯論（即使是所謂全歐辯論）或者一次公投的舉辦就造成「歐洲化」的結果。以歐盟2001-2004之制憲過程為例，歐盟政治精英早在制憲最初期即已意識到公民政治參與的重要性，因而推動了所謂歐洲之未來大辯論，並且在整個制憲會議中力求底層行為者的參與，然而精英們尋求公民參與的努力卻並未獲致公民實際參與的結果。從任何闡述公領域（public sphere）的論著都可以輕易發現，歐盟當時所希望成就的「速成公領域」並沒有實現的可能。[56]因此制憲過程在形式上以及政治精英的意圖上的確提供了公民參與的管道，然而在實質上，由於缺乏一個歐盟公領域，臨時開通的這些參與管道並無法造就原本缺乏參與經驗的公民真正有意義參與的結果。[57]對於此一現象，歐洲化長期以來對於不同層次行為者所造成的累進斷層效果即能提供十分有力的解釋。

　　底層行為者遲遲未被歐洲化的原因當然也可能包含所謂民主赤字之陰謀論：頂層與中層行為者並沒有動機鼓勵底層行為者被歐洲化；當制度、機構、政策的「歐洲化」是頂層所追求的既定目標時，底層行為者不被歐洲化並且不懂得在歐盟層次發聲或許能讓頂層行為者對整體歐洲化有更多的掌控。[58]為了不讓選民

[55] Tanja A. Borzel, "Pace-Setting, Foot-Dragging, and Fence-Sitting: Member State Responses to Europeanization," *Journal of Common Market Studies*, Vol. 40, No. 2 (2002), pp.193-5.

[56] Jürgen Habermas (1991), *The Structural Transformation of the Public Sphere: an Inquiry into a Category of Bourgeois Society*, (Cambridge: Massachusetts Institute of Technology Press); Craig Calhoun (1992), "Habermas and the Public Sphere," in Craig Calhoun (ed.), *Habermas and the Public Sphere* (Cambridge: Massachusetts Institute of Technology Press), pp. 1-49.

[57] Chien-Yi Lu (2008), "Constitution-Making and the Search for a European Public Shpere" in Finn Laursen (ed.), *The Rise and Fall of the Constitutional Treaty*, (Leiden: Martinus Nijhoff Publishers), pp.431-452.

[58] 同註6, p.47.

成為阻力，與其試圖將歐洲議題政治化，還不如儘量想辦法將歐洲議題非政治化（depolitisized）。這也是為什麼只有在有「政治化」契機——就歐盟議題進行公民投票——的會員國，反歐的聲音才得以冒出來、反歐的政黨也才有機會得到一席之地，如奧地利、丹麥、法國及瑞典。這些現象反映出嚴重不對稱的歐洲化，其所傳達的訊息就是：「歐洲只是統治階級及其官僚的事情，並不需要選民的積極參與甚至被諮詢」。[59]無論底層行為者未被歐洲化的原因是出於精英之主觀意願、或是歐洲整合歷史發展軌跡的結果、或是兩者皆是，對於除了選票什麼資源都沒有的底層行為者而言，歐洲化的蓬勃發展已嚴重腐蝕了其手中選票的價值及影響力。

第六節　結論

　　西克斯以及芶慈（Hix and Goetz）在2000年指出，歐洲化研究仍是個初生不成熟（inchoate）的領域。「雖然學者對於歐洲整合對政府行政相關方面的衝擊已有顯著貢獻，但是對於其對國內政治——特別是政治歧間、選民、選舉、政黨、政黨競爭、政黨體系、民主合法化型態——之衝擊卻乏人問津。換言之，對於歐洲化，眾人的關注都集中在『政體』與『政策』，卻對『政治』缺乏瞭解。」[60]雖然從歐洲整合本是精英主導的角度來看，此一現象並不令人驚訝；但是在近年來歐盟民主赤字議題相關討論甚囂塵上的情況下，學者們「只顧著爭論歐盟本身應如何被『民主化』，卻忽略了就歐洲整合對國內民主政治體制之本質所造成的影響進行研究分析」，這一點就有些令人費解了。[61]西克斯以及芶慈提出這個問題至今，十年過去了，既存研究所呈現出來的樣貌依舊沒有改變。

　　波爾左、拉德利、卡博拉索、施密特等多數研究歐洲化的學者都強調歐洲化是上下交互的雙向過程。但是他們眼中的所謂雙向互動所隱含的是一個封閉的循環，幾乎全然將人民排除在外。波爾左曾經批評，雖然多數學者承認歐洲化的雙向本質，但是在進行研究時卻只聚焦一個方向，鎖定歐洲層次對國內層次的影響衝擊，[62]因此她的歐洲化模型是同時顧及上而下和下而上兩個方向的影響及衝擊的。

---

[59] *Ibid.*, p. 48.
[60] Simon Hix and Klaus H. Goetz, "Introduction: European Integration and National Political Systems" in *West European Politics*, Vol. 23, no. 4 (2000), p.15.
[61] *Ibid.*, p. 17.
[62] 同註54, p.194.

然而即使是這樣一個模型，依舊是一個將人民排除在外的封閉循環（圖12.12），這既是歐洲化既存研究的現況，也是歐洲化目前的實際情況。人民無法接收歐洲化、無法決定是否該抗拒歐洲化、於是在有公投機會時，不時出現非常震撼的效果，顯示在封閉的中上層循環之外，被排除了的底層行為者仍舊能產生回饋效果，但既非如中上層行為者所計畫、亦非如其所希望、甚至並不能被視為是有關整合進程之有意義對話（圖12.13）。

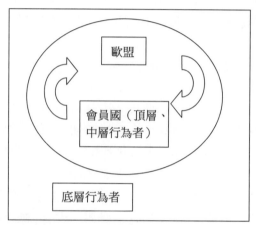

圖12.12　行為者歐洲化現況（一）

資料來源：作者自繪

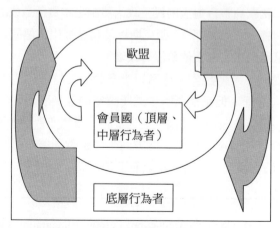

圖12.13　行為者歐洲化現況（二）

資料來源：作者自繪

　　安德生的歐洲化研究嘗試回答會員國的民主體制——政治機構的設計安排、民主政治的過程，以及國會代議政治的運作——是否因為歐洲整合而有所改變？他的研究發現指出，雖然會員國民主政治的內容有些改變，但是民主政治的容器——民主體制——則沒有被改變。[63]然而這代表著在會員國層次，民主政治的「內容」與民主政治的「容器」之間已不再如以往一般緊密結合，令人不禁懷疑會員國作為民主政治的「容器」之重要性究竟何在？或許會員國國會及其他相關民主機構之所以能在歐洲整合的衝擊下仍保持原貌，真正原因正在於它們已經不相關、不重要了。[64]如同巴爾托利尼（Bartolini）對歐洲議會的觀察：歐洲議會裡的確也有跨國政治結盟，但卻不代表有跨國選民利益的合流／結盟。這些結盟得以為繼正是因為歐洲議會至今仍是個相對來講無關緊要的政治機構。[65]安德生的看法同時也對應著全球化論述中國家機器逐步被掏空（"hollowed out"）的論調，本章精英—民主的歐洲化斷層之研究發現似乎亦呼應了此一「民主制度掏空」說。

　　在任何一個民主政治的容器裡，政治精英與社會歧間結構（cleavage structure）是互為因果的：一方面，政治精英在某種程度上是社會歧間的產物，因為政治精英之所以成為政治精英正是因為他們代表了社會某一群非精英發聲。另一方面，社會歧間的形成與演變也是政治精英登高號召的結果，因為精英在政治場域為民眾傳達訴求，成為凝聚社會歧間的一種媒介。因此，在任何民主政體中，精英結構與社會結構是同時由上而下也由下而上地影響著對方的。[66]這種精英與社會的上下互動在歐盟出現了「朝上位移」的現象：原本的「國內頂、中層與國內中、底層行為者的互動」被「歐盟行為者與國內頂、中層行為者的互動」取代，底層行為

[63] Jeffrey J. Anderson, "Europeanization and the Transformation of the Democratic Polity, 1945-2000," *Journal of Common Market Studies*, Vol. 40, No. 5, p. 795.

[64] *Ibid.*, p.817.

[65] Stefano Bartolini, *Restructuring Europe—Centre formation, system building, and political structuring between the nation state and the European Union*, (Oxford: Oxford University Press, 2005), p. 336.里斯本條約雖然加強了歐洲議會以及各國議會的決策影響力，但就其對不同層次行為者之歐洲化衝擊而言，位處頂層的國會與政策精英以及位處中層的政黨、利益團體依舊將獲得更多歐洲化機會，而底層選民則不然。即使里斯本條約新增了必須跨過一百萬公民聯署的創制權（Article 11），但一般學者專家並不看好此一新制對於改善歐盟民主赤字問題的效果，原因在於有能力動員一百萬公民的團體必然是現制下原本即已積極參與／瞭解歐盟的公民團體；即使在沒有Article 11的情況下亦已具備相當遊說能力。因此新制並不會對現狀造成衝擊／改變。

[66] Heinrich Best, "Cleavage Representation in European Parliamentary History," in Cotta, Maurizio and Heinrich Best (eds.), *Democratic Representation in Europe—Diversity, Change, and Convergence*, Oxford: Oxford University Press, p. 394.

者已愈來愈不相關。

　　公民未被歐洲化是否代表公民對歐洲事務不感興趣、寧願全由精英們幫他們做決定呢？換言之，公民是否是刻意選擇不被歐洲化呢？除非公民被歐洲化的環境、場域、條件、機會已經存在，否則在目前公民連選擇被歐洲化或不被歐洲化的機會都沒有的情況下，上述問題是無法得到答案的。如同帕森斯「民間對於歐盟的看法／觀感存有相當高度的差異性，然而政府、甚至主流媒體對於歐盟的看法／觀感卻展現相當高度的一致性，導致選民眼前並無可供反映實際感受的選項可供選擇」之觀察，[67]泛德艾克及富蘭克林也發現選民無法找到能同時在國內事務及歐洲事務上滿足其偏好的政黨：從左到右，歐洲國家的政黨普遍較其選民要親歐洲。[68]在部分政策領域，選民與其依國內政治意識形態所選擇的政黨之間的差異大到令人懷疑選民與其政黨之間是否存有任何共同點。[69]事實上，早在歐洲選民「寬容共識」（permissive consensus）尚未消失的80年代末，泛德艾克及富蘭克林針對1989歐洲選舉所做的研究即已顯示，所有政黨對於歐洲整合的偏好都是系統性地超越它們選民對歐洲整合大偏好。[70]當施密特以1994的歐洲選舉進行分析時，再次印證了各會員國各政黨系統性地較其選民親歐的觀察。[71]以本章對於頂層、中層與底層行為者歐洲化程度之分析來判斷，選民與政治精英在歐洲事務上，的確如湯馬生與施密特（Thomassen and Schmitt）所言，是活在兩個不同的世界裡。[72]選民對於歐洲整合的感受既無從透過現有制度設計獲得反映亦無法透過調適壓力、社會化或學習而有所改變。

　　西克斯與芶慈認為歐洲化研究必須將觸角伸向歐洲整合對國內政治——包括底層行為者——影響之研究，以避免歐洲化研究領域呈停滯不前之狀態。他們的臆測是，這方面的研究很可能會得到「國家機器被歐洲化」但「政治卻未被歐洲化」的

---

[67] 同註5。

[68] Cees van der Eijk and Mark Franklin, "Potential for Contestation on European Matters at National Elections in Europe," in Marks and Steenbergen (eds.), *European Integration and Political Conflict*, p. 47.

[69] Jacques Thomassen and Hermann Schmitt, "Policy Representation," in *European Journal of Political Research*, Vol. 32 (1997), p. 180.

[70] Cees van der Eijk and Mark Franklin, "European Community Politics and Electoral Representation: evidence from the 1989 European Elections Study," in *European Journal of Political Research*, Vol. 19, (1999), p. 124.

[71] Hermann Schmitt, "National Party Systems and the Policies of the European Union. First Results from the 1994 European Election Study" (Berlin: 16th IPSA World Congress, 1994), 21-25 August.

[72] 同註68, p. 181.

研究發現。[73]相隔十年，本章對不同層次行為者歐洲化情況所做的調查，似乎印證了他們當年的觀察。唯文章亦同時嘗試藉著歐洲化概念，從歐洲整合衝擊國內不同層次行為者的比較回過頭來剖析民主赤字現象。此一嘗試為進一步瞭解民主赤字現象提供了新的視角見解：就民主赤字的成因而言，歐洲化對於頂層與中層行為者具有可觀牽引力量，卻未對底層行為者產生顯著影響（如圖12.2所示）；就民主赤字本質而言，歐洲化的論述更進一步強化了制度主義、建構主義、社會化、認同等元素對民主赤字之解釋力；而就民主赤字之對策而言，歐洲化概念至少點出了精英與人民位置結構差異所可能產生的累進斷層效果。此一透過歐洲化視角對精英—人民斷層進行的觀察啟發了對既存研究封閉循環的省思（如圖12.13所示），是為未來更深入思考歐盟公民政治參與問題時的可切入點。

參考書目

Anderson, Jeffrey J. (2002) "Europeanization and the Transformation of the Democratic Polity, 1945-2000," *Journal of Common Market Studies*, Vol. 40, No. 5, pp. 793-822.

Bartolini, Stefano (2005) *Restructuring Europe—Centre formation, system building, and political structuring between the nation state and the European Union*, Oxford: Oxford University Press.

Best, Heinrich (2007) "Cleavage Representation in European Parliamentary History," in Cotta, Maurizio and Heinrich Best (eds.), *Democratic Representation in Europe—Diversity, Change, and Convergence*, Oxford: Oxford University Press, pp. 393-416.

Borzel, Tanja A. (1999) "Towards Convergence in Europe? Institutional Adaptation to Europeanization in Germany and Spain," *Journal of Common Market Studies*, Vol. 37, No. 4, pp. 573-96.

Borzel, Tanja A. (2002) "Pace-Setting, Foot-Dragging, and Fence-Sitting: Member State Responses to Europeanization," *Journal of Common Market Studies*, Vol. 40, No. 2, pp.193-214.

---

[73] 同註50, p. 23.

Borzel, Tanja A. and Thomas Risse (2003) "Conceptualizing the Domestic Impact of Europe," in Kevin Featherstone and Claudio Radaelli (2003), *The Politics of Europeanization* (Oxford: Oxford University Press), pp. 57-80.

Bulmer, S. and Burch, M. (2001) "The Europeanisation of Central Government: The UK and Germany in Historical Institutionalist Perspective," in G. Schneider and M. Aspinwall (eds.), *The Rules of Integration: Institutionalist Approaches to the Study of Europe*, Manchester: Manchester University Press, pp. 73-96.

Calhoun, Craig (1992) "Habermas and the Public Sphere," in Craig Calhoun (ed.), *Habermas and the Public Sphere* (Cambridge: Massachusetts Institute of Technology Press), pp. 1-49.

Caporaso, James (2007) "The Three Worlds of Regional Integration Theory," in Paolo Graziano and Maarten P. Vink (eds.), *Europeanization—New Research Agendas*, New York: Palgrave Macmillan, pp.23-34.

Carrubba, Clifford J. (2001) "The Electoral Connection in European Union Politics," *Journal of Politics*, Vol. 63, no.1, pp. 141-158.

Checkel, Jeffrey T. (2005) "International Institutions and Socialization in Europe: Introduction and Framework," *International Organization*, 59, Fall 2005, pp.801-26.

Cowles, Maria Green, James Caporaso, and Thomas Risse (2001) (eds.), *Transforming Europe—Europeanization and Domestic Change* (Ithaca: Cornell University Press).

European Commission (2004a) *Standard Eurobarometer* 61 Spring.

European Commission (2004b) *Standard Eurobarometer* 62 Autumn.

European Commission (2005) *Standard Eurobarometer* 63 Spring.

European Commission (2006a) *Standard Eurobarometer* 65 Spring.

European Commission (2006b) *Standard Eurobarometer* 66 Autumn.

European Commission (2007a) *Standard Eurobarometer* 67 Spring.

European Commission (2007b) *Standard Eurobarometer* 68 Autumn.

European Commission (2008a) *Standard Eurobarometer* 69(4) Spring.

European Commission (2008b) *Standard Eurobarometer* 70 Autumn.

European Commission (2009) *Standard Eurobarometer* 71 Spring.

European Commission (2010) *Standard Eurobarometer* 73 Spring.

Featherstone, Kevin (2003) "Introduction: In the Name of 'Europe," in Kevin

Featherstone and Claudio Radaelli (2003), *The Politics of Europeanization* (Oxford: Oxford University Press), pp. 3-26.

Featherstone, Kevin and Claudio Radaelli (2003), *The Politics of Europeanization* (Oxford: Oxford University Press).

Gabel, Matthew (2000), "European integration, Voters and National Politics" in *West European Politics*, Vol. 23, no. 4, pp.52-72.

Gerhards, Juergen (2001), "Missing a European Public Sphere" in Kohli, M. and Novak, M. (eds), *Will Europe Work? Integration, Employment and the Social order*. (London: Routledge).

Gerhards, Juergen (2008), "Free to move? The acceptance of free movement of labor and non-discrimination among citizens of Europe," *European Societies*, Vol. 10, no. 1, pp. 121-140.

Habermas, Jürgen (1991), *The Structural Transformation of the Public Sphere: an Inquiry into a Category of Bourgeois Society*, (Cambridge: Massachusetts Institute of Technology Press).

Hix, Simon and Klaus H. Goetz (2000), "Introduction: European Integration and National Political Systems" in *West European Politics*, Vol. 23, no. 4, pp. 1-26.

Knill, Christoph and Dirk Lehmkuhl (1999), "How Europe Matters─Different Mechanisms of Europeanization," *European Integration online Papers* (EIoP), Vol. 3, no.7.

Knill, Christoph and Dirk Lehmkuhl (2002), "The National Impact of European Union Regulatory Policy: Three Europeanization Mechanisms," *European Journal of Political Research*, No. 41, pp. 255-280.

Ladrech, R. (1994) "Europeanisation of Domestic Politics and Institutions: The Case of France," *Journal of Common Market Studies*, Vol. 32, No. 1, pp. 69-88.

Lawton, T. (1999) "Governing the Skies: Conditions for the Europeanisation of Airline Policy," *Journal of Public Policy*, Vol. 19, No. 1, pp. 91-112.

Lu, Chien-Yi (2008), "Constitution-Making and the Search for a European Public Shpere" in Finn Laursen (ed.), *The Rise and Fall of the Constitutional Treaty*, (Leiden: Martinus Nijhoff Publishers), pp.431-452.

Mair, Peter (2000) "The Limited Impact of Europe on National Party Systems" in *West*

European Politics, Vol. 23, no. 4, pp. 27-51.

Mair, Peter (2004) "The Europeanization Dimension" in *Journal of European Public Policy*, Vol. 11, No. 2, pp. 337-348.

March, James G. and Johan P. Olsen, "The Institutional Dynamics of International Political Orders," *International Organization*, 52, 4, Autumn, pp. 943-969.

Martinsen, Dort Sindbjerg (2007) "The Europeanization of gender equality—who contrls the scope of non-discrimination?" in *Journal of European Public Policy*, Vol. 14, No. 4, pp. 544-562.

Mendez, Carlos, Fiona Wishlade, and Douglas Yuill (2006), "Conditioning and Fine-Tuning Europeanization: Negotiating Regional Policy Maps under the EU's Competition and Cohesion Policies," in *Journal of Common Market Studies*, Vol. 44, No.3, pp. 581-605.

Muller, Wolfgang C. (2007) "The Changing Role of the Austrian Civil Service: The Impact of Politicisation, Public Sector Reform, and Europeanisation," in Edward C. Page and Vincent Wright (eds.) *From the Active to the Enabling State—The Changing Role of Top Officials in European Nation*, New York: Palgrave Macmillan, pp. 38-61.

Olsen, Johan P. (2002) "The Many Faces of Europeanization," *Journal of Common Market Studies*, Vol. 40, No. 5, pp. 921-52.

Page, Edward C. and Vincent Wright (2007) "Introduction: From the Active to the Enabling State," in Edward C. Page and Vincent Wright (eds.) *From the Active to the Enabling State—The Changing Role of Top Officials in European Nation*, New York: Palgrave Macmillan, pp. 1-14.

Parsons, Craig (2007) "Puzzling out the EU role in national politics," *Journal of European Public Policy*, Vol. 14, No. 7. pp. 1135-1149.

Radaelli, Claudio M. (2003) "The Europeanization of Public Policy," in Kevin Featherstone and Claudio Radaelli (2003), *The Politics of Europeanization* (Oxford: Oxford University Press), pp. 27-56.

Radaelli, Claudio M. and Theofanis Exadaktylos (2009) "Research Design in European Studies: The Case of Europeanization," in *Journal of Common Market Studies*, Vol. 47, No. 3, pp. 507-530.

Rhodes, M. (1996) "The New Governance: Governing without Government," *Political Studies*, Vol. 44, No. 4, pp. 652-7.

Risse, Thomas (2005) "Neofunctionalism, European Identity, and the Puzzles of European Integration," *Journal of European Public Policy*, Vol. 12, No. 2, pp. 291-309.

Risse, Thomas, Maria Green Cowles, and James Caporaso (2001) "Europeanization and Domestic Change: Introduction," in Maria Gren Cowles, James Caporaso, and Thomas Risse (eds.), *Transforming Europe—Europeanization and Domestic Change* (Ithaca: Cornell University Press), pp. 1-20.

Schmidt, Vivien A. (1997) "European Integration and Democracy: The Differences Among Member States," *Journal of European Public Policy*, 4:1, pp. 128-45.

Schmidt, Vivien A. (2002) "Europeanization and the mechanics of economic policy adjustment," *Journal of European Public Policy*, Vol. 9, No. 6, pp. 894-912.

Schmitt, Hermann (1994) "National Party Systems and the Policies of the European Union. First Results from the 1994 European Election Study" (Berlin: 16th IPSA World Congress, 1994), 21-25 August.

Sifft, Stefanie, Michael Bruggemann, Katharina Kleinen-V. Konigslow, Bernhard Peters, and Andreas Wimmel (2007), "Segmented Europeanization: Exploring the Legitimacy of the European Union from a Public Discourse Perspective," in *Journal of Common Market Studies*, Vol. 45, No. 1, pp. 127-55.

Statham, Paul (2010) "What Kind of Europeanized Public Politics?" in Ruud Koopmans and Paul Statham (eds.), *The Making of a European Public Sphere*, Cambridge: Cambridge University Press, pp. 277-305.

Thomassen, Jacques and Hermann Schmitt, (1997) "Policy Representation," in *European Journal of Political Research*, Vol. 32, pp. 165-84.

Van der Eijk, Cees and Franklin, Mark. (1991) "European Community Politics and Electoral Representation: evidence from the 1989 European Elections Study," in *European Journal of Political Research*, Vol. 19, pp. 105-27.

Van der Eijk, Cees and Franklin, Mark. (2004) "Potential for Contestation on European Matters at National Elections in Europe," in Marks and Steenbergen (eds.), *European Integration and Political Conflict*, pp. 32-50.

Van der Eijk, Cees, Franklin, Mark. and Michael Marsh (1996) "What Voters Teach Us About Europe-Wide Elections: What Europe-Wide Elections Teach Us About Voters," in *Electoral Studies* 15, pp. 149-66.

Vink, Maarten P. and Paolo Graziano (2007) "Challenges of a New Research Agenda," in Paolo Graziano and Maarten P. Vink (eds.), *Europeanization—New Research Agendas*, New York: Palgrave Macmillan, pp. 3-22.

Weiler, J. H. H. (1999) *The Constitution of Europe: 'Do the New Clothes Have and Emperor and Other Essays on European Integration*, Cambridge: Cambridge University Press.

國家圖書館出版品預行編目資料

歐洲化之衝擊／黃琛瑜等合著；黃偉峰主編.
－－初版.－－臺北市：五南，2012.04
　面；　公分
ISBN 978-957-11-6546-2（平裝）
1.國際關係　2.文集　3.歐洲
578.19407　　　　　　　　100028124

1PW4

歐洲化之衝擊

主　　編 — 黃偉峰（304.2）

作 者 群 — 黃偉峰、黃琛瑜、藍玉春、陳怡凱、
　　　　　　劉如慧、李貴英、洪德欽、楊三億、
　　　　　　王群洋、吳建輝、盧倩儀

發 行 人 — 楊榮川

總 編 輯 — 王翠華

主　　編 — 劉靜芬

責任編輯 — 李奇蓁

封面設計 — 斐類設計工作室

出 版 者 — 五南圖書出版股份有限公司

地　　址：106台北市大安區和平東路二段339號4樓

電　　話：(02)2705-5066　　傳　真：(02)2706-6100

網　　址：http://www.wunan.com.tw

電子郵件：wunan@wunan.com.tw

劃撥帳號：01068953

戶　　名：五南圖書出版股份有限公司

台中市駐區辦公室/台中市中區中山路6號

電　　話：(04)2223-0891　　傳　真：(04)2223-3549

高雄市駐區辦公室/高雄市新興區中山一路290號

電　　話：(07)2358-702　　傳　真：(07)2350-236

法律顧問　元貞聯合法律事務所　張澤平律師

出版日期　2012年4月初版一刷

定　　價　新臺幣420元